Die Freiheit der Meere und das Völkerrecht

Von

Professor Dr. iur. Fritz Stier-Somlo

Leipzig / Verlag von Veit & Comp. / 1917

Druck von Metzger & Wittig in Leipzig.

Vorwort.

Es ist Pflicht des völkerrechtlichen Fachmanns und Politikers, in diesen schicksalsschweren Zeiten zur Klärung und Förderung einer der größten Fragen der Menschheit und des Vaterlandes das Wort zu ergreifen. Dies gilt ganz besonders, wenn sich ein Problem, wie das der Freiheit der Meere, in einer geradezu verhängnisvollen Verwirrung befindet, von seiner richtigen Lösung aber Wohl und Wehe von Millionen abhängt. Ich habe deshalb unterlassen, für eine mehr subjektive politische Zielsetzung Anhänger zu werben, versuchte vielmehr, bis auf die letzten Ursprünge der Idee zurückzugreifen, sie in alle ihre Verästelungen hinein kritisch zu verfolgen, in den großen Zusammenhang der Weltpolitik zu stellen, ihre Beziehungen zu Völkerrecht und Staatenzukunft aufzudecken. Viele eingewurzelte Irrtümer waren zu berichtigen, neue, zum Teil der landläufigen Meinung schnurstracks zuwiderlaufende Wahrheiten zu erhärten. Dem zu erwartenden leidenschaftlichen Widerspruche stelle ich ruhig meine felsenfeste, auf wissenschaftlicher Forschung gegründete Überzeugung gegenüber..

Während des Druckes erschienen die meinen Gegenstand berührenden kleinen Schriften der hervorragenden Staats- und Völkerrechtslehrer Professoren Dr. W. van Calker und Heinrich Triepel, die ich noch berücksichtigen und werten konnte. Vielleicht darf es einige Beachtung beanspruchen, daß in einem der wichtigsten Punkte des ganzen Fragenkreises drei deutsche Vertreter der Völkerrechtswissenschaft, gänzlich unabhängig voneinander, zu annähernd gleichen Ergebnissen gekommen sind.

Cöln, den 21. Mai 1917.

Fritz Stier-Somlo.

Inhaltsverzeichnis.

Erstes Hauptstück.

Das Verlangen nach der „Freiheit der Meere“. Das Problem und seine Klärung.

I.

Hingerissen von der Größe der Sendung —, die durch den Vernichtungswillen unseres größten Feindes sonnenklar geworden ist —: die Vorherrschaft Englands zur See zu brechen, hat man in Deutschland ein weithin leuchtendes und auf den ersten Blick scheinbar unanfechtbares Ideal aufgestellt, das in die geschichtlich bedeutsamen Worte: „Freiheit der Meere“ gefaßt worden ist.

Der hiermit bezeichnete Grundsatz gilt in Friedenszeiten, so wird uns versichert, seit Jahrhunderten unangefochten. Er sei geltende Regel des Völkerrechts. Wenn wir aber infolge des Weltkrieges gezwungen worden sind, die Frage nach der wirksamen Geltung des Völkerrechts überhaupt aufzurollen — sie wird uns noch beschäftigen —, wie viel mehr ist der Zweifel berechtigt an der fortdauernden Wirksamkeit eines bestimmten einzelnen Völkerrechtssatzes! So wird man auch die Richtigkeit jenes überlieferten Dogmas nachprüfen dürfen. Hierzu bietet sich kein anderer Weg, als der geschichtlicher und rechtswissenschaftlicher Untersuchung. Wir wollen ihn gehen. Das kulturelle Ergebnis einer jahrhundertelangen Entwicklung haben wir als selbstverständlich hingenommen. Die beträchtliche Zeitspannen hindurch angenommene Geltung des Satzes von der Meeresfreiheit erschien unserem — der Wahrung des Völkerrechts so sehr zugetanen — Geiste ganz natürlich und zweckmäßig. Aber vielleicht werden wir nach vorgenommener Prüfung zweifeln dürfen, ob ein Rechtssatz von der Freiheit der Meere auch nur für Friedenszeiten nach dem jetzt erreichten Stande der Dinge angenommen werden kann.

Man dachte in Deutschland an keiner Stelle anders, als daß jener Satz auch in Kriegszeiten anerkannt werden müsse. Als dann England den Weltkrieg gegen Deutschland mit allen nur denkbaren, auch unrechtlichen Mitteln, zu führen begann und fortsetzte, das Völkerrecht über Bannware und Blockade über den Haufen warf, dem Seebeuterecht weiteste Ausdehnung zu seinen Gunsten verlieh, die Rechte der Neutralen auch im Seekriege mißachtete, wie nie ein Staat zuvor; als es am 5. November 1914 die Nordsee zum Kriegsgebiet erklärte und sperrte, die Aushungerung der friedlichen Bevölkerung Deutschlands als Kriegsziel verfolgte —, da konnte es keinem Zweifel mehr unterliegen, daß Großbritannien die Freiheit der Meere in diesem Weltkriege zu achten nicht mehr gewillt war. Das nie erhörte Maß von Unbill und Rechtsverletzung, Verleumdung und Heuchelei, das diesen Maßnahmen zugrunde lag oder sie begleitete, wird im Fortgang unserer Betrachtungen klar hervortreten. Die geschichtlich feststehenden Tatsachen und die völkerrechtlichen Grundfragen des Seekriegs sollen uns deutlich vor Augen geführt werden. Zunächst aber gilt es hier für uns, den Ausgangspunkt zu gewinnen, der durch die Leugnung der „Freiheit der Meere" seitens Englands gekennzeichnet ist. Die brutalen Schläge trafen uns hart und zwangen uns zu Gegenmaßregeln. Unser erster, vom Rechtsgefühl getragener Gedanke war aber der, daß wir berufen sind, den durch Menschlichkeit und Weltverkehr geboten scheinenden Grundsatz gegen seine Verletzer wieder zu Ehren zu bringen. Dies nicht nur im Interesse unseres, von den übrigen Staaten zur See abgeschnittenen Handels, unserer infolge nicht vollständig ausreichender Nahrungsmittelzufuhr in ihrer Daseinsmöglichkeit bedrohten Bevölkerung, sondern der ganzen Menschheit zuliebe. Zu ihr gehören ja doch auch die Neutralen, auch die gegenüber den Großmächten politisch ohnmächtigen Kleinstaaten, die niemals in der Lage sein können, Macht an die Stelle des Rechts zu setzen. Mit wahrer Inbrunst hat man in

Deutschland bis heute daran festgehalten, daß wir zum Wiederhersteller des gekränkten Seevölkerrechts werden müssen.

Jedoch ist bei uns bis auf den heutigen Tag keineswegs überall erkannt worden, daß in dieser Aufgabe Einzelziele von Riesengröße eingeschlossen sind. Nur die wichtigsten seien an dieser Stelle vorläufig herausgehoben: die Beseitigung des Seebeuterechts, die anderweitige Regelung oder gar Abschaffung des Bannwaren- und Blockaderechts, das Verbot der Sperrung von Seegebieten überhaupt, durch Minen insbesondere; die Neutralisierung der internationalen Meerengen, die Sicherung der Rechte der Neutralen. Diese hängen wieder mit vielen anderen Völkerrechtsfragen ersten Ranges zusammen. So bedeutet, genau besehen, die Forderung, wir Deutsche sollen die „Freiheit der Meere" erkämpfen, nichts mehr und nichts weniger, als die ungeheuerste Aufgabe der Zukunft, die einer nach zwei Richtungen wirkenden Staatskunst gestellt, vielleicht besser gesagt: zugemutet wird. Nach der einen Richtung handelt es sich um den Neuaufbau des Seekriegsrechts, wenn nicht des ganzen Völkerrechts überhaupt, und um die Findung und Schaffung von Sicherungen für seine Befolgung durch die Großmächte. Nach der anderen Richtung handelt es sich um Anstrengungen titanischer Art, den Grundsatz der Meeresfreiheit mittels der praktischen Politik und all ihrer zulässigen Machtmittel zur Geltung zu bringen. Somit umfaßt der Glaube an solche deutsche Sendung auch den Gedanken eines — zur Durchsetzung solcher Ziele notwendigen — Übergewichts gegenüber dem, geschaffenes Völkerrecht mißachtenden England auch zur See, demnach mehr, als die Hoffnung der Brechung britischer Vorherrschaft. Dieses Ziel bedeutet, daß England auf den Meeren nicht alles oder fast alles zu sagen haben soll, daß Deutschland mindestens gleichberechtigt sei; jenes Ziel, Englands Macht zu übersteigen, ist noch viel höher gerichtet.

Sieht man sich daher das Ideal von der „Freiheit der Meere" genauer an, so kommt man letzten Endes dahin, in ihm Elemente kühnster, aber auch höchst utopischer Phantasie, nicht aber Gedanken realpolitischen Gepräges, zu erkennen. Ohne eine Überhöhung der Seemacht Englands durch Deutschland (und seine jetzigen oder späteren Verbündeten) kann man weder der Willkür Großbritanniens im Völkerrecht jetzt und für die Zukunft vorbeugen, noch das verletzte Weltvölkerrecht auf gesicherter Grundlage wiederherstellen. Ist in jenem Ideal aber fast nur eine andere Formel für das von manchen — aber keineswegs der Mehrheit der urteilsfähigen — Deutschen verfochtene, aufs Höchste gerichtete Kriegs- und Friedensziel einer Überbietung der englischen Seemacht zu finden, so kann der Zweifel an der Erreichbarkeit unmöglich unterdrückt werden. In die Lebens- und Zukunftsprobleme Deutschlands sind die Fragen der Welt- und Seegeltung, der Handels- und Seeverkehrs-, der Bevölkerungs- und Nationalpolitik eingeschlossen und alle hängen sie mehr oder minder von dem Ergebnis des Weltkrieges ab. Ihre Lösung aber dürfen wir nicht mit einer Überspannung deutscher Ziele unnötig beschweren.

Wird in dieser Schrift jene große Tragweite des Kampfes für die „Freiheit der Meere" — als Aufgabe, Leistung und Endziel — erwiesen, so wird die Frage ganz nahe liegen: Sind wir auf dem richtigen Wege, wenn wir die Meeresfreiheit auch für den Kriegsfall als notwendig verkünden und erstreben? Können, wollen und sollen wir sie zu erreichen suchen? Wird die Natur aller Seekriege der Gegenwart und Zukunft solchem Beginnen Erfolg verheißen? Erfordert wirklich unsere politische Stellung in der Welt, die Meeresfreiheit für die Kulturgemeinschaft der Erde durchzusetzen? Ist sie eine Staatsnotwendigkeit für uns oder sind umgekehrt, was man in Deutschland noch gar nicht bedacht hat, Erwägungen denkbar, die jenen Grundsatz als einen unter Umständen für uns recht gefährlichen erscheinen lassen? Kann am Ende, wenn die Formel auch für die Kriegszeit als Völkerrechtssatz anerkannt wird, dies dem Deutschen Reiche, rund herausgesagt, unermeßlichen Schaden bringen?

Wenn dem so wäre — wollen wir wieder der treue, leichtgläubige, ehrliche Michel sein, der für andere Staaten die heißen Kastanien aus dem Feuer holt, um dafür noch Verdächtigung, Mißgunst, Haß, Verleumdung und Feindschaft auf Leben und Tod einzuheimsen? Besinnen wir uns! Es ist noch Zeit.

Gewiß, diese hier versuchte Geisteseinstellung ist nicht nur neu; sie scheint zunächst auch dem warmherzigen, große

Fragen des Völkerlebens vom Interessenstandpunkt der ganzen Menschheit erfassenden Geiste des Deutschen zu widersprechen. Aber nur auf den ersten Blick. Denn unsere Politik darf einzig und allein den Ausgangspunkt haben: wie sichern wir deutschen Staat und deutsche Zukunft? Von hier aus müssen wir die Notwendigkeiten und Wünsche der Welt außer uns betrachten und sie mit den unsrigen in Einklang bringen. Vergessen wir nicht die Lehren dieses Krieges, die Feindschaft mehr als der halben Welt, die sich nur von ihren vermeintlichen oder wirklichen Interessen leiten ließ.

II.

Wir erkennen somit, daß in dem Problem der Meeresfreiheit sich Aufgaben und Ziele völkerrechtlicher Art sowohl, wie staats-, macht- und weltpolitischer Art verbinden und verflechten. Aus dem bisherigen Fehlen einer solchen Erkenntnis dürfen wir folgern, daß man diese auch nicht als Willenshemmung einsetzen konnte. Man stürmte mit Stolz und mit Erbitterung über englische Völkerrechtsbrüche einem edlen Ziele zu, ohne sich mit Bedenken, die aus ruhiger Prüfung der rechtlichen und politischen Lage aufsteigen, zu beschweren. In dieser gewiß noch lange nicht überwundenen Geistesverfassung wird auch ein wesentlicher Grund für den erwarteten Widerspruch gegen die kritische Untersuchung jenes neudeutschen Ideals von der „Freiheit der Meere" liegen müssen; freilich ist es ein Widerspruch, den zu entkräften gerade die Aufgabe dieses Werkes ist. Gleichzeitig ist aber klar geworden — schon dies muß uns mit vaterländischer Sorge erfüllen —, daß weder über Begriff noch Tragweite jener Forderung der Freiheit der Meere für Friedens-, insbesondere aber für Kriegszeiten Klarheit besteht; daß keine deutliche Vorstellung herrscht über die damit ausgesprochenen Ziele, die, mindestens vieldeutig, eine Stufenleiter durchlaufen vom bescheidensten Wunsche einer nackten Sicherung deutschen Daseins vor dem Untergange, bis zum kühnsten Hinausgreifen nach stärkster Seegeltung. Hier einige Beispiele für die Unbestimmtheit der Begriffe.

Der berühmte Völkerrechtslehrer Franz von Liszt, der den Wiederaufbau des Völkerrechts warmen Herzens erhofft, gibt seinen Wünschen in der Vorbemerkung zur jüngsten Auflage seines führenden Lehrbuchs[1] folgenden Ausdruck:

„Heute bereits tritt als eines, vielleicht als das wichtigste der anzustrebenden Ziele die Freiheit des Meeres uns entgegen. Um sie geht in letzter Linie der Kampf. Sie wird früher oder später der wertvollste Siegespreis sein."

Wie er sich das denkt, deutet er wenigstens an in einem späteren lehrreichen Aufsatze[2]:

„Gerade beim Aufbaue des Seekriegsrechts hat der Verlauf des Krieges dem Deutschen Reiche die führende Rolle zugewiesen. Wir kämpfen für die Freiheit der Meere; uns wie alle seefahrenden Nationen wollen wir befreien von der englischen Willkürherrschaft auf offener See. Auf welchem Wege wollen wir das erreichen? Im Frieden ist heute bereits die offene See frei für die Schiffe aller Flaggen; erst im Kriege ist die englische Seeherrschaft in die Erscheinung getreten. Sie hat nicht nur in der Ausübung des Seebeuterechts uns gegenüber sich zur Geltung gebracht, so daß die deutsche Handelsflagge von der offenen See verschwunden ist, und unsere stolzesten Ozeandampfer Zuflucht in neutralen Häfen suchten mußten. Dafür, daß ein solcher Zustand in der Zukunft nicht wieder eintritt, wird der Ausbau unserer Flotte Sorge tragen. „Freiheit der Meere" bedeutet vielmehr in erster Linie das Recht der neutral gebliebenen Staaten, auch während des Krieges mit den Kriegführenden Seehandel zu treiben.[3] Dieses Recht der Neutralen hat Großbritannien mit Füßen getreten, namentlich, aber nicht nur, durch maßlose Ausdehnung des Begriffs der Konterbande, durch die Behandlung der verdächtigen neutralen Schiffe, durch die Einführung des neuen Begriffs der „Kriegszone". Diese Mißstände können aber nicht beseitigt, die Freiheit der Meere kann nicht anders gesichert werden, als durch bindende Vereinbarungen der sämtlichen beteiligten Mächte, also durch einen völkerrechtlichen Vertrag, dem beizutreten auch England veranlaßt werden muß. Wer die Freiheit der Meere will, muß auch das Völkerrecht und seinen Ausbau wollen."

Ein verdienstvoller Praktiker, der Oberlandesgerichtsrat Nöldeke in Hamburg, bezeichnet[4] als die von Deutschland unter dem Rufe „Freiheit der Meere" in den Kampf geworfene Forderung,

daß auch im Seekriege der Grundsatz des Schutzes des Privateigentums[5] zur Geltung gebracht werden müsse.

Folgerichtig tritt er für die Beseitigung des Seebeuterechts ein.[6] Was Deutschland von England scharf scheide, sei die Tatsache, daß England auf das Seebeuterecht nicht verzichten zu können glaubt, weil seine Beherrschung des Weltmeeres damit unmittelbar zusammenhängt. Deutschland erstrebe keine solche Herrschaft, sondern trete für die Freiheit der Meere ein, die jedem Volke die Freiheit seiner Entwicklung zur See ermögliche und gewährleiste. Freilich ist er genötigt, einen Vorbehalt bei der Haltung Deutschlands zur Frage der Unverletzlichkeit des Privateigentums im Seekriege zu machen: England müsse zu bestimmten Abmachungen über Bannwaren- und Blockaderecht „gezwungen" werden, dasselbe England, das, nach demselben Verfasser, „alle Abmachungen über Bannware auf den Kopf gestellt, bedingte Bannware zu unbedingter erklärt und vor allem eine Reihe von Gegenständen, die sich auf der sog. Freiliste der Londoner Deklaration befinden und daher überhaupt nicht als Bannware bezeichnet werden dürfen, zur Bannware gemacht" hat, das „die Grundsätze des Völkerrechts nur dann befolgt, wenn sie ihm nützlich sind."

Versteht Nöldeke daher unter dem Grundsatz der „Freiheit der Meere" den Schutz des Privateigentums überhaupt, also auch der Kriegführenden im Seekriege, berührt er den Inhalt jener Formel für den Frieden gar nicht, so hält v. Liszt diesen als unangefochtenen Besitz fest und versteht unter Meeresfreiheit das Recht der Neutralen zum Seehandel auch während des Krieges.

Hierauf scheint auch ein anderer berühmter Rechtslehrer, Josef Kohler, Gewicht zu legen[7], wenn er ausführt:

„Es ist einer der wichtigsten völkerrechtlichen Grundsätze, daß die Rechte der Neutralen gewahrt werden sollen, soweit sie wirklich neutral sind, und dieser Grundsatz soll namentlich auch im Seeverkehr gelten; so ist es seit mehr als einem halben Jahrhundert unverbrüchliches Rechtsgebot, daß nicht nur die neutralen Schiffe, sondern auch die Transporte auf ihnen völlig frei sein sollen, selbst wenn auf neutralen Schiffen feindliches Gut verladen ist: frei Schiff, frei Gut, ein Grundsatz, von dem die Regel über Konterbande oder Bannware keine Ausnahme bildet; denn das ist ja selbstverständlich, daß Hilfsmittel des Krieges auch von neutralen Mächten keinem der kriegführenden Staaten zugeführt werden sollen; aber in dieser Beziehung handelt es sich nicht um die Freiheit des Verkehrs, sondern um das Verbot der Kriegsunterstützung.

Hier ist nun England in der unerhörtesten Weise gegen die Neutralen vorgegangen, indem es einfach alles, was zum Lebensunterhalt der deutschen Bevölkerung dient, als Bannware erklärte.... Allerdings können Getreide und Lebensmittel zur Bannware werden, wenn sie für das Heer bestimmt sind, aber dann muß diese Bestimmung vollständig ausgeprägt sein, und sodann können Lebensmittel, die an neutrale Staaten geliefert werden, nicht für Bannware erklärt werden, denn die neutralen Staaten sind frei, mit ihren Waren zu verfahren, wie sie wollen..... England ist so gnädig, den Neutralen den Handel mit Lebensbedarf zu gestatten unter der Bedingung, daß die Waren im Lande bleiben und nicht weiter ausgeführt werden. Das suchte England zu erreichen, indem es alle möglichen Verträge und Kautionen verlangte, und noch mehr, indem es den ganzen neutralen Betrieb beaufsichtigte. Es sollten die neutralen Warenbezieher genau überwacht und dahin geprüft werden, ob wirklich nur so viel Ware eingeführt wurde, als für den Bedarf des Landes nötig ist! Oder es sollte im neutralen Staate eine Zentrale gegründet werden, welche die Verteilung der Lebensmittel unter Englands Kontrolle besorgte und dabei nach allen Seiten hin mit Kautionen einschritt, daß die Lebensmittel nicht außer Landes verbreitet würden!"

Also gehört folgerichtig zur Meeresfreiheit die Freiheit des wirtschaftlichen Seeverkehrs der Neutralen während eines Krieges, die Beschränkung des Bannwarenbegriffs auf die für das Heer bestimmten Gegenstände; da diese Bestimmung aber nach Englands Ansicht eine Überwachung der auf dem Seewege an die Neutralen gelangten Waren erfordert, muß die Linie des Gedankens verlängert werden; sie reicht bis zum Verbot und zu jener Kontrolle, die gegen Dänemark, Schweden, Norwegen,

Holland — hier durch die Nederlandsche Overzee-Trust-Maatschappij (= N. O. T.)[8] —, die Schweiz (durch die Société Suisse de Surveillance économique (= S. S. S.)[8a], vor Nordamerikas Kriegserklärung auch gegen dieses gerichtet war. Daß die Achtung der von Kohler bezeichneten Rechte der Neutralen seitens Englands in diesem Weltkriege Deutschland genutzt hätte, liegt klar auf der Hand. Wir wären dann auch nicht zu Gegenmaßregeln gezwungen gewesen, die, ganz gegen unsere Absicht und zu unserm Bedauern, auch eine nicht ganz vermeidbare Schädigung von Neutralen herbeiführen mußten. Wir haben es aber hier zunächst nur mit der Feststellung zu tun, welch verschiedene, untereinander nicht übereinstimmende Forderungen mit dem Ausdrucke „Freiheit der Meere" verbunden werden, und wie groß die Versuchung ist, schließlich die Reform des ganzen Völkerrechts, mindestens des Seekriegsrechts, auf diese Formel zu bringen. Je größer aber die Energie eines solchen Strebens wird, desto mehr wird die Frage der Durchführbarkeit überhaupt, Art und Eignung der Mittel, die politische Tragweite solcher fast unbegrenzbarer Ziele, vornehmlich für Deutschland, in seinem Interesse unter die kritische Sonde genommen werden müssen.

Vorher aber noch einige Beweise für die Uneinigkeit der Wortführer über den Begriff der Meeresfreiheit:

Oberlandesgerichtsrat Dr. Müller-Meiningen, M. d. R.[9] legt das Schwergewicht auf den Handel der Neutralen, der „nach feststehendem Völkerrecht" auch im Kriege frei sei. Die Angehörigen der neutralen Staaten dürfen zu Wasser und zu Lande, nicht nur unter sich, sondern auch mit den Kriegführenden selbst, nicht nur auf neutralem Gebiete, sondern auch auf dem Kriegsschauplatze, insbesondere auf dem „freien Meere" Handel treiben. Die Kriegskonterbande unterliege freilich zur See der Wegnahme; doch bestehen über sie genaue, „feststehende Regeln".[10]

Prof. Schücking in Marburg stellt in einer — auf Grund eines Beschlusses des Verbandes für internationale Verständigung abgefaßten — Denkschrift an den Reichskanzler: „Meeresfreiheit gegen Friedensgarantien"[11] zunächst die Bedeutung des Problems „Freiheit der Meere" fest. Die darin enthaltene Forderung sei eine der volkstümlichsten unter den Kriegszielen und die vollständige Absperrung unseres Vaterlandes vom Weltverkehr zur See trotz pekuniärer Opfer, die in Friedenszeiten für den Ausbau der Flotte gebracht sind, lasse das begreiflich erscheinen. Durch den Flottenbau, ist dem Volke anderthalb Jahrzehnte lang gesagt worden, könne es seine, auf eine beträchtliche Zahl von Milliarden bezifferten, schwimmenden Güter zur See und seine Kolonien schützen, aber, abgesehen von der Ostsee, durchfährt heute kein deutsches Schiff mehr den Ozean, und keiner Kolonie haben wir vom Mutterlande aus Hilfe bringen können. England beherrscht die See, und die wirtschaftliche Bedeutung dieser Tatsache könne auch durch die glänzendsten Erfolge unseres Landheeres wohl herabgemindert, nicht aber gebrochen werden. Die weitesten Kreise des deutschen Volkes würden von einer schmerzlichen Enttäuschung ergriffen werden, wenn die ungeheuren Opfer dieses Krieges nicht einen Frieden herbeiführen sollten, der die „Freiheit der Meere" sicherte. Mit diesem brennenden Wunsche des deutschen Volkes vereinigt sich das Hoffen aller Neutralen. Es läßt sich aus dieser Denkschrift nicht erkennen, welchen Inhalt ihr Verfasser der „Freiheit der Meere" geben will. Ihm, als verdienstvollem Völkerrechtslehrer, kann natürlich nicht entgangen sein, daß das bis zum Kriege geltende Völkerrecht von einer solchen unbedingten Freiheit während der Kriegszeit nichts weiß, wie wir das noch später darlegen werden; er kann also nur eine Mißachtung der relativen Freiheit der Meere während der Feindseligkeiten im Sinne der bisherigen völkerrechtlichen Abmachungen meinen.[12]

Für Neumann-Frohnau[13] wieder bedeutet Freiheit der Meere die deutsche Macht, die Verbindung des Mutterlandes mit dem wieder zu erlangenden und erweiternden Kolonialbesitz auch in Kriegszeiten zu sichern.

Prof. Dr. Hermann Levy-Heidelberg hat sich in einer sehr lehrreichen Schrift[14] mit der Behinderung der Nahrungsmittelzufuhr vom völkerrechtlichen Standpunkt aus befaßt. Jene mußte nach Auffassung eines 1905 veröffentlichten, englischen parlamentarischen Ausschußberichts ausgeschlossen erscheinen. In den Fragen, welche von den Ausschußmitgliedern den Sachverständigen vorgelegt wurden, war stets die unausgesprochene Annahme die, daß England von zwei Mächten, nämlich Frankreich und Rußland, zur See bedroht werde und damit die Einfuhr von Getreide gefährdet werden könne. Um zu erweisen, daß eine solche Gefährdung der Nahrungsmittelzufuhr allen völkerrechtlichen Grundsätzen ins Gesicht schlüge, wurde in dem Ausschußbericht ausdrücklich die Stellungnahme Englands in derartigen Fragen betont. Es hieß: „Frankreich trat im Jahre 1885 mit der Absicht hervor, im Kriege mit China Reis als Konterbande zu behandeln, indem es sich auf die Wichtigkeit dieses Nahrungsmittels für die chinesische Zivil- und Militärbevölkerung stützte. Dieses Benehmen war um so bemerkenswerter, als während der ganzen Geschichte des Völkerrechtes Frankreich sich dadurch ausgezeichnet hatte, daß es sich weigerte, in irgendeinem Falle Nahrungsmittel als Konterbande anzuerkennen. Die britische Regierung protestierte, aber infolge des raschen Abschlusses des Krieges wurde die Kontroverse abgeschnitten. Rußland ist zu Beginn des Krieges 1904 so weit gegangen, Nahrungsmittel in die Liste der absoluten Konterbande zu setzen und zwar besonders: Reis, alle Arten von Getreide, Fisch, Fischerzeugnisse, Bohnen, Bohnenöl und Ölkuchen. Rußland hat jedoch von dieser Stellungnahme Abstand genommen auf Grund der energischen Proteste verschiedener Großmächte, ganz besonders Großbritanniens und der Vereinigten Staaten von Amerika, und im Anschluß an das Gutachten eines Ausschusses, den Prof. de Martens leitete... Lord Lansdowns Erklärung vom 1. Juni 1904 stellte fest: „Die Regierung Sr. Majestät bemerkt mit großer Sorge, daß Reis und Nahrungsmittel als unbedingte Konterbande behandelt werden sollen, eine Maßnahme, die sie mit dem Recht und der Rechtsausübung der Nation für unvereinbar halte.“ Durch derartige Feststellungen, zu deren Unterstützung noch verschiedene andere Gutachten herangezogen wurden, glaubte der englische Ausschußbericht vom Jahre 1905 mit Sicherheit zu erweisen, daß Großbritannien aus rein völkerrechtlichen Gründen im Falle eines Seekrieges die Unterbindung der Nahrungsmittelzufuhr nicht zu befürchten habe.[15] Jener Schriftsteller führt aber dann zutreffend aus, daß Großbritannien den Schutz, den das Völkerrecht der Sicherstellung der Nahrungsmittelbedarfs der Zivilbevölkerung eines kriegführenden Landes gewährte, selbst zertrümmert hat. Großbritannien durchbrach die bisher von ihm selbst anerkannten Grundsätze, indem es dem Deutschen Reiche mit der Aushungerung wie einer belagerten Festung drohte, die Nahrungsmittelzufuhr nach Deutschland tatsächlich absperrte oder durch willkürliche Anwendung angeblicher Rechtsgrundsätze die Einfuhr von Getreide und industriellen Rohstoffen nach Deutschland tatsächlich unmöglich machte. „Die Folge dieses Entschlusses und seiner Ausführung wurde aber England selbst verhängnisvoll. Die neue Waffe zur See, das Unterseeboot in seiner von der deutschen Marine geschaffenen Vervollkommnung hatte die wichtigste Voraussetzung, auf welche England alle seine Zuversicht gebaut hatte, die kriegerische Unantastbarkeit seiner eigenen Küste und damit des britischen Handelsverkehrs erschüttert. Der Unterseebootkrieg, der selbstverständlich von dem großen Parlamentsausschuß des Jahres 1905 noch nicht geahnt werden konnte, bot die Möglichkeit, Gleiches mit Gleichem zu vergelten und als Erwiderung auf den englischen Aushungerungsplan die Ankündigung einer bisher in ihrer Form unbekannten Blockade folgen zu lassen. Seit dem 18. Februar 1915 setzte die planmäßige Bedrängung der englischen Handelsschiffahrt durch die deutschen Unterseeboote in der von dem Deutschen Reich als Kriegsgebiet erklärten Zone ein."

Eng zusammen hängt mit diesen Ausführungen, was in einer zweiten, nicht minder eindrucksvollen Schrift Prof. Hermann Levy[16] heraushebt: „Heute untersteht der Handelsverkehr zur See, soweit er in die von England beherrschten Gewässer fällt, keinem Völkerrecht mehr.... Während man noch in einem parlamentarischen englischen Blaubuche vor etwa zehn Jahren, unter der Vorausetzung, daß England einmal von den verschiedensten Ländern gleichzeitig angegriffen werden könnte, von Rechtsgelehrten, Politikern und den verschiedensten hervorragenden Persönlichkeiten die allgemeine Meinung ausgesprochen findet, daß die Nahrungsmittelzufuhr für die Zivilbevölkerung unbedingt in einem Kriege vor Verletzungen oder Wegnahme verschont bleiben müßte, hat in dem Augenblicke, wo in ihm selbst der Plan des Aushungerungskrieges gegen Deutschland erwachte, England diese Anschauung über Bord geworfen und einen Hungerkrieg gegen Deutschland eröffnet, dem alle Rücksichten, selbst diejenigen auf die Wirtschaft der Neutralen, weichen mußten. Zunächst noch sophistisch und unter allen möglichen Klauseln an seinem eigenen seerechtlichen Machwerk, der Londoner Deklaration, festhaltend, hat England im Verlaufe des Krieges auch diese als zu lästig aufgehoben und damit das „freie Meer“ der Piraterei im Sinne der alten Zeiten preisgegeben. Der Unterschied zwischen Bannware und Nicht-Bannware ist aufgehoben. Jedes Schiff kann nach England verschleppt werden und immer neue willkürliche Bestimmungen sind von England von einem Tage zum andern gemacht worden, um solche Schiffe als gute Prise mit ihrer Ladung dem englischen Volksreichtum widerrechtlich einzuverleiben.“ Auch dieser Schriftsteller bietet uns nur folgende Aussicht: „Nur ein besiegtes England wird sich in das Unvermeidliche fügen müssen, unsere Flotte so anwachsen zu sehen, wie es nicht nur unseren militärpolitischen, sondern unseren berechtigten weltwirtschaftlichen Ansprüchen entspricht. Besiegen müssen wir England, um unsere weltwirtschaftlichen Beziehungen im Falle eines künftigen Krieges sicherzustellen und damit unserem Außenhandel, unserer Seeschiffahrt und unseren auswärtigen Unternehmungen die Kontinuität der Wirtschaftsführung, sowie das unbedingte Gefühl der Sicherheit für die Zukunft zu gewährleisten.[17]

Endlich noch Wehberg[18], der die Frage aufwirft, ob die starken Beschränkungen der Meeresfreiheit berechtigt sind. Wenn auch die hohe See zum Kriegsschauplatz gemacht werden darf, so folge daraus nicht, daß die Anwendung sämtlicher Mittel des Seekriegs auf hoher See vernunftgemäß ist. Das herrschende Recht gestatte das Legen von Minen und das Durchsuchen von Kauffahrteischiffen, usw. unbeschränkt. Aber für das künftige Recht müsse doch untersucht werden, ob die Ausübung dieser Befugnisse der Natur der Sache entspreche. Da sei zunächst zu sagen, daß die Minen und Torpedos auf hoher See möglichst in der Weise benutzt werden müßten, daß sie nach Gebrauch unschädlich werden. Die Kriegführenden können den Gegner durch Minen zu vernichten suchen. Aber dies dürfe nicht in der Weise geschehen, daß die neutrale Schiffahrt dadurch in noch höherem Maße geschädigt wird, als der feindliche Staat. Ferner müsse anerkannt werden, daß die Ausübung des Prisenrechts in vollem Umfange eine geradezu unerhörte Belästigung des neutralen Handels sei. Man werde daher über kurz oder lang dagegen vorgehen müssen. Der letzte Krieg zwischen europäischen Großmächten zeige mit erschreckender Deutlichkeit, welches Unrecht durch das Prisenrecht ausgeübt werden könne. Der Vorschlag Hold von Fernecks, die Durchsuchung wegen Konterbandetransports nur innerhalb einer gewissen Zone auszuüben, sei durchaus berechtigt. Leider werde es ja wohl nicht möglich sein, diese Befugnisse der Kriegführenden vollkommen auf die Küstengewässer zu beschränken. Es werde schon genügen, wenn man dieses Recht in großer Entfernung von den Ländern der kriegführenden Staaten verbiete. Auch die Ausübung des Seebeuterechts könnte in dieser Weise gemildert werden, zumal dieses Institut ja doch keine innere Berechtigung mehr habe. Beim Blockaderecht habe die kontinentale Auffassung längst die Wegnahme außerhalb des Bereichs der Blockadezone verboten.

Also: Zur Meeresfreiheit gehört nach diesem Schriftsteller Beschränkung des Rechts der Minenlegung und der Durchsuchung der Schiffe, des Torpedogebrauchs, des Prisenrechts, Reform des Konterbande-, Seebeute- und Blockaderechts!

Noch weiter geht Wehberg in einem späteren, gehaltvollen Aufsatz.[19] Hier will er das heute geltende Seebeuterecht, d. h. die Wegnahme feindlicher Schiffe und Waren überhaupt beseitigen, betont aber richtig, daß dies nur dann einen Sinn hätte, wenn gleichzeitig das Konterbande- und Blockaderecht geregelt würde, da man andernfalls durch Erweiterung des Konterbanderechts den Grundsatz der Unverletzlichkeit feindlicher Schiffe und Waren wieder aufheben könnte. Jener Schriftsteller hält es aber auch für möglich, nach diesem Kriege nicht nur das Seebeuterecht abzuschaffen, sondern darüber hinaus eine völlige Freiheit des Privateigentums im Seekriege zu vereinbaren.[20] Das setze wieder voraus die Beseitigung des Konterbande- und Blockaderechts, jedenfalls, soweit das letztere Handelshäfen betrifft. Diese Aufhebung des Bannwarenrechts würde sich um so leichter durchführen lassen, wenn man gleichzeitig ein Verbot jeglicher Ausfuhr von Kriegsmaterialien von seiten neutraler Personen an Kriegführende in das Völkerrecht einführte. Die hohe See dürfe auch nicht mehr dauernd durch Minen gesperrt werden. Wir sehen: Die Forderungen werden immer radikaler, die Hoffnungen immer kühner!

All das nennt sich nun „Freiheit der Meere“. Nein, wahrlich, eindeutig ist unter den heutigen Völkerrechtsschriftstellern dieser Begriff nicht.[21]

III.

Die Mittel und Wege zur Erreichung dieses in vielen Farben schillernden Zieles sind natürlich von entsprechender Reichhaltigkeit. v. Liszt will der englischen Willkürherrschaft und dem Seebeuterecht durch einen Ausbau der deutschen Flotte entgegenwirken. Für Laband[22] ist „die Niederzwingung Englands das gemeinsame Interesse aller anderen Staaten; denn es ist gleichbedeutend mit der Erringung der Freiheit“. Müller-Meiningen kommt zu dem Schlusse: „Mit Laband aber sage auch ich: Mit und durch England werden die Völker der Welt niemals ein Recht auf Achtung ihrer Neutralität und Selbständigkeit erhalten, wird es niemals ein ‚freies Meer‘ geben: Nur gegen England kann die Freiheit und das Recht erkämpft werden.“ Dabei mußte die schmerzliche Tatsache zugestanden werden, „daß die deutsche Handelsflagge von der offenen See verschwunden ist, und unsere stolzesten Ozeandampfer Zuflucht in neutralen Häfen suchen mußten.“[23] Diese Gruppe von Schriftstellern will also die „Freiheit der Meere“ durch eine entscheidende, vollständige Besiegung der Seemacht Englands erreichen, glaubt also auch für die Zeit nach diesem Weltkriege an eine vollständige Überlegenheit entweder der deutschen oder der von ihr mit anderen Verbündeten dargestellten Seemacht, die Englands Völkerrechtsbrüche verhindern könnte. Unser ganzes heißes Sehnen steht bei diesem Wunsche. Ob er aber realpolitisch gedacht ist und ob eine „Freiheit der Meere“, die von dieser Voraussetzung allein abhängen soll, eine überhaupt ernsthaft ins Auge zu fassende politische und völkerrechtliche Forderung ist und eine Zukunft hat, ist mehr als fraglich. Hoffentlich sind die Worte nicht zutreffend: „Nur gegen England kann der Zustand völliger Rechtlosigkeit auf dem ‚freien Meere‘ beseitigt werden.“[24] Denn ohne seine Mitwirkung wird es auch in Zukunft keine Setzung des Völkerrechts geben.

Andere als jene rein machtpolitischen Mittel liegen, freilich von diesen schwer lösbar, in der Erneuerung des Völkerrechts, die wieder nach zwei Richtungen zu betrachten ist. Einmal in der, die durch die Forderungen gekennzeichnet ist: Abschaffung oder Milderung des Seebeuterechts, Änderung oder Beseitigung des Bannwaren- und Blockaderechts, Verbot der Seesperre, insbesondere auch durch Minen, vielseitige Durchführung des Schutzes der Neutralen usw. Es sind zum Teil dieselben Männer, die jene machtpolitischen Mittel empfohlen haben, die auch hier, in mannigfachster Abstufung, Wünsche geltend machen. Sodann wird in einer zweiten Richtung die Verbesserung des Völkerrechts durch Sicherung seiner Wirksamkeit erstrebt. v. Liszt sieht die „Freiheit der Meere" nicht anders gesichert, als durch bindende Vereinbarungen der sämtlichen Mächte, also durch einen völkerrechtlichen Vertrag, dem beizutreten auch England veranlaßt werden muß.[25] Ebenso Nöldeke[26], während Laband daran erinnert, daß „England die von ihm geschlossenen Verträge nicht zu halten pflegt, wenn sie ihm unbequem sind."[27] Schücking will die Forderung der „Freiheit der Meere" verwirklichen nicht durch vertragliche Bestimmungen, von deren Wirksamkeit er für einen zukünftigen Krieg auch nicht viel erwartet, sondern durch eine radikale Umwälzung der völkerrechtlichen Verhältnisse zur See. Das Meer müsse unter eine organisierte Kontrolle der Gesamtheit der Kulturstaaten gebracht werden. Das offene Meer soll nicht niemandes Sache, sondern jedermanns Sache sein. Dann könnten die Neutralen in einem künftigen Seekriege verlangen, daß alle kriegerischen Akte auf hoher See überhaupt unterbleiben. Der durch die Haager Konferenzen im Ansatz verwirklichte Staatenverband der Kulturstaaten solle die Herrschaft über das Meer haben und sie schon im Frieden organisieren. Wir brauchten eine internationale Exekutive auf dem Meere, stark genug, um auch in Kriegszeiten die Kriegführenden auf der See in den gesetzlichen Schranken zu halten. Diesen Grundsatz der internationalen Polizei auf dem Meere hat schon der Leidener Völkerrechtsgelehrte van Vollenhoven zur Erörterung gestellt. Wir werden sehen, daß in der Richtung dieser ausgezeichneten Ideen in der Tat der einzig mögliche Ausweg aus den großen Schwierigkeiten zu finden ist, soll nicht das ganze Völkerrecht ausschließlich auf der Spitze des Schwertes stehen. Dagegen kann ich Schücking nicht mehr folgen, wenn er meint, eine solche internationale Exekutive werde aufgebaut sein müssen auf dem System von maritimen Kontingenten der zu einem internationalen Verbande zusammengefaßten Kulturstaaten und daß gleichzeitig durch vertragsmäßige Abreden die maritime Rüstung der Einzelstaaten so einzuschränken wäre, daß die internationale Exekutive unter allen Umständen die militärische Überlegenheit gegenüber jeder möglichen Kombination von einzelstaatlichen Flotten hätte.[28] Folgerichtig erklärt Schücking: „Nur eine rechtlich geordnete internationale Herrschaft zur See kann für Kriegszeiten die Freiheit der Meere gewährleisten und für Friedenszeiten dem unseligen System des Wettrüstens ein Ziel setzen. Im Falle seiner Niederwerfung wäre also England zu nötigen, seine rein tatsächliche Herrschaft zur See aufzugeben, indem es darin willigen müßte, daß statt dessen eine internationale Herrschaft zur See aufgerichtet werden würde."

Diese Forderungen sind m. E. nur durchsetzbar unter zwei Voraussetzungen: Bestimmung der Größe des Wehrsystems der Einzelstaaten und Beseitigung der englischen Seeherrschaft überhaupt. In ersterer Beziehung ist zu bedenken, daß der Weltkrieg doch wohl gezeigt hat, wie sehr die „Welt" Deutschlands Verteidigungsmöglichkeiten beschränken würde, wenn man sich auf Abrüstungsfragen einließe; in der zweiten Beziehung könnte man wohl zuversichtlicher sein, wird aber an einer ernstlichen Verminderung der mindestens hervorragenden Seegeltung Englands zweifeln dürfen. Dazu kommt noch, daß im Falle der etwaigen Niederringung Englands es nicht erst seiner Einwilligung bedürfte, internationale Maßnahmen zu treffen, die seine Gewaltherrschaft hinderten, denn diese wäre ja doch schon beseitigt. Hier drängt sich von selbst die zum Schlusse noch kurz zu betrachtende Idee eines europäisch-amerikanischen-asiatischen Weltgleichgewichtes und, als eines der Mittel hierzu, die eines neuen Bündnissystems auf.

Beachtenswert ist auch die Auffassung des Sozialdemokraten Quessel[29]: „Wird nach Beendigung des Krieges die Bedeutung der Seegewalt für Deutschland geringer werden? Es ist nicht recht abzusehen, wie das zugehen sollte, wenn

Deutschland seine Industrien, seine Schiffahrt, sein Kolonisationswerk vor englischen Überfällen schützen will. Die Freiheit der Meere kann nicht durch papierne Verträge gewonnen werden, die England — wie Mahan, Der Einfluß der Seemacht auf die Geschichte, 2. Bd. (Berlin 1899) S. 659ff., überzeugend nachgewiesen hat — immer seinem Machtwillen entsprechend interpretiert hat, sondern nur durch die Vereinigung der Seekräfte derjenigen Staaten, die, sei es in Europa, sei es in Asien, von der britischen Seegewalt bedroht werden. Gegen die englische Seetyrannei sind Formalitäten nicht wirksam. Wer diesen Krieg miterlebt hat, kann nicht mehr daran zweifeln, daß die britischen Staatsmänner noch ganz von den Ideen ruchloser Gewaltpolitik zur Ausschaltung des England unliebsamen friedlichen Wettbewerbs erfüllt sind, die die Seele der beiden Pitts in den großen Kriegen gegen Frankreich erfüllten.... Freiheit der Meere bedeutet für uns Sicherung unseres Wirtschaftslebens vor der britischen Seegewalt..... Von ihr hängt unsere Existenz, unsere Zukunft ab."

Es ist hier nicht der Ort, die Möglichkeiten des Zwangsvollzuges eines künftigen Völkerrechts zu prüfen. Sicher ist aber, daß gerade die geschilderte Überfülle von Mitteln zur Verwirklichung des Grundsatzes von der Freiheit der Meere dem Problem diejenige ufer- und umrißlose Ausdehnung gibt, die, ins Praktisch-Politische oder auch nur ins Völkerrechts-Politische übersetzt, die Kraft jedes Staates übersteigt. Nur einem auf törichte Weltbeherrschung ausgehenden Volke — das das deutsche ganz bestimmt nicht ist, — kann die „Freiheit der Meere" in jener grenzenlosen Weite als Ziel vorschweben. Es ist mit aller Bestimmtheit anzunehmen, daß bei den deutschen Verfechtern der „Freiheit der Meere" nur die gerechte Empörung über die Willkürherrschaft Englands und seine Rechtsbeugungen das bedenken- und schrankenlose Verlangen auslöste; daß sie aber nach Beseitigung der bisherigen Unklarheit des Begriffs und Entschleierung der Tragweite jenes Schlagwortes sich bemühen werden, zu prüfen, wie weit jene Forderung politisch konkret faßbar, der Begrenzung bedürftig und durchführbar ist; inwiefern die darin liegende Aufgabe des Neuaufbaues und der Sicherung des Völkerrechts erreichbar, ob sie auch für Deutschlands Sein und Zukunft förderlich ist.

Es wird schon nach diesen Betrachtungen, noch mehr aber nach den folgenden nicht zweifelhaft sein können, daß der während des Krieges in Deutschland erhobene Ruf nach der „Freiheit der Meere“ sich zwar an den gleichlautenden, die völkerrechtlichen Werke durchziehenden Grundsatz anlehnt, aber nicht mit ihm gleichgesetzt werden kann. Dies zeigt sich auch darin, daß seine unbestrittene Geltung für Friedenszeiten und für die Kriegszeit von vornherein angenommen und doch wieder als Ziel verfochten wird. Es ist ein Fehler, daß bei Aufstellung jener Forderung der tatsächlichen, nicht aber der rechtlichen Hemmnisse, die in dem noch als geltend angesehenen Völkerrechte vorhanden sind, mit dem Wunsche ihrer Beseitigung gedacht wird. Man unterläßt es, klarzustellen, welche Art von Meeresfreiheit das eigentlich ist, die das Seebeuterecht und die Blockade, das Bannwarenrecht, die Minenlegung und die Ausfuhr von Kriegsstoffen von seiten der Neutralen an Kriegführende gestattet. Wir werden also immer zwingender auf die Notwendigkeit hingewiesen, den Satz von der „Freiheit der Meere“ für Friedens- und Kriegszeiten durch das Völkerrecht bis zum Weltkriege und während seiner Dauer zu verfolgen, um ihn dann mit der vielerwähnten jüngsten Forderung gleichen Wortlautes vergleichen zu können.

IV.

Vorher aber noch eine unerläßliche Betrachtung. Auch die Praxis der Deutschland feindlichen oder ihm gegenüber mehr oder minder neutralen Staaten ist sich über das, was die „Freiheit der Meere“ bedeutet, offenbar nicht im klaren, oder verwechselt, absichtlich oder fahrlässig, die bis zum Weltkrieg gegebene Lage des Seekriegsrechts mit politischen Absichten und Wünschen. Über Englands Auffassung der Meeresfreiheit wird noch recht eingehend zu sprechen sein. An dieser Stelle sei nur auf die Tatsache verwiesen, daß es alle seine Verletzungen des Seekriegsrechts mit der unehrlichen Behauptung der Anerkennung jenes Grundsatzes vereinigen zu können glaubt. Zutreffend sagt Pohl[30]: „Dem Interesse Albions wird unbedenklich Gut und Blut der Neutralen geopfert. Ob es durch die Sperre der Nordsee den von ihm bei anderer Gelegenheit heuchlerisch angerufenen Grundsatz der Meeresfreiheit verletzt, ob es den Handel der neutralen Staaten ins Herz trifft, — darüber macht man sich in England keinerlei Skrupel". Der Dieb ruft wieder einmal: „Haltet ihn!" Er streut gerade den Neutralen, leider nicht ohne Erfolg für sich, Sand in die Augen und behauptet unwahr die Unterbindung der Meeresfreiheit durch Deutschland, um diese selbst beseitigen zu können. „Was England in gewohnter Rücksichtslosigkeit zum Schaden der Neutralen ins Werk setzte, sucht es zu rechtfertigen durch die verleumderische Behauptung, die Deutschen hätten auf offener See und ohne jede Ordnung unter Mißbrauch einer neutralen Flagge Minen gelegt und so das Leben aller Seefahrenden ruchloserweise gefährdet."[31] Unter diesen Umständen, so behauptet die britische Admiralität, sei sie „in Erwägung der bedeutenden Interessen, die der englischen Marine anvertraut sind, sowie der Sicherheit des friedlichen Handels auf offener See und der Handhabung des Handelsverkehrs zwischen neutralen Ländern innerhalb des internationalen Rechts" genötigt worden, Ausnahmemaßregeln zu treffen und die ganze Nordsee als Kriegsgebiet zu erklären. Wie ungerechtfertigt diese Beschuldigungen gegen unsere Marine sind, hat die deutsche Reichsregierung in ihrer an die neutralen Mächte gerichteten Denkschrift vom 7. November 1914 klargelegt, die mit folgenden Ausführungen schließt: „Der Aufwand an starken Worten und sittlicher Entrüstung, womit der britische Protest (gegen das Legen deutscher Minen in der Nordsee) die deutsche Regierung vor den neutralen Mächten denunziert, ist hiernach durch das deutsche Vorgehen in keiner Weise gerechtfertigt. Dieser Protest ist offenbar ein Mittel, um die englischerseits beliebten schweren Verletzungen der in der Londoner Seekriegsrechtserklärung niedergelegten Regeln des geltenden Völkerrechts zu verdecken und die inzwischen erfolgte völkerrechtswidrige Schließung der Nordsee, die in ihrer wirtschaftlichen Bedeutung der Blockade neutraler Küsten gleichkommt, in der öffentlichen Meinung vorzubereiten. Angesichts dieser Tatsachen berührt es doppelt eigentümlich, wenn sich die britische Regierung als Vorkämpferin des feststehenden und allgemein angenommenen Grundsatzes der Freiheit der Meere für den friedlichen Handel aufwirft; ein friedlicher Handel ist augenscheinlich für das im Kriege befindliche England nur derjenige neutrale Handel, der Waren nach England bringt, nicht aber derjenige, der Waren seinen Gegnern zuführt oder möglicherweise zuführen könnte. — Die Deutsche Regierung ist überzeugt, daß die andauernde Vergewaltigung des neutralen Handels durch England den britischen Protest überall in dem richtigen Licht erscheinen lassen wird. Sie ist sich bewußt, ihrerseits bei den durch die militärische Notwendigkeit gebotenen Maßnahmen die Gefährdung oder Schädigung neutraler Schiffahrt in möglichst engen Grenzen gehalten und sich dabei streng nach den Regeln gerichtet zu haben, die bisher zwischen zivilisierten Völkern für die Seekriegführung galten. Dagegen rechtfertigt sich die Beeinträchtigung der neutralen Lebensinteressen von englischer Seite durch keinerlei militärische Notwendigkeit, da sie mit den kriegerischen Maßnahmen nicht im Zusammenhange steht und lediglich die Volkswirtschaft des Feindes durch Lahmlegung des legitimen neutralen Handels treffen will. Diese grundsätzliche Mißachtung der von ihr angegriffenen Meeresfreiheit nimmt der Britischen Regierung jedes Recht, in der Frage der die Neutralen ungleich weniger schädigenden Minenlegung als Anwalt dieser Freiheit aufzutreten.“

Kräftig ist auch bei Pohl (a. a. O.) jenes Verfahren gekennzeichnet: „Ausgerechnet England wagt es, sich als Anwalt der Meeresfreiheit aufzuspielen, die es immer mit Füßen getreten hat! Das ist echt — englisch.“

Wenn aber England dennoch für die Freiheit der Meere eintritt, dann meint es nichts anderes, als seine einzige, unteilbare Vorherrschaft. Als der deutsche Reichskanzler von Bethmann Hollweg in seiner Reichstagsrede vom 19. August 1915 die Befreiung der Weltmeere von der englischen Oberherrschaft als deutsches Kriegsziel aufstellte, antworteten die Times: „Für uns ist die Freiheit der Meere eine Daseinsbedingung und solange wir als Nation weiterbestehen, werden wir jene Freiheit durch völkerrechtliche Übereinkommen oder friedensschwärmerische Abmachungen ebensowenig verschachern, wie ein freier Mann sich in die Sklaverei verkaufen wird.“ Zwar erklärte Lord Grey wenige Wochen später, es sei vernünftig, die Freiheit der Meere zum Gegenstand von Beratungen, Begriffsbestimmungen und Abkommen nach dem Kriege zu machen. Der Hauptton dürfte[32] auf den Worten „nach dem Kriege" gelegen haben. „Denn das ist ja gerade das Kennzeichen der englischen Politik, daß sie sich in Friedenszeiten sehr gern an allen möglichen internationalen Vereinbarungen beteiligt, sie aber dann regelmäßig für null und nichtig erklärt oder stillschweigend beiseite schiebt, falls es ihr in Kriegszeiten zweckmäßig zu sein scheint. Ein englischer Staatsmann kann sich auch ohne Gefahr für sein Land an den weitgehendsten Abmachungen beteiligen, weil er mit Sicherheit darauf rechnen kann, daß er die übergroße Mehrheit seines Volkes hinter sich hat, sobald er im Ernstfalle die Nichtbeachtung dieser Vereinbarungen für notwendig hält."[32] Aber selbst Lord Greys Äußerung fand lebhaften Widerspruch. Gibson Bowles bezeichnete es in der Morning Post vom 30. August 1915 als eine höchst gefährliche Erklärung, daß England bereit sei, nach dem Friedensschluß über Aufgabe seiner einzigen Angriffs- und Verteidigungswaffen auf Verhandlungen einzugehen. Alle Erörterungen und Abmachungen über die Freiheit der Meere könnten zu einer Verkümmerung der englischen Seemacht führen, ebenso wie die Haager Konferenz von 1907 und die Londoner von 1909. Infolge der gegen ihn gerichteten Angriffe ließ Lord Grey seine Erklärung am 15. September 1915 durch seinen Unterstaatssekretär abschwächen und ausdrücklich versichern, daß er nicht für einen Augenblick die Frage der Beschränkung der englischen Seemacht in Frage ziehen wird, es sei denn im Zusammenhange mit der allgemeinen Frage der Gestaltung des Friedens (pacification) in Europa. Das Unterhaus schien aber hiermit keineswegs zufrieden. Man verfolgte in England die amerikanischen diplomatischen Handlungen, die den Grundsatz von der Freiheit der Meere betonten, mit sehr gemischten Gefühlen. Auf die deutsche Note vom 10. April 1916 überreichte der amerikanische Botschafter am 20. April eine vom 18. desselben Monats datierte Anwort. In dieser wurde die kaiserliche Regierung daran erinnert, daß die Vereinigten Staaten nach der deutschen Seesperrenerklärung vom Februar 1915 den Standpunkt eingenommen haben, daß eine solche Politik nicht verfolgt werden könnte ohne beständige schwere und offenkundige Verletzungen des anerkannten Völkerrechts; daß sie ihren Widerspruch darauf gegründet habe, daß Personen neutraler Nationalität und Schiffe neutraler Eigentümer äußersten und unerträglichen Gefahren ausgesetzt sein würden, und daß unter den damals obwaltenden Umständen die kaiserliche Regierung keinen rechtmäßigen Anspruch darauf habe geltend machen können, einen Teil der hohen See zu schließen. Trotzdem hat die deutsche Regierung auf der Durchführung der angekündigten Politik bestanden. Den Schluß der Note bildet die Androhung einer Lösung der diplomatischen Beziehungen. Hierauf antwortete Deutschland unter dem 4. Mai 1916 unter anderem mit der nachdrücklichen Feststellung, daß es nicht die deutsche, sondern die britische Regierung gewesen ist, die diesen furchtbaren Krieg unter Mißachtung aller, zwischen den Völkern vereinbarten Rechtsnormen, auf Leben und Eigentum der Nichtkämpfer ausgedehnt hat und zwar ohne jede Rücksicht auf die durch diese Art der Kriegführung schwer geschädigten Interessen und Rechte der Neutralen und Nichtkämpfenden. „In bitterster Notwehr gegen die rechtswidrige Kriegführung Englands, im Kampf um das Dasein des deutschen Volkes hat die deutsche Kriegführung zu dem harten, aber wirksamen Mittel des Unterseebootkriegs greifen müssen. Das deutsche Volk weiß, daß es in der Hand der Regierung der Vereinigten Staaten liegt, den Krieg im Sinne der Menschlichkeit und des Völkerrechts auf die Streitkräfte der kämpfenden Staaten zu beschränken. Die amerikanische Regierung wäre dieses Erfolges sicher gewesen, wenn sie sich entschlossen hätte, ihre unbestreitbaren Rechte auf die Freiheit der Meere England gegenüber nachdrücklich geltend zu machen. So aber steht das deutsche Volk unter dem Eindruck, daß die Regierung der Vereinigten Staaten von Deutschland in dessen Existenzkampf die Beschränkung im Gebrauch einer wirksamen Waffe verlangt und daß sie die Aufrechterhaltung ihrer Beziehungen zu Deutschland von der Erfüllung dieser Forderung abhängig macht, während sie sich gegenüber den völkerrechtlichen Methoden seiner Feinde mit Protesten begnügt. . . . . . In dem Daseinskampfe, den Deutschland zu führen gezwungen ist, kann ihm jedoch von den Neutralen nicht zugemutet werden, sich mit Rücksicht auf ihre Interessen im Gebrauch einer wirksamen Waffe Beschränkungen aufzuerlegen, wenn seinen Gegnern gestattet bleibt, ihrerseits völkerrechtswidrige Mittel nach Belieben zur Anwendung zu bringen. Ein solches Verlangen würde mit dem Wesen der Neutralität unvereinbar sein. Die deutsche Regierung ist überzeugt, daß der Regierung der Vereinigten Staaten eine derartige Zumutung fern liegt; dies entnimmt sie aus der wiederholten Erklärung der amerikanischen Regierung, daß sie allen Kriegführenden gegenüber die verletzte Freiheit der Meere wiederherzustellen entschlossen sei. Die deutsche Regierung geht demgemäß von der Erwartung aus, daß ihre neue Weisung an die Seestreitkräfte auch in den Augen der Regierung der Vereinigten Staaten jedes Hindernis für die Verwirklichung der in der Note vom 23. Juli 1915 angebotenen Zusammenarbeit zu der noch während des Krieges zu bewirkenden Wiederherstellung der Freiheit der Meere aus dem Wege räumt. . ."

In der Erwiderung durch die Note vom 10. Mai 1916 will aber noch Nordamerika von der gleichen Behandlung Deutschlands und Englands nichts wissen. Dies wird in folgende heuchlerische Sätze gekleidet: „Die Regierung der Vereinigten Staaten hält für notwendig, zu erklären, sie sehe es für ausgemacht an, daß die Kaiserliche Regierung nicht beabsichtigt, zu verstehen zu geben, daß die Aufrechterhaltung der neu angekündigten Politik in irgendeiner Weise von dem Ablauf oder Ergebnis der diplomatischen Verhandlungen zwischen der Regierung der Vereinigten Staaten und irgendeiner anderen kriegführenden Regierung abhänge, obwohl einige Stellen in der Note der Kaiserlichen Regierung vom 4. Mai einer solchen Auslegung fähig sein könnten. Um jedoch die Möglichkeit eines Mißverständnisses zu vermeiden, teilt die Regierung der Vereinigten Staaten der Kaiserlichen Regierung mit, daß sie keinen Augenblick den Gedanken in Betracht ziehen, geschweige denn erörtern kann, daß die Achtung der Rechte amerikanischer Bürger auf der hohen See von seiten der deutschen Marinebehörden in irgendeiner Weise oder in geringstem Grade von dem Verhalten irgendeiner Regierung, das die Rechte der Neutralen und Nichtkämpfenden berührt, abhängig gemacht werden sollte. Die Verantwortlichkeit in diesen Dingen ist getrennt, nicht gemeinsam, absolut, nicht relativ."[33]

Am 27. Mai 1916 entwarf Präsident Wilson in einer Rede vor der Friedensliga zu Washington die Richtlinien, denen er als Haupt der Nation folgen wolle, wenn es das Vorrecht der Vereinigten Staaten werden sollte, die Friedensbewegung unter den Kriegführenden Europas anzuregen oder einzuleiten. Als eine dieser Richtlinien bezeichnete er „eine allgemeine Verbindung der Nationen zu dem Zweck, die Sicherheit der Hochstraßen der See für den gemeinsamen ungehinderten Gebrauch aller Nationen der Welt unverletzt aufrecht zu erhalten und zu verhindern, daß irgendein Krieg beginnt gegen die Verträge oder ohne Warnung und daß seine Gründe der öffentlichen Meinung der Welt zur Beurteilung vorgelegt werden, was eine tatsächliche Gewähr für die territoriale Integrität und politische Unabhängigkeit wäre". Gegen diesen Gedanken der Meeresfreiheit erhob Lord Cromer in der Times vom 30. Mai 1916 sofort lebhaften Widerspruch. Das „angeblich in Berlin erdachte Gerede von der Freiheit des Meeres" sei nur ein beschönigender Ausdruck für die Vernichtung der englischen Oberseeherrschaft, die bis dahin ein Segen für die ganze Welt gewesen sei!

Es wird uns also klar: „Freiheit der Meere", von England ausgesprochen, bedeutet unbedingte britische Vorherrschaft, Übermacht und Willkür zur See. Sicherheit der Hochstraßen der See für andere aber ist „Vernichtung der englischen Vorherrschaft". Dagegen bedeutet für Deutschlands Regierung „Freiheit der Meere" nur das Verlangen, „das Prinzip des Rechts und der freien Entwicklung nicht bloß auf dem Festlande, sondern auch auf dem Meere zur Geltung zu bringen"[34], nicht, wie von englischer Seite immer wieder behauptet wird, die englische Vorherrschaft etwa durch die deutsche zu ersetzen. Die Reichhaltigkeit der Vorstellungen, die hüben und drüben mit der „Meeresfreiheit" verbunden werden, kann kaum noch überboten werden.

Die Neutralen, damals Nordamerika voran, haben sich Englands Verfahren, von papiernen Protesten abgesehen, gefallen lassen und gleichwohl seltsamerweise nicht der britischen, sondern der deutschen Regierung die Verletzung der Meeresfreiheit vorgeworfen. Für sie gelten die Sätze, die Müller-Meiningen[35] in berechtigter Empörung gefunden hat: „Erlaubt oder duldet eine neutrale Macht die Störung ihres, nach Völkerrecht loyalen und berechtigten Handels mit dem einen Kriegführenden oder sichert sie ihn nur durch Schein- und Papieraktionen, während sie einseitig den illoyalen Handel seiner Angehörigen mit absoluter Konterbande mit anderen Kriegführenden begünstigt, so fügt sie dem Unrecht den verletzenden Hohn und Spott hinzu, wenn sie sich stellt, als führe sie die geltenden Völkerrechtsnormen streng „neutral", d. h. unparteiisch, durch. Das Unrecht wird um so größer, der Unwille um so stärker, je mehr das geschieht unter Mißbrauch der Not eines großen, von allen Seiten bedrängten Volkes, das zeigt, daß es mit einem anderen, durch geschichtliche und andere Bande eng freundschaftlich verbundenen Volke, wenn möglich, nicht in einen ernstlichen Konflikt kommen möchte."

Diese letzten Worte waren auf Nordamerika gemünzt. Vielleicht die Regierung keines Staates hat in diesem Kriege so viel von der Freiheit der Meere geredet, ja diesen Grundsatz zum Angelpunkt ihrer ganzen, gegen uns gerichteten feindseligen Politik gemacht, als die der Vereinigten Staaten. Ihr Eingreifen wurde letzten Endes völkerrechtlich nur auf die Behauptung gestützt, daß die deutsche Kriegführung Nordamerika gegenüber den Grundsatz der Meeresfreiheit aufhebe. Nordamerika pochte auf das angebliche Recht, daß seine Angehörigen, seine Schiffe und Waren unbehindert und ungeschädigt auch in Kriegszeiten das offene Meer befahren dürfen, auch im Kriegsgebiete, auch in den Fällen, die nach deutscher Auffassung die Befugnis zur Torpedierung geben. Dagegen nahmen die Vereinigten Staaten die Seesperre Englands, ohne irgendwelche praktisch wirksame Maßregeln dagegen zu ergreifen, hin, gestatteten die mit der Freiheit der Meere unvereinbare Beeinträchtigung ihres Handels nach Deutschland, duldeten die Überwachung ihres eigenen Handels, die Vergewaltigung der kleineren Neutralen, schädigten Deutschland während des ganzen Krieges empfindlich durch Zulassung von ungeheueren Munitions- und Nahrungsmittellieferungen ausschließlich an unsere Feinde.[36] Wirkungslos verhallte der Appell des Herausgebers der deutsch-amerikanischen Wochenschrift "The Fatherland" vom 11. August 1915 an den Präsidenten Wilson und seine Ratgeber: „Wenn wir das Leben von Amerikanern zu schützen wünschen, warum haben wir dann verächtlich das deutsche Angebot unverletzlicher Schiffe zurückgewiesen, die gegen einen Angriff deutscher Unterseeboote gesichert sein sollen? Es mag vielleicht gesagt werden, daß weniger an dem Schutz des Lebens unserer Bürger gelegen sein kann, als daran, ein für allemal die Freiheit der Meere sicherzustellen. Wenn aber die Freiheit der Meere in Gefahr ist, warum verteidigen wir sie nicht gegen Großbritannien?"

Ist die formale, von Nordamerika angenommene Rechtsgrundlage von dem Grundsatze der Meeresfreiheit nicht zu trennen und deshalb auch aus den Beweggründen der Kriegserklärung gegen Deutschland nicht auszuschalten, so haben wir ein Moment mehr, das uns die ungeheure Bedeutung dieser Frage vor Augen stellt. Vom deutschen Standpunkte aus muß in diesem Zusammenhange besonders denkwürdig erscheinen, daß jener Grundsatz für dieselbe Regierung einen nur zu sehr erwünschten Vorwand bot, deren Reden von süßen Worten scheinheiliger Überschwenglichkeit überflossen, die Gott und die Menschlichkeit, die heiligsten Gefühle aller Kulturmenschen, Recht und Gerechtigkeit anrief, während sie unbedenklich die Kraft und Blüte der deutschen Nation zu Hunderttausenden töten half und uns verbitterte bis zum tiefsten Kern unseres Wesens. Noch ist es nicht möglich, allseitige Klarheit über die Gründe der Haltung Nordamerikas zu diesem Weltkriege zu gewinnen und sicherlich spielen ideologische Momente eine nicht geringe Rolle. So viel steht aber doch schon fest, daß es auch materielle Interessen krassester Art verfolgte und endlich durch die Kriegserklärung eingriff, weil es für sein, den Ententestaaten geliehenes Geld fürchtete und ihnen deshalb helfen zu müssen glaubte. Alle Einzelstaaten der Union haben sich in einem ungeheuren Maße auf die Kriegslieferungen für unsere Feinde eingestellt, nicht nur die Banken. Ganze Städte sind aus der Erde geschossen um die großen Munitionsfabriken. Ein plötzlicher Friedensschluß drohte für die Vereinigten Staaten einfach eine geldliche und wirtschaftliche Katastrophe zu werden.[37] Geld und Geschäft, nicht Selbstlosigkeit sind die wichtigsten bestimmenden Gründe Nordamerikas gewesen. Dazu kam, daß es sich auf die kommende Auseinandersetzung mit Japan.

vielleicht auch noch mit anderen Mächten, vorbereiten muß und hierfür Großbritannien an sich fesseln wollte.

All dies lehrt uns aber noch eins: England und die Staaten, die selbst die Freiheit der Meere nicht achten, und diejenigen Neutralen, die sich diese Achtung nicht erzwingen können, führen den Grundsatz mit Vorliebe im Munde. Heuchelei und Trug bezeichnen den Weg und ein großer Gedanke des Völkerrechts ist zu einem mißbrauchten Schlagwort herabgesunken. Muß Deutschland nicht auch dieser Wahrheit ernst und entschlossen ins Antlitz sehen und seinen Willen stählen, sich nicht durch tönende Phrasen einfangen zu lassen?

Schließlich gilt es, mit derselben Herbheit der Pflichterfüllung festzustellen, daß Deutschland durch die harte Notwendigkeit dazu getrieben wurde, die durch England verschuldete Unfreiheit der Meere als nicht zu übersehende Tatsache anzuerkennen, sich in diesem Kampfe auf Leben und Tod danach einzurichten. Wir mußten unsere Verteidigung auf dieses Verfahren einstellen, wenn wir nicht besiegt werden wollten. Gewiß, wir sind gezwungen worden, Gegenmaßregeln zu ergreifen; aber wir haben es getan, wir haben die Unmöglichkeit einer Freiheit der Meere in diesem Weltkriege zugeben müssen. Vergessen wir also niemals, daß nach der englischen Order in Council vom 20. August 1914 das Bestehen einer Blockade für alle Schiffe als bekannt erachtet werden sollte, die solange nach der Bekanntgabe der Blockade an die örtlichen Behörden von einem feindlichen Hafen abgefahren oder in einen solchen Hafen eingelaufen sind, daß die feindliche Regierung genügende Gelegenheit hatte, um das Bestehen der Blockade bekannt zu machen; daß nach dieser Order das Bestehen einer Blockade ferner für alle Schiffe als bekannt gelten sollte, die nach der Veröffentlichung der Blockadeerklärung von einem britischen Hafen, einem Hafen einer der verbündeten Mächte abgefahren sind, oder einen solchen angelaufen haben. Danach sollten, wie Pohl[38] ausführt, im Widerspruch zur Londoner Erklärung von 1909 die Behörden des feindlichen Staates sofort unmittelbar den einzelnen, in ihrem Hoheitsbereich liegenden Schiffen das Bestehen der Blockade bekanntgeben, also der blockierenden Streitmacht die Pflicht zur Bekanntgabe der Blockade an das einzelne Schiff abnehmen, dem die Kenntnis des Bestehens der Blockade fehlt und bei dem diese Kenntnis nach der Londoner Deklaration auch nicht vermutet werden kann. England wollte dadurch „die Behörden der feindlichen Macht seinem Blockadegeschwader dienstbar machen; fügen sich die Behörden des Feindes diesem Ansinnen Englands nicht, nun, dann müssen es eben unschuldige neutrale Schiffe büßen, die von dem Bestehen der Blockade keine Kenntnis haben und die feindlichen Behörden allein sind schuld daran. Bei ihnen mögen sich die Eigentümer der neutralen Schiffe bedanken." Erinnern wir uns stets daran, daß jene Order zwar am 29. Oktober 1914 aufgehoben, erneut die Annahme der Londoner Deklaration unter Festsetzung besonderer Abänderungen verkündigt wurde, daß aber England tatsächlich mit seiner Nordseesperre vom 3. November 1914 das ganze Blockaderecht über den Haufen warf, ohne seine einzelnen Sätze formell außer Kraft zu setzen.[39] Bleiben wir alle Zeiten dessen eingedenk, daß erst infolge dieser Brechung des Völkerrechts durch Großbritannien unser Admiralstab genötigt wurde, folgendes am 4. Februar 1915 zu verkünden:

„1. Die Gewässer rings um Großbritannien und Irland einschließlich des gesamten englischen Kanals werden hiermit als Kriegsgebiet erklärt. Vom 18. Februar 1915 an wird jedes in diesem Kriegsgebiet angetroffene Kauffahrteischiff zerstört werden, ohne daß es immer möglich sein wird, die dabei der Besatzung und den Passagieren drohenden Gefahren abzuwenden.

2. Auch die neutralen Schiffe laufen im Kriegsgebiet Gefahr, da angesichts des von der britischen Regierung am 31. Januar angeordneten Mißbrauchs neutraler Flaggen und der Zufälligkeiten des Seekrieges nicht immer vermieden werden kann, daß die auf feindliche Schiffe berechneten Angriffe auch neutrale Schiffe treffen.

3. Die Schiffahrt nördlich um die Shetland-Inseln in dem östlichen Gebiete der Nordsee und in einem Streifen von mindestens 30 Seemeilen Breite entlang der niederländischen Küste ist gefährdet."

An diese Bekanntmachung schloß sich an der Schriftwechsel Deutschlands mit den Vereinigten Staaten von Nordamerika bis zu den Noten vom 4. und 10. Mai 1916. Dann kam am 26. Januar 1917 die neue englische Seesperre der deutschen Bucht von der Doggerbank bis gegen die holländische und dänische Küste. Ihr antwortete Deutschland mit der großen Sperre der Gewässer um die feindlichen Küsten, die am 1. Februar 1917 in Wirksamkeit trat. Diese hatte den sofortigen Abbruch der diplomatischen Beziehungen Nordamerikas zu Deutschland, späterhin die Kriegserklärung der Vereinigten Staaten gegen uns zur Folge. So sind auch wir in steigendem Maße zur Beschränkung der Meeresfreiheit während dieses Krieges gedrängt worden.

V.

Sind wir aber nach alledem zu einem erheblichen Maße zum Zweifelsinn befugt und verpflichtet, so werden wir von selbst auf die Frage zurückgeworfen, woher dieser Grundsatz von der Freiheit der Meere für Friedens- und für Kriegszeiten stammt. Die Geschichte könnte uns am Ende belehren, daß es Entstehungsgründe politischer Art waren, die zu ihm geführt haben, und daß jenen Gründen nur ein rechtliches Mäntelchen angehängt wurde, das ihren Charakter allmählich verdunkelt hat. Vielleicht war jener Grundsatz immer nur der verschämte Ausdruck der jeweiligen Machtverhältnisse zur See, die der juristischen Maske nicht entbehren wollten, vielleicht auch nicht konnten? Schließlich müßten wir unser Denken doch berichtigen und anders einstellen, falls sich zeigen sollte, daß die Seekriege ganz und gar nicht so abliefen, daß man in den Ereignissen und rechtsbedeutsamen Handlungen der kämpfenden Staaten die „Freiheit der Meere“ als eine anerkannte Regel des Völkerrechts bestätigt finden könnte. So werden wir von selbst zu der Prüfung gedrängt, ob es überhaupt so lange, als Staaten und Völker gegeneinander auf diesem Erdball Seekriege führen, möglich ist, die Freiheit der Meere während der Kriegsdauer aufrecht zu erhalten.

Eine Antwort hierauf setzt aber voraus, daß wir Klarheit besitzen darüber, was denn jener Grundsatz im Völkerrecht bis zum Ausbruch des großen Völkerringens bedeutete und ob man von ihm auch für die Kriegszeit redlicherweise sprechen könnte, obwohl das Seebeuterecht, die Blockade, die Minenlegung und das Prisenrecht völkerrechtlich als zulässig galten. All das führt notwendig auf den geschichtlichen Ausgangspunkt zurück.

So ist denn der Weg gewiesen, den die nachfolgenden Untersuchungen beschreiten müssen. In dem folgenden zweiten Hauptstück dieser Schrift komme ich kurz auf die Geschichte des Grundsatzes von der Freiheit der Meere zu sprechen und verfolge seine Entwicklung bis an die Schwelle des Weltkrieges. Dabei ist zu fragen, ob er als geltender Rechtssatz für die Friedenszeit bis zum Ausbruch des Weltkrieges angesehen werden konnte. Hiernach wird in einem dritten Hauptstück darauf einzugehen sein, ob nach beendetem Weltkriege die Geltung der „Freiheit der Meere" auch nur für Friedenszeiten gesichert erscheint, ob nicht vielmehr in den von den Ententestaaten bereits eingeleiteten Maßnahmen des Wirtschaftskrieges nach Ruhen des Waffenkrieges die Gefahr der Ausschaltung jenes Grundsatzes liegt.

Die „Freiheit der Meere" während des Krieges bildet dann den Gegenstand des vierten Hauptstückes. Hierbei ist es unerläßlich, mit wissenschaftlicher Sachlichkeit die Völkerrechtsverletzungen zu verfolgen. Was nach diesem Weltkrieg die „Freiheit der Meere" für Kriegszeiten voraussichtlich bedeuten wird und ob sie durchführbar ist soll uns hiernach ebenso beschäftigen, wie der Versuch, aus dem offenbaren Widerstreit von staatlicher Lebensnotwendigkeit und dogmatischer Grundsatzbehauptung herauszukommen.

Wird sich angesichts der Erfahrungen des Weltkrieges bezüglich der Freiheit der Meere eine recht pessimistische Auffassung aufdrängen, so gilt es, in einem letzten fünften Hauptstücke in anspruchsloser Skizze darzutun, welche Mittel des Völkerrechts und auch der mit ihm nahe verwandten großen Politik sich doch noch bieten, um die in ihren Hoffnungen auf höhere Gemeinschaftsziele bitter enttäuschte Menschheit doch noch aufzurichten und vor allem, eine möglichst haltbare Grundlage für den Verkehr der Staaten, für ihr gegenseitiges, eng miteinander verflochtenes wirtschaftliches und geistiges Leben zu schaffen. Daß Allheilmittel nicht denkbar, absolute Sicherheiten gegen kriegerische Katastrophen nicht möglich sind, ist allerdings meine feste Überzeugung. Aber vielleicht lassen sich eine Anzahl von wichtigen Sicherungsmitteln finden und in der Welt zwischenstaatlichen Daseins fest verankern. Ich werde in diesem Zusammenhang auch mit dem Schlagwort von dem angeblichen „Zusammenbruch" des Völkerrechts abrechnen und zeigen, daß die Schranken der Meeresfreiheit auch im Kriege zwar bleiben werden, daß aber Maßregeln gegen brutale Willkür durchaus denkbar und sogar praktisch durchführbar sind. Als festeste Stützen gelten mir, wie ich ausführen werde: ein politisches Gleichgewichtssystem, das auf wirklicher Interessengemeinschaft von mindestens zwei großen Staatengruppen, nicht nur auf roher Macht, aufgebaut ist und daneben eine immer feinere, die Gegenseitigkeit in allen Punkten voraussetzende Ordnung auf den Gebieten des internationalen Privat-, Handels-, Straf- und Verwaltungsrechtes. Dieses soll auch die sichtbare Ausdrucksform für die tatsächlichen Bedürfnisse und Notwendigkeiten der Völker sein, unbeschadet ihrer vielen inneren und äußeren Verschiedenheiten. Nur beides zusammen kann die Grundlage einer gemeinsamen und dauernden Friedensarbeit darstellen.

Diese mit den Mitteln der Völkerrechtswissenschaft unternommene Arbeit findet wohl in den bezeichneten Zielen der Erörterung ihre Rechtfertigung. Wir wollen aber auch daran denken, daß die weltgeschichtliche Beurteilung unseres ganzen Verhältnisses im Seekriege gegenüber unseren Feinden, insbesondere England und Nordamerika, aber auch gegenüber den Neutralen, auf das engste mit der „Freiheit der Meere" zusammenhängt. Die weltgeschichtliche Verantwortlichkeit ist von diesem Problem nicht zu trennen. Hinzukommt, daß seine Behandlung mit einer ganzen Gruppe von schwierigen Grundfragen zusammenhängt, so mit der, ob der Krieg sich nur gegen die bewaffnete Macht oder auch gegen die Bevölkerung richten darf, ob und in welchem Umfange den Reformbestrebungen zugestimmt werden kann, die die Änderung der Vorschriften über die Verletzlichkeit des Privateigentums im Seekriege, die Sperrung der Meeresstraßen, die Rechte der neutralen Handelsschiffahrt, Bannwaren- und Minenlegungsrecht, somit einen sehr erheblichen Teil des Völkerrechts überhaupt, angehen. Das sind aber nicht nur international-rechtliche Angelegenheiten von allergrößter Tragweite; mit ihnen verknüpft sind auch die Schicksalsfrage unserer Nation: Wie verhalten wir uns in Deutschland nach diesem Kriege zu der „Freiheit der Meere"? Welche Stellung sollen wir nach Einkehr des Friedens zum Seekriegsrecht der Zukunft nehmen?

So greift diese völkerrechtliche Studie, unabhängig von ihrem wissenschaftlichen Gepräge, auf die große Politik über und hofft, an ihrem Teil den Weg zu praktisch-politischer Wirksamkeit weisen zu können.

Zweites Hauptstück.

Die Entstehung und Entwicklung des Grundsatzes von der „Freiheit der Meere“.

I.

Es hat für das drängende Problem des gegenwärtigen Zeitalters weder vom völkerrechtlichen noch vom politischen Gesichtspunkte aus erheblichen Wert, den frühesten Spuren im menschlichen Denken, die zur Freiheit der Meere geführt haben, in breiter Darstellung nachzugehen. Es sei nur das Wichtigste, dies aber vollständig, hervorgehoben.

Ein Handelsvertrag zwischen Rom und Carthago, wahrscheinlich aus dem Jahre 406 v. Chr., bietet uns die älteste bekannt gewordene Beschränkung freier Schiffahrt: den Römern wird untersagt, über das schöne Vorgebirge hinauszufahren, es sei denn in Fällen schwerer Seenot.[1] Ein Waffenstillstand zwischen Athen und Sparta aus dem Jahre 423 v. Chr. ordnet die Schließung des Ägäischen Meeres für Kriegsschiffe an.[2] Für die spätere Konstruktion war immerhin die römisch-rechtliche, aus der Natur der Dinge abgeleitete Anschauung, daß das Meer als ein allen gemeinsamer Gegenstand anzusehen sei, von Bedeutung.[3] Nur einzelne Teile des Meeres konnten durch tatsächliche Ausscheidung, für die Dauer des Bestehens derselben, Gegenstand des Privatrechts werden.[4] Jedoch dachte man erst zur Zeit der römischen Kaiser als Herren und Beherrscher der Welt an ein Hoheits- und Eigentumsrecht am Meere. Kennzeichnend ist das überhebliche Wort des Kaisers Marc Aurel: „Ich bin der Herr der Welt, das Gesetz des Meeres.“[5]

König Edgar von England (959—975) maßte sich schon die Souveränität an über alle Meere rings um England[6]; später nahmen Genua und Pisa über das Ligurische, Venedig über das adriatische Meer das Eigentums- und Hoheitsrecht für sich in Anspruch, dieses mit einer berühmten symbolischen Handlung: Der Doge versenkte einen Ring in das Meer, um es dem Staate zu vermählen „als Zeichen der wahren und ewigen Herrschaft". Beide Republiken haben damit den Gedanken einer Verpflichtung zum Schutze des Seehandels gegen Sarazenen und Piraten verbunden.[7] Fra Paolo Sarpi schrieb 1676 zur Stütze der Ansprüche der aristokratischen Republik sein Buch Del dominio del mare Adriatico. Die Türkei verlangte die oberste Vorherrschaft über alle, an ihre Landgebiete grenzenden Meere, insbesondere über das Schwarze Meer. Andrerseits nahm auch der Kaiser des Heiligen Römischen Reichs Deutscher Nation in seinen Titel die Worte auf: „Deren Kanarischen Insuln, in Ost- und Westindien, deren Insuln und terrae firmae, des Oceani König."[8] Diesen theoretischen Ansprüchen gegenüber sind die machtpolitischen Verhältnisse ausschlaggebend gewesen. Wie früher der Anspruch König Edgars, so bedeutet auch die Leugnung der Meeresfreiheit eine Erklärung des Königs Erich von Dänemark und Norwegen im Jahre 1432 gegenüber dem König von England, daß in den norwegischen Meeren von alters her niemand die Fischerei oder den Handel betreiben dürfe, außer mit besonderer königlicher Erlaubnis. Es ändert an dieser Auffassung natürlich nichts, wenn später „das Recht zu diesem Betrieb für Englands Untertanen durch mehrere Staatsverträge, welche abwechselnd teils gehalten, teils für unverbindlich erklärt wurden, anerkannt wurde; es handelte sich namentlich um die hohen Erträge des Walfischfanges im Nördlichen Eismeer zwischen Norwegen, Island, Grönland und, wie es in den Erlassen der norwegischen Könige heißt, am Nordpol."[9]

Immerhin waren das im ganzen zwar kennzeichnende, aber vereinzelte Vorgänge. Ein ganz anderes Bild eröffnet sich nach der Entdeckung Amerikas. Hatte man bis dahin hauptsächlich das Mittelmeer, Ost- und Nordsee und andere, Europa näher liegende Seegebiete befahren, so wird mit der technischen Verbesserung des Schiffbaues, der Gewinnung des Kompasses, der Verschiebung der Kulturmittelpunkte in der Richtung der neuen Welt aus der Küstenschiffahrt die Weltschiffahrt, aus der Volkswirtschaft die Weltwirtschaft; aus Binnenstaaten werden Kolonialstaaten mit Gebietsteilen jenseits der Meere. Spanier, Portugiesen und später die Engländer wollen monopolistischen Handel treiben über den Ozean, was ihnen am besten durch Verhinderung des Schiffsverkehrs jeder anderen als der eigenen Nation möglich erschien. So kommt erst recht der Gedanke des Eigentums- und Herrschaftsrechts an der offenen See oder ihren Teilen zum Durchbruch. Er trat in den Bullen der Päpste Nikolaus V., Alexander VI. und Julius II. hervor. Alexander VI. übertrug den vereinigten Kronen von Kastilien und Arragonien (Spanien) die Herrschaft über alle von Kolumbus entdeckten Länder und Inseln, sowie über alle neu entdeckten und in Zukunft zu entdeckenden Länder und Inseln westlich von einem hundert Meilen von den Azoren und den Cap Verdischen Inseln laufenden Meridian; der Krone Lusitaniens (Portugal) die Herrschaft über diejenigen östlich von dieser Linie.[10] Diese Herrschaftsübertragung war für beide Staaten nicht nur die Grundlage ihrer, die Ausschließlichkeit begehrenden Ansprüche auf neue Entdeckung und Erwerbung von Ländern[11], sondern auch der Anlaß zu Streitigkeiten, die Johann II. von Portugal zu schlichten versuchte, indem er am 3. Juni 1494 unter dem Schutze Alexanders II. zu Tordesillas mit Spanien einen Vertrag über die Abgrenzung der beiderseitigen Interessensphären in der neuen Welt schloß. Doch entstanden weitere Reibungen, als die Flotten, deren eine nach Osten, die andere nach Westen gesegelt war, infolge geographischer Unkenntnis im Großen Ozean zusammentrafen.[12] Andere, an dem Meer wesentlich interessierte Staaten haben sich aber an dieses angebliche päpstliche Recht ebensowenig wie an die Ansprüche Spaniens und Portugals gekehrt; die Mittelmeerstaaten, Holland, die Skandinavischen Reiche und England haben, wie sich uns schon gezeigt hat, politische Forderungen gestellt, für die nur eine naive Auffassung eingehende Begründung und rechtliche Bestimmtheit erwartet. Es handelte sich einfach um Machtfragen. Es übertrugen die Staaten, wie ein neuerer Schriftsteller richtig erkannt hat, den unter dem Gesichtswinkel der unbeschränkten Herrschgewalt stehenden Kampf um die Weltherrschaft auf die Verhältnisse des offenen Meeres und kennzeichnen sich durch das für ihre Zeit typische

Fehlen des Gedankens einer rechtlichen Gleichbehandlung der souveränen Staaten, sowie durch das Hervortreten einer allgemeinen Unklarheit über die Begriffe des Eigentums und der staatlichen Herrschaft. Sie verdanken wirtschaftlichen und politischen Tendenzen ihre Entstehung und waren mehr oder weniger nur mit einem Deckmantel juristischer Scheingründe bekleidet.[13]

Gegen die Vorherrschaft Spaniens und Portugals auf dem Gebiete der Schiffahrt und des Welthandels erheben sich zuerst die Holländer, dann die Engländer. Als Portugal 1580 sich mit Spanien vereint, glaubte es die Zeit gekommen, den immer stärker werdenden Wettbewerb Hollands zu lähmen und womöglich auszuschließen und verbot jeden Handelsverkehr Hollands mit spanischen und portugiesischen Häfen. Wem fiele nicht die heutige Parallele zwischen England und Deutschland auf? Die Ereignisse nahmen damals folgenden Verlauf.[14] Hollands überquellende Wirtschaftskraft bediente sich des Schleichhandels unter fremder Flagge, führte ostindische Waren aus Lissabon aus. Das hörte erst auf, als Philipp II. fünfzig holländische Schiffe aufbringen ließ. Jetzt wagten sich holländische Kaufleute selbst nach Indien und Brasilien und bemächtigten sich des dortigen Handels der Portugiesen. Die erste holländische Expedition kehrte am 14. August 1597 aus Ostindien zurück, nachdem sie vor allem mit Java günstige Handelsbeziehungen angeknüpft hatte. Am 20. März 1602 wurde die Holländisch-Ostindische Kompagnie gegründet. Sie hatte von der Regierung das Recht erhalten, im Namen der Generalstaaten mit ostindischen Fürsten Bündnisse und Verträge abzuschließen, sowie in den neuen Kolonien Festungen anzulegen. Die Holländer gerieten auf den Molukken bald mit den Portugiesen in Streit, denen der Admiral van der Hagen in Titora und Amboina ihre Besitzungen entriß, an dessen Stelle die Holländer ihre erste Festung in Indien erbauten. Nachdem die Portugiesen beseitigt waren, begannen die Holländer die Engländer, die ungefähr zu gleicher Zeit mit den holländischen Seefahrern nach Java gekommen und dort Niederlassungen gegründet hatten, aus ihren Gebieten zu verdrängen. Holland erwies sich auch gegenüber Spanien bald als die erfolgreichere Macht. Zwar strengte sich Spanien aufs höchste an, seine Besitzungen durch eine möglichst strenge Durchführung eines monopolistischen Kolonialsystems ausschließlich dem eigenen Lande nutzbar zu machen; aber der Schleichhandel nahm auch dort zu. Schon 1587 waren die Holländer vor der brasilianischen Küste erschienen und hatten die Spanier nach mehrjährigen Kämpfen von hier vertrieben. Allmählich ging auch das Monopol des brasilianischen Handels in die Hände der holländischen Seefahrer über. Sie hatten Erfolg in Indien, Süd- und Mittelamerika, nahmen Gründungen vor in Nordamerika, in den Gebieten von Kap Cod bis zur Delawarebai — das wird England zuviel! Es hatte schon 1390 durch einen Parlamentsbeschluß erklärt, daß englische Kaufleute grundsätzlich nur englische Schiffe befrachten und nur in Ausnahmefällen zur Befrachtung fremder Schiffe befugt sein sollen. Aber der Gedanke, die Herrschaft über das offene Meer auszusprechen, reifte erst später. Hollands Blüte war untrennbar von der Möglichkeit, das Meer unbehindert zu befahren und mit den fernsten Ländern Handel zu treiben. Der englische Geschäftsneid sah daher für die Schädigung dieses Handels in der Unterbindung dieser Freiheit das geeignete Mittel. So wird jetzt in einem Edikt Jakobs I. vom Jahre 1604 von England der Anspruch erhoben auf diejenigen Meeresteile, die durch eine, von Vorgebirge zu Vorgebirge gezogene Linie gewissermaßen vom Meere abgeschnittene Wasserflächen, die sogenannten Kings- oder Queens Chambres bildeten. Jener Beschluß aus dem 14. Jahrhundert entsprang dem Gedanken einer Monopolisierung des Handels; dieses Edikt hatte es auf die Begrenzung der Aktionsfähigkeit der Holländer abgesehen.

Vielleicht geht es zu weit, zu sagen, daß „an der Wende des 16. und 17. Jahrhunderts spanisch-portugiesische Handelsinteressen einerseits, englische andrerseits es waren, die den blühenden Handel Hollands zu erwürgen suchten." Denn die Holländer waren noch später eine Großmacht und sie hielten, wie Prof. Valckenier Kips in Delft es trefflich zusammenfaßt[15], als Schiedsrichter das Gleichgewicht Europas aufrecht. Sie waren das reichste Volk der Welt und wurden von vielen für das mächtigste angesehen. Sie unterhielten blühende Industrien und einen weitausgebreiteten Handel, der sich von den polaren Eiszonen bis zum Äquator hin über alle Weltmeere erstreckte. Ihre Handelsflotte war größer als die aller anderen Völker zusammengenommen. Amsterdam war der Mittelpunkt des ganzen Welthandels und der Bankier der Welt. Die holländischen Städte waren die schönsten der Erde, die holländischen Häuser die reichsten, aus allen Gegenden strömten die Reisenden nach den Niederlanden, um ihren Reichtum, ihre Kunst, ihre Wissenschaft zu bewundern. Noch immer liegt über dem heutigen Holland ein Schimmer vom Glanz jenes goldenen Zeitalters. Aber die Gefahr war doch schon im Anfange des 17. Jahrhunderts groß, daß der Anspruch Englands auf Seegeltung Hollands Zukunft ernstlich bedrohte. War es da zu verwundern, daß es ein Holländer, Hugo Grotius, war, der im Jahre 1609 sein Werk „Mare liberum" (Freies Meer) veröffentlichte? Geschrieben war es mehrere Jahre früher. Es geht zurück auf die von ihm 1604 begonnene, 1605 vollendete Arbeit über das Beuterecht („De jure praedae"), die erst 1864 bekannt geworden ist. Dem 12. Kapitel dieses Werkes ist das „Mare liberum" fast wörtlich entnommen.[16] 1604 hatte aber Jakob I. von England gerade seinen Anspruch auf Herrschaft über das Meer erhoben! Die Ideenverbindung ist offenbar.

Allerdings hatte die Königin Elisabeth — unter deren Herrschaft (1558—1603) die Engländer das Eigentum aller britischen Gewässer für sich in Anspruch nahmen — erklärt: „Weder die Natur noch auch das allgemeine Interesse gestatten irgendwie einen ausschließlichen Besitz des Meeres durch eine Nation oder Privatperson; der Ozean ist frei für jedermann, es gibt keinerlei Rechtstitel, der ihn zu besitzen erlaubte, weder Natur noch Gewohnheit lassen die Besitzergreifung zu; Meer- und Luftbereich sind Gemeingut aller Menschen." Aber dies war „nur ein vereinzelter Lichtstrahl, dessen Quelle in den handelspolitischen Verhältnissen der damaligen Zeit lag."[17] Ich glaube, man kann auch noch weitergehen und sagen, daß die Königin jenen Grundsatz nur zur Geltung brachte, weil er Englands Interesse für einen bestimmten Fall entsprach. Handelte es sich doch um die Abwehr maßloser Ansprüche Spaniens und Portugals gegenüber dem spanischen Gesandten Mendoza (1580) gegen die Entdeckungsreise Drakes im Stillen Ozean. Jedenfalls steht die Äußerung in der englischen Geschichte ganz vereinzelt. Vorher hatte, wie schon festgestellt, König

Edgar und später haben Jakob I., Karl I. (1625—1649), Cromwell (1657—1658) und Wilhelm der Oranier (1688—1702) die Herrschaftstheorie über offene Meere festgehalten. Hierzu tritt noch die in dem Admiralitätsregulativ von 1805 beanspruchte Anerkennung der Oberherrschaft Englands durch das Seezeremoniell.[18]

Nun reifen uns bereits zwei wichtige Erkenntnisse. Die eine ist die: Meeresfreiheit und Meeresunfreiheit sind aus rein politischen Erwägungen entstandene Grundsätze. Holland hatte Machtinteressen an der Erhaltung des offenen Meeres und verteidigte es aus diesem Grunde. Ebendeshalb hatte das rivalisierende England das entgegengesetzte Verlangen; es hatte Interesse an einem, durch seine eigenen Machtmittel geschlossenen Meere. Die zweite Erkenntnis aber ist die: Meeresfreiheit war bedingt durch Bedürfnisse und vermeintliche oder wirkliche Notwendigkeiten einer bestimmten Nation. Der Zweifel ist sehr berechtigt, ob nicht zu allen Zeiten widerstreitende Interessen von Seemächten zu einer verschiedenen Stellungnahme in bezug auf die Meeresfreiheit — jedenfalls im Kriege — geradezu führen müssen, wie sie in der Geschichte tatsächlich geführt haben. Für die Welt des 17. Jahrhunderts kann man diese Gegensätzlichkeit nicht bestreiten. Auch kann niemand den Beweis erbringen, daß damals die Freiheit oder die Unfreiheit der Meere ein natürliches und widerspruchloses Erfordernis aller Staaten der Welt gewesen wäre. Was dem einen nutzte, konnte dem anderen schädlich sein.

Nun ist ja immerhin denkbar, daß ein aus politischen Machtverhältnissen geborenes Prinzip, unbeschadet seiner historischen Veranlassung, sich zu einem Rechtsgrundsatz erheben könnte. Es ist deshalb zu prüfen, ob der wissenschaftliche und politische Kampf um die Meeresfreiheit zu diesem Ergebnis geführt hat. Wir müssen uns zunächst dem literarischen Begründer dieser Theorie, seinen Beweisgründen und denen seiner Gegner zuwenden. Dann aber gilt es, zu zeigen, wie dieser angebliche Rechtsgrundsatz bis zum Beginn des Weltkrieges geachtet worden ist.

II.

Die Schriften des Grotius[19] waren zu dem ausdrücklichen politischen Zwecke geschrieben, die Interessen seines Heimatstaates an Java gegen die Ansprüche Portugals in Schutz zu nehmen.[20] Daneben versucht er es mit juristischen Beweisgründen. Das Meer sei keine dem Verkehr unterliegende Sache (res extra commercium). Das Meer und das Recht, auf ihm Schiffahrt zu treiben, kann in keines Menschen und Staates Eigentum stehen. Die päpstliche Schenkung an Spanien und Portugal sei ohne (rechtliche) Bedeutung. Das Meer könne nicht begrenzt und nicht beherrscht werden, es sei ein unendliches Element. Es könne nicht erschöpft werden, seine Fruchtbarkeit sei ohne Schranken. Alle Nationen haben das gemeinsame Bedürfnis freier Schiffahrt und es sei unbillig, denjenigen, die Handel treiben wollen, diese Möglichkeit auf dem Meere zu verschränken.[21] Das Meer sei allen gemeinsam, könne nicht im Sondereigentum eines einzelnen stehen. In der völkerrechtlichen Literatur des 19. Jahrhunderts sind im wesentlichen diese mehr juristischen Erwägungen, die sich auf die Frage der Möglichkeit einer Besitzergreifung und Beschränkung des Meeres stützen, nachgeprüft, aber die politische Seite jener Schrift geflissentlich vernachlässigt worden. Wir dürfen aber nicht unbeachtet lassen, daß Grotius vor allem Portugals Anspruch auf Indien bestreitet. Er leugnet ihn, soweit er sich auf die Tatsache der Entdeckung und der Okkupation durch die Portugiesen und auf die Schenkung des Papstes (schon wegen des Fehlens der Eigentumsübergabe), und endlich darauf stützt, daß auch auf den Rechtsgrund der Besitzergreifung das ausschließliche Schiffahrtrecht in das Indische Meer nicht aufgebaut werden könne. Die ganze Lehre von der Meeresfreiheit hat in den letzten hundert Jahren diese politische Bedingtheit der Lehre des Grotius nicht ausreichend beachtet und geglaubt, diesen gewiß sehr bedeutenden Schriftsteller von dem Vorwurf tendenziöser Arbeit reinigen zu müssen. Mag man an der lauteren Absicht des „Begründers des Völkerrechts" auch nicht zweifeln, so haben, objektiv gesehen, doch politische Motive für seine Auffassung den Ausschlag gegeben. Die juristischen Beweisgründe waren nur bestimmt, für seine vaterländischen Forderungen festere Stützpunkte zu schaffen. So wenig das zu tadeln ist, so sehr muß es doch Anlaß zur Warnung geben, spätere politische Gesichtspunkte auch dann als solche zu erkennen, wenn sie sich den Anschein von rechtlichen Argumenten zu geben bemühen.

Den wahren Charakter des „Mare liberum" haben die bald gegen Grotius ins Feld gerufenen Gegner klar erkannt. Der Engländer William Wellwood veröffentlichte schon 1609 eine Schrift „De dominio Maris" (Über Seeherrschaft), in der er zu beweisen suchte, daß das Meer als Privateigentum anzusprechen sei und daß England ein Eigentumsrecht auf das Meer über ein Gebiet von hundert Meilen seeeinwärts von der Küste aus besitze. Im Jahre 1633 erschien eine Schrift von Sir John Burroughs, des Archivars vom Tower in London, der mit den Sätzen schloß: „Es ist klar und deutlich, daß Englands Könige, zufolge Verjährung seit undenklichen Zeiten, zufolge dauernder Nutznießung und ungestörten Besitzes, zufolge Anerkennung aller anderen Nachbarstaaten und zufolge eigener Gesetzgebung des Königreichs immer die souveräne Herrschaft über die Meere Englands gehabt hatten und daß Seiner Majestät kraft seiner Souveränität die oberste Gewalt und die oberste Rechtsausübung über den Verkehr und die Fischerei auf diesen Meeren rechtens zu eigen ist. Da solche Souveränität über unsere Meere das kostbarste Kleinod Seiner Majestät Krone ist und nächst Gott die vornehmste Quelle unserer Wohlfahrt und unserer Sicherheit ist, so sind alle englischen Herzen und Hände unter sich verbunden, um durch alle, im Bereiche der Möglichkeit liegenden Mittel diese Herrschaft zu hüten und zu handhaben, selbst mit äußerster Gefahr für ihr Leben, für ihr Gut und ihr Vermögen."[22] Die Hohlheit dieser „Beweise" ergeben schon die dargetanen geschichtlichen Tatsachen, die das Gegenteil einer Anerkennung der englischen Auffassung von der Geschlossenheit der See vor Augen führen. Ernster zu nehmen waren Albericus Gentilis[23] und vor allem Johannes Selden, der 1635 eine Gegenschrift „Mare clausum" („Geschlossenes Meer") veröffentlichte, nachdem er schon im Jahre 1617 auf das Werk des Hugo Grotius hin eine eingehende Gegenbeweisführung unternommen hatte. Die Veröffentlichung verbot Jakob I., offenbar aus Furcht, die öffentliche Meinung in Holland zu verletzen. Im Jahre 1635 erst ließ es Karl I. in der Öffentlichkeit erscheinen. Es war dem König gewidmet und wurde fortan als die englische offizielle Lesart vom internationalen Seerecht angesehen.[24] Es blieb die Frage offen, was sind „the seas of England", über die die souveräne Herrschaft beansprucht wird. Auf dem Titelblatte des Buches von Selden steht zu lesen: „Zum ersten wird gezeigt, daß das Meer nach Naturrecht und Völkerrecht nicht allen Menschen gemeinsam ist, sondern vielmehr der Herrschaft einzelner oder dem Eigentum unterworfen werden kann; ganz ebenso wie alles Land. Zum zweiten wird bewiesen, daß die Herrschaft über das britische oder über jenes Meer, das die Insel Groß-Britannien umspült, ist und immer war ein Teil oder Anhängsel jenes Inselreiches." Doch handelte es sich hier nicht etwa um Streifen des Küstenmeeres, denn am Schlusse des Werkes heißt es: „Unzweifelhaft wahr ist, daß, in Übereinstimmung mit der angeführten Reihe unserer Zeugnisse, erst die Küsten und Häfen der angrenzenden Reiche über See selber die Grenzen des Seegebietes des britischen Reichs nach Süden und Osten zu sind; daß aber, was den offenen und weiten Ozean im Norden und Westen anlangt, diese Grenzen bis in die äußerste Ferne der weit gestreckten Meere hinausgelegt werden müssen, die im Besitze der Engländer, Schotten und Iren sind." Das sieht einem Anspruch auf alle Meere des nördlichen Erdenhalbrundes verzweifelt ähnlich.[25] Die erste Hälfte der Schrift von Selden läßt aber keinen Zweifel: Die ganze Nordsee und der Kanal sind hiernach englische Territorialgewässer bis an die gegenüberliegenden Küsten und Häfen. Den zweiten Teil seines Werkes widmet Selden dem Nachweis einer ausschließlichen Berechtigung der Engländer zum Betriebe des Heringsfanges in der Nordsee.

Noch mehr als bei Hugo Grotius liegt bei seinem bedeutendsten Gegner der rein politische Ursprung seiner Verteidigung des geschlossenen Meeres klar zutage. Seine Beweisgründe sind nicht besser, aber auch nicht schlechter, als die seines berühmten Widersachers. Sehr bemerkenswert sind auch noch seine Ausführungen darüber, daß das Meer nicht unerschöpflich und jedenfalls nicht unerschöpflicher sei als der Erdkreis und seine Früchte.[26]

Die Praxis Englands entspricht, unberührt von aller Theorie, lediglich seinen Interessen. Gelegentlich eines Beschwerdeschreibens an König Christian von Dänemark darüber, daß er englischen Fischerfahrzeugen das Fischen in der Nordsee verbot, hatte die Königin Elisabeth 1600 den durch die damals vorliegenden Verhältnisse gebotenen Satz aufgestellt, daß die Hochseefischerei nach dem Völkerrecht und dem Gewohnheitsrecht frei sei. Tatsächlich hatte jedoch England seit alters her niemals seine Ansprüche auf die, die britischen Inseln umgebenden Meere aufgegeben.[27] Die praktische Durchführung der Lehre des Grotius hätte die Beseitigung der englischen, die Ausschließlichkeit begehrenden Ansprüche mit sich gebracht. Als im Jahre 1619 unter Brechung eines Vergleichsvertrages zwischen englischen und holländischen Kolonisten bei dem Hafen Jakatara auf Java die Engländer in einem heftigen Kampfe von den Holländern besiegt wurden, diese dort die Hauptstadt Batavia gründeten, das dortige Handelsmonopol auf die Holländisch-Ostindische Kompagnie überging, war eine so gespannte politische Atmosphäre geschaffen, daß sich hieraus die mit Waffengewalt drohende Forderung Karls I. auf Nichtverbreitung des Buches von Hugo Grotius wohl erklären läßt. Der König ging aber noch zu praktischeren, handgreiflichen Taten über. „Durch die laute Sprache der mächtigen Flotte“ wollte er das in dem Werke Seldens „bewiesene“ Recht auch zur unmittelbaren Geltung bringen. Er erließ 1636 die Proklamation, die Jakob I. schon im Jahre 1609 ausgefertigt hatte, worauf Holland seine Heringsflotte mit Kriegsschiffen auslaufen ließ. Karl I. wieder entsandte im selben Jahre eine Flotte von 60 Schiffen in die Nordsee, um die Holländer aus den Fischereirevieren zu verdrängen „und erlangte die Genugtuung, daß die Holländer sich die Erlaubnis erwirkten, gegen Zahlung eines jährlichen Tributs die Fischerei in der Nordsee fernerhin betreiben zu dürfen.“[28] Die feindselige Gesinnung und Spannung zwischen England und Holland hielt an. Am 9. Oktober 1651 erließ Cromwell die berühmte Navigationsakte: Von außereuropäischen Plätzen dürfen Waren aller Art nach England und nach allen englischen Besitzungen nur auf Schiffen englischer Nationalität, deren Kapitäne nebst drei Vierteln der Besatzung englische Untertanen sind, bei Strafe der Konfiskation von Schiff und Ladung verladen werden. Europäische Waren dürfen, unter derselben Androhung für den Fall des Zuwiderhandelns, nach England und nach allen englischen Besitzungen nur gebracht werden von englischen Schiffen oder von Schiffen des Landes, aus welchem die Waren herstammen oder zuerst verschifft werden können. Seefische und sonstige Produkte des Fischfanges dürfen nach England nur von Schiffen des Landes gebracht werden, dessen Untertanen sie gefangen bzw. zubereitet haben; dergleichen Gegenstände dürfen, wenn sie von den englischen Fischern gefangen bzw. zubereitet sind, nur auf englischen Schiffen ausgeführt werden. Die Navigationsakte setzt außerdem erhöhte Einfuhrzölle fest für die an Bord fremder Schiffe nach England eingebrachten Waren. Das bereits von der Königin Elisabeth erlassene Verbot des Küstenhandels für Fremde wurde erneuert. „Der Zweck war also, daß Güter aus Asien, Afrika oder Amerika nur durch englische Schiffe, Güter aus Europa entweder durch englische oder durch Schiffe der Ursprungsländer nach Großbritannien sollten ausgeführt werden dürfen. Diese Bestimmungen kamen auf ein Verbot von Frachtzufuhren durch Holländer nach England heraus."[29] Der holländische Protest hat nichts gefruchtet, die Lage verschärfte sich immer mehr und eine englische Flugschrift von 1653 erklärt, daß es vernünftig wäre, den Holländern Flotte und Vermögen abzunehmen; daß, wenn man ihnen ihren Fischereibetrieb beseitigen werde, sie nicht nur des Gewinnes davon verlustig gehen würden, sondern daß auch die Hunderttausende, die in diesem Wirtschaftszweige tätig seien, arbeitslos werden und den Staatskassen zur Last fallen würden. Je länger man sie dulden werde, um so stärker und reicher müssen sie werden, aber durch Gottes geheiligte Fürsicht und die Weisheit des Parlamentes können sie leicht überwältigt und zum Gehorsam gezwungen werden.[30] Es folgten die Kriege zwischen der Niederländischen Republik und England, die 1654 Großbritannien den Sieg brachten. In den neu ausbrechenden Kriegen gelang es aber den holländischen Admiralen Tromp und de Ruyter mit am Topp aufgepflanztem Besen die Themse hinauf zu fahren zum Zeichen dafür, daß sie die Nordsee von den Engländern gesäubert hatten.[31] In dem darauffolgenden Frieden von Breda (1667) sah sich aber

England zu einer Beschränkung der Navigationsakte zugunsten Hollands gezwungen. Zugeständnisse erhielten später zeitweise auch die deutschen Hansastädte. Doch fanden sich die Engländer zu wesentlichen Änderungen erst bereit, als nach dem Unabhängigkeitskampf der Vereinigten Staaten von Nordamerika deren Kongreß eine analoge Akte gegen die ausländische Frachtfahrt erlassen hatte (1787). „Aus Anlaß der sodann in den ersten Jahrzehnten des 19. Jahrhunderts auch von anderen Mächten geübten oder in Aussicht gestellten Retorsion wurde die Akte in ihren wesentlichen Bestimmungen allmählich durch eine Reihe von Handels- und Schiffahrtsverträgen mit amerikanischen und europäischen Staaten, die das System der gegenseitigen Gleichstellung fremder und einheimischer Schiffe zur Durchführung brachten, beseitigt".[32] Grundsätzlich aber hat England an der Akte festgehalten, zumal man unter dem Einfluß von Adam Smith in ihr die vielleicht weiseste aller handelspolitischen Regelungen Englands und die Verteidigung von Lebensinteressen erblickte. Den Grundsatz der Freiheit der Meere anerkannte England, seinen politischen und wirtschaftlichen Bedürfnissen entsprechend, erst dann, als im Laufe der Jahrhunderte die Navigationsakte ihren Zweck erreicht hatte, nämlich den Handel der übrigen Nationen zurückzudrängen, und als die Schiffahrt Englands derartig in die Höhe getrieben war, „daß eben dieser absolute Hochstand und die aus ihm sich ergebende Überlegenheit Englands den anderen Nationen gegenüber den besten Schutz im Wettbewerb der Völker darstellte." Durch die Navigationsakte vom 26. Juni 1849 (8 und 9 Vict. c. 29) wurden fast alle gesetzlichen Beschränkungen, denen vordem fremde Schiffe im Verkehr mit britischen Gewässern unterworfen waren, aufgehoben und fremde Schiffe nur noch von der Küstenfrachtfahrt zwischen den Häfen der einzelnen britischen Besitzungen ausgeschlossen.[33] Die Aufhebung der Navigationsakte war für England sogar notwendig, weil sie sich unter veränderten Verhältnissen schädigend gegen England selbst hätte richten können. Vortrefflich ist das vor kurzem ausgesprochen worden: Durch seine geschickte und tatkräftige Handelspolitik ist es England gelungen, trotz der allgemeinen Anerkennung der Meeresfreiheit in der Völkerrechtswissenschaft seine herrschende Stellung zur See zu behaupten.

Trotz des Durchdringens humaner, auf Gegenseitigkeit begründeter Interessen alter kulturell hochstehenden Staaten der Völkerrechtsgemeinschaft ist die Entscheidung der Frage nach Freiheit oder Unfreiheit des Meeres in tatsächlicher Beziehung doch mehr oder weniger eine Frage der Macht geblieben und eine Frage der Gewalt des Stärkeren wird die versprochene und anerkannte Freiheit des Meeres trotz allem Optimismus bleiben. Nur wer die Freiheit des Meeres tatsächlich mit Waffengewalt zu verteidigen imstande sein wird, wird sich eines freien Handels, freier Schiffahrt und freien Fischfanges auf einem freien Meere erfreuen können.[34]

In der Praxis der großen seefahrenden Staaten können wir nirgends eine grundsätzliche und für alle Fälle (insbesondere Kriegszeiten) geltende Anerkennung der Freiheit der Meere finden. Die geschilderten tatsächlichen Vorgänge würden aber auch nicht vollständig sein ohne den Hinweis auf die durch das Seezeremoniell ausgeübte Beschränkung der Meeresfreiheit. Es ist niemals bestritten worden, daß es sich hierbei nicht um herkömmliche Höflichkeitsbezeugungen allein handelte, sondern um symbolische Zeichen der Unterwerfung.[35] England verlangte unter der Regierung Jakobs I. in den britischen Meeren, über die es das ausschließliche Hoheitsrecht in Anspruch nahm, von allen fremden Schiffen den Salut für seine Kriegsschiffe durch Streichen der Segel und Flaggen, ohne Bewilligung des Gegengrußes. Hiergegen wehrte sich Frankreich unter Ludwig XIV., der den französischen Kriegsschiffen befahl, sich den Engländern gegenüber bezüglich eines Grußes und Saluts genau so zu verhalten, wie diese selbst. Philipp II. verbot nachdrücklich das Herunterholen der königlichen Flagge vor englischen Kriegsschiffen. Karl II. von England schärfte aber die Order Jakobs I. als maßgebend allen Nationen gegenüber von neuem ein. Dadurch entstanden weitläufige Streitigkeiten zwischen England und Frankreich. Die sehr energische Sprache Ludwigs XIV. führte zu dem englischen Befehl an die Admirale, französische Kriegsschiffe sorgfältig zu vermeiden, im Falle einer unvermeidlichen Begegnung mit ihnen aber gleichzeitig oder gar nicht zu salutieren. Neue Reibungen mußten sich aber ergeben, als 1687 die englische Instruktion für die Kommandanten der Kriegsschiffe im Artikel 31 folgende Richtlinien gab: „Wenn ihr in den königlichen Meeren (zu besserem Verständnis sei es bemerkt, daß diese Meere sich bis zum Kap Finisterre erstrecken) einem fremden Kriegsschiff begegnet, so habt ihr beim Passieren von ihm zu erwarten, daß es das Marssegel streicht und die Flagge niederholt, um dadurch zu zeigen, daß es die Souveränität des Königs in diesen Meeren anerkennt; und wenn eines sich weigert oder widersetzt, so habt ihr die äußersten Anstrengungen zu machen, es dazu zu zwingen und nicht zu dulden, daß man Seine Majestät in irgendeiner Weise beschimpft." Hierauf ordnete Ludwig XIV. unter dem 15. April 1689 an, daß französische Kriegsschiffe in allen Meeren und an allen Küsten von allen Kriegsschiffen fremder Staaten den ersten Gruß verlangen und eventuell mit Gewalt erzwingen sollten. Es kam im Jahre 1652 zwischen England und Holland, das es abgelehnt hatte, seine Kommandanten zum Streichen der Flagge vor englischen Schiffen anzuweisen, mitten im Frieden zu einem Seegefecht und in der Folge zum Kriege. In den Friedensschlüssen von 1654 und 1674 wurde bestimmt, daß die holländischen Kriegs- und anderen Schiffe in Zukunft bei der Begegnung mit englischen Kriegsschiffen in den britischen Meeren die Flagge und die Obersegel zu streichen hätten. Als Grenzen der britischen Meere wurde bezeichnet das Kap Finisterre und das Kap Staten in Norwegen. Noch im Jahre 1744, wenige Tage vor der Kriegserklärung Frankreichs an England, zwang ein Admiral der französischen Flotte auf einer Kreuzfahrt durch den englischen Kanal alle ihm begegnenden englischen Kriegsschiffe zum Streichen der Flagge. Auch in dem Vertrage zwischen England und Holland von 1784 wurde die soeben wiedergegebene Bestimmung aus dem Friedensschlusse des Jahres 1674 wieder aufgenommen.[35a]

Erinnert man sich nun noch der Zeit der Kontinentalsperre, die Napoleon im Jahre 1806 verhängte, so hat man ein ungefähres Bild von der Wirklichkeit, die mit der Theorie der „offenen Meere" in seltsamem Widerspruche steht. Nicht unterlassen werden darf aber auch ein Hinweis darauf, daß ähnliche Zustände sich auch durch die Zollpolitik entwickelt haben. Zu Anfang der vierziger Jahre des 19. Jahrhunderts setzte eine starke Teuerung ein. Hohe Getreidezölle versperrten, wie Prof. Hermann Levy[36] ausführt, jetzt im Frieden die Einfuhr billigen ausländischen Getreides und verewigten gewissermaßen (besonders in schlechten Erntejahren) den Zustand der Kontinentalsperre. Obwohl die Weizenpreise in der vierziger Jahren nicht annähernd mehr die Höhe erreichten, die sie zur Zeit der Kontinentalsperre innegehabt hatten, war das englische Volk nicht mehr in der Lage, die Teuerung zu ertragen, ganz besonders, als im Jahre 1845 die berühmt gewordene Mißernte der Kartoffeln in Irland die Ernährungsschwierigkeiten weiter steigerte. Tatsachen, die in den Zeiten kriegerischer Not die Geduld des englischen Volkes gestärkt hatten, waren jetzt im Frieden nicht mehr stark genug, um Brotrevolten schlimmster Art zu verhindern. Der englische Premierminister Sir Robert Peel, der ursprünglich von seiner Partei gewählt worden war, um die Getreidezölle zu unterstützen, sah sich aus politischen Gründen genötigt, dem Schrei des Volkes nach Abhilfe der Teuerung zu willfahren. Im Jahre 1846 wurden die Getreidezölle beseitigt.

Was wir aus alle dem erkennen, ist: Der Grundsatz der Meeresfreiheit ist von den an ihm interessierten Mächten gebilligt oder zurückgewiesen worden, je nachdem es ihrer nationalen und wirtschaftlichen Politik entsprach. Er ist kein ethisches, sondern ein Machtprinzip, er hat keine rechtliche, sondern eine praktisch-politische Färbung. Die Meeresfreiheit hängt unlösbar mit der Frage des Handels über See zusammen und gibt daher einen nicht mißzuverstehenden Fingerzeig für die alsbaldige Beantwortung der Frage, ob bei Austragung von Lebensfragen zwischen den Nationen auf das Mittel der Schädigung oder Vernichtung des Handels, der Zufuhr von Nahrungs-, Verteidigungs- und anderen, für Industrie und Gewerbe notwendigen Mitteln verzichtet werden kann oder nicht. Dies weist mit zwingender Kraft darauf hin, daß auch im Frieden die Beschränkung des überseeischen Handels der Leugnung einer Freiheit der Meere gleichkommt. Die Geschichte gibt für solche Möglichkeiten zum Nachdenken veranlassende Beispiele. Die Absichten der dem Deutschen Reiche feindlichen Staaten, wie sie insbesondere in den Beschlüssen der Pariser Wirtschaftskonferenz vom 14. bis 17. Juni 1916 zum Ausdruck gelangt sind, lassen mit aller Deutlichkeit erkennen, daß die Unterbindung der Meeresfreiheit immer neue und verfeinerte, weniger in die Augen fallende Formen anzunehmen im Begriff ist.

Da aber nun, im Gegensatz zur Wirklichkeit, die Theorie den Grundsatz von der Freiheit der Meere predigt, muß auch auf das Schicksal jener rechtlichen Erwägungen, die von Hugo Grotius ihren Ausgang nahmen, etwas näher eingegangen werden. Ich werde jetzt untersuchen, welchen Weg die Lehre von der Meeresfreiheit seit dem 17. Jahrhundert bis heute genommen hat, welche Begründung man für sie noch in der Gegenwart bereit hält und was von dieser zu halten ist.

III.

Die von dem „Vater des Völkerrechts" eingeleitete geistige Bewegung schlug mächtige Wellen. Das 17. Jahrhundert zeigt zunächst wenige Anhänger und viele Gegner des Hugo Grotius unter den Rechtsgelehrten. Bemerkenswert und für die hier erstrebte Aufklärung besonders wichtig aber ist es, daß alle Schriftsteller, mögen sie für oder wider die Freiheit der Meere geschrieben haben, immer von den Interessen ihrer Nationen ausgingen. Der Däne, Venetianer, Genuese, Portugiese und Engländer tritt durchweg für die Geschlossenheit des für sein Land wichtigen Meeres und für dessen Vorherrschaft ein.[37] Die Lehre des Hugo Grotius hatte sich auch am Ende des 18. Jahrhunderts noch nicht durchgesetzt. Selbst Schmauss[38] erklärte 1794, alles, was jener von dem Rechte der Natur vorbringt, sei nichts als die alte scholastische Lehre.

Die gedankenlose Nachbetung der Lehre des Holländers zwingt hier zu einer Nachprüfung ihrer Haltbarkeit von der Höhe der heutigen Rechtsauffassung. Mögen die Gründe des Grotius dem geistigen Stande seiner Zeit entsprochen oder diesen noch überholt haben, so haben wir doch die Pflicht, seine Argumente von der heute erreichten Warte aus zu betrachten, weil ja doch diejenigen, die die Freiheit der Meere in der Gegenwart als ein Rechtsprinzip ansehen, sich in der Hauptsache auf seine Gründe stützen. Wir haben schon vorher angedeutet, daß es deren bei Grotius drei gibt. Das offene Meer könne überhaupt nicht unter der Gebietshoheit eines Staates stehen, weil es unmöglich begrenzt, beherrscht und erschöpft werden kann.

Was zunächst die Unmöglichkeit der Besitzergreifung wegen der großen Ausdehnung der See und der Natur der Flüssigkeit des Elementes angeht, so haben schon Selden und seine Anhänger entgegengehalten: Zur Besitzergreifung und Beherrschung des Meeres sei nur eine Flotte nötig. Auch auf dem Lande könne man nicht überall und immer sein, um jeden Fremden abzuhalten und endlich verstehe man unter Beherrschung des Meeres nicht das bewegliche Element, sondern den Ort seiner Lage darunter, und dieser sei wohl zu beherrschen.[39] In der Tat hat die technische Entwicklung des Schiffbaues, insbesondere der großen Kriegsschiffe und des Unterseebootes gezeigt, daß das Meer sehr wohl in der Weise beherrscht werden kann, daß entweder infolge der Überlegenheit der Zahl und Art der Kriegsschiffe das Befahren der See durch andere Fahrzeuge als die des übermächtigen Seestaates mit äußerster Gefahr verbunden ist, oder der Handel zur See mit allen Mitteln erfolgreich verhindert wird. Die Vorstellung der Unendlichkeit, Weite und Größe der See schließt keineswegs aus, daß gewisse hauptsächliche Zufahrten für die Hochstraßen des Meeres bestehen, deren willkürliche Öffnung oder Sperrung einer Beherrschung der Meere gleichkommt. Denken wir hier nur an Gibraltar, dessen Besitz den Schlüssel zur engen Pforte in das Weltmeer bildet; an den Ärmelkanal, der, beherrscht durch die Felsenburg Dover, den Zugang zum Atlantischen Ozean bedeutet; an Malta, „die Zentralfeste, deren steil aus dem Meere aufragende Felsen einen natürlichen Hafen bilden, der auf dem Erdenrund seinesgleichen sucht. Südöstlich von Sizilien, auf halbem Wege zwischen der Südspitze des italienischen Festlandes und der nordafrikanischen Küste gelegen, im Gürtel des Mittelländischen Meeres, wo es am schmalsten ist, beherrscht Malta die Straße aus dem westlichen Becken in das östliche und damit den Zugang zum Orient."[40] England hatte am Ausgange des Roten Meeres, Aden, die Wasserstraße unter seinen Kanonen. Seit dem Wiener Kongreß besaß es auch Zypern, von wo aus es die Bucht von Alexandrette beherrscht und damit die Südküste Kleinasiens und Syriens. So war das Nildelta umlagert, der Löwensprung in den Suezkanal konnte gewagt werden.[41] Man darf nur nicht den Begriff der Herrschaft über das Meer in pedantischer und der Wirklichkeit nicht entsprechender Weise verstehen. Es kommt natürlich nicht auf eine geschlossene Reihe von Schiffen an, die in möglichst geringer Entfernung voneinander den Durchlaß versagen, wie zu Lande eine Schutzmannskette, sondern darauf, ob man Handel und Schiffahrt ernstlich verhindern kann. Wer kann aber hieran nach diesem Weltkriege zweifeln, während dessen Deutschlands Handelsflagge über dem Meere nur geweht hat, wenn es der Übermacht der Feinde zur See entrinnen konnte. Die eine, an sich ehrenvolle Tatsache des Handelsunterseebootes sagt genug. Weiterhin müssen wir uns von dem Irrtum befreien, als ob die Meeresfreiheit nur in der nackten Möglichkeit, zur See zu fahren, bestände und mit ihr erfüllt wäre. Dieser recht kindlichen Anschauung kann man immer noch begegnen. Nein, es handelt sich um die Ausnutzung der Seewege zu Zwecken des Personen- und Güterverkehrs. Hierzu gehört nicht nur die unbehinderte Fahrt auf dem Wasser selbst, sondern auch die Freiheit, unterwegs erforderlichenfalls Häfen anzulaufen, in diesen Nahrungs- und Heizungsmittel einzunehmen, Arbeitskräfte zum Ein- und Ausladen zu gewinnen, den Aufgaben des Welthandels, der Aus- und Einfuhr nachgehen zu können, ohne anderen Belästigungen, als denen ausgesetzt zu sein, die durch die einzelstaatlichen, keine handelskriegerischen Ziele verfolgenden Zoll- und Handelsgesetzgebungen immerhin unvermeidlich sind. So lehren uns Geschichte und Gegenwart. England beweist uns, daß eine große Seemacht eine so geartete Meeresfreiheit entscheidend beeinträchtigen kann, auch wenn sie sie formell, wie dies seit den letzten Jahrzehnten des 19. Jahrhunderts der Fall war, an sich nicht bestreitet. England leugnet nicht die Meeresfreiheit, gewiß nicht. Aber zum Unglück für dieses Prinzip geht es so weit, die Überlegenheit seiner Seemacht als zum Schutze der Meeresfreiheit gegen, allerdings unsichtbare, Feinde notwendig zu gebrauchen. „Mit Hilfe seiner vierzig Stützpunkte, durch die es die Wasserstraßen und Verkehrsknotenpunkte der Weltmeere beherrscht, wird diese Meeresfreiheit, wie sie England meint, zu einer von ihm allen anderen Nationen gewährten Konzession bis auf Widerruf". „Es ist erstaunlich, wie die englische Literatur die tatsächliche englische Vorherrschaft auf dem Meere als politisches Prinzip so unverfänglich mit dem völkerrechtlichen Prinzip der Meeresfreiheit als vereinbarlich darzustellen weiß."[42]

Für die Meeresfreiheit wird dann von alters her als zweiter Beweis die Unmöglichkeit der Grenzbestimmung angegeben. Aber man hat schon früh erkannt, daß das nicht richtig ist. Die Grenzbestimmung ist durch die, in der Schiffskunst bekannten Maßnahmen, wie Feststellung der Lage, Breite, Küste, Kompaß usw. möglich.[43]

Der dritte Beweisgrund für die Freiheit der Meere soll in ihrer Unerschöpflichkeit liegen. Auf diesem Boden beharrt auch, außer einer langen Reihe von Schriftstellern, der sich zu Grotius und seiner Schule sehr frei stellende große Publizist Samuel von Pufendorf. Er nimmt zwar auch in gewissem Sinne Erschöpfbarkeit des Meeres und seiner Schätze an, bestreitet dies dann aber wieder, weil der Fischfang im Verhältnis zu der gewaltigen Größe des Weltmeeres als zu minimal anzusehen sei, um von der Möglichkeit einer Erschöpfung reden zu können.[44] Diesen Beweisgrund entscheidend zu widerlegen, war allerdings erst der naturwissenschaftlichen Forschung der jüngsten Zeit vorbehalten. Auf Grund des sogenannten Kristiania-Programms von 1910 wurde die Vereinigung der Staaten Großbritannien und Irland, Deutschland, Rußland und Finnland, Norwegen, Schweden, Dänemark, Niederlande und Belgien zur gemeinsamen wissenschaftlichen Erforschung der nordeuropäischen Meere im Dienste der Seefischerei, kürzer: die internationale Meeresforschung gegründet. Nach Genehmigung durch die beteiligten Regierungen und Bereitstellung der nötigen Mittel konnte die gemeinsame Arbeit organisiert und im Jahre 1912 begonnen werden. Wie ein hervorragender Fachmann, Prof. Fr. Heincke[45] darlegt, war die nächste Aufgabe die naturwissenschaftliche Erforschung der nutzbaren Fische unserer nordeuropäischen Meere, insbesondere der noch sehr wenig bekannten physischen und biologischen Bedingungen ihres Lebens, ihrer Ernährung und Fortpflanzung, ihrer Wanderungen u. a. Das große Endziel der Arbeiten ist, durch solche Kenntnisse die wissenschaftlichen Grundlagen zu schaffen für eine vernünftige Bewirtschaftung des Meeres an

Stelle der plan- und rücksichtslosen Ausnutzung durch den gegenwärtigen Betrieb der Seefischerei. Die Meeresforschung ist hier unmittelbar erwachsen aus einer großen wirtschaftlichen Not der Seefischerei, wie sie damals an den Westküsten Schwedens und Norwegens durch das plötzliche Fernbleiben der gewohnten Fischzüge entstanden war. Schon die bisherigen Forschungsergebnisse beweisen aber, daß der Übergang von der Küstenfischerei zur Hochseefischerei, die vergrößerten und verbesserten Fanggeräte, die gewaltigen Grundnetze und kilometerlangen Treibnetze, in Verbindung mit dem ungeheueren Verbrauch von Seefischen im Binnenlande, zu einer rücksichtslosen Ausbeutung der Schätze des Meeres führten, zu einer „Raubfischerei im schlimmsten Sinne des Wortes. Sie ist wirklich im Meere dasselbe wie auf dem Festlande das Niederlegen ganzer Wälder und die Ausrottung wertvoller Tiergattungen." Der gewaltigen, an keinen Ort mehr gebundenen Hochseefischerei droht die Gefahr der Überfischung. Ohne die wissenschaftliche Meeresforschung gibt es im Meere nur Raubfischerei, die früher oder später große Werte unwiederbringlich vernichten muß. Die Lehre von der Unerschöpflichkeit der Meere hat auf einem Hauptgebiete, dem der Fischerei, einen unheilbaren Stoß erlitten.

IV.

Die überlieferten juristischen Beweisgründe für die Freiheit der Meere haben sich als unhaltbar erwiesen. Über sie ist aber die Wissenschaft — mit einer noch zu erwähnenden Ausnahme — nicht hinausgekommen. Lassen wir zunächst die Frage des Küstenmeeres bei Seite, weil die für dieses herausgebildeten Grundsätze sich ohnedies nur für die Staatsgewalt über das Meer, also höchstens nur gegen die Lehre von der Freiheit der Meere verwerten lassen. Die herrschende Lehre der Völkerrechtswissenschaft hat zwar den Gedanken der Gleichartigkeit und Gemeinsamkeit der Interessen der verschiedenen Völker, die verkehrsfördernde, völkerverbindende Natur des Meeres scharf betont[46], aber sie hätte nicht verkennen dürfen, daß dies kein rechtliches Argument ist.[47] Lassen wir einige hervorragende Vertreter der Wissenschaft, möglichst mit eigenen Worten, sprechen:

F. Perels[48] sagt: „Eine allgemeine Anerkennung in der Praxis wie in der Doktrin fanden die von Grotius aufgestellten Grundsätze erst nach mehr als zwei Jahrhunderten .... Die heutige Rechtsanschauung läßt sich dahin zusammenfassen: Ein Eigentums- oder ein Hoheitsrecht an dem Meere besteht weder, noch kann ein solches erworben werden. Die Benutzung des offenen Meeres zu politischen, gewerblichen und wissenschaftlichen Zwecken steht allen Nationen zu und kann keiner untersagt werden. Auch die ausschließliche Benutzung einzelner Meeresgebiete von einer Nation seit undenklichen Zeiten, wobei man irrigerweise von einem unvordenklichen Besitzstande spricht, begründet ein Exklusivrecht ebensowenig, wie Nichtausübung des Rechts seit unvordenklicher Zeit dessen Verlust zur Folge haben kann."

Stoerk[49] meint, die selbsttrügerische Annahme der Möglichkeit einer eigentumsmäßigen, ausschließlichen rechtlichen Herrschaft oder der wirksamen Unterwerfung der gesamten Meeresoberfläche unter den Befehl einer staatlichen Herrschaft werde von keiner Seite mehr behauptet. Allen Völkern werde vielmehr der natürlich freie Gebrauch des unerschöpflichen weiten Meeres fortan ebensowenig streitig gemacht, wie der Genuß der Luft, der Wärmequelle usw. Seltsam mutet uns freilich nach der festgestellten Tatsache einer Beherrschbarkeit großer Teile und Zugänge des Meeres durch eine Seemacht diese alte Behauptung von der Unbeherrschbarkeit und angesichts des Raubbaues in der Seefischerei das Dogma von der Unerschöpflichkeit an. Immerhin widmet Stoerk der juristischen Seite der Frage einige Untersuchungen. Soweit nämlich der Begriff der Meeresfreiheit überhaupt juristischen Charakter aufweise, ergebe er sich aus der Zusammenfassung mehrerer Negationen, die das Eintreten früher üblich gewesener rechtlicher Wirkungen verhindern wollen. Der Begriff umfasse die Eigentumsunfähigkeit des Meeres und das daraus folgende Nichtunterworfensein des Meeres unter die herrschenden Normen eines Staates. Er sieht den alleinigen Grund für die Freiheit des offenen Meeres in der Unstaatlichkeit, Anationalität.[50]

v. Liszt erklärt[51]: „Der völkerrechtliche Grundsatz der Meeresfreiheit schließt jede staatliche Herrschaft über die offene See aus. Jeder ursprüngliche oder abgeleitete Erwerb der

Gebietshoheit über Teile des offenen Meeres ist völkerrechtlich unmöglich. Das Meer ist in diesem Sinne nicht res nullius (niemandes Sache), sondern res communis omnium (jedermanns Sache), Gebiet des Staatenverbandes. Jeder Staat hat das Recht, Handelsschiffe und Kriegsschiffe im Frieden wie im Kriege unter seiner Flagge und unter der ausschließlichen Herrschaft seiner Gesetze die hohe See befahren zu lassen und den unerschöpflichen Reichtum, den die Tiefen des Meeres bieten, durch seine Fischerei für sich zu verwerten."[52]

Ullmann[53] lehrt: „Die völkerrechtliche Bedeutung des offenen Meeres findet in der Neuzeit ihren Ausdruck in dem Prinzip der Meeresfreiheit — einem Prinzip, das trotz seiner Selbstverständlichkeit das Ergebnis eines langwierigen literarischen und diplomatischen Kampfes gegen angebliche rechtliche Ansprüche einzelner Mächte auf Beherrschung des Meeres, einzelner Meeresteile und der großen Seewege ist. Der Sieg jenes Prinzips erfolgte erst in der Zeit der Herrschaft der völkerrechtlichen Idee." „Heute findet das Prinzip der Meeresfreiheit in der Staatenpraxis seine volle Sanktion: das offene Meer ist nicht Objekt von Besitz, Eigentum und Imperium, weil eine gesicherte und regelmäßige Einwirkung auf das offene Meer unmöglich ist." „Die Sicherheit der freien und ungehinderten Benutzung des offenen Meeres ist durch eine, die Gleichheit der hier in Frage stehenden Interessen gewährleistende Ordnung bedingt."

Dieselben Beweisgründe wie die deutschen haben auch die nichtdeutschen Lehrer des Völkerrechts übereinstimmend vorgebracht.[54] Sie sind sämtlich durch die obigen Ausführungen widerlegt. Es ist nur noch ein jüngster, verdienstvoller Versuch der juristischen Begründung der Meeresfreiheit zu betrachten.

V.

H. Gellmann ist durch seine hier nicht weiter zu prüfenden Betrachtungen über das Staatsgebietsrecht[55] zur Feststellung dreier Arten von Ansprüchen des Staates auf sein Gebiet gelangt. Die räumliche Seite bezeichnet den Bereich, auf den sich dieses staatliche Recht erstreckt, die wirksame Seite, welche den positiven Inhalt anzeigt, den es umfaßt und die ausschließende Seite, die die alleinige Ausübung dieses

Rechts ausdrückt.[56] Die Tatsache des Verknüpftseins des Staates mit seinem konkreten Gebiete bezeichnet demnach die räumliche Seite des Gebietsrechts, das seine Schranken an den Staatsgrenzen findet. Die wirksame Seite des Gebiets, nämlich die staatliche Rechtsmacht auf individuelle Stücke des Gebiets als Grund und Boden, die Grundhoheit, findet ihre Schranken staatsrechtlich in den wohlerworbenen Privatrechten und völkerrechtlich in der Verpflichtung, dieses ohne Schädigung anderer Staaten auszuüben. Der Ausschluß aller anderen Staaten endlich bildet — natürlich! — die ausschließliche Seite. Das Meer, als Gebiet eines Staates betrachtet, lasse sich nun dieser Struktur des Gebietsrechts nicht einfügen, es habe nach keiner Richtung hin „gebietliche Funktionen".

Nimmt man selbst diese etwas gekünstelte Theorie als richtig hin, so ergibt sich daraus nur, daß das Meer nicht Staatsgebiet ist. Das wird aber auch von meiner richtig aufgefaßten Lehre, die den angeblich juristischen Charakter der Meeresfreiheit bekämpft, im Grunde gar nicht behauptet, sondern nur, daß eine tatsächliche Beherrschungs- und Abgrenzungsmöglichkeit besteht, daß die umgekehrte Auffassung von der Unbegrenzbarkeit und Unbeherrschbarkeit falsch ist. Überhaupt ist es unzulässig, mit dem staatsrechtlichen Begriff des Gebiets im Völkerrecht zu arbeiten. Kaum haben auch die das geschlossene Meer verfechtenden Dänen, Venetianer, Genuesen, Portugiesen und Engländer (vgl. Anm. 37), noch wenige hat die Praxis der Seemächte irgendwann auch nur das geringste Gewicht darauf gelegt, jene Beherrschungsmöglichkeit juristisch zu formulieren und als „Gebietshoheit" zu kennzeichnen. Es genügt ihnen der durch ihre Macht gewährleistete tatsächliche Zustand des Ausschlusses anderer vollkommen.[57] So vermag Gellmann seine Auffassung nur durch Hinzunahme eines weiteren Begriffs, nämlich der „Meeresrechtsgleichheit", etwas weniger unsicher zu begründen. Er stützt sich hierbei auf die durch die französische Revolutionsrepublik gewählte Formel: Liberté des mers pour tout le monde, egalité de droit pour toutes les nations. Im Gegensatz zum Gebiet mit dem Merkmal der Ausschließlichkeit hat die hohe See nach Gellmann gerade die Rechtsgleichheit aller als Merkmal. Daraus fließe dann das Prinzip der Meeresrechtsgleichheit.[58]

Meeresfreiheit und Meeresrechtsgleichheit geben dem Verhältnis der hohen See zu den einzelnen Seestaaten die juristische Signatur der Unveräußerlichkeit und der gegenseitigen Durchdringung. Die Meeresfreiheit, einerlei ob als res nullius (Staatenlosigkeit) oder als res omnium communis (Staatengemeinschaft) aufgefaßt, werde beschränkt durch das ergänzende Prinzip der Rechtsgleichheit der anderen Staaten auf dem Meere.[59] Im übrigen ist die „Meeresrechtsgleichheit“ eine geistreiche Konstruktion, aber kein anerkanntes Völkerrecht, kein „ergänzendes Prinzip zur Meeresfreiheit“. Diese letztere mag alles Mögliche sie mag vom Interessenstandpunkte der Kulturgemeinschaft gesehen, im Frieden durchaus wünschenswert sein; der Nachweis, daß ein Rechtsgrundsatz des Völkerrechts vorliegt, muß als mißlungen gelten.

Nur wenn die Übereinstimmung der wissenschaftlichen Forscher über einen Grundsatz schon Völkerrecht wäre[60], würde die „Freiheit der Meere“ als Rechtssatz anzuerkennen sein. Jene Voraussetzung trifft aber natürlich nicht zu. Quellen des Völkerrechts sind einmal das Gewohnheitsrecht, das durch die tatsächliche Übung als Ausdruck des Rechtsbewußtseins entsteht und die ausdrückliche Vereinbarung zwischen den Staaten.[61] Eine Vereinbarung des Grundsatzes über die Freiheit der Meere hat niemals stattgefunden.[62] Die Annahme der Entwicklung des Satzes auf dem Wege der Gewohnheit scheitert aber, abgesehen von dem Fehlen einer „Rechtsüberzeugung“, an der Fülle von angeblichen „Ausnahmen“, die die Völkerrechtspraxis und die Theorie von dem Grundsatz der Meeresfreiheit einzuführen für richtig und notwendig gehalten hat. Diese Ausnahmen sind aber von so großer Tragweite, daß sie, wie die nachfolgenden Darlegungen zeigen werden, den Bestand des Hauptgrundsatzes ernstlich in Frage stellen.

Auf das bestimmteste wird daher auf Grund der obigen Untersuchungen behauptet, daß die „Freiheit der Meere“ als ein Grundsatz des Rechts nicht besteht und niemals bestanden hat. Dagegen wird in keiner Weise bestritten, daß seit der englischen Navigationsakte vom 26. Juni 1849 der Grundsatz unter der Herrschaft des Gedankens der Völkerannäherung, des gegenseitigen Austausches geistiger und materieller Güter, der Personenbeförderung, des wirtschaftlichen insbesondere Handelsverkehrs überhaupt, im großen und ganzen unangefochten blieb. Es steht nichts entgegen, hierin den Ausdruck der internationalen Höflichkeit (comitas gentium, courtoisie internationale) zu finden, und, mit einem gewissen Vorbehalt, darin auch die Folgerung aus der Einsicht zu erblicken, daß bei der Unbeschränktheit der Meeresbenutzung das gegenseitige Interesse am besten fährt. Jener Vorbehalt aber wird durch zwei, geschichtlich unbestreibare Tatsachen veranlaßt. Die eine besteht darin, daß es im Frieden im 19. Jahrhundert eine Meeresfreiheit tatsächlich nur von Englands Gnaden gegeben hat und daß sie einige Jahrzehnte aufrecht erhalten wurde, weil sie dem englischen Welthandel und Weltimperialismus gelegen kam, ja unentbehrlich wurde; die Meeresfreiheit stellt, wie wir schon gesehen haben, eine allen anderen Nationen gewährte „englische Erlaubnis bis auf Widerruf" dar. Kein Mensch bezweifelt, daß Großbritannien diese Meeresfreiheit nicht nur als rechtliches, sondern auch als allgemeines politisches Prinzip leugnen würde, wenn es seinen Interessen zuwider sein sollte. Die zweite Tatsache aber erkennen wir in der schon angedeuteten Verfeinerung des Begriffs der Meeresfreiheit, die nicht das bloße Befahren der Wasserfläche, sondern den ungehemmten Handel und die Möglichkeit der Benutzung der an den Wasserstraßen liegenden Stützpunkte, Häfen und deren Einrichtungen zu Zwecken des Handels und der Schiffahrt betrifft. Überlegen wir, ob im Falle handelspolitischer Ausschließlichkeit einzelner Großmächte oder Gruppen von solchen die „Freiheit der Meere" nicht in einer für den modernen Handels- und Wirtschaftsverkehr grundlegenden Weise in Frage gestellt sein kann.

Für die Zukunft handelt es sich darum, ob es möglich und zweckmäßig ist, diesen Grundsatz der Freiheit der Meere zu einem Satze des Völkerrechts zu erheben. Um hierauf eine befriedigende Antwort geben zu können, muß notwendigerweise eine Scheidung vorgenommen werden. Man muß die Meeresfreiheit während des Friedens und während des Krieges nachprüfen. Die herrschende Lehre der Völkerrechtswissenschaft geht durchweg davon aus, daß der Grundsatz für beide Fälle gilt. Wir werden sehen, daß das unrichtig ist. Zunächst sei die Meeresfreiheit im Frieden untersucht.

Drittes Hauptstück.

Der Grundsatz der „Freiheit der Meere“ in Friedenszeiten.

I.

Man kann unter Freiheit der Meere im Frieden die Unzulässigkeit der Behinderung der Schiffahrt und der sonstigen freien Benutzung des offenen Meeres seitens einer Nation durch eine andere verstehen. Diese Verkehrsfreiheit würde also die unbeschränkte Schiffahrts- und Fischereiberechtigung, sowie den Anspruch auf Ausübung der Hoheitsfunktionen des Staates auf seinen eigenen Schiffen in sich schließen.[1] Daß solche Sätze nicht Bestandteile des geltenden Völkerrechts sind, habe ich bereits nachgewiesen. Wohl aber könnte man meinen, sie entsprechen gegenseitiger Duldung der Staaten in gemeinschaftlichem Interesse und haben sich insofern zu einem anerkannten Prinzip, wenn auch nicht juristischer Art, verdichtet.

Aber auch dagegen, daß dieser immerhin politisch sehr wichtige Grundsatz unangefochten herrscht, erheben sich starke Bedenken. Zunächst ist schon in der Einengung des Begriffes des „offenen Meeres“ ein innerer Widerspruch enthalten. Die Staatenpraxis erkennt als offenes Meer nur dasjenige an, das von der großen zusammenhängenden Wassermasse gebildet wird. Es gehören also unbeschadet ihrer Größe nicht zum offenen Meere diejenigen Gewässer, die nicht mit der großen, die Weltteile umfassenden Wasserfläche in Zusammenhang stehen, sowie diejenigen Meeresteile, die zwar mit dem Weltmeere verbunden, aber vom Lande teilweise umschlossen sind und von hier aus unter Berücksichtigung bestimmter Regeln beherrscht werden können. Die Binnenseen in weiterem Sinne, d. h. solche die mit dem offenen Meere in schiffbarer Verbindung stehen, unterliegen der Gebietshoheit des sie umschließenden einen Uferstaates nur dann, wenn dieser auch die Verbindung mit dem Meere vollständig beherrscht. Sie sind dagegen offenes Meer, soweit eine dieser beiden Bedingungen nicht zutrifft. Nur in dem ersteren Falle sind die Binnenseen Eigengewässer, so daß der Uferstaat souverän über die Zulassung Staatsfremder zu Schiffahrt und Fischerei bestimmt; im zweiten Falle dagegen stehen sie, wie die offene See selbst, den Schiffen aller Flaggen frei.[2] Hieraus wird gefolgert, daß das Asowsche Meer, der Rigaische Meerbusen und die Zuidersee geschlossen, das Schwarze Meer, das Beringmeer (Schiedsspruch vom 15. August 1893 gegen die Ansprüche der Vereinigten Staaten) und die Ostsee (die im Krimkriege wie im deutsch-französichen Kriege Kriegsschauplatz war) offene See seien. Im Gegensatz zu den Binnenmeeren im weiteren Sinne stehen diejenigen im engeren Sinne, die auf allen Seiten von Land umschlossen sind, oder doch mit dem offenen Meere nicht in schiffbarer Verbindung stehen. Es ist bestritten, welche Regeln hierauf Anwendung finden.[3]

Für uns ist hier nur wichtig, festzustellen, daß der Begriff der offenen See Gegenstand theoretischer Meinungsverschiedenheiten, praktischer Streitigkeiten und Regelungen gewesen und geblieben ist, so daß von einer unbedingten Durchführung des Grundsatzes der Meeresfreiheit nicht gesprochen werden kann, weil nicht einmal feststeht, was offene See ist. Noch deutlicher wird dies durch die Tatsache, daß die vertragliche sogenannte Neutralisierung der an der Freiheit der offenen See teilnehmenden Meeresteile, d. h. ihre Schließung für Kriegsschiffe, für zulässig angesehen wurde. So ist das Schwarze Meer durch den Pariser Friedensvertrag vom 30. März 1856 für neutral erklärt und mit seinen Gewässern und Häfen den Kauffahrteischiffen aller Nationen zum freien Handelsbetriebe geöffnet, für Kriegsschiffe aller Nationen einschließlich der Uferstaaten dagegen dem Verkehre in Friedenseiten entzogen worden. Ausnahmsweise wurde es Rußland und der Türkei freigestellt, für den Küstendienst eine beschränkte Anzahl kleinerer Kriegsfahrzeuge zu unterhalten. Als sich aber Rußland von dem Vertrag einseitig losgelöst hatte, wurde auf einer

Londoner Konferenz durch Vertrag vom 13. März 1871 der Grundsatz der Neutralität des Schwarzen Meeres fallen gelassen.[4] Ferner sollen nach dem Vertrage der Großmächte vom 14. November 1863 die Jonischen Inseln die Vorteile einer dauernden Neutralität genießen, die Befestigungen der Insel Korfu waren niederzulegen. Der Londoner Vertrag vom 29. März 1864, an dem auch Griechenland beteiligt ist, hat diese Vorteile einer ewigen Neutralität auf die Inseln Korfu und Paxos und ihre Zubehörteile beschränkt.[5] Nach dem Berliner Vertrage vom 13. Juli 1878 wurden die montenegrinischen Gewässer und der Hafen von Antivari den Kriegsschiffen aller Nationen verschlossen. Montenegro durfte weder Kriegsschiffe besitzen, noch eine Kriegsflagge führen. Diese Beschränkung ist später durch ein Abkommen vom 9. April 1909 aufgehoben worden. Die Streitigkeiten ferner über die Befestigung der Magelhaensstraße, die zwischen Chile und Argentinien ausbrachen und die im Jahre 1878 bis an den Rand des Krieges geführt hatten, wurden durch Vertrag vom 13. Juli 1881 beigelegt.[6] Hiernach wurde die Magelhaensstraße für alle Zeiten neutralisiert und die freie Schiffahrt den Flaggen aller Nationen zugesichert. Um die Achtung vor dieser Freiheit und dieser Neutralisation zu sichern, ist die Schaffung von Befestigungen und sonstigen militärischen Schutzmaßnahmen verboten worden. Ausdrücklich wird also hier die Freiheit der Schiffahrt erst vertraglich begründet, sie erscheint also nicht als der Ausfluß eines allgemeinen Grundsatzes!

Im übrigen ist für unsere Beweisführung nur von Bedeutung, daß Beschränkungen der Meeresfreiheit möglich gewesen sind, jederzeit eintreten und vermehrt werden können, mag auch hin und wieder das Streben auf Verkehrsfreiheit zur sogenannten Neutralisation führen, die übrigens ein neuerer Schriftsteller[7] unter den Begriff der Befriedung bringen will.

Auch die Freiheit der Ostsee war lange Zeit bestritten.[8] Die Frage der Zulässigkeit einer Neutralisierung der Ostsee im Falle eines Krieges wird nicht zweifelsfrei sein; die Erörterung darüber hat zu eindeutigem Ergebnis in der Völkerrechtswissenschaft nicht geführt und in der Praxis sind die Dinge stets nach Maßgabe des tatsächlichen Übergewichts in der Seeherrschaft entschieden worden.[9]

Für die Meerengen, die Teile der offenen See miteinander verbinden, lehrt die herrschende Meinung[10], daß sie, auch wenn sie vom Ufer aus durch einen oder mehrere Staaten beherrscht werden können, der Durchfahrt der Kriegs- und Handelsschiffe offen stehen. Als wichtige Beispiele werden der Sund und die Meerenge von Gibraltar erwähnt. Kann aber jemand ernstlich zweifeln, daß England, wenn es glaubte, seinen Interessen damit zu dienen, die Durchfahrt bei Gibraltar für alle ihm nicht genehmen Schiffe sperren würde? Wo ist die völkerrechtliche Bestimmung, die ihm das verböte? Selbst die überwiegende Meinung der Völkerrechtslehrer gestattet vertragsmäßige Vereinbarungen der Mächte, die die freie Durchfahrt hindern, wie denn auch der Londoner Meerengenvertrag vom 13. Juli 1841 bestimmt hat, daß in Friedenszeiten jedem nichttürkischen Kriegsschiff die Durchfahrt durch die Dardanellen und den Bosporus versagt sein solle. War das Durchfahrtsverbot früher seitens der Türkei als ein Recht festgestellt, so wurde es in der Londoner Konferenz von 1841 ihr als Pflicht auferlegt und später im Pariser Friedensvertrage vom 30. März 1856 bestätigt, jedoch mit folgender Maßgabe: Der Sultan behält sich das Recht vor, leichten Kriegsfahrzeugen für den Dienst der Gesandtschaften der befreundeten Mächte einen Passagefirman zu erteilen; ausgenommen sind die beiden Fahrzeuge, die jeder der Vertragsteile nach den Donaumündungen senden darf. Der Londoner Vertrag vom 13. März 1871 (Pontusvertrag) hat diesen Grundsatz bestätigt, jedoch mit der Änderung, daß der Sultan die Machtvollkommenheit haben soll, die Meerengen in Friedenszeiten den Kriegsschiffen der befreundeten und alliierten Mächte zu öffnen, falls die Hohe Pforte dies für nötig erachten sollte, um die Ausführung der Versprechungen des Pariser Vertrages vom 30. März 1856 sicher zu stellen. Alle diese Bestimmungen sind übrigens durch Art. 63 des Berliner Vertrages vom 13. Juli 1878 bestätigt worden. Die heutige Regelung ist infolge eines Erlasses des Sultans vom 10. Dezember 1895 die, daß zwei leichte Kriegsschiffe jeder Macht durch die Dardanellen laufen, aber nicht ankern dürfen. Gegenüber Rußland bedeutet dieser Rechtszustand[11], daß die Türkei kraft des Rechtes auf Alleinbeherrschung in bezug auf das Befahren des Bosporus und der Dardanellen das Recht hat, Rußland das Befahren zu untersagen und, ohne diesen Staat zu befragen, befreundeten und alliierten Mächten den Zutritt zu gestatten. Umgekehrt argumentiert Rußland so: Das Schwarze Meer sei ein Inlandmeer, eine Art Gesellschaftsverhältnis mit der Türkei sei an den Meerengen anzunehmen, woraus Rußland das Recht ableiten will, von sich aus selbständig der Durchfahrt der Kriegsschiffe anderer Völker zu widersprechen, selber aber mit seinen Kriegsschiffen durchfahren zu dürfen.

Es bedarf wohl kaum eines besonderen Hinweises darauf, daß die Dardanellenfrage eine der Angelpunkte der gesamten Weltpolitik bildet und mit der Frage der Meeresfreiheit aufs innigste zusammenhängt; freilich zeigt sich hier wieder, daß diese angebliche Meeresfreiheit eben in den allerwichtigsten Fällen nicht besteht.

Dasselbe Bild tritt uns beim Suezkanal entgegen. Durch einen Vertrag vom 29. Oktober 1888 ist bestimmt worden, daß er jederzeit im Kriege wie im Frieden den Handels- und Kriegsschiffen ohne Unterschied der Flagge offen stehen soll. Die Vertragsmächte verpflichteten sich, die freie Benutzung in Friedenszeiten nicht zu beeinträchtigen, was natürlich überflüssig gewesen wäre, wenn der Grundsatz der Meeresfreiheit ohnedies geherrscht hätte. Der Kanal soll ferner niemals der Ausübung des Blockaderechts unterworfen werden. Da dessen Durchfahrt auch für Kriegsschiffe kriegführender Mächte frei ist, dürfen in dem Kanal und in seinen Zufahrtshäfen sowie in einer Zone von drei Seemeilen von diesen Kriegshäfen ab gerechnet keine kriegerischen Handlungen oder Störungen der freien Zufahrt vorgenommen werden, auch wenn das Ottomanische Reich eine der kriegführenden Mächte sein sollte. Eine Reihe von weiteren Beschränkungen für den Kriegsfall folgt hieraus. Es sollen diese Einschränkungen die Befugnisse des Sultans und des Khediven, mittels ihrer eigenen Streitkräfte den Schutz Ägyptens und die öffentliche Ordnung aufrechtzuerhalten, nicht beeinträchtigen. Diese Regelung hat tatsächlich Großbritannien zum Vorteil gereicht; im Weltkriege sind jene Bestimmungen von England ohne weiteres verletzt worden.[12]

Der Panamakanal erhielt seine völkerrechtliche Regelung durch den Hay-Pauncefote-Vertrag vom 18. November 1901 und den Hay-Varilla-Vertrag vom 18. November 1903. Die Rechte der Vereinigten Staaten fließen aus deren Stellung als Eigentümer und Betriebsberechtigte des Panamakanals, denen die Kanalgebühren zukommen; die Vereinigten Staaten sind die Quasi-Territorialmacht über die Panamazone und sie haben das Schutz- und Garantierecht. Der Kanal soll nur im Frieden (allerdings nur nach amerikanischer Auffassung), aber nicht im Kriege, den Handels- und Kriegsschiffen aller Nationen offenstehen.[13]

Auf die außerordentlich interessanten Fragen, die mit diesen Meerengen in Verbindung stehen, kann nicht weiter eingegangen werden; ihre Andeutung soll nur zeigen, daß die Meeresfreiheit jederzeit durch die Staaten, deren Macht dazu reicht, in ihr Gegenteil verwandelt werden kann und daß es ferner vielfach erst der Vertragsbestimmung bedurfte, um die angeblich grundsätzliche Verkehrsfreiheit zu erreichen und womöglich zu sichern.

Von großer Bedeutung ist ferner die Ausbildung der Lehre vom Küstenmeer.[14] So gerechtfertigt sie auch innerlich durch die nationalen Interessen der Anliegerstaaten ist, so bedeutet sie doch nichts weiter als eine Beschränkung der Meeresfreiheit. Da nur dieser Gesichtspunkt für unsere Erörterung wesentlich ist, wird auf die großen und bedeutenden Rechtsfragen des Küstenmeeres hier nicht weiter eingegangen. Es sei nur festgestellt, daß sogar über die Anwendbarkeit der Bezeichnung „Küstenmeer" auf geographisch dem freien Meere, rechtlich den Eigengewässern zugehörige Meereteile bisher in der Theorie noch keine Einmütigkeit erzielt werden konnte, daß eine allgemeine Anerkennung weder die Berechnung nach dem Tiefwasser-, noch nach dem Hochwasserstande noch eine absolut fixierte Ausdehnung des Küstenmeeres seewärts gefunden hat, so daß sich das Fehlen einer festen Regel bezüglich der Ausdehnung der Küstengewässergrenze im Völkerrechte als erhebliche Lücke geltend macht.[15]

Daß über größere Meeresbuchten Staatshoheitsrechte in Anspruch genommen werden, daß Häfen, Reeden, Meereseinbrüche und Flußmündungen nicht Gewässer der Uferstaaten sind, soll nicht unerwähnt bleiben.[16] Das als Völkerrechtssatz nicht anzuerkennende Prinzip der Freiheit der Meere wird also nach allgemeiner Anerkennung der Rechtslehre und Staatsübung in erheblichstem Maße eingeengt zugunsten einzelner Staaten.[17]

Endlich ist hier noch die Friedensblockade zu erwähnen, die „in ihrer historischen, auch gegen Dritte wirksamen Form eine rechtmäßige Repressalienhandlung ist .... Ihre Rechtsfolge ist die Sequestration der Blockadebrecher ohne Schadensersatz.“ Daß die Friedensblockade auch „als Element fortschreitender Kultur und Rechtsdifferenzierung der Erhaltung wert ist“, ist vor einiger Zeit einwandfrei nachgewiesen worden.[18]

Der durch eine solche Unsumme von Beschränkungen zum Teil weitestgehender und politisch höchst bedeutsamer Art durchbrochene Grundsatz wird mit aller Selbstverständlichkeit heute noch als „Freiheit der Meere“ bezeichnet. Nach meinen obigen Forschungen wird man hieran nicht mehr festhalten dürfen.

II.

Wir wissen, Meeresfreiheit heißt die Möglichkeit ungehemmter Schiffahrt, ungehinderten Handelsverkehrs über See. England hat nun den Weltkrieg gleichzeitig zu einem Handelskrieg gegen Deutschland gestaltet und alles aufgeboten, um den deutschen Überseehandel vollständig lahmzulegen, aber auch darüber hinaus den deutschen Handel mit allen Mitteln zu unterdrücken, ihm die Absatzgebiete abzujagen, die deutschen Kaufleute im Auslande persönlich und in ihrem Erwerbe, in ihrer Handelstätigkeit aufs denkbar schwerste zu schädigen. Es war nicht schwierig, auch Frankreich, Italien und Rußland ins Schlepptau zu nehmen. Nachdem aber unter den Verbündeten selbst wirtschaftliche Mißhelligkeiten aller Arten entstanden waren, schien deren Ausgleich und ein starker Zusammenschluß, sowie die Feststellung gemeinsamer Interessen geboten. So kamen, nachdem schon zahlreiche amtliche und halbamtliche Verhandlungen stattgefunden hatten, drei Konferenzen zustande: die diplomatische vom 27.—29. März, die interparlamentarische vom 27.—29. März und endlich die wirtschaftliche vom 14.—17. Juni 1916, sämtlich in Paris.[19] Die Beschlüsse kann man teilen in solche für die Kriegsdauer, in Übergangsmaßnahmen für die Zeit des geschäftlichen, industriellen, landwirtschaftlichen und maritimen Wiederaufbaues der alliierten

Länder und in dauernde Maßnahmen für gegenseitige Hilfe und Zusammenarbeit zwischen den Alliierten. Für die Zwecke dieser Schrift kommt die erste Gruppe hier nicht weiter in Frage. Denn es handelt sich für uns an dieser Stelle um die Freiheit der Meere in Friedenszeiten. Aus der zweiten Gruppe verdienen Erwähnung die Vereinbarungen über die zukünftige Handels- und Zollpolitik, insbesondere die Aufhebung der Meistbegünstigung gegenüber den Zentralmächten[20], und die folgende Bestimmung: „Zwecks Verteidigung ihrer Handels-, Landwirtschafts- und Schiffahrtsinteressen gegen wirtschaftliche Angriffe durch Überschwemmung mit Waren oder irgendsonstige unfaire Konkurrenz werden die Alliierten gemeinschaftlich einen Zeitraum festsetzen, während dessen der Handel der feindlichen Mächte besonderer Behandlung unterliegen und die dorther stammenden Waren entweder einem Verbot oder besonderen Methoden wirksamer Natur unterworfen sein sollen. Die Alliierten werden sich auf diplomatischem Wege über die Sonderbestimmungen einigen, die während der bezeichneten Zeit auf Schiffe der Feindesmächte Anwendung finden sollen." Der Boykott von Waren aus den Ländern der Mittelmächte ist als eine der wichtigsten Maßnahmen hervorgehoben. Die Bedeutung dieser Beschlüsse liegt in zeitlicher Beziehung darin, daß sie zunächst zwar nur für eine Übergangszeit von 3—5 Jahren nach dem Friedensschluß geplant sind, aber, einmal durchgeführt, nicht sobald wieder beseitigt werden können; denn auf außerordentlich große und wichtige Wirtschaftsgebiete eingerichtete Maßnahmen lassen sich nicht wieder so schnell in ihr Gegenteil verkehren. Die einmal in einer bestimmten Richtung eingestellte Handels-, Industrie- und Schiffahrtspolitik wird notwendigerweise eine nicht unbeträchtliche Zeitspanne lang in den einmal eingeschlagenen Bahnen weitergehen. Die dritte Gruppe der Beschlüsse: „Dauernde Maßnahmen für gegenseitige Hilfe und Zusammenarbeiten zwischen den Alliierten für die Friedenszeit" scheint weniger gefährlich zu sein. Danach werden die Verbündeten unverzüglich die nötigen Schritte unternehmen, um sich von den feindlichen Ländern unabhängig zu machen, soweit Rohstoffe und Fabrikate in Betracht kommen, die für die normale Entwicklung ihrer wirtschaftlichen Betätigung von Wichtigkeit sind. Diese Maßnahmen sollen dahin zielen, die Unabhängigkeit der Alliierten nicht nur in bezug auf ihre Versorgungsquellen, sondern auch für ihre finanzielle, geschäftliche und maritime Organisation zu sichern. Als Mittel wird u. a. bezeichnet die Einführung von Zollabgaben oder Verboten zeitweiligen oder dauernden Charakters. Es sollen ferner Maßnahmen getroffen werden, um die gegenseitigen Handelsbeziehungen zu erleichtern, sowohl durch Einrichtung unmittelbarer und schneller Land- und Seetransportmöglichkeiten zu niedrigen Preisen, als auch durch Ausdehnung und Verbesserung des Post-, Telegraphenwesens und anderer Verständigungswege. Vorgesehen ist eine Zusammenkunft technischer Delegierter, um Maßnahmen zur möglichsten Anpassung ihrer Gesetze über Patente, Ursprungszeichen und Handelsmarken zu treffen. Bei näherer Betrachtung sind aber auch diese Pläne, falls sie verwirklicht werden können, eine große Gefahr für Deutschlands Wirtschaftspolitik und berühren jedenfalls mittelbar auch sehr eindringlich den Handel zur See. Schließlich wird in den Beschlüssen betont, „daß die alliierten Mächte zwecks gemeinsamer Abwehr gegen den Feind sich verständigt haben, eine gemeinsame Wirtschaftspolitik auf Grund der festgelegten Richtlinien zu befolgen und daß die Wirksamkeit dieser Politik vielleicht darauf beruht, daß diese Beschlüsse sogleich in Kraft treten." Noch im Juni hat Frankreich, anfangs August England zugestimmt, ebenso Japan und Belgien. Italien hat sich nur mit Kriegsmaßnahmen einverstanden erklärt. Über eine russische amtliche Zustimmung war nichts zu ermitteln. Professor Prion[21] kommt nach sorgfältiger Abwägung des Für und Wider zu dem Ergebnis, daß die Beschlüsse der Pariser Konferenz in Wirklichkeit den unerhörtesten Eingriff in den Handel eines Landes bedeuten, den je ein Menschenhirn erdacht hat. Die Kontinentalsperre Napoleons war das reine Kinderspiel dagegen. Mehr als 150 Millionen Menschen sollen nach dem Kriege von dem friedlichen Verkehr mit anderen Erdenbewohnern ausgeschaltet werden. Jedenfalls sind die zollpolitischen Absichten, Aufhebung der Meistbegünstigung, Bevorzugung der Alliierten untereinander ernst zu nehmen. Was den Boykott der deutschen Waren anbelangt, so zeigten schon die während des Krieges in Angriff genommenen Maßnahmen zur Genüge die Gefahr, die von dieser Seite der Wiederaufnahme des deutschen Außenhandels droht. Die Frage, inwieweit es der Entente gelingen wird, die Beschlüsse der Pariser Wirtschaftskonferenz durchzuführen, kann heute noch nicht mit Sicherheit beantwortet werden; sicher ist, daß das englische Ziel der wirtschaftlichen Niederringung Deutschlands auch nach dem Waffenkriege weiter verfolgt werden wird.[22]

Was bedeutet diese Sachlage für unsere Frage? Zunächst beträgt der deutsche Handel nach Übersee einen nicht unbeträchtlichen Teil unserer gesamten Ausfuhr; so im Jahre 1913 insgesamt 23,9 Prozent. Sodann betrug der Wert der Ausfuhr des Deutschen Reiches im Jahre 1913 gerade

nach	Wert in Millionen Mark
Großbritannien	1438,2
Britisch-Indien	150,7
dem Australischen Bund	88,5
Britisch-Südafrika	46,9
Britisch-Westafrika	16,7
Britisch-Malakka	14,7
Neuseeland	10,7
Britisch-Ostafrika	5,10
Ceylon	5,00

Mit 14,2 Prozent des Wertes unserer Gesamtausfuhr stand unser Export allein nach Großbritannien an erster Stelle unserer Gesamtausfuhr. Ungefähr für 1,8 Milliarden Waren wurden im ganzen nach Großbritannien und seinen Kolonien an deutschen Waren ausgeführt. Der Wert der deutschen Ausfuhr nach Britisch-Indien war annähernd dreimal so groß wie der Wert unserer Ausfuhr nach unseren Kolonien Deutsch-Ostafrika, Deutsch-Südwestafrika und Kamerun. Der Wert der Ausfuhr nach Australien und Neuseeland war allein ungefähr fünfmal so groß wie der Wert der Ausfuhr nach Deutsch-Südwestafrika.[23]

Jede Beschränkung dieser enormen Ausfuhr und seiner normalen Erweiterungsmöglichkeit bedeutet daher mittelbar eine Behinderung des deutschen Welthandels auf dem Meere. Sodann steht die unmittelbar drohende Gefährdung der deutschen Schiffahrt vor Augen, freilich mit früher in dieser Weise noch nicht gekannten verfeinerten Mitteln. Wir können dies am ehesten verdeutlichen, wenn wir dem Schiffahrtssachverständigen Dr. Wilhelm Bitter das Wort geben, der in der Aussprache nach dem erwähnten Vortrage von Prof. Prion sich dahin äußerte: Die Schiffahrt ist gerade der Teil unseres Volkslebens, der die Gefahr des englischen Teilboykotts zu befürchten hat. England hat in dieser Richtung ganz bestimmte Absichten. Aus naheliegenden Gründen konnten die Gedanken nur an einem gedachten Beispiel, das aber dem, was tatsächlich ist, sehr ähnlich ist, erläutert werden. Es bedarf, um die Schiffahrt zu kontrollieren und zu hemmen, ja durchaus nicht der Absperrung des Landes durch Gesetze, etwa durch Wiedereinführung der alten Navigationsakte. Wenn man einen Hafen für eine fremde Nation unbequem machen, ja beinahe ganz sperren will, so braucht man nur wenige Mittel. Wenn es z. B. gelingt, sämtliche Kräne, die in diesem Hafen sind, in eine Hand zu bekommen, sie alle zu kaufen, eine kleine Gesellschaft zu gründen und die Aktien dieser Gesellschaft zu besitzen, so genüge das. Zu solcher Transaktion sei der englische Staat sehr bereit. Hat er die sämtlichen Aktien einer Gesellschaft, welche die Kräne eines Hafens besitzt, und diese Gesellschaft weigert sich, deutsche Schiffe zu bedienen, so ist dieser Fall überaus schwierig nach Friedensschluß zu behandeln. Denn wenn die Gesellschaft von dem Staat, in welchem sie liegt, nicht zu einem anderen Verhalten gezwungen werden kann, weil sie einfach nicht in ihrem Konzessionsvertrage die Verpfichtung hat, die Schiffe aller Nationen zu bedienen, so ist es ihre Sache, ob sie eine Verdienstgelegenheit benutzen will oder nicht. Der betreffende Staat könne sich zu einem Einschreiten außerstande erklären und sagen, die Gesellschaft sei frei in ihren Privatverträgen und sie weigere sich nun einmal, die Schiffe deutscher Nation zu bedienen. Auf diese Weise sei der Hafen für deutsche Schiffe boykottiert. Nun gibt es ja nicht nur Kräne, es gibt Kohlen, es gibt Docks, es gibt die drahtlose Nachrichtengelegenheit aus einem Hafen. Das alles könne in Gesellschaftsform leicht unter Kontrolle kommen. Wenn man einmal an diese Umstände denke und lese, daß es in den Pariser Beschlüssen auch heißt: „Die Alliierten sollen sich hierfür z. B. subsidiierter Unternehmungen, die unter Leitung oder Kontrolle des Staates selbst stehen, bedienen," so sei das gerade der angedeutete Weg. England hat die Macht und den festen Willen, ihn zu gehen. Man werde sein besonderes Augenmerk zu richten haben auf die Bestimmung: „Die Alliierten werden unverzüglich die nötigen Schritte unternehmen, um sich von den feindlichen Ländern unabhängig zu machen, soweit Rohstoffe und Fabrikate in Betracht kommen, die für normale Entwicklung ihrer wirtschaftlichen Betätigung von Wichtigkeit sind. Diese Maßnahmen sollen dahin zielen, die Unabhängigkeit der Alliierten nicht nur in bezug auf ihre Versorgungsquellen, sondern auch für ihre finanzielle, geschäftliche und maritime Organisation zu sichern." Der erste Satz klinge verhältnismäßig harmlos. Aber unter den zweiten Satz würden auch die Sperrungen und Behinderungen fremder Schiffahrt fallen.

Auch von anderer Seite ist schon darauf hingewiesen worden, daß mehrfach in England während des Krieges ausgesprochen wurde, es müsse die Schiffahrtpolitik Englands nach dem Kriege wieder stärker in diejenigen Bahnen zurückgeführt werden, die an die alten Zeiten der englischen Navigationsakte erinnerten, also an den Grundsatz, durch alle möglichen Maßnahmen die ausländische Schiffahrt gegenüber der englischen zu beeinträchtigen.[24] Die englischen Kolonien haben schon in Friedenszeiten Bestrebungen gezeigt, die auf ähnliche Ziele deuten. Hierher gehören die Versuche zur Gründung eines britischen Zollvereins. So wird nach dem australischen Schiffahrtsgesetz vom 24. Dezember 1912 die Schiffahrt zwischen den australischen Handelsstädten nicht nur mit allerhand tief einschneidenden Betriebsvorschriften belastet, sondern vor allem von fremden Regierungen subventionierten Dampfern überhaupt untersagt, während für britische Postschiffe eine zeitweilige Ausnahme vorgesehen ist. Diese Maßnahmen aber, die auf den Entschluß, unsere Reichspostdampferlinie nach Australien aufzugeben, stark mitgewirkt haben, sind nicht auf dieses Gebiet des britischen Weltreiches beschränkt worden. Auch Kanada hat ähnliche Bestimmungen getroffen. Auch Schumacher (a. a. O.) betont, daß Australien und Kanada es auf den Reichskonferenzen von 1902, 1907 und 1911 gewesen sind, die einstimmige Beschlüsse zugunsten von Maßregeln durchzusetzen wußten, deren Zweck es war, den Handel des britischen Imperiums mit Hilfe englischer Schiffe zu fördern. Er fügt mit Recht hinzu, daß der Krieg diese imperialistischen Bestrebungen im britischen Reiche nicht schwächen, sondern stärken werde und daß wir vor allem in der Seeschiffahrt damit bei einer Neuregelung unserer Handelspolitik werden rechnen müssen. Eine sehr bedeutende Unterstützung der wirtschaftlichen Seediktatur Englands bildet auch der Besitz von Kohlenstationen und die bisherige Machtstellung Englands in der Ausübung des unterseeischen Kabels, das man „eine militärische, politische und wirtschaftliche Hauptwaffe Englands“ genannt hat.[25]

Diese Erwägungen und Feststellungen zeigen, wie eng die Frage der Überwachung von überseeischen Verkehrswegen, Verkehrsmitteln und Verkehrsstationen mit der freien Schiffahrt und diese wieder mit handels- und zollpolitischen Fragen zusammenhängt. Die Freiheit der Meere ist auch im Frieden auf das Ernstlichste bedroht. Unsere Wirtschaftsfeinde werden nicht die veralteten Formen des Seezeremoniells geltend machen, nicht mehr unsere Schiffe mit tatsächlicher Gewalt fern halten. Sie werden aber den deutschen Handel über See, der doch nur durch Schiffe vermittelt werden kann, auf das äußerste erschweren, unseren ausfahrenden Schiffen die Häfen durch die angedeuteten und gewiß leicht vermehrbaren Mittel tatsächlich und dabei noch unter dem Schein privatrechtlicher Erlaubtheit sperren, den für die Schiffahrt unentbehrlichen drahtlosen Nachrichtendienst möglicht unterbinden. Dies erkennt auch Triepel[26] an. Es könne ein durch seine geographische Lage bevorzugter Staat, dessen Küstengewässer und Häfen von den Handelsschiffen anderer Staaten schwer zu umgehen sind, jederzeit seine Nebenbuhler im Welthandel in der Benutzung der großen Seestraßen mittelbar beeinträchtigen. Er könne sie in der Handhabung der Lotsenordnung, der Zoll- und Quarantäneeinrichtungen, in der Zulassung zu den Häfen und Reeden, in der Zuweisung der Ankerplätze, in der Versorgung mit Bunkerkohle und Ausbesserungsgegenständen unbillig behandeln. Dies und anderes sei wohl geeignet, schwächereren Wettbewerbern die Befahrung auch der hohen See oder doch einzelner Seegebiete und Seestraßen zu verleiden. Es sei zu erwarten, daß England und seine

Verbündeten nach Beendigung des Krieges versuchen werden, auf solche Weise den europäischen Mittelmächten und ihren Freunden die Wiederaufnahme des friedlichen Seehandels nach Möglichkeit zu erschweren. Triepel unterschätzt dabei aber doch diese Dinge, wenn er meint, daß sie nur lose mit dem zusammenhingen, was unter der Freiheit der Meere als einem anerkannten Institute des Völkerrechts begriffen wird. Die Kernfrage ist doch die, ob wir auf dem Meere zu Handelszwecken fahren können. Gerade die von ihm und auch von mir dargelegten Behinderungen bedeuten eine ganz außerordentlich starke Beeinträchtigung des großen und unentbehrlichen überseeischen Handels. Er ist von der Freiheit der Meere nicht zu trennen. Auf diese sachliche Verfeinerung des Begriffs und darauf, daß es sich nicht darum handeln kann, lediglich die Freiheit der Benutzung der Wasserfläche anzuerkennen, habe ich schon hingewiesen.[27]

III.

Was wird in Zukunft für die Friedenszeit aus dem Grundsatz der Freiheit der Meere? Von einer vollständigen Durchführung kann gar keine Rede sein. Die Beschränkungen, die das Völkerrecht allen Seestaaten oder einzelnen an gewissen Teilen des Meeres einräumt, werden in weitem Umfange bleiben. So vor allem diejenigen, die das sogenannte Küstenmeer betreffen, dessen Begrenzung nach der offenen See hin so großen Schwierigkeiten begegnet. Dann werden die „geschlossenen Meere“ stets den angeblichen Grundsatz wesentlich durchlöchernde Ausnahmen darstellen, wobei natürlich nicht gesagt ist, daß es immer dieselben tatsächlichen Gestaltungen sein müssen, die uns entgegentreten werden; ob es z. B. mit dem Bosporus und den Dardanellen bei der bisherigen völkerrechtlichen Regelung verbleibt, ist mehr als zweifelhaft.[28] Ebenso wird der Ausschluß der Meeresfreiheit fortdauern bei größeren Meeresbuchten, erst recht bei Häfen, Reeden, Meereseinbrüchen und Flußmündungen. Welche Bedeutung gerade Häfen für die ernstliche, dem wahren Geiste der Meeresfreiheit entsprechende Durchführung des Grundsatzes haben, zeigen meine Ausführungen, die sich an die Beurteilung der Beschlüsse der Pariser Wirtschaftskonferenz von 1916 geknüpft haben.[29]

Sieht man aber ab von diesen, teilweise notwendigen, teilweise nur durch die machtpolitischen Verhältnisse der Staaten oder Staatengruppen bedingten, wenn auch sehr wesentlichen Ausnahmen, so kann man sowohl vom völkerrechtlichen, wie vom deutschen Standpunkte aus nicht bestimmt und deutlich genug das Verlangen nach einer grundsätzlichen Anerkennung der Freiheit der Meere im Frieden erheben.

Vom völkerrechtlichen Standpunkt aus kommt in Betracht, daß grundsätzlich kein einigermaßen auf sein Ansehen und seine Geltung im Rate der Völker bedachter Staat dulden kann, von Schiffahrt und Güterverkehr ausgeschlossen zu werden und daß er sich daher die durch andere staatliche Hoheitsrechte nicht in Anspruch genommene Wasserfläche für seine Handels- und Transportverhältnisse nicht verschränken lassen kann. Es ist das etwas ganz anderes, als der von anderen behauptete „Drang zur Vergesellschaftung, zur gegenseitigen Annäherung, zum gegenseitigen Austausch geistiger und materieller Güter", der ein Recht hierzu niemals zu begründen vermag, ganz abgesehen davon, daß die Ausschließlichkeitstendenzen einzelner Seemächte die Allgemeinheit jenes Dranges widerlegen. Es handelt sich auch nicht um eine Meeresfreiheit, die eine das Meer betreffende unbedingte Gleichstellung aller Staaten zur Voraussetzung hätte; eine solche Gleichstellung besteht weder rechtlich noch angesichts der verschiedenen Machtverhältnisse. Daß auch die früher viel behauptete Übereinstimmung aller geistigen und materiellen Interessen der Kulturstaaten der Welt nicht zur rechtlichen Stütze der „Meeresfreiheit" dienen kann, beweist gerade die während des Krieges hervorgetretene und sich immer mehr verschärfende Spaltung in Interessenkreise, die zunächst die Wirtschaftsgruppe der Mittelmächte im Gegensatz zu der der Ententeländer zeigt. Es tut nichts zur Sache, ob sich diese Gruppierung später aufrecht erhalten läßt oder ob sie durch eine andere ersetzt wird; wesentlich ist nur, daß ein Weltbund, der alle Staaten der Kulturwelt umfaßt, sich als Utopie erwiesen hat und in der Verschiedenartigkeit der Handels- und Zoll-, Kolonial- und Ausbreitungsbestrebungen sein dauerndes Hindernis findet.[30]

Vom Standpunkte der deutschen Politik aus ist die grundsätzliche Anerkennung der Freiheit der Meere im Frieden eine nicht minder bedeutsame, ja unvermeidliche Forderung. Hierzu zwingt uns unsere geographische Lage, das Fehlen von Flottenstützpunkten, das Kräfteverhältnis der deutschen und englischen Kampf- und Kreuzerflotte.[31] „Wenn ein deutsches oder holländisches Schiff aus Indien schätzebeladen heimkehrte, mußte es, den kürzesten Weg einschlagend, bei den englischen Wachtposten in der Enge von Aden vorüber, durch den Suezkanal fahrend, der in englischen Händen ist. Und wenn es glücklich im Mittelländischen Meer war und nach Westen dampfte und auf geradem Wege die Insel Malta passiert hatte, mußte es wiederum erst bei einem englischen Wachtposten in der Enge von Gibraltar vorüber, um dann auch im Atlantischen Ozean und im Kanal niemals zu vergessen: England rules the waves .... Und wenn ein deutsches Schiff um die Südspitze von Südamerika, etwa nach den deutschen Südseeinseln wollte, mußte es bei dem englischen Wachtposten der Falklandsinseln vorüber. Der ganze gewaltige Schiffsverkehr aber, der von Ostasien über den Indischen Ozean wollte, mußte beim englischen Wachtposten von Singapore Halt machen. Kurz, die seefahrende Nation der Briten hat es ausgezeichnet verstanden, gerade an den entscheidenden Punkten der Erdkarte sich festzusetzen und Stützpunkte und Kolonien anzulegen. Man denke auch an Hongkong und vor allem an das Kap der guten Hoffnung, das einst den Schlüssel zu Indien bildete."[32] Die Möglichkeit unseres Welthandels und einer wirksamen Kolonialpolitik ist von der Durchführung der Freiheit der Meere in Friedenszeiten im Sinne der Beseitigung aller Hemmnisse der Schiffahrt und des Handelsverkehrs über See nicht zu trennen.

Dafür, daß dieses Ziel, weil eine Lebensnotwendigkeit für Deutschland, erreicht werden muß, kann man unter allen Deutschen Einstimmigkeit voraussetzen. Über die Mittel und darüber, ob sie bereits in den Friedensverhandlungen ergriffen werden können, wird nicht zuletzt das Endergebnis des Weltkrieges entscheiden. Nicht zuletzt; aber auch nicht ausschließlich, weil die tatsächliche Gestaltung der Meeresfreiheit von den späteren Machtverhältnissen mindestens ebenso abhängen wird, wie von Festsetzungen im Friedensvertrage. Immerhin ist auch in diesem zu versuchen, den Gefahren der Schädigung deutscher Schiffahrt und deutschen Handels über See durch die verschlagenen und hinterlistigen Mittel unserer Feinde zu begegnen, sowohl durch Verhinderung einer uns schädlichen, die Abschließung Deutschlands bezweckenden Handels- und Zollpolitik, als auch dadurch, daß Deutschland seine Anerkennung versagt jeder Abtretung oder Verpfändung von Konzessionen, sowie jeder Abtretung von Rechten an öffentlichen Transport- und ähnlichen Unternehmungen, die für die internationale Schiffahrt in Frage kommen, sofern sie nach Beginn der Feindseligkeiten erfolgt sind. „Denn bei allen solchen Abtretungen im Interesse Englands oder einer anderen feindlichen Nation wird zu vermuten sein, daß sie zu diesem Zwecke geschehen wird."[33] Darüber hinaus aber wird es sich um die Schaffung machtpolitischer Sicherungen auf der Grundlage von Bündnisverträgen und der stärkeren Durchdringung der Kulturstaaten mit international-rechtlichen Regelungen handeln. Davon, weil auch für die Meeresfreiheit im Kriege wesentlich, wird erst nach Betrachtung dieses Problems etwas eingehender gesprochen werden können.

Viertes Hauptstück.

Der Grundsatz der „Freiheit der Meere“ während eines Krieges.

I.

Wie stand es mit der Anerkennung der Meeresfreiheit im Kriege bis zum Ausbruch des Weltkrieges? Diese Frage muß uns zunächst beschäftigen. Sie läßt sich nur beantworten, wenn wir das geltende Völkerrecht ins Auge fassen. Ohne seine Kenntnis können weder die Verletzungen des Seekriegsrechts noch die Erwägungen, die mit einer Reformmöglichkeit rechnen, von anderen als Fachgelehrten verstanden werden. Angeschlossen werden dann die praktischen Erfahrungen des Weltkrieges hinsichtlich der wichtigsten Völkerrechtsinstitute und die Frage der Beseitigung ihrer die Meeresfreiheit ausschließenden Regeln.

Aus dem angeblich völkerrechtlichen Grundsatz der Freiheit der Meere hat die moderne Wissenschaft gefolgert, daß das offene Meer unzweifelhaft Kriegsschauplatz ist, d. h. die an sich zulässigen Kriegshandlungen auf ihm vorgenommen werden dürfen.[1] Das ist zwar formallogisch richtig, enthält aber doch einen materiellen Widerspruch; denn insoweit die Kriegführenden das Meer zur Kriegführung benutzen, machen sie es notwendigerweise im Verhältnis zueinander unfrei. Das Meer sei frei zum gegenseitigen Kampf. In Wirklichkeit beschränken sie sich gerade die Freiheit, indem sie sich gegenseitig aufzuhalten und zu schädigen beabsichtigen.

Die notwendige Folge der Meeresfreiheit würde das Verbot der Blockade, der Minenlegung, des Seebeute- und des Bannwarenrechtes sein. Von der Meeresfreiheit im Kriege kann in Wahrheit nicht die Rede sein, solange das geltende Recht jene Einrichtungen kennt. Das ist aber tatsächlich der Fall.[2] „Jedermann weiß, daß es nach heutigem Völkerrecht im Kriege eine wirkliche Freiheit, d. h. das Recht, die Meere an beliebigen Stellen und zu beliebigen Zeiten zu befahren, weder für den Seehandel der Kriegführenden noch für den der Neutralen gibt. Der anerkannte Grundsatz des Seebeuterechts vertreibt Schiffe und Waren des dem kriegführenden Staate angehörenden Kaufmanns von den Meeren; die gleichfalls anerkannten Einrichtungen des Konterbande- und Blockaderechts zwingen den neutralen Seehandel zur Aufgabe bestehender Geschäftsbeziehungen, zur Änderung der Handelswege, bedrohen ihn mit Verlusten und Belästigungen aller Art.“ (Triepel.)

Zunächst das Konterbande- oder Bannwarenrecht. Es ist für die Kriegszeit im Völkerrecht anerkannt. Die Pariser Seerechtsdeklaration von 1856 hatte bestimmt: „Neutrales Gut unter feindlicher Flagge, mit Ausnahme der Kriegskonterbande darf nicht mit Beschlag belegt werden.“ Konterbande sind Gegenstände einer bestimmten Art und mit einer gewissen Bestimmung. Es ist natürlich von größter praktischer Bedeutung, was die feindlichen Streitkräfte in völkerrechtlich zulässiger Weise zur See wegnehmen dürfen. Auf der zweiten Haager Konferenz blieb die Frage ungelöst. An die Stelle der vielen Meinungsverschiedenheiten ist dann die Regelung getreten, die die Londoner Erklärung über das Seekriegsrecht vom 26. Februar 1909 mit der ausdrücklichen Feststellung gebracht hat, daß sie im wesentlichen den allgemein anerkannten Grundsätzen des internationalen Rechts entspricht, also nichts grundsätzlich Neues schafft. Während England bei der zweiten Haager Friedenskonferenz von 1907 zur allgemeinen Überraschung den Antrag auf Abschaffung des Systems der Konterbande eingebracht hatte, ohne daß jemand an die Ernstlichkeit des Antrages geglaubt hätte, kam es in der Londoner Konferenz nicht wieder auf die Abschaffungsfrage zurück. Nach geltendem Völkerrecht sind drei Listen zu unterscheiden. Die eine enthält die Gegenstände der absoluten oder unbedingten, die andere der relativen oder bedingten Bannware, die dritte die Gegenstände, die niemals als Konterbande betrachtet und behandelt werden dürfen.

Ohne weiteres, d. h. schon durch die bloße Tatsache des Kriegsbeginns und ohne besondere Erklärung der Kriegführenden werden gemäß Art. 22 als absolute Konterbande angesehen:

1. Waffen jeder Art, mit Einschluß der Jagdwaffen, und ihre als solche kenntlichen Bestandteile; 2. Geschosse, Kartuschen und Patronen jeder Art, sowie ihre als solche kenntlichen Bestandteile; 3. Schießpulver und Sprengstoffe, die besonders für den Krieg bestimmt sind; 4. Lafetten, Munitionswagen, Protzen, Proviantwagen, Feldschmieden und ihre als solche kenntlichen Bestandteile; 5. militärische als solche kenntliche Kleidungs- und Ausrüstungsstücke; 6. militärisches als solches kenntliches Geschirr jeder Art; 7. für den Krieg benutzbare Reit-, Zug- und Lasttiere; 8. Lagergerät und seine als solche kenntlichen Bestandteile; 9. Panzerplatten; 10. Kriegsschiffe und sonstige Kriegsfahrzeuge, sowie solche Bestandteile, die nach ihrer besonderen Beschaffenheit nur auf einem Kriegsfahrzeuge benutzt werden können; 11. Werkzeuge und Vorrichtungen, die ausschließlich zur Anfertigung von Kriegsmaterial oder zur Anfertigung und Ausbesserung von Waffen und von Landkriegs- oder Seekriegsmaterial hergestellt sind.

Gegenstände und Stoffe, die ausschließlich für den Krieg verwendet werden, können in die Liste der absoluten Kriegskonterbande mittels einer Erklärung, die bekannt zu geben ist, aufgenommen werden (Art. 23, Absatz 1).

Als Kriegskonterbande werden ohne weiteres folgende für kriegerische wie für friedliche Zwecke verwendbare, unter der Bezeichnung relative Konterbande begriffenen Gegenstände und Stoffe gemäß Art 24 angesehen:

1. Lebensmittel; 2. Furage und zur Viehfütterung geeignete Körnerfrüchte; 3. für militärische Zwecke geeignete Kleidungsstücke, Kleidungsstoffe und Schuhwerk; 4. Gold und Silber, geprägt und in Barren, sowie Papiergeld (auch Banknoten mit und ohne Zwangskurs, nicht Wechsel und Schecks); 5. für den Krieg verwendbare Fuhrwerke jeder Art und ihre Bestandteile; 6. Schiffe, Boote und Fahrzeuge jeder Art, Schwimmdocks und Vorrichtungen für Trockendocks, sowie ihre Bestandteile (auch Maschinen und Dampfkessel); 7. festes oder rollendes Eisenbahnmaterial, Telegraphen-, Funkentelegraphen- und Telefonmaterial; 8. Luftschiffe und Flugmaschinen, ihre als solche kenntlichen Bestandteile sowie Zubehörstücke, Gegenstände und Stoffe, die erkennbar zur Luftschiffahrt oder zu Flugzwecken dienen sollen; 9. Feuerungsmaterial und Schmierstoffe; 10. Schießpulver und Sprengstoffe, die nicht besonders für den Krieg bestimmt sind; 11. Stacheldraht, sowie die zu dessen Befestigung und Zerschneidung dienenden Werkzeuge; 12. Huf-

eisen und Hufschmiedegerät; 13. Geschirr und Sattelzeug; 14. Doppelgläser, Fernrohre, Chronometer und nautische Instrumente aller Art.

Gegenstände und Stoffe, die für kriegerische Zwecke nicht verwendbar sind, können nicht als Kriegskonterbande erklärt werden (Art. 27).

Die dritte, die sogenannte Freiliste endlich besagt, welche Gegenstände als Kriegskonterbande nicht erklärt werden können:

1. Rohbaumwolle, Rohwolle, Rohseide, rohe Jute, roher Flachs, roher Hanf und andere Rohstoffe der Textilindustrie, sowie die daraus gesponnenen Garne; 2. ölhaltige Nüsse und Sämereien, Kopra; 3. Kautschuk, Harz, Gummi und Lack, Hopfen; 4. rohe Felle, Hörner, Knochen und Elfenbein; 5. natürlicher und künstlicher Dünger, mit Einschluß der für die Landwirtschaft verwendbaren Nitrate und Phosphate; 6. Erze; 7. Erde, Ton, Kalk, Kreide, Steine mit Einschluß des Marmors, Ziegelsteine, Schiefer und Dachziegel; 8. Porzellan- und Glaswaren; 9. Papier und die zu seiner Herstellung zubereiteten Stoffe; 10. Seife, Farbe, mit Einschluß der ausschließlich zu ihrer Herstellung bestimmten Materialien, und Firnis; 11. Chlorkalk, Soda, Ätznatron, schwefelsaures Natron in Kuchen, Ammoniak und Kupfervitriol; 12. Maschinen für Landwirtschaft, für Bergbau, für Textilindustrie und für Buchdruckerei; 13. Edelsteine, Halbedelsteine, Perlen, Perlmutter und Korallen; 14. Turm- und Wanduhren, Standuhren und Taschenuhren außer Chronometern; 15. Mode- und Galanteriewaren; 16. Federn jeder Art, Haare und Borsten; 17. Gegenstände zur Wohnungseinrichtung und zum Wohnungsschmucke, Bureaumöbel und Bureaubedarf (Art. 28).

Zu beachten bleibt noch, daß nicht als Kriegskonterbande angesehen werden können:

1. Gegenstände und Stoffe, die ausschließlich zur Pflege der Kranken und Verwundeten dienen, jedoch mit der Maßgabe, daß sie im Falle gewichtiger militärischer Erfordernisse gegen Entschädigung angefordert werden können, wenn sie feindliche Bestimmung haben; 2. Gegenstände und Stoffe, die zum Gebrauche des Schiffes, wo sie vorgefunden werden, oder zum Gebrauche der Besatzung oder der Passagiere dieses Schiffes während der Reise bestimmt sind (Art. 29). Zu den Gegenständen und Stoffen, die ausschließlich zur Pflege der Kranken und Verwundeten dienen, gehören außer Verbandzeug ärztliche Instrumente, Krankenbetten, Tragbahren usw., auch Drogenwaren und Arzneimittel aller Art. Es handelt sich nicht um die Lazarettschiffe, denen durch das Haager Abkommen vom 18. Januar 1907, betreffend die Anwendung der Grundsätze der Genfer Konvention auf den Seekrieg, eine besondere Befreiung zugesichert ist, sondern um gewöhnliche Handelsschiffe, unter deren Ladung sich Gegenstände der angegebenen Art befinden.[3]

Die unmittelbare Zufuhr ist im Völkerrecht folgendermaßen geregelt:

Nach Art. 30 der Londoner Deklaration unterliegen Gegenstände der absoluten Konterbande der Beschlagnahme, wenn bewiesen wird, daß ihre Bestimmung das feindliche oder vom Feinde besetzte Gebiet oder die feindliche Streitmacht ist. Es macht keinen Unterschied, ob die Zuführung dieser Gegenstände unmittelbar erfolgt, oder ob sie noch eine Umladung oder Beförderung zu Land erfordert. Bis zur Erbringung jenes Beweises muß die friedliche Bestimmung angenommen werden; wer sich auf die feindliche Bestimmung beruft, hat die Beweislast, also der Beschlagnehmende. Wird aber der Beweis der örtlichen Zuführung erbracht, so ist damit auch der der Gebrauchsbestimmung dargetan, weil die Natur der Ware und ihre Bestimmung ihre normale kriegerische Verwendung nicht erst noch beweisbedürftig erscheinen lassen. Nach Art. 31 der Londoner Deklaration gilt der Beweis als endgültig erbracht, wenn die Ware nach den Urkunden in einem feindlichen Hafen ausgeladen oder der feindlichen Streitmacht geliefert werden soll; wenn das Schiff nur feindliche Häfen anlaufen soll oder wenn es einen feindlichen Hafen berühren oder zu der feindlichen Streitmacht stoßen soll, bevor es den neutralen Hafen erreicht, wohin die Ware urkundlich bestimmt ist. Ist auch grundsätzlich die Bestimmung der Ware das Entscheidende, so kann unter Umständen doch der Bestimmung des Schiffes, auf welchem die Ware verfrachtet ist, Bedeutung zukommen. Ist das Schiff ausschließlich nach feindlichen Häfen bestimmt, so besteht offenbar die Absicht, die Ware in einem feindlichen Hafen zu löschen. Damit ist die feindliche örtliche Bestimmung der Ware erwiesen. Soll die Ware zwar in einem neutralen Hafen gelöscht werden, ist aber das Schiff bestimmt, mit der Ware an Bord einen feindlichen Hafen anzulaufen oder zu feindlichen Streitkräften zu stoßen, so ist zwar damit nicht erwiesen, daß die Ware eine feindliche Bestimmung hat. Aber der Umstand, daß das Schiff vor Erreichung der neutralen Bestimmung einen feindlichen Hafen berühren soll, würde für den Kriegführenden, der das Schiff untersucht, eine zu große Gefahr begründen. Auch wenn man nicht eine von vornherein beabsichtigte Täuschung annimmt, bestände doch für den Kapitän des Kauffahrteischiffes eine starke Versuchung, die Konterbande, für die er vorteilhaften Absatz fände, auszuladen und für die Lokalbehörden die Versuchung, diese Ware zu requirieren. Ebenso liegt der Fall, daß das Schiff vor Erreichung des neutralen Hafens zu einer feindlichen Streitmacht stoßen soll.[4] Im übrigen begründen nach Art. 32 die Schiffspapiere vollen Beweis in Ansehung der Fahrt des Schiffes, das absolute Konterbande an Bord hat, es sei denn, daß beim Antreffen des Schiffes dieses offenbar von der nach den Schiffspapieren einzuhaltenden Fahrt abgewichen ist und keinen hinreichenden Grund für diese Abweichung anzugeben vermag.

Die Gegenstände der relativen Konterbande unterliegen nur der Beschlagnahme, wenn bewiesen wird, daß sie für den Gebrauch der Streitmacht oder der Verwaltungsstellen des feindlichen Staates bestimmt sind, es sei denn, daß in letzterem Falle nach Ausweis der Umstände diese Gegenstände tatsächlich nicht für den derzeitigen Krieg benutzt werden können. Der letzte Vorbehalt findet keine Anwendung auf Gold und Silber, geprägt und in Barren, sowie Papiergeld, Dinge, die auf Grund ihres sachrechtlichen Charakters gar nicht geeignet sind, Träger einer besonderen, diese Ausnahme begründenden Bestimmung zu sein. Die örtliche Zuführung allein genügt also nicht, es bedarf der feindlichen Bestimmung, um die Beschlagnahme zu begründen. Bei der Schwierigkeit, diese Bestimmung zu beweisen, hat Artikel 34 Vermutungen aufgestellt. Diese feindliche Bestimmung wird angenommen, wenn die Sendung an die feindlichen Behörden oder an einen im feindlichen Lande ansässigen Händler gerichtet ist, von dem es feststeht, daß er dem Feinde Gegenstände und Stoffe dieser Art liefert. Das gleiche gilt für eine Sendung, die nach einem befestigten Platze des Feindes oder nach einem anderen der feindlichen Streitmacht als Basis dienenden Platze bestimmt ist; diese Vermutung findet jedoch keine Anwendung auf das Kauffahrteischiff selbst, das nach einem dieser Plätze fährt und dessen Eigenschaft als Konterbande bewiesen werden soll. Treffen diese Vermutungen nicht zu, so wird angenommen, daß die Bestimmung unschädlich ist. Der Beweis des Gegenteils der aufgestellten Vermutungen ist zulässig. — Alle diese einzelnen Vermutungen sind Erläuterungen zugänglich, die auch schon der Generalbericht der Londoner Konferenz vorgenommen hat. Unter Behörden sind nur staatliche, Zivil- und Militärbehörden, zu verstehen, nicht die der Kommunen, da sie als solche an der Organisation des Staates nicht in der ausgesprochenen Weise teilhaben. Für den Händleradressaten ist nicht die Staatsangehörigkeit, sondern der Wohnsitz, und zwar unter Umständen der Sitz der Handelsunternehmung maßgebend. Keine Übereinstimmung besteht darüber, wann es feststehen soll, wieweit der Kreis der Personen zu sein hat, dem es notorisch ist, daß der Händler Kriegslieferant ist. Auch die Kennzeichnung des Bestimmungsortes als befestigter oder als ein anderer der feindlichen Macht als „Basis" dienender Platz wird nicht immer zweifelsfrei sein.[5]

Die Unterscheidung zwischen absoluter und relativer Konterbande ist besonders wichtig für die Lehre von der fortgesetzten Reise. Die Londoner Deklaration unterscheidet auch hier zwischen absoluter und relativer Konterbande.

Ist dem aufbringenden Kriegführenden der Beweis der feindlichen Bestimmung der Waren der absoluten Konterbande, den er mit Hilfe der Vermutungen des Art. 31 (vgl. oben S. 81) erbringen kann, gelungen, so macht es nach Art. 30 keinen Unterschied, ob die Zuführung dieser Gegenstände unmittelbar erfolgt oder ob sie noch eine Umladung oder Beförderung zu Lande erfordert. Damit ist die Lehre von der fortgesetzten Reise für die absolute Konterbande bedingungslos anerkannt. Maßgebend ist die Bestimmung der Ware, nicht die des Schiffes. Denn die Bestimmung der Ware ist es, die das Repressionsrecht des Kriegführenden zur Entstehung bringt.[6] Auf Grund einer früher ausgeführten, aber bereits vollendeten Beförderung von Konterbande kann eine Beschlagnahme nicht bewirkt werden (Art. 38). Für den Beweis der feindlichen Endbestimmung der Waren absoluter Konterbande ist Art. 32 von Bedeutung. Die Schiffspapiere begründen vollen Beweis in Ansehung der Fahrt des Schiffes, das absolute Konterbande an Bord hat, nicht auch in Ansehung der Waren. Eine aus den Schiffspapieren ersichtliche Bestimmung der Waren nach neutralen Häfen ist nicht durchgreifend, wenn der Beschlagnehmende auf irgendeine andere Art den Beweis erbringen kann, daß die Waren in der Tat eine feindliche Endbestimmung haben.

Bei relativer Konterbande ist nach geltendem Völkerrecht die Lehre von der einheitlichen Reise beseitigt. Denn gemäß Art. 35 unterliegen die Gegenstände der relativen Konterbande der Beschlagnahme nur auf einem Schiff, das sich auf der Fahrt nach einem feindlichen oder vom Feinde besetzten Gebiet oder zur feindlichen Streitmacht befindet und das diese Gegenstände nicht in einem neutralen Hafen ausladen soll. Die Schiffspapiere begründen vollen Beweis in Ansehung der Fahrt des Schiffes sowie des Ortes der Ausladung der Waren, es sei denn, daß beim Antreffen des Schiffes dieses offenbar von der nach den Schiffspapieren einzuhaltenden Fahrt abgewichen ist und keinen hinreichenden Grund für diese Abweichung nachzuweisen vermag. Ergibt sich aus den Schiffspapieren, daß sie nach neutralen Häfen gebracht und daselbst ausgeladen werden sollen, so können sie, wie der Generalbericht betont, keine Konterbande sein. Denn es ist nicht zu untersuchen, ob sie von diesem neutralen Hafen auf dem See- oder Landwege zu dem feindlichen Gebiet weiter befördert werden sollen und die Schiffspapiere begründen hier in Erweiterung ihrer Beweiskraft gegenüber der absoluten Konterbande auch in Ansehung des Ortes der Ausladung der Waren vollen Beweis, der allerdings in allen Fällen gegenüber der Wirklichkeit aushilfsweise gilt. Für Deutschland bestimmte Nahrungsmittel dürfen, selbst wenn sie für den Gebrauch der Streitkräfte Verwendung finden sollen, hiernach rechtmäßig nur dann abgefangen werden, wenn sie unmittelbar nach Deutschland verschifft werden, nicht aber, wenn sie über holländische oder skandinavische Häfen gehen.[7] Eine Ausnahme von der allgemeinen Regel gibt Art. 37 der Londoner Erklärung: Befördert ein Schiff Gegenstände, die der Beschlagnahme als absolute oder relative Konterbande unterliegen, so kann es auf hoher See oder in den Gewässern der Kriegführenden während der ganzen Dauer seiner Reise beschlagnahmt werden, selbst wenn es die Absicht hat, einen Zwischenhafen anzulaufen, bevor es die feindliche Bestimmung erreicht.[8] — Was ist nun aus dem Konterbanderecht im Weltkrieg geworden?

II.

Es ist wahr, England hat die Londoner Deklaration nicht ratifiziert. Aber eine einleitende Bestimmung, deren schon gedacht ist, besagt: „Die Signatarmächte sind einig in der Feststellung, daß die in den folgenden Kapiteln enthaltenen Regeln im wesentlichen den allgemein anerkannten Grundsätzen des internationalen Rechtes entsprechen." War daher England an die Londoner Deklaration auch nicht formell gebunden, so hatte es sich doch stets den Anschein gegeben, als ob es jenen völkerrechtlichen Grundsätzen, deren Kodifikation die Erklärung enthalten sollte, die Achtung nicht versagte. Dazu kommt noch, daß nach Art. 65 „die Bestimmungen dieser Erklärung ein unteilbares Ganzes bilden", so daß eine willkürliche Änderung einzelner und zwar gerade der wichtigsten Regeln sich unter keinerlei Gesichtspunkt rechtfertigen läßt. Im Anfang des Weltkrieges hat England deshalb auch versucht, „sein Gesicht zu wahren". Die britische Konterbandeerklärung vom 5. August 1914 (der sich Frankreich gleich angeschlossen hat) befand sich noch in Übereinstimmung mit der Londoner Erklärung — bis auf einen Punkt. England erklärte die in der Londoner Konferenzakte nur als relative Konterbande aufgeführten Luftschiffe und Flugmaschinen, ihre Zubehörstücke usw. zur absoluten Konterbande. Dies konnte meines Erachtens nicht als unzulässig erachtet werden, wenn es sich um Luftschiffe oder Flugmaschinen handelt, die als gerade zur Kriegführung bestimmt angesehen werden müssen, in die z. B. ein Geschütz eingebaut ist. Sie sind dann Waffen im Sinne der Liste für die absolute Kriegskonterbande. Dasselbe gilt für Automobile mit eingebauten Geschützen. Panzerautomobile ohne Geschütze, — falls es solche gibt — können, wenn sie zum Transport von Munition und Waffen bestimmt sind, infolge der Zugehörigkeit der Munitionswagen zur absoluten Konterbande ohne weiteres, in allen Fällen aber auf Grund einer Erklärung als absolute Konterbande betrachtet werden.[9] Wichtig ist ferner die Frage bezüglich der Lebensmittel in diesem Kriege von vornherein gewesen. Diese sind sowohl nach der Londoner Erklärung als auch nach der ersten englischen Konterbandemitteilung vom 5. August 1914 relative Kriegskonterbande. Sie konnten also nur dann beschlagnahmt werden, wenn bewiesen wurde, daß sie für den Gebrauch der Streitmacht und der Verwaltungsstellen des feindlichen Staates bestimmt sind. Hält man Getreide für Lebensmittel, so steht demnach fest, daß nur das für das deutsche Heer bestimmte Getreide beschlagnahmt werden konnte, nicht aber das für die Bevölkerung Deutschlands bestimmte (Art. 33 der Londoner Erklärung). England handelte daher von vornherein völkerrechtswidrig, als es verschiedene Getreideschiffe mit neutraler Bestimmung schon im August 1914 zwang, die Ladung in England zu löschen.

Es sollte aber noch viel ärger kommen. Schon die Ordre vom 20. August 1914 erklärte zwar den Willen der britischen Regierung, während des Krieges soweit als möglich in Übereinstimmung mit den Vorschriften der Londoner Deklaration zu handeln, aber nur mit einigen „Zusätzen" und „Abänderungen".[10] Diese sind aber derart, daß sie die Londoner Erklärung in wesentlichen Punkten aufheben und dadurch gleichzeitig in das geltende Völkerrecht eingreifen. Am 29. Oktober 1914 hob England jene Order auf unter Behauptung erneuerter Inkraftsetzung der Londoner Deklaration mit Ausnahme der Liste der Kriegskonterbande und der Nichtkonterbande sowie einiger „Abänderungen".[11]

Der zunächst bescheidenen Änderung der Liste der absoluten Konterbande folgte am 29. Oktober 1914 durch England eine höchst unbescheidene.

Jetzt finden wir in der absoluten Konterbandeliste auch: Schwefelsäure, Entfernungsmesser und ihre als solche kenntlichen Bestandteile, Hämatit-Eisenerz und Hämatit-Roheisen, Eisen-Pyrite, Nickelerz und Nickel, Chromeisen und Chromerz, Kupfer (unbearbeitet), Blei in Blöcken, Platten oder Röhren, Aluminium, Ferro-Silicium, Stacheldraht, sowie die zu dessen Befestigung und Zerschneidung dienenden Werkzeuge, Motorwagen aller Art und ihre Bestandteile, Motorradreifen, Gummi, Mineralöle und Motorspiritus, ausgenommen Schmieröle.

England hat also nicht nur Gegenstände, die nach der Londoner Deklaration als relative Konterbande anzusehen sind, für absolute Konterbande erklärt, sondern sogar auch solche, die nach Art. 28 der Londoner Deklaration unter keinen Umständen als Konterbande erklärt werden können; es seien aus diesem Art. 28 hier nur Gummi und Erze hervorgehoben.[12]

Am 21. September 1914 wurde die Liste der relativen Konterbande erheblich erweitert.

England setzte noch darauf: unverarbeitetes Kupfer, Blei in Blöcken, Platten oder Röhren, Glyzerin, Ferro-Chrom, Hämatit-Eisenerz, Gummi, Häute und Leder, roh und gegerbt (zubereitetes Leder nicht inbegriffen).

Damit waren Gegenstände, die auf der Freiliste der Londoner Deklaration (Art. 28) standen, als relative Konterbande bezeichnet. Am 29. Oktober verkündete die britische Regierung eine neue Liste der relativen Konterbande. Trotzdem sie am gleichen Tage eine 26 Ziffern umfassende neue Liste der absoluten Konterbande in Kraft setzte und obwohl diese Liste auch Gegenstände aufzählt, welche die Londoner Deklaration für relative Konterbande erklärt, enthält die Liste der relativen Konterbande vom 29. Oktober 1914 immer noch eine Ziffer mehr als die Liste der Londoner Deklaration im Art. 24.[13] Mit Recht hat deshalb die Deutsche Denkschrift über die Stellung Englands und Frankreichs zu der Londoner Seekriegsrechtserklärung vom 10. Oktober 1914[14] unter II. erklärt: „Die britische Regierung glaubt sich über die in den Art. 22, 24 und 28 der Londoner Erklärung enthaltenen Listen der absoluten Konterbande, der relativen Konterbande und der nicht als Konterbande zu erklärenden Waren (Freiliste) ohne weiteres hinwegsetzen zu können. Sie hat in ihrer durch die Order in Council unter Nr. 1 aufrecht erhaltenen Konterbandeerklärung am 5. August 1914 Luftfahrzeuge und deren Bestandteile als absolute Konterbande bezeichnet, während diese nach Art. 24, Nr. 8 der Londoner Erklärung nur als relative Konterbande angesehen werden können. Vor allem aber hat sie in der Proklamation vom 21. September 1914 Gummi, Häute und Felle, sowie verschiedene Sorten Eisenerz als relative Konterbande erklärt, obwohl diese Gegenstände nicht oder doch nur sehr mittelbar für kriegerische Zwecke verwendbar sind und daher auf der Freiliste des Art. 28 stehen. Damit wird zugleich allgemein anerkannten Regeln des Völkerrechts ins Gesicht geschlagen, wonach der neutrale Handel mit Gegenständen ausschließlich friedlichen Gebrauches durch die Kriegführenden nicht gestört werden darf."

Wir sahen, wie die Londoner Erklärung im Art. 33 bestimmt, daß der Begriff der relativen Konterbande nur dann Anwendung findet, wenn die verfrachteten Gegenstände für den Gebrauch der Verwaltungsstellen oder der Streitmacht des feindlichen Staates bestimmt sind. Ferner soll nach Art. 35 der Begriff der relativen Konterbande ohne weiteres ausgeschlossen sein, wenn sich das Schiff auf der Fahrt nach einem neutralen Hafen befindet.

Diese Bestimmungen der Londoner Erklärung hebt die Order in Council vom 20. August 1914, wie jene Deutsche Denkschrift zutreffend feststellt, so gut wie auf. „Denn nach Nr. 3 der Order soll die Vermutung für die feindliche Bestimmung der Güter in jedem Falle Platz greifen, wo der Empfänger der Ware unter der Kontrolle der Behörden des feindlichen Staates steht; das bedeutet aber nichts anderes, als daß jede nach dem feindlichen Lande gerichtete Sendung der Beschlagnahme ausgesetzt ist, da sich dort sämtliche Bewohner unter der Kontrolle der Landesbehörden befinden." Tatsächlich läßt die Order in Council vom 20. August 1914 die feindliche Bestimmung, von der in Art. 33 der Londoner Erklärung die Rede ist, auch dann als vorhanden vermuten, wenn die Güter unmittelbar oder mittelbar an einen Agenten des feindlichen Staates oder an einen Kaufmann oder an irgendeine andere Person gerichtet sind, die von der Obrigkeit des feindlichen Landes abhängig ist. Daß dieser Agent im feindlichen Lande ansässig ist, wird dabei nicht gefordert. Diese neue Ordnung wurde aber dahin ausgelegt, daß jeder, der innerhalb der Grenzen des feindlichen Staates lebt, auch ein Agent des feindlichen Staates ist. Es hätte also jeder Empfänger in Deutschland vor einem britischen Prisengericht den Nachweis erbringen müssen, daß er nicht Agent seines Staates war; er würde sich vor die unmögliche Aufgabe gestellt sehen, dies vor einem Prisengericht eines Landes zu beweisen, das namentlich den Unterschied zwischen der militärischen und bürgerlichen Bevölkerung Deutschlands verwischte.[15] Diese Erklärung findet sich in der Note Sir Edward Greys an die amerikanische Regierung vom 10. Februar 1915[16]: „In einem Land, wo eine solche umfassende Kriegsorganisation besteht, wie augenblicklich in Deutschland, ist kein klares Unterschiedsmerkmal zwischen demjenigen Teile der Bevölkerung, für dessen Ernährung die Regierung die Verantwortung trägt, und demjenigen, für dessen Ernährung sie nicht verantwortlich ist. Erfahrungsgemäß wird das Requisitionsrecht im vollsten Maße ausgeübt, um den Bedürfnissen des Militärs zu genügen, und obgleich Güter für den Gebrauch der Zivilbevölkerung eingeführt werden, so werden sie doch seitens des Militärs aufgebracht, wo die militärischen Zwecke es erfordern. Insbesondere ist dieses jetzt der Fall, da die deutsche Regierung die Kontrolle über die Nahrungsmittel innerhalb des Landes übernommen hat." Lord Grey hält es unter den eigenartigen Umständen des gegenwärtigen Krieges für eine völlig gerechtfertigte Forderung, die Beweislast auf den, der Anspruch auf Auslieferung der Waren erhebt, abzuwälzen. „Nun ist jene „Abhängigkeit" einer Person von seiner Obrigkeit ein so dehnbarer Begriff, daß die britische Regierung sein Versagen kaum zu befürchten braucht. Jeder Mensch, der sich im Staatsgebiet aufhält, ist der Staatsgewalt unterworfen, ist von ihr abhängig. Der dehnbare Begriff sollte möglichst jede, nach dem feindlichen Lande gerichtete Sendung der Beschlagnahme aussetzen."[17] Das bedeutete die papierene Blockade, die Leugnung der Notwendigkeit ihrer „Effektivität".

In Nr. 5 der Order in Council vom 20. August 1914 heißt es weiter: „Ungeachtet der Vorschrift des Art. 35 der Londoner Deklaration unterliegt relative Konterbande der Beschlagnahme, wenn nachgewiesen wird, daß sie die in Art. 33 bezeichnete Bestimmung hat, ohne Rücksicht darauf, nach welchem Hafen das Schiff bestimmt ist und in welchem Hafen die Ladung gelöscht werden soll." Nach dieser Bestimmung kann auch das auf der Fahrt nach einem neutralen Hafen befindliche Schiff wegen relativer Konterbande aufgebracht werden; hier wird also entgegen dem Art. 35 der Londoner Erklärung der nur auf die absolute Konterbande anwendbare Begriff der fortgesetzten Reise auf die relative Konterbande ausgedehnt. Die Deutsche Denkschrift vom 10. Oktober 1914 zieht hieraus die richtige Folgerung: „Auf diese Weise werden die milderen Regeln der Londoner Erklärung für die relative Konterbande beseitigt und letztere im Ergebnis der absoluten Konterbande völlig gleichgestellt. Damit wird der zur Versorgung der Bevölkerung eines kriegführenden Staates bestimmte neutrale Handel mit Gegenständen der relativen Konterbande, also insbesondere mit Lebensmitteln, der im geltenden Völkerrecht als legitim anerkannt ist, nahezu illusorisch gemacht, und so das Interesse der Kriegführenden wie der Neutralen in völkerrechtswidriger Weise verletzt."

Der gesetzmäßige Handel der Neutralen mit Englands Feinden wird daher unter Kontrolle genommen. „Die kleinen neutralen Mächte sehen sich dadurch in ihrem Wirtschaftsleben auf das Empfindlichste getroffen; nur mit äußerstem Widerstreben beugten sie sich der Gewalt.[18] Auch darauf verweist die Deutsche Denkschrift vom 10. Oktober 1914, daß die Order in Council eine weitere Verschärfung der Bestimmungen über die Konterbande durch Nichtachtung des Art. 38 der Londoner Konferenz beweist, der eine Beschlagnahme des Schiffes wegen Konterbande nur zuläßt, solange sich diese an Bord befindet. Die britische Regierung will, wenn die Beförderung der Konterbande unter Mitnahme falscher Papiere erfolgt ist, das Schiff während der ganzen Dauer der Reise mit Beschlag belegen. Auf diese Weise ist der neutrale Schiffsverkehr mit dem feindlichen Gebiet andauernden Schikanen ausgesetzt, da das Schiff nicht nur auf Grund einer offenkundigen Tatsache, nämlich des Vorhandenseins von Konterbande, sondern auch auf Grund einer häufig nicht nachweisbaren Behauptung über sein früheres Verhalten aufgebracht werden wird.[19]

Hinzu kam das Verbot der an-Order-Verschiffungen im Handel zwischen den Neutralen. England wußte, „daß die Haupteinfuhr Deutschlands durch die neutralen Länder besorgt wurde. Es konnte deshalb die unmittelbare Zufuhr der relativen Konterbande, ohne ihre tatsächliche Unterdrückung irgendwie zu beeinträchtigen, unter äußerlich mildere Formen stellen, wenn nur die mittelbare Zufuhr unter Anwendung der Reisetheorie in entsprechend schärferer Form verhindert wurde."[20] Es stellt den Satz auf: „Unbeschadet der Bestimmungen des Art. 35 der Londoner Deklaration soll die relative Konterbande an Bord eines für einen neutralen Hafen bestimmten Schiffes der Beschlagnahme unterliegen, wenn die Güter an Order gerichtet sind, oder wenn die Schiffspapiere nicht erkennen lassen, wer der Empfänger der Güter ist, oder wenn sie einen Empfänger der Güter in feindlichem oder vom

Feinde besetzten Gebiet angeben." In allen diesen Fällen muß also, wenn nur die geringste Veranlassung für die Annahme eines Verdachts der feindlichen Bestimmung vorliegt, der Eigentümer der Waren beweisen, daß deren Bestimmung harmlos ist[21]; dies, obwohl es anerkannter Grundsatz des Völkerrechts war, daß die friedliche Bestimmung bis zu dem von dem Beschlagnehmenden zu führenden Beweise des Gegenteils, mit Ausnahme von wenigen Vermutungen, angenommen werden muß. Die Wirkung der Bestimmung war, daß an-Order-Sendungen, selbst wenn der Verlader die Gewißheit hatte, die Rechtmäßigkeit seiner Verschiffung nachweisen zu können, aufhörten, weil der Aufenthalt in England während der Untersuchungszeit die Rentabilität des ganzen Geschäfts in Frage stellte. Z. B. wurden die vier Fleischdampfer „Alfred Nobel", „Björnsterne Björnson", „Kim" und „Friedland" bis zur Aburteilung sieben Monate festgehalten. Besonders für Amerika war diese Maßregel hart, weil es zur Sicherstellung der Bezahlung fast regelmäßig die Sendung an Order der amerikanischen Bankhäuser in einem europäischen Bestimmungsland konsignierte.[22] Die Folge war, daß die neutralen Absender von Waren, z. B. in Amerika, vor dem dortigen englischen Konsul eine eidesstattliche Versicherung abgaben, daß die von ihnen nach neutralen Ländern, z. B. Holland, geschickten Waren zum Verbrauche in Holland bestimmt sind und nicht ausgeführt werden und auch an ihrer Stelle nicht etwa eine gleiche Quantität gleichartiger Waren ausgeführt werden soll.[23]

Endlich führte die Order vom 29. Oktober 1914 noch die schwarzen Listen durch folgende Bestimmung ein: „Wo es zur Befriedigung eines der Hauptstaatssekretäre Seiner Majestät dargetan wird, daß die feindliche Regierung Lieferungen für ihre Streitkräfte von einem neutralen Lande oder durch ein neutrales Land bezieht, kann er verfügen, daß in Ansehung von Schiffen, die nach einem Hafen dieses neutralen Landes bestimmt sind, der Art. 35 der Londoner Deklaration keine Anwendung finden soll. Eine solche Verfügung soll in der „London Gazette" bekannt gemacht werden und in Geltung bleiben, bis sie widerrufen wird. Solange die Verfügung in Kraft steht, soll ein Fahrzeug, das relative Konterbande nach einem Hafen in jenem Lande bringt, von der Beschlagnahme nicht verschont bleiben.“ Damit ist die Bedeutung der feindlichen Bestimmung ganz ausgeschaltet. Denn während nach Art. 35 der Londoner Deklaration relative Konterbande der Beschlagnahme unterliegt, wenn sie in einem feindlichen Hafen ausgeladen werden soll, sollen nach jener Bestimmung auch Waren, die nach neutralen Häfen gehen, unter gewissen Voraussetzungen als relative Konterbande der Beschlagnahme unterworfen sein. Die Bedeutung dieser Vorschrift wird verschieden eingeschätzt. Pohl [24] nimmt an, jede Zufuhr von Lieferungen an die feindlichen Streitkräfte bringt einen neutralen Staat in Gefahr, auf die schwarze Liste zu kommen. In dieser Drohung liege das anmaßliche Verbot Englands an die Neutralen, Armeelieferungen, ja Lieferungen überhaupt, nach dem Deutschen Reiche, Österreich-Ungarn und die Türkei zu übernehmen. Auch neutrale Zeitungen haben die Behauptung aufgestellt, auf diese Weise könne Großbritannien z. B. die nach Holland bestimmten Waren ohne weiteres als feindliche behandeln. Wehberg[25] bestreitet die Richtigkeit dieser Behauptung. Denn das würde tatsächlich gleichbedeutend sein mit einer Blockade des neutralen Landes, mit einer feindlichen Handlung. Die Beschlagnahme dürfe nur dann geschehen, wenn es sich um Konterbande handelt, also um solche Gegenstände, die von dem neutralen Hafen weiter zu den feindlichen Streitkräften befördert werden sollen. Worin liege dann aber die ohne Zweifel beabsichtigte Verschärfung gegen die sowieso in I und III der Order vom 29. Oktober 1914 ausgesprochenen Beschlagnahme der relativen Konterbande, wenn sie, obwohl für einen neutralen Hafen bestimmt, an Order oder an einen ungenannten feindlichen Empfänger gerichtet sind? Nach Lindemann liegt der Schwerpunkt dieser Bestimmung darin, daß England gegenüber den „ungehorsamen“ Neutralen, die Kriegslieferungen nach Deutschland besorgen, die Einfuhr der bedingten Bannware unterbinden kann, indem es ohne weiteres auf Grund des notorischen Durchgangsverkehrs, ohne Rücksicht auf ihre Konsignation die feindliche Bestimmung der Waren bis zu dem praktisch fast unmöglichen Beweise des Gegenteils vermutet. Wenn aber England Schiffe mit relativer Konterbande, die zu dem Hafen eines neutralen Landes gehen, das auf der angedrohten schwarzen Liste steht, beschlagnahmt, ohne im gegebenen

Falle zu beweisen, daß die feindliche Bestimmung die Beschlagnahme rechtfertigt, dann ist das eine Überschreitung des Repressivrechtes, die durch keine Kriegsraison entschuldbar ist, denn sie bedeutet eine offenbare Rechtsverletzung der Neutralen. Ich muß Pohl Recht geben, zumal von keiner Seite bestritten wird, daß tatsächlich die Praxis Englands sich einer feindlichen Handlung sehr annähert, ohne dies natürlich offen zuzugeben.

Den Weg, auf dem die Unterscheidung zwischen absoluter und relativer Bannware überhaupt aufgehoben wurde, ging England weiter.[26] Die Order vom 11. März 1915 gehört zwar hauptsächlich in das Gebiet des Blockaderechts, läßt sich aber von der Frage der Bannware nicht trennen. Sie verbietet jeden neutralen Schiffsverkehr mit deutschen Häfen. Jedes Kauffahrteischiff, das von oder nach einem deutschen Hafen fährt, wird an der Fortsetzung seiner Reise gehindert und nach England gebracht, wo es seine Ladung löschen muß, es sei denn, daß es einen Passierschein zu einem englischen oder einem verbündeten Hafen von der englischen Regierung besitzt. Ferner wird festgesetzt, daß jedes neutrale Kauffahrteischiff auf seinem Wege zu einem deutschen Hafen, wenn es mit Bannwaren feindlicher Bestimmung, (also auch solchen, die ihrer Art nach unter den Begriff der Konterbande fallen oder mit feindlichem Eigentum beladen ist), sowie jedes Schiff, das von einem nichtdeutschen Hafen ausläuft, mit einer Ladung Waren an Bord, die entweder feindlichen Ursprungs oder feindlichen Eigentums sind, nach einem englischen Hafen gebracht werden und dort die Löschung und Zurückbehaltung der Ladung erfolgen soll. Vorgesehen wurde nicht das Recht der Einziehung, sondern der Requisition. Damit wollte England eine Scheinunterscheidung vom Konterbanderecht vornehmen. Es wurde ausdrücklich erklärt, daß neben dieser Verordnung die früheren, betreffend Einziehung, vollgültig bestehen bleiben sollen, daß also außer diesem allgemeinen Zurückbehaltungsrecht gegenüber Gegenständen, welcher Art und Bestimmung sie auch sein mögen, sobald sie nur in irgendeine Beziehung zum Feinde treten, auf das Beschlagnahme- und Einziehungsrecht gegenüber Gegenständen der Konterbande nicht verzichtet wird. Freilich — die Order in Council vom 16. Februar 1917 geht über die „Requisition“ weit hinaus. Diese Ordre diente zur erheblichsten Stütze der englischen Praxis, die absolute und relative Konterbande gleich behandelte, wenn sie auch zur Aufrechterhaltung des Scheins die beiden Listen getrennt führte.[27] England ging bald in aller Form dazu über, die Unterscheidung zwischen absoluter und relativer Bannware zu unterlassen. Dies geschah in dem vom auswärtigen Amt ausgegebenen Weißbuche vom 19. April 1916.[28] Zu einer neuaufgestellten alphabetisch geordneten Liste über 170 Bannwarengegenstände wird bemerkt: „Die Umstände des gegenwärtigen Krieges sind so eigenartig, daß die Regierung Seiner Majestät der Ansicht ist, daß für die praktische Wirkung die Unterscheidung zwischen den beiden Klassen von Konterbande aufgehört hat, irgendeinen Wert zu haben. Ein so großer Teil der Einwohner des feindlichen Landes ist unmittelbar oder mittelbar an dem Kriege beteiligt, daß eine wirkliche Unterscheidung zwischen bewaffneter Macht und bürgerlicher Bevölkerung jetzt nicht mehr gemacht werden kann. In ähnlicher Weise hat die feindliche Regierung durch eine Reihe von Verordnungen und Erlassen sich praktisch eine Aufsicht über alle Waren in der Liste der relativen Konterbande geschaffen, so daß sie jetzt für die Zwecke der Regierung verfügbar sind. Solange diese Ausnahmeverhältnisse bestehen, sind unsere Rechte als Kriegführende hinsichtlich der beiden Arten von Kriegskonterbande dieselben und unsere Behandlung in bezug auf sie muß daher die gleiche sein.“ In der Verordnung vom 7. Juli 1916 sagt sich England von der Londoner Deklaration in ihrer Gesamtheit auch formell los. Maßgebend sollen die Regeln sein, die England sich selbst für das Seekriegsrecht gibt entsprechend dem Nützlichkeitsstandpunkt, den Lord Portsmouth im englischen Oberhause im Dezember 1915 dahin formierte: „Wir müssen den ganzen Plunder der Londoner Erklärung, der Haager Abmachungen und sämtlicher juristischer Feinheiten los werden und die Interessen Englands und seiner Verbündeten einzig und allein allen anderen voranstellen.“[29] Nach jener Verordnung soll die feindliche Bestimmung bei der Konterbande in Zukunft nach folgenden Gesichtspunkten festgestellt werden: a) Die Bestimmung für den Feind, die zur Einziehung von Banngut erforderlich ist, soll bis zum Beweise des Gegenteils vermutet werden, wenn die Güter konsigniert sind: an oder für eine feindliche Behörde oder einen Agenten des feindlichen Staates, oder an oder für eine feindliche Person auf feindlichem oder vom Feinde besetzten Gebiete, oder an oder für eine Person, die während der gegenwärtigen Feindseligkeiten Banngüter an eine feindliche Behörde oder an einen Agenten eines feindlichen Staates oder an oder für eine Person in feindlichem oder vom Feinde besetztem Gebiete gesandt hat, oder wenn die Güter an-Order konsigniert sind, oder wenn aus den Schiffspapieren nicht ersichtlich ist, wer der wirkliche Empfänger der Güter ist. b) Der Grundsatz der fortgesetzten Reise oder endgültigen Bestimmung soll sowohl in Konterbande- wie in Blockadefällen anwendbar sein. c) Ein neutrales Schiff, das Banngut führt und dessen Papiere die Bestimmung für einen neutralen Hafen anzeigen, soll, falls es ungeachtet der durch die Papiere ausgewiesenen Bestimmung nach einem feindlichen Hafen fährt, der Beschlagnahme und Prisenerklärung unterliegen, wenn es vor Beendigung seiner nächsten Reise betroffen wird. d) Ein Schiff, das Bannware führt, soll der Wegnahme und Verurteilung unterliegen, wenn die Bannware nach Wert, Gewicht, Umfang oder Fracht mehr als die Hälfte der Ladung ausmacht.

Damit ist die Lehre von der fortgesetzten Reise für den einheitlichen Begriff der Bannware schrankenlos anerkannt. Die neuen Bestimmungen sollen vor allem die Zufuhr nach Deutschland über neutrale Häfen treffen und den neutralen Handel mit Deutschland und dessen Verbündeten überhaupt praktisch unmöglich machen.

Das Ergebnis ist: Auch die Londoner Erklärung hatte keine Meeresfreiheit gebracht, denn sie anerkannte das Recht der Konterbande (neben Seebeute und Blockade). In dem Weltkrieg hat dann England (mit seinen Verbündeten) die Bestimmungen über das Bannwarenrecht vollständig auf den Kopf gestellt und die Begriffe so lange gepreßt, bis ein Schutz der Nichtbannware im Sinne des bisherigen Völkerrechts soviel wie illusorisch geworden ist. An Stelle der völkerrechtlichen Vereinbarungen sind die staatsrechtlichen Regelungen Englands getreten. Die Interessengemeinschaft der Kulturvölker ist durch den nackten Nützlichkeitsstandpunkt der brutalen englischen Übermacht ersetzt worden. Die durch die völkerrechtliche Anerkennung des Prisenrechts ohnedies beschränkte Freiheit der Meere für Kriegszeiten ist daher Schall und Rauch geworden.

Nun könnte man vielleicht einwenden: es handle sich „bloß“ um die Verletzung des Völkerrechts, das nach dem Kriege wiederhergestellt werden müsse; durch die zukünftige Achtung des internationalen Bannwarenrechts würde die Freiheit der Meere bis zu einem sehr weitgehenden Maße gewährleistet werden können. Dem ist zunächst entgegen zu halten, daß die Hoffnung auf die Achtung völkerrechtlicher Bestimmungen seitens Englands auch in Zukunft sehr gering ist. Wenn man aber ihre Sicherung und Durchführbarkeit für möglich hält, bleibt noch die Grundfrage: Läßt sich in Zukunft überhaupt ein Seekrieg denken, bei dem nicht ein Kriegführender wünschen muß, mit allen Mitteln den Handel seines Gegners zu unterdrücken, seine Bevölkerung von allen, zum täglichen und wirtschaftlichen Leben notwendigen Gegenständen abzuschneiden und zu entblößen? Wer mit mir diese Frage verneint, kann nicht erwarten, daß durch irgendeine andere Gestaltung des Konterbanderechts der Möglichkeit einer Wegnahme von, dem Feinde irgendwie notwendigen Gegenständen vorgebeugt werden kann.[30] Endlich kommt dazu noch, daß gerade die beiden in dieser Beziehung maßgebenden Staaten, Deutschland und England, offenbar einer Tendenz folgen, die dahin zu kennzeichnen ist: Das Problem der feindlichen Bestimmung kann mit Rücksicht auf die staatliche Selbsterhaltung nur durch das heimatliche Seekriegsrecht gelöst werden.[31] Daß hierbei nationales und internationales Recht sich durchaus decken kann, ist natürlich nicht ausgeschlossen, aber doch wohl nur im Frieden möglich, während sich im Kriege Abweichungen, wie auch der Weltkrieg beweist, als notwendig herausstellen werden. Das Deutsche Reich hat jene Übereinstimmung von nationaler und internationaler Rechtsregelung versucht, indem es sogleich beim Ausbruch des Krieges am 3. August 1914 erklärte, es verpflichte sich zur Einhaltung des geltenden völkerrechtlichen Seekriegsrechts und veröffentlichte die Prisenordnung vom 30. September 1909, die fast wörtlich dem Inhalte der Londoner Erklärung entspricht. Sie enthielt eine vom Kaiser, als Inhaber der obersten Kommandogewalt erlassene Anweisung an die Befehlshaber der Marine, wie sie bei Ausübung des Prisenrechts zu verfahren haben. Sie ist die Hauptquelle des materiellen Prisenrechts und eine Rechtsverordnung, die sich auf das Reichsgesetz, betreffend die Prisengerichtsbarkeit vom 3. Mai 1884 gründet.[32] Englands Rechtsverletzungen haben aber zu Änderungen der Prisenordnung geführt, so durch die deutschen Verordnungen vom 28. Oktober, 23. November und 14. Dezember 1914, 18. April 1915, 31. Mai 1916 und schließlich durch die Novelle vom 22. Juli 1916. Hierdurch erfuhr die Prisenordnung eine erhebliche Verschärfung, nachdem das Deutsche Reich, unter dem Gesichtspunkte der Vergeltung, die Gewässer rings um Großbritannien und Irland mit Einschluß des gesamten englischen Kanals als Kriegsgebiet erklärt hatte, als Antwort auf die vollständige Aufhebung der Londoner Erklärung mit der Gleichstellung aller Bannwaren unter einheitlichen Regeln bezüglich der feindlichen Bestimmung durch die englische Order vom 7. Juli 1916.[33] Es liegt durchaus in der Linie der Entwicklung, wenn van Calker[34] zu den weitgehenden Forderungen kommt: „Keine Neubindung durch zwischenstaatliche Abmachungen in bezug auf das Recht des Seekrieges! .... Soweit für uns überhaupt ein Bedürfnis besteht, unser Verhalten gegenüber feindlichen und neutralen Mächten im Krieg bestimmten rechtlichen Regeln zu unterwerfen, sollen diese Regeln in Form von Reichsgesetzen gekleidet werden. Deutsches Reichsrecht soll in Zukunft die Grundlage unseres Kriegsrechts sein. Sollten wir also z. B. zu der Überzeugung kommen, die Vorschriften .... über die Abgrenzung des Begriffes der Kriegskonterbande seien nicht ausreichend oder entsprächen nicht dem deutschen Interesse, so würden wir das, was in dieser Beziehung unseres Erachtens in einem künftigen Seekriege rechtens sein soll, in Form eines deutschen Reichsgesetzes zum Ausdruck zu bringen haben." Es ist sehr wahrscheinlich, daß es so kommt. Man muß sich aber darüber klar sein, daß das der Tod des Seekriegsvölkerrechts ist.

III.

Ein vollständiges Bild gewinnen wir erst dann, wenn wir auch das Seebeute- und Blockaderecht ins Auge fassen. „Denn Seebeute, Konterbande und Blockade sind wie drei Klaviaturen eines Instrumentes, von denen man nach Belieben die eine oder andere spielen kann, um immer denselben Klang zu erzielen. Man kann zur Not die Konterbande aufgeben, wenn man die Blockade beibehält und man kann die Blockade wie die Seebeute fallen lassen, wenn die Konterbande bleibt."[35] Wie steht es zunächst mit dem Seebeuterecht? Nach der Pariser Seerechtsdeklaration von 1856 darf es nicht durch Privatkaperschiffe ausgeübt werden. Neutrales Eigentum unterliegt auch dann nicht dem Seebeuterecht, wenn es auf feindliche Schiffe geladen ist. Auch feindliches Eigentum ist dem Seebeuterecht entzogen, wenn es auf neutrale Schiffe geladen ist. Auch die Haager Friedenskonferenzen haben das Seebeuterecht anerkannt; das XI. Haager Abkommen vom 18. Oktober 1907 handelt nur von gewissen Beschränkungen in der Ausübung des Seebeuterechts im Kriege. Durch dieses Recht wird der Grundsatz der Unverletzlichkeit des Privateigentums zur See auf das klarste verneint. Zahllos sind daher die Wünsche, die auf seine Abschaffung zielen.[36] Das Wichtigste soll im Anschluß an die Literatur hier wiedergegeben werden.

Schon im Jahre 1785 wurde in dem preußisch-amerikanischen Vertrage die Ausschließung des Seebeuterechts behandelt. Jedoch wissen die späteren amerikanischen Handelsverträge von 1799 und 1828 nichts mehr von einer entsprechenden Vereinbarung. Allerdings haben die Vereinigten Staaten von Nordamerika die Freiheit des Privateigentums zur See während des 19. Jahrhunderts folgerichtig verlangt und sie haben in dem Vertrage mit Italien von 1871 jene Forderung erhärtet. Das sind aber, wie die staatsvertraglichen Vereinbarungen eines Verbots des Seebeuterechts zwischen Brasilien und Uruguay 1851, zwischen Costa Rica und Kolumbien 1856, und zwischen den Vereinigten Staaten und Bolivien 1858 zeigen, zunächst nur Ausnahmefälle geblieben.

Italien hatte in seinem Gesetzbuche für die Handelsmarine von 1865 unter der Voraussetzung der Gegenseitigkeit auf die Ausübung des Seebeuterechts im Kriegsfalle verzichtet. Die Bestimmung hatte alsbald praktische Bedeutung gewonnen. Als für den Doppelkrieg von 1866 sowohl Preußen wie Österreich entsprechende Verordnungen erließen, wurde für diesen Krieg das Mittel des Seebeuterechts außer Anwendung gesetzt.

Am 18. April 1868 wurde im Norddeutschen Reichstag ein Antrag gestellt, der dahin ging, die Regierung zu veranlassen, „daß bei dem gegenwärtigen friedlichen Einvernehmen mit den auswärtigen Mächten Verhandlungen eingeleitet werden, welche zum Zwecke haben, durch Übereinkunft von Staat zu Staat die Freiheit des Privateigentums zur See in Kriegszeiten zu einem vertragsmäßig anerkannten Grundsatze des Völkerrechts zu machen." Dieser Antrag wurde jedoch nicht angenommen. Aber wie schon im Jahre 1866 Preußen und Österreich, so hatte die Norddeutsche Bundesregierung zu Beginn des deutsch-französischen Krieges am 18. Juli 1870 zunächst den Grundsatz der Freiheit der Meere ausgesprochen: „Französische Handelsschiffe sollen der Aufbringung und Wegnahme durch die Fahrzeuge der Bundes-Kriegsmarine nicht unterliegen. Diese Bestimmung findet keine Anwendung auf diejenigen Schiffe, welche der Aufbringung und Wegnahme auch dann unterliegen würden, wenn sie neutrale Schiffe wären." Als jedoch Frankreich völkerrechtswidrig deutsche Handelsschiffe durch den französischen Kreuzer Desaix versenkte, gab die deutsche Regierung diesen Standpunkt in einem Erlasse vom 12. Februar 1871 wieder auf. „Bismarck trat später als entschiedener Gegner einer, die deutsche Bewegungsfreiheit hemmenden, vertragsmäßigen Beschränkung des Seebeuterechts auf." Dieses ist in allen Seekriegen von 1871 ab in umfassendem Maße zur Anwendung gebracht worden, namentlich auch im spanisch-amerikanischen, im russisch-japanischen, im Tripolis- und Balkankrieg. Auf der zweiten Haager Friedenskonferenz 1907 wurde der auch schon auf der Friedenskonferenz von 1899 eingebrachte Antrag der Vereinigten Staaten von Amerika abgelehnt, nach welchem, ausgenommen die Fälle der Kriegskonterbande und des Blockadebruchs, das Privateigentum aller Angehörigen der Signatarmächte auf See von der Wegnahme oder Beschlagnahme befreit sein sollte. England, Frankreich, Rußland und Japan waren die Hauptgegener. Deutschland hatte dem Antrage zugestimmt, jedoch mit dem Vorbehalt, daß zuvor das Konterbande- und Blockaderecht geregelt würde. Diese Ablehnung bewirkte, daß er auf der Londoner Seekriegskonferenz nicht wieder gestellt worden ist.[37] Kurz vor Beginn des Weltkrieges, am 6. Mai 1914, hat Sir Edward Grey, im Gegensatz zu seiner früheren Stellungnahme mitgeteilt, er glaube nicht, daß es dem englischen Interesse entspreche, „als Haupthindernis der Beseitigung des Seebeuterechts zu erscheinen". Wenn die Regierung einer Prüfung der Sache näher treten solle, so müßten aber verschiedene Bedingungen erfüllt sein, namentlich dürfe an dem Blockaderecht nicht gerüttelt und außerdem müsse das Konterbanderecht genauer geregelt werden. Die Verhandlung endete, nachdem Grey einer Annahme der Resolution widersprochen hatte, mit der Vertagung auf unbestimmte Zeit.[38]

Während des Weltkrieges ist das Seebeuterecht zunächst in der im bisherigen Völkerrecht anerkannten Weise zur Anwendung gelangt. Alsbald jedoch hat England mit seinen Verbündeten die Verschärfung durchgeführt, kraft deren das Eigentum von Angehörigen Deutschlands, ferner alles aus diesem Lande stammende und nach ihm bestimmte Gut auf See der Beschlagnahme unterworfen sein soll. Italien trat mit der Erklärung in den Krieg ein, daß die erwähnte, das Seebeuterecht ausschließende Bestimmung seines Handelsmarinegesetzbuches aufgehoben sei.[39]

In der Literatur hat „in Frankreich vor allem Admiral Aube seit dem Ausgang des vorigen Jahrhunderts in kräftiger Agitation die öffentliche Meinung im Sinne der Beibehaltung, ja der Erweiterung des Seebeuterechts, des sichersten Mittels der nationalen Verteidigung, erfolgreich beeinflußt."[40] Dieselbe Stellung nahm der bekannte Politiker Gibson Bowles (1900, 1910, 1914) ein, während der Staatsmann Sir Ernest Satow und der Völkerrechtslehrer Prof. T. E. Holland gegen Gibson Bowles aufgetreten sind (1914). Schon vorher hatte sich in England eine Bewegung bemerkbar gemacht, die weniger aus Gründen der Humanität als im Interesse der englischen Volkswirtschaft die Forderung der Beseitigung des Seebeuterechts im Seekriege erhob. Führer war der Lordkanzler und Großsiegelbewahrer Earl Loreburn, der schon als Mitglied des Kabinetts Campbell-Bannermann öffentlich (1905 und 1911) für die Abschaffung des Seebeuterechts eingetreten ist und seine Meinungen später in dem Buche „Privateigentum und Seekrieg" eingehend begründet hat. Seine Ansichten konnten dahin zusammengefaßt werden: „England hat für den Fall eigener Kriegführung ein starkes Interesse an der Beseitigung des Seebeuterechts, an der Aufhebung des Konterbanderechts und an dem Verbot des Gebrauchs unverankerter Seeminen. Auch für den Fall eigener Neutralität ist in den beiden letzten Beziehungen Englands Interesse dasselbe, während für den Neutralitätsfall das Bedürfnis eintritt, daß das Blockaderecht auf eigentliche Kriegs-(Belagerungs-) Blockade beschränkt, die bloße Handels- (Rechts)-Blockade aber ausgeschlossen werde. Als Kriegführender freilich muß England an und für sich wünschen, Handelsblockade verhängen zu können. Aber Seeminen, wie sie heute zur Anwendung kommen können, sind für England sowohl in seiner Lage als Kriegführender, wie als Neutraler derart verhängnisvoll, daß es kein Kompensationsobjekt im Seekrieg gibt, welches zu kostbar wäre, um gegen die wünschenswerte Beschränkung der Seeminen in die Wagschale geworfen zu werden. Jedenfalls ist das heute geltende Recht der Handelsblockade für England nicht so wertvoll oder gar unentbehrlich, daß es nicht willig hingegeben werden könnte für die Beseitigung des Seebeuterechts, die Abschaffung (oder doch Reform) des Konterbanderechts und die gründliche Einschränkung des Rechtes der Seeminen. Die Interessen der Kontinentalstaaten in ihrer Eigenschaft als Kriegführende sind im Seebeuterecht keine anderen, als die englischen. Andrerseits: im Blockaderecht, im Konterbanderecht und in bezug auf die Seeminen sind sie denjenigen Englands diametral entgegengesetzt. Als Neutrale aber wiederum haben die Kontinentalmächte keine anderen Interessen als ein neutrales England. Insgesamt ergibt sich ein solidarisches Interesse Englands und der Kontinentalstaaten an einem Kompromiß auf der mittleren Linie, wofür die vollkommene Möglichkeit gegeben ist, wenn man sich nur erstens entschließt, sämtliche in Betracht kommende Kompensationsobjekte gegeneinander aufzuwiegen und nicht einzelne Fragen oder Gruppen von Fragen, wie im Haag 1907 und in London 1908/09 „durch wasserdichte Schotten voneinander getrennt" zu behandeln und wenn man zweitens den Standpunkt anerkennt, daß der künftige Seekrieg ebensowenig wie bereits jetzt der Landkrieg auf Vernichtung des feindlichen Privatvermögens, vielmehr auf die rein militärische Niederwerfung des Feindes beschränkt werden kann, sowie daß vollends der neutrale Handel schon im eigenen Interesse der Kriegführenden vom Kriege so wenig wie möglich berührt werden darf."

In Deutschland hat insbesondere Wehberg die Beseitigung des heutigen Seebeuterechts neben Nöldeke und anderen verlangt, d. h. das Verbot der Wegnahme feindlicher Schiffe und Waren.

Von parlamentarischen Körperschaften hat sich in Deutschland der Reichstag seit 1868 zunächst für die Freistellung des Privateigentums auf See in Kriegszeiten erklärt. Spätere im Reichstage gestellte Anträge entsprechenden Inhalts sind teils nach erfolgter Beratung zurückgezogen worden (1892), teils überhaupt nicht zur Verhandlung gelangt (1892 und 1912), teils sogar abgelehnt worden (1909).[41]

Die Interparlamentarische Union hat sich in wiederholten Verhandlungen als Gegner des Seebeuterechts bekannt. Den gleichen Standpunkt hat das Institut de droit international in allen Versammlungen, in denen die Frage zur Beschlußfassung gelangte (zuerst 1875, zuletzt 1912), vertreten.

Bemerkenswert ist auch die Stellungnahme der deutschen und der englischen Schiffahrtsinteressenten. Jene haben sich in ihrer bedeutendsten Vertretung, im „Deutschen Nautischen Verein" 1900 mit allen gegen eine Stimme dahin ausgesprochen, „daß die Wegnahme und Vernichtung feindlichen Privateigentums (mit Ausnahme von Kriegskonterbande) für unzulässig erklärt wird." Die Baltic and White Sea Conference, die Dampfschiffe von etwa vier Millionen Registertonnen unter den Flaggen von elf europäischen Nationen vertrat, erklärte am 7. Mai 1914, sie sei „von ernster Besorgnis bezüglich der verhängnisvollen Folgen für Kauffahrteischiffe und den Seehandel erfüllt, die sich im Falle eines künftigen Krieges durch Ausübung des gegenwärtigen Rechts Kriegführender einstellen müßten, unverfängliches Privateigentum von Staatsangehörigen des Feindes auf See zu beschlagnahmen. Deshalb ersucht die Konferenz die Regierungen der seefahrenden Nationen, die Frage der Aufhebung solchen Rechts zu erwägen." Da auf der Konferenz der Einfluß Englands besonders stark war — die deutschen Mitglieder vertraten eine Dampferflotte von rund 500000 Registertonnen —, außerdem aber die Resolution einstimmig angenommen wurde, ist sie für die neuere Auffassung gerade der englischen Schiffahrtskreise in hohem Maße kennzeichnend.[42]

IV.

Wie muß man sich nun zu dieser Frage des Seebeuterechts stellen?

Sollte das Seebeuterecht abgeschafft, das Blockaderecht und das Konterbanderecht aber beibehalten, die Behandlung von Lebensmitteln als Bannware gestattet werden, dann würde die Aufhebung des Seebeuterechts keinerlei praktische Bedeutung haben. Das war es auch, was England mit seiner heuchlerischen Bereitwilligkeit zur Aufhebung des Seebeuterechts bezweckte. Wäre Deutschland auf den Vorschlag der Freiheit der Meere durch Unterdrückung des Seebeuterechts eingegangen, so würde die Folge gewesen sein, daß England Deutschland durch die völkerrechtlich zulässige Blockade vor jedem überseeischen Handel, vor jeder Zufuhr seiner Nahrungs- und sonstigen Wirtschaftsmittel hätte abschneiden können. Dagegen bestände für England die Gefahr einer Schädigung seiner Zufuhr durch Deutschland nur bei der dauernden Überlegenheit der Unterseeboote; denn sonst ist Deutschland die Blockade der britischen Inseln tatsächlich und auch rechtlich unmöglich; englische Güter könnten zur See im Kriege bei Festsetzung der Unverletzlichkeit des Eigentums nicht weggenommen werden; Bannware wäre zwar der Beschlagnahme ausgesetzt, doch hätte man durch eine Begrenzung des Konterbandebegriffs zuungunsten Deutschlands die ernstliche Gefährdung der englischen Zufuhr vermieden.[43] Auch Triepel[44] stimmt darin überein, daß die Abschaffung des Seebeuterechts ohne gleichzeitige Beseitigung von Konterbande und Blockade nicht nur ein Schlag ins Wasser, sondern eine für Deutschland schädliche Neuerung wäre. Seebeute-, Konterbande- und Blockaderecht seien drei Fesseln des Seehandels, die so kunstvoll ineinander gefügt sind, daß, sobald die eine gelockert oder zerstört wird, die andere nur um so fester zugreift. Auch Niemeyer kommt zu demselben Ergebnis und zwar nicht nur vom Gesichtspunkte des Deutschen Reiches, sondern auch von der Erwägung aus, daß das Seebeuterecht bis auf weiteres grundsätzlich als ein Kennzeichen des Seekriegs, als eine Notwendigkeit im Sinne dieser Kriegsart anzuerkennen ist. Es ist vollkommen richtig, daß der letzte Zweck des Krieges, d. h. die Niederwerfung des Gegners, ohne Ausübung des Seebeuterechts nicht erreicht werden kann, es sei denn, wie hinzugefügt werden muß, daß die Mittel des Konterbande- und Blockaderechts so benutzt werden, daß sie die Aufgabe des Seebeuterechts erfüllen. „Hiernach kann heute vernünftiger- und ehrlicherweise keine Großmacht dem völkerrechtlichen Verbot des Seebeuterechts zustimmen. Von der allgemeinen Abschaffung des Seebeuterechts sind wir heute, wenn nicht alles trügt, weiter denn je."[45] Kurt Perels beantwortet die Frage, ob Deutschlands Interessen es gebieten oder auch nur erlauben, einer zwischenstaatlichen Vereinbarung, insbesondere einer solchen mit England über die Beseitigung des Seebeuterechts zuzustimmen, mit einem entschiedenen Nein. Was die militärischen Interessen angeht, so sei die englische Handelsflotte einerseits größer als die deutsche, andrerseits sei ihre Betätigung eine Lebensnotwendigkeit für Großbritannien. Weil sie größer sei, zeigt sie der deutschen Kriegsmarine eine breitere Angriffsfläche, als sie die deutsche Handelsmarine der englischen Kriegsmarine bietet. Weil ihre Stillegung dem britischen Inselreich die Lebensadern unterbinden würde, vermag sie sich den deutschen Angriffen nicht zu entziehen. Dagegen könne Deutschland eine Unterbindung seiner Seezufuhr ohne entscheidende Beeinträchtigung der militärischen Bereitschaft geraume Zeit hindurch ertragen. Da endlich die deutsche Kriegsflotte kleiner sei als die britische, sich aber in einen Kampf mit ihr einzulassen nicht gezwungen sei, so spreche das militärische Interesse Deutschlands für die Beibehaltung des Seebeuterechts als eines wesentlichen Mittels der Kriegführung. Eine Verbesserung des Stärkeverhältnisses zugunsten der deutschen Kriegsmarine würde natürlich dieses Interesse nicht abschwächen, sondern erhöhen. Wenn es andrerseits den Anschein habe, als ob die Bedürfnisse der deutschen Volkswirtschaft, vor allem die der Reedereien und des Güterhandels, die Abschaffung des Seebeuterechts fordern, weil ein deutsch-englischer Krieg in erster Linie den deutschen Schiffsverkehr lähmend trifft, so sei das doch bei näherem Zusehen nicht richtig. Denn es besteht keine Gewähr dafür, daß die Unterdrückung der deutschen wirtschaftlichen Kraft nach Abschaffung des Seebeuterechts ausgeschlossen wäre. Die Behauptung lasse sich leicht aufstellen und schwer widerlegen, daß ein feindliches Schiff Personen oder Waren im Interesse der feindlichen Kriegsflotte befördere. Solche Schiffe aber betrachtet England als Hilfsschiffe, d. h. als Teile der Kriegsflotte, die nach Staatsbeuterecht ohne Prisenrecht behandelt werden. Nichtkriegsschiffe ferner, die im Kriegsgebiet mit einer funkentelegraphischen Anlage ausgerüstet betroffen werden, haben die prisenrechtliche Beschlagnahme zu erwarten. Für alle anderen Schiffe stellt England die Behauptung auf, sie seien zu künftiger Verwendung für militärische Zwecke, namentlich zur Umwandlung in Hilfskriegsschiffe bestimmt, deshalb als Konterbande zu behandeln. Die Abschaffung des Seebeuterechts würde also nichts nützen, das Privateigentum auf See bliebe vogelfrei. Auch für den deutschen überseeischen Güterhandel gilt es, daß die Grenzenlosigkeit des Seebeuterechts durch die Grenzenlosigkeit des Konterbanderechts ersetzt werden würde, wie dies der Weltkrieg mit erschreckender Deutlichkeit gezeigt hat. Selbst Wehberg gibt zu, daß ein Verbot des Seebeuterechts nur dann einen Sinn hat, wenn gleichzeitig das Konterbande- und Blockaderecht geregelt würde, da man andernfalls durch Erweiterung des Konterbanderechts den Grundsatz der Unverletzlichkeit feindlicher Schiffe und Waren wieder aufheben könnte.

V.

Erst jetzt läßt sich die noch offene Frage, freilich auf das kürzeste beantworten, ob Deutschland auf das Konterbanderecht Verzicht leisten kann und ob eine völkerrechtliche Regelung dieser Art denkbar ist?

Schon in dem preußisch-amerikanischen Vertrage von 1799 war vorgesehen, daß die Beschlagnahme ersetzt werden sollte durch eine mit Entschädigung verbundene Enteignung. 1907 hat England auf der zweiten Haager Konferenz, wie schon angedeutet, die Abschaffung der Einrichtung der Konterbande vorgeschlagen. Weshalb, war Sachkennern nicht zweifelhaft. Trefflich faßt die Gründe Triepel[46] zusammen. England konnte 1907 — theoretisch! — auf das Konterbanderecht verzichten, wenn es noch genügend starke Seekriegsmittel in der Hand behielt, die dasselbe leisten konnten. Das waren nicht weniger als drei. Es behielt einmal die Seebeute, ferner die Blockade, konnte also hoffen, die Zufuhr von Konterbande nach feindlichen Häfen durch dieses Mittel zu verhindern. Bei einer Blockade ist ja alles für das feindliche Land bestimmte Gut soviel wie „Konterbande“ und wenn man die Theorie von der „einheitlichen Reise“ unbedenklich ausnützt, ist es auch möglich, die Zufuhr über neutrale Häfen in beträchtlichem Umfange zu unterbinden. Drittens aber und vor allem kennt die britische Regierung eine eigenartige Begriffsbestimmung des „Hilfsschiffes“. Als solches soll jedes feindliche oder neutrale Handelsschiff verstanden und behandelt werden, das u. a. zur Beförderung von Seeleuten, Kriegsmunition, Heizmaterial, Lebensmitteln, Wasser oder anderem Bedarf für eine Flotte verwendet wird, sofern ihm die Verpflichtung obliegt, den Marschbefehlen, die ihm unmittelbar oder mittelbar von der Kriegsflotte erteilt werden, Folge zu leisten. Würde dieser Vorschlag Englands Völkerrecht geworden sein, so hätte sich Großbritannien für den Kriegsfall trotz der Beseitigung des Konterbandebegriffs das Recht gesichert, jedes neutrale Schiff anzuhalten, den Inhalt seiner Ladung zu untersuchen und nach Befinden auch unter der Behauptung zu beschlagnahmen, daß die Ladung bestimmt sei, den Bedarf einer feindlichen Flotte zu decken. Da das Schiff im angenommenen Falle als Kriegsschiff behandelt worden wäre, hätte ihm nicht einmal die Reklamation bei einem Prisengericht freigestanden.[47]

VI.

Unter Blockade versteht man die durch Kriegsschiffe aufrecht erhaltene Absperrung feindlicher oder vom Feinde besetzter Küstenstriche und Häfen, sowie Flußmündungen vom Seeverkehr mit dem Zwecke der Behinderung des Seehandels der feindlichen Macht. Es unterliegen also der Kriegsblockade die feindlichen Küsten, möglicherweise einschließlich der Schutzgebiete, und die vom Feinde besetzten Küsten. Während das Seebeuterecht unter den Kriegführenden auswirkt, ist das Blockade-, wie das Konterbanderecht in dem Verhältnis der Kriegführenden zu den Neutralen begründet; beide setzen die Befugnis der Kriegführenden, unter gewissen Umständen neutrales Eigentum ohne Entschädigung wegzunehmen, voraus. „Die eigentliche Absicht der Kriegführenden ist aber nicht auf Wegnahme, sondern auf die vorbeugende

Wirkung des Verbotes gerichtet. Wie der Kriegführende den Neutralen verbietet, die Waren, die er als Konterbande bezeichnet, dem Feinde zuzuführen, so verbietet er ihnen das Anlaufen der Küstenstraße, die er für blockiert erklärt.“[48] „Die Blockade vernichtet also, und das ist ihr Zweck jetzt und immer, den feindlichen Seehandel durch ihr bloßes Bestehen.“[49]

Entsprechend der Pariser Deklaration vom 16. April 1856 (die auch England ratifiziert hat) muß die Blockade, um rechtlich wirksam zu sein, tatsächlich wirksam sein, d. h. durch eine Streitmacht aufrecht erhalten werden, welche hinreicht, um den Zugang zur feindlichen Küste in Wirklichkeit zu verhindern.[50] Ob die Blockade tatsächlich wirksam ist, bildet eine Tatfrage. Die Blockade muß also effektiv sein. Es genügt nicht eine „papierne“ Blockade, die man früher bezeichnenderweise „blocus anglais“ genannt hat. Es genügt nicht die bloße Anwesenheit von Streitkräften, mag auch eine solche dem Anwesenden im Augenblick die Möglichkeit geben, das Gebiet, in dem er sich befindet, zu beherrschen. So ist eine Besetzung nicht schon dann und deshalb gegeben, wenn und weil sich ein Kriegsschiff eines Kriegführenden in einem neutralen Hafen aufhält, mag es auch seinen Aufenthalt unwillkürlich verlängern. Würde aber das Kriegsschiff beabsichtigen, den neutralen Hafen als Operationsbasis zu benutzen, so könnte der Gegner mittels der Blockade dagegen einschreiten.[51] Die Blockade muß ferner auf die feindlichen oder vom Feinde besetzten Häfen und Küsten beschränkt werden; den Zugang zu neutralen Häfen und Küsten dürfen die blockierenden Streitkräfte nicht versperren. Endlich muß die Blockade, um rechtlich wirksam zu sein, erklärt und bekanntgegeben werden (Art. 1, 2, 9, 11, 16, 18 der Londoner Deklaration). Ein neutrales Schiff kann wegen Blockadebruchs beschlagnahmt werden bei wirklicher oder vermuteter Kenntnis der Blockade. Diese Kenntnis wird bis zum Beweise des Gegenteils, den das beschuldigte Schiff zu führen hat, vermutet, wenn das Schiff einen neutralen Hafen nach Ablauf angemessener Zeit seit Bekanntgabe der Blockade an die diesen Hafen innehabende Macht verlassen hat (Art. 15). Ein die Beschlagnahme des Schiffes rechtfertigender Blockadebruch ist nicht als vorliegend anzunehmen, wenn sich das Schiff derzeit auf der Fahrt nach einem nicht blockierten Hafen befindet, wie auch immer die spätere Bestimmung von Schiff und Ladung sein mag (Art. 19). Dadurch ist die Lehre von der fortgesetzten Reise für die Blockade ausgeschlossen. Das Erfordernis der Effektivität der Blockade und die Theorie der fortgesetzten Reise stehen miteinander in unlöslichem Widerspruch.[52]

Im Weltkriege begann England mit der Verletzung des Blockaderechts. Im Gegensatz zu der erwähnten Bestimmung des Art. 15 der Londoner Erklärung, die nur das bis dahin geltende internationale Recht wiedergab, hat es durch Nr. 4 der Order in Council vom 20. August 1914 die Wegnahme wegen Blockadebruchs in unbilliger Weise erweitert. Es bestimmte nämlich, daß die Vermutung für die Kenntnis der Blockade auch dann eintreten soll, wenn das Schiff nach Ablauf einer gewissen Zeit seit der Bekanntgabe der Blockade eines feindlichen Schiffes an die dortigen Ortsbehörden einen anderen feindlichen Hafen verlassen hat. Durch diese Bestimmung will die britische Regierung die Behörden eines feindlichen Staates über die durch das Völkerrecht gezogenen Grenzen hinaus in den Dienst der eigenen Seestreitkräfte stellen und diesen Dienst durch Wegnahme neutraler Schiffe erzwingen.[53] Die englische Order vom 11. März 1915, der wir schon bei der Darstellung der Schicksale des Konterbanderechts begegnet sind, bedeutete das an sämtliche Neutrale gerichtete Verbot, irgendeine Ware, mag sie Konterbande sein oder nicht, unmittelbar oder auf dem Umwege über neutrales Land nach Deutschland zu bringen und irgendeine in Deutschland zur Ausfuhr bestimmte Ware unmittelbar oder mittelbar aus deutschem Gebiet herauszufördern. Der Ausdruck „Blockade" ist streng vermieden worden; aber weder die maßgebende englische Presse, noch die englische Regierung machte ein Hehl daraus, daß es sich im Ergebnis um eine Blockade handelt, die den Bedingungen des modernen Krieges und Handels angepaßt sei. Auch wurde eine britische Note vom 18. März 1915 an die Vereinigten Staaten von Nordamerika bekannt, die zugab, die englische Flotte habe, um Deutschlands ein- und ausgehenden Verkehr zu sperren, eine Blockade errichtet, die mittels der Kreuzerkette den Seeverkehr von und nach Deutschland überwache.[54] Diese neue Form der „Fernblockade" ist völkerrechtlich nicht zulässig, weil sie nicht effektiv ist, da die deutschen Küsten dem Verkehr mit den skandinavischen Ländern offenstehen und deutsche Kriegsschiffe in der Nord- und Ostsee kreuzen und weil sie sich ferner nicht auf die feindlichen oder vom Feinde besetzten Gebiete beschränkt, sondern gerade die Absicht hat, den Zugang zu den neutralen Häfen und Küsten zu sperren. Ursprünglich nur gegen Deutschland gerichtet, wurde durch die Order vom 10. Januar 1917 diese „Fernblockade" auf den Handel aller England feindlichen Staaten ausgedehnt. Sie richtet sich nicht nur gegen jede Ein- und Ausfuhr deutscher Häfen, sondern gegen die Beförderung von Gütern deutschen Ursprungs oder deutschen Eigentums, die mit neutralen Schiffen befördert werden. Das nennt zwar England eine „Fortbildung" des Rechtsinstituts, obwohl es den hierfür festgestellten Regeln schnurstracks widerspricht. Der wahre Grund besteht einfach darin, daß England eine völkerrechtlich erlaubte Blockade über die Küste von Ostafrika, nicht aber für die Nord- und Ostsee erklären kann, denn es müßte dann bei der geographischen Lage Deutschlands auch den Zugang zu den neutralen Staaten verschließen. England hat auch zugegeben, daß es die papierne Blockade anwende, weil es die effektive nicht durchführen könne. In der britischen Note an die Vereinigten Staaten von Nordamerika vom 23. Juli 1915[55] wird erklärt, es nütze England nichts, wenn es nur die deutschen Häfen blockiere, da doch z. B. Rotterdam für einige Industriebezirke Deutschlands der nächste Ausfuhrhafen sei. War es danach doch nur Schein, daß sich England an die Blockaderechtsartikel der Londoner Deklaration gebunden erachtete, so setzte es für sich durch eine Ordre vom 30. März 1916 den Art. 19 außer Kraft, nach welchem ein die Beschlagnahme des Schiffes rechtfertigender Blockadebruch nicht als vorliegend anzunehmen ist, wenn sich das Schiff derzeit auf der Fahrt nach einem nicht blockierten Hafen befindet, wie auch immer die spätere Bestimmung von Schiff und Ladung sein mag. England hat also den, wie wir gesehen haben, mit der Effektivität der Blockade in Widerspruch stehenden Begriff der fortgesetzten Reise wieder aufgenommen und daran festgehalten. Am 7. Juli 1916 hat es sich von der Londoner Erklärung, wie schon festgestellt, ganz losgesagt. Den Grund für diese Blockademaßnahmen Englands kann man nur in dem krampfhaften Versuch sehen, seine Sperrmaßnahmen vom 11. März 1915 zu einer rechtsgültigen Blockade zu stempeln.[56] Der Bunkerkohlenerlaß vom 18. April 1916 war nur eine folgerichtige Fortführung der mit jener Maßnahme begonnenen Politik. In dem Erlaß warnte England neutrale Schiffseigentümer, deutsche Bunkerkohle zu nehmen, richtete sich aber nur scheinbar gegen Deutschland, war in Wirklichkeit bestimmt, die neutralen Reeder, die sich bis dahin nicht willfährig gezeigt haben, zu zwingen, ihre Schiffe in den Dienst der Versorgung Englands zu stellen. Als Begründung mußte die Order in Council vom 11. März 1915 herhalten. Die Eigentümer neutraler Schiffe wurden ermahnt, sich zu vergewissern, daß die von ihnen bezogene Bunkerkohle nicht deutschen Ursprunges ist und sich von den königlichen Konsularbeamten Bescheinigungen darüber zu beschaffen, daß die auf ihren Schiffen geführte Bunkerkohle mit ihrer Zustimmung in dem Bunkerhafen eingenommen worden ist.[57] Die Bedeutung dieser Drohung an die Adresse der Neutralen rückt ins volle Licht, wenn man bedenkt, daß in Rotterdam wohl ausschließlich mit deutschen Kohlen gebunkert wird. Das Ergebnis der Order vom 11. März 1915 wird in der Vernichtung nahezu der gesamten deutschen Ausfuhr gesehen.[58]

Nordamerika hat sich zwar nicht widerspruchslos der englischen Praxis der „Papierblockade“ oder „Fernblockade“ gefügt und hat sich gegen den Versuch gewehrt, die englische Maßregel als eine „wirkliche“ Blockade anzuerkennen. Aber Amerika hat schließlich glattweg zugestanden, es sei bei den Methoden der heutigen Kriegführung, namentlich im Hinblick auf die einem Blockadegeschwader durch Unterseeboote und Luftfahrzeuge drohenden Gefahren, „physisch“ unmöglich geworden, eine „geschlossene“ Blockade aufrecht zu erhalten. Nur haben die Vereinigten Staaten „irgendwelche“ Begrenzung des Begriffs des „Aktionsradius“ verlangt, dazu die Erlaubnis, daß neutrale Schiffe durch den Blockadegürtel nach neutralen Häfen durchgelassen würden.[59]

VII.

Kann man nun die die Meeresfreiheit verneinende Blockade abschaffen? Zunächst sei auf einige geschichtliche Daten hingewiesen. Im Jahre 1859 hat der Präsident der Vereinigten Staaten, Buchanan, die Beseitigung angeregt. Seither hat aber Nordamerika sich auch hierin geändert. Die englische Regierung sodann „hat bis in die jüngste Zeit einen Verzicht auf das Blockaderecht als etwas mit der englischen Seerechtspolitik schlechterdings Unverträgliches bezeichnet. Die Instruktion an die Delegierten zur Londoner Konferenz von 1909 gebot, an der Blockade unter allen Umständen festzuhalten".[60] Noch am 6. Mai 1914 erklärte Sir Edward Grey im Unterhause, daß es zwar Englands Interessen nicht entspreche, als Haupthindernis der Beseitigung des Seebeuterechts zu erscheinen, daß aber die Beibehaltung der Blockade eine conditio sine qua non für jede Diskussion über eine Änderung des Seerechts bedeute.

Würde die Abschaffung von Deutschlands Interessenstandpunkt und von dem des Völkerrechts aus ernstlich in Frage kommen können und zu empfehlen sein?

Die Beseitigung der Blockade in der Form, wie sie in der Londoner Erklärung gestaltet ist, demnach mit der Forderung der Effektivität und Publizität, ist an sich zwar möglich — aber mit welchem Erfolg? Tritt an ihre Stelle die Anerkennung der „papierenen" oder der „weiten", der „Fernblockade", wie sie England jetzt im Kriege durch die Orders vom 11. März 1915, 30. März, 18. April und 7. Juli 1916 beliebt, dann würde das eine glatte Auslieferung Deutschlands an die Interessen Englands bedeuten, das uns „effektiv" nicht, wohl aber „papieren" blockieren könnte. Vom Standpunkt des Völkerrechts aber würde damit natürlich nicht die Freiheit der Meere durchgesetzt sein, sondern an Stelle eines für England weniger tauglichen Mittels würde ein für dieses Land geeigneteres Mittel völkerrechtlich geschaffen werden!

Will man aber das Seebeuterecht beibehalten, dagegen die Blockade beseitigen, dann würden die der Gefahr des Erbeutens ausgesetzten Schiffe auch in nicht blockierten Häfen zurückbleiben. Schafft man hinwieder Seebeute und Blockade ab, behält aber das Bannwarenrecht bei, so läßt sich durch dessen „Fortbildung" während eines Krieges annähernd derselbe Erfolg erzielen, den man durch Seebeute und Blockade erreichen wollte. Will man jede Art der Blockade verbieten, so würde das völkerrechtlich nur dann die Freiheit der Meere verbürgen, wenn gleichzeitig die Seebeute und das Bannwarenrecht abgeschafft werden würden. Denn jenes könnte unmittelbar, dieses auf dem Wege über die Neutralen die Zufuhr unterbinden. Triepel[61] beantwortet die Frage, ob es nicht ein ungeheurer Gewinn für Deutschland wäre, wenn es gelänge, die Seebeute und die Blockade aus der Welt zu schaffen, mit einem glatten Nein und begründet dies damit, daß die Beseitigung des Blockaderechts sofort durch eine schärfere Betonung anderer Kriegsmittel wettgemacht werden würde. Man hat in England schon im gegenwärtigen Kriege viel von Surrogaten der Blockade gesprochen und sie bereits in sehr umfangreichem Maße angewendet. Diese Befürchtung vor Ersatzmitteln Englands scheint auch hier um so mehr gerechtfertigt, als die Geschichte beweist, daß es bei jeder Gelegenheit die völlige Ungebundenheit an Rechtsvorschriften als ein selbstverständliches nationales Recht behandelt hat.[62] Aber der Kernpunkt der ganzen Frage ist doch der, daß Seebeute, Blockade, Konterbande, Minenlegung und andere „Surrogate" so eng miteinander zusammenhängen, daß eine Lösung des Problems nur dann erfolgen kann, wenn man dazu übergeht, alle jene die Meeresfreiheit beengenden Einrichtungen gleichzeitig aus der Welt zu schaffen. Ist das möglich? Dem realpolitisch Denkenden wird es sofort einleuchten: Die Frage ist nur zu bejahen unter der Voraussetzung, daß der Seekrieg überhaupt verboten wird, d. h. im Zeitalter des ewigen Friedens. Daß manche ihn auch noch heute für möglich halten, wer weiß es nicht? Aber bemerkenswert ist doch, daß noch am 9. Mai 1917 ein Zentrumsabgeordneter beim Marineetat im Hauptausschuß des Reichstags erklärt hat, die Freiheit der Meere sei erst erreicht, wenn kein bewaffnetes Schiff mehr auf dem Meer fahre. Wahrlich, erst dann! Da diese Bedingung aber nach menschlichem Ermessen niemals eintreten wird, kann von einer vollständigen Meeresfreiheit im Kriege nicht die Rede sein.

Es bedarf noch der Erhärtung des Satzes, daß die Entwicklung immer neue Formen der Seekriegsführung hervorbringt, die, selbst wenn die bisherigen völkerrechtlichen Einrichtungen beseitigt würden, doch die Unfreiheit des Meeres im Kriege bedeuten müßten. Eine Anzahl von Grundfragen des gegenwärtigen Krieges geht darauf zurück, ob die Kriege sich nur zwischen Staaten abspielen, die Nichtkämpfenden von ihnen nur so weit berührt werden dürfen, als dies nach der gegebenen Sachlage unvermeidlich ist. Dieser auf Rousseau zurückgehende Grundsatz war aber in der englisch-amerikanischen Auffassung niemals anerkannt.[63] Daß eine Entwicklung zum Völkerkrieg stattgefunden hat, läßt sich nicht mehr bezweifeln[64], wenn es auch unrichtig ist, wenn man damit alle oder die meisten Sätze ungeschriebenen oder geschriebenen Rechts, die die Nichtkämpfer zu schützen berufen sind, als gefallen ansieht.[65] Man kann auch nicht verkennen, daß im modernen Krieg, heute und in Zukunft, der Begriff der Kämpfer sich immer mehr erweitert. Eine immer wachsende Zahl von Staatsangehörigen wird unmittelbar und mittelbar den Kriegszielen dienstbar gemacht, so auch im vaterländischen Hilfsdienst, und nicht nur in Deutschland. Vom internationalrechtlichen Standpunkt ist es nicht mehr möglich, die gegen einen überwiegenden Teil der Bevölkerung gerichteten kriegerischen Maßnahmen grundsätzlich als unzulässig zu bezeichnen. Vielmehr wird dort, wo eine Beteiligung an der Kriegsführung in irgendeiner Form stattfindet, auch ein Angriff des Feindes völkerrechtlich zulässig sein müssen. Dies auch schon deshalb, weil die Endwirkung des Krieges, dessen Ziel stets die Niederringung des Feindes ist, ohne Übergreifen auf die Schicksale der Bevölkerung gar nicht mehr erzielt werden kann. Wo hier die Grenzen zu finden sind, kann heute noch niemand sagen. An irgendeiner durch Menschlichkeit und Staatsnotwendigkeit gebotenen Grenze müssen sie in Zukunft in rechtlicher Form gefunden werden. Rein erfahrungsgemäß ist nur festzustellen, daß die empörende Absicht Englands, den Krieg gegen Deutschland durch die versuchte Aushungerung seiner Bevölkerung zu gewinnen, ein Kriegsmittel darstellt, auf das in Zukunft kein Staat, der dazu in der Lage sein kann, verzichten wird. Ist doch Deutschland selbst dazu gezwungen worden, mittels des Unterseebootkriegs England auf demselben Wege eine Niederlage zu bereiten.

Hier sind bereits die beiden anderen noch zu erörternden

Punkte berührt: die Seesperre und die Bedeutung neuer technischer Erfindungen der Seekriegswaffen. Was jene angeht, so genügt es hier, daran zu erinnern, daß England den Begriff des „Kriegsgebiets“ zuerst in dem Nordseeerlaß vom 2. November 1914 gebrauchte.[66] Unter der vollkommen unwahren Behauptung, daß die Deutschen Minen in der offenen See auf die Haupthandelsstraße von Amerika nach Liverpool über Nordirland gestreut hätten, gab es bekannt, daß die ganze Nordsee als Kriegsgebiet anzusehen ist. In diesem werden Kauffahrer aller Art, Fischerbarken und alle anderen Schiffe den schwersten Gefahren durch Minen, die auszulegen notwendig gewesen sei, und durch Kriegsschiffe, die Tag und Nacht wachsam nach verdächtigen Schiffen suchen, ausgesetzt sein. England warnt deshalb alle Handelsschiffe und Fischerfahrzeuge jeder Gattung vor den Gefahren, die sie beim Eintritt in dieses Gebiet ohne strenge Wahrung der Anweisungen der Admiralität laufen. Schiffen aller Länder, die nach und von Norwegen, der Ostsee, Dänemark und Holland gehen, wird angeraten, durch den Englischen Kanal und durch die Enge von Dover zu fahren. Dort würden ihnen Anweisungen gegeben werden, die sie, soweit Großbritannien in Betracht komme, sicher auf die Ostküste von England nach Farn Island leiten, von wo aus ihnen, wenn möglich, eine sichere Straße nach dem Feuerschiff Lindesnaes angegeben werde. Von diesem Punkt würden sie nord- oder südwärts, gemäß ihrer Bestimmung, so nahe als möglich an der Küste entlang fahren, umgekehrt auf der Heimatreise. — Es ist längst nachgewiesen, daß in der von England gesperrten nördlichen Nordsee die Tiefe des Meeres durchweg jede Minenlegung hindert, daß dagegen in der südlichen Nordsee und im Kanal zahlreiche Minen englischen Ursprungs gefunden worden sind; daß somit der von England geschlossene Weg ungefährlicher war, als der von ihm angewiesene. Die Sperrlinie vom Nordpunkte der Hebriden bis Island schließt tatsächlich die Nordsee vom Ozean ab und läßt nur den englischen Kanal offen. England bekommt durch den von ihm bezeichneten Weg, der das Auslaufen in Dover unausgesprochen in sich schließt, alle in die Nordsee bestimmten oder von ihr kommenden Schiffe in seine Gewalt. Durch die Verordnung vom 2. November 1914 begann England den rücksichtslosen

Hungerkrieg gegen die Bevölkerung Deutschlands, sperrte Holland, Schweden, Norwegen und Dänemark vom freien Meer ab und gab vor, nur den friedlichen Handel und das Völkerrecht schützen zu wollen.[67] Deutschland erwiderte bekanntlich mit der Seesperrenerklärung vom 4. Februar 1915 (vgl. oben S. 29), durch die die Gewässer rings um Großbritannien und Irland, einschließlich des gesamten englischen Kanals, als „Kriegsgebiet" erklärt wurden. Der hieran sich anknüpfende Notenwechsel zwischen Deutschland und den Vereinigten Staaten hat uns bereits gezeigt, wie verschieden die Union dieselbe Handlung der Seesperre Deutschland und England gegenüber beurteilte. Formell liegt hierin und in der Führung des Unterseebootkrieges durch Deutschland nach den Regeln des Kreuzerkrieges der Ursprung des Bruches mit Nordamerika. Am 26. Januar 1917 erklärte England die Seesperre der deutschen Bucht von der Doggerbank bis gegen die holländische und dänische Küste. Hierauf verkündete Deutschland durch Erlaß vom 1. Februar 1917, daß es die Gewässer um die feindlichen Küsten Großbritanniens, Frankreichs und Italiens und im östlichen Mittelmeer sperre und jedem Seeverkehr ohne weiteres mit „allen Waffen" entgegentreten werde. Neutrale Schiffe, die die Sperrgebiete befahren, tun dies auf eigene Gefahr. Der Verkehr der regelmäßigen amerikanischen Passagierdampfer kann unter gewissen genauer bezeichneten Bedingungen weitergehen, insbesondere unter der, daß die amerikanische Regierung die Garantie gibt, daß die Dampfer keine Bannware mit sich führen. Im Gegensatz zu England, das auch die neutralen an die Nordsee grenzenden Küsten vom Ozean trennt, legt Deutschland seine Sperre vor die Küsten der feindlichen Länder England, Frankreich und Italien, läßt aber den Weg ins offene Meer von den Küsten der skandinavischen Länder, Hollands und Spaniens frei, ebenso im Mittelmeer einen Teil der französischen Küste mit dem Hafen von Cette. Ende Januar 1917 hat England noch eine besondere Minensperre für den südlichen Teil der Nordsee verkündet, und vom 3. Mai 1917 ab ist das britische Sperrgebiet erweitert worden. Während sich die Neutralen der englischen Sperre gefügt haben, sind sie hierzu der deutschen gegenüber nicht bereit gewesen. Nur hieraus ist die Torpedierung neutraler Schiffe zu erklären.

Über den Begriff des „Kriegsgebietes“ hat die völkerrechtliche Literatur bis dahin ebensowenig wie die Praxis eine Erklärung aufzuweisen gehabt. Man kannte bis dahin nur die Begriffe des „Kriegsschauplatzes“ und des „Kriegstheaters“. Jener bedeutet das Gebiet, auf dem die Vornahme militärischer Maßnahmen rechtlich zulässig ist, umfaßt den ganzen Hoheitsbereich der kriegführenden Staaten zu Wasser und zu Lande und die hohe See, hat also eine weit größere Ausdehnung als das auf bestimmte Gewässer beschränkte „Kriegsgebiet“. Als „Kriegstheater“ bezeichnet man denjenigen Teil der Erdoberfläche oder des Seegebiets, auf dem Feindseligkeiten tatsächlich sich abspielen, gegenüber demjenigen, in dem die rechtliche Möglichkeit dazu gegeben ist.[68] Verschieden von diesen beiden Begriffen ist der des „Kriegsgebietes“, der ein bestimmt abgegrenztes Seegebiet bezeichnet, in dem durch Minen und Seestreitkräfte allen seefahrenden Schiffen besondere Gefahren drohen; überschreiten sie, trotz der ausdrücklichen Warnung, die geschlossene Grenze, so tun sie das auf eigene Gefahr. Man kann also von einer Gefahrzone oder von einer Seesperre sprechen.[69]

Wie steht es nun mit der völkerrechtlichen Zulässigkeit der Seesperre? Eine Blockade ist sie nicht, denn sie ist nicht auf die feindlichen Küsten beschränkt; die neue englische Sperre der deutschen Bucht beweist dies am besten. Ferner erfordert die Blockade die formelle Erklärung. Eine solche Blockadeerklärung hat aber hinsichtlich der Seesperre niemals stattgefunden. Dazu kommt, daß den Neutralen von seiten Deutschlands das Befahren der zum Kriegsgebiet erklärten Gewässer nicht verboten ist, sie nur vor der damit verbundenen Gefahr gewarnt werden. Die Nichtbeachtung der Warnung gilt auch nicht als Blockadebruch und wird auch nicht mit Einziehung bestraft. Sodann fragt es sich, ob zum Begriff der Effektivität nicht die Sichtbarkeit der blockierenden Streitkräfte gehört. „Sind die blockierenden Streitkräfte unsichtbar, wie beim Unterseebootkrieg, so wird es schwierig, wenn nicht unmöglich sein, festzustellen, ob die Blockade noch tatsächlich besteht, und die neutrale Schiffahrt wird sich in einer wesentlich schwierigeren und gefahrvolleren Lage befinden. . . . . Es erscheint daher unsicher, ob eine Blockade, die nur von Unterseebooten durchgeführt wird, sich mit der Forderung der Effektivität in ihrer bisherigen Bedeutung vereinbaren läßt."[70] Die Rechtswirkung der Seesperre ist „Generalnotifikation der Minensperre". Minensperre ist völkerrechtlich zulässig. Das VIII. Haager Abkommen gestattet das Legen von unterseeischen Kontaktminen, unter gewissen Voraussetzungen, auch auf offener See. Neutrale Schiffe, die sich trotz Warnung in das Minengebiet begeben, tun das auf eigene Gefahr, ohne sich auf die Freiheit der Meere und die Unverletzlichkeit neutraler Staatsbürger berufen zu können.[71]

Endlich noch ein Wort über die Bedeutung der technischen Wandlungen der Kriegsmittel für die Frage der Freiheit der Meere.

Es ist hier nicht die Aufgabe einer eingehenden Rechtfertigung des Unterseebootkrieges gestellt; nur das Wichtigste sei hervorgehoben. Durch die VIII. Haager Konvention über die Legung von unterseeischen Kontaktminen vom 18. Oktober 1907 ist die Verwendung nur solcher Torpedos untersagt worden, die nicht unschädlich werden, wenn sie ihr Ziel verfehlt haben. Die Gleichstellung von Torpedo und Minen führt aber auch zu dem Satze, daß eine besondere Warnung vor der Versenkung nicht erforderlich ist, weil auch die Kontaktmine nicht warnt, ehe sie das Schiff versenkt. Die Londoner Erklärung gestattet ferner in Art. 49 die Zerstörung neutraler Prisen dann, wenn die Einbringung in einen Hafen das beschlagnahmende Kriegsschiff einer Gefahr aussetzen oder den Erfolg der Operation beeinträchtigen könnte. Niemand kann leugnen, daß in der technischen Eigenart des Unterseebootes eine Notwendigkeit dieser Art in jedem Falle besteht. Denn des Wertes dieser Eigenart, die darin liegt, daß es ungesehen anzugreifen vermag, würde es zu einem großen Teile beraubt, wenn es im entscheidenden Augenblick auftauchen und sich dem Widerstande bewaffneter Handelsschiffe aussetzen müßte. Der Angriff seitens eines solchen Schiffes ist für ein Unterseeboot mit seinen verwickelten inneren Einrichtungen naturgemäß gefährlicher als für ein in der Regel auch schwer bewaffnetes und schwer gepanzertes sonstiges Kriegsschiff.[72] Das Unterseeboot, mit dem (außer Minen) die deutsche Seesperre durchgeführt wird, ist eine neue Waffe, für deren Verwendung im Seekriege es bisher an völkerrechtlichen Abmachungen fehlte. Es ist also auch undenkbar, in der Verwendung dieser Waffe eine Verletzung des Völkerrechts finden zu wollen. „Recht muß erst da sein, ehe es verletzt werden kann.“[73]

Diesen Tatsachen haben die Neutralen, vor allem Nordamerika, niemals Rechnung getragen.[74] Auf die hier auftauchenden Einzelfragen kommt es an dieser Stelle nicht an.[75] Vielmehr ist nur mit aller Bestimmtheit darauf hinzuweisen, daß die neue Seekriegsmaßnahme des „Sperrgebiets“, die Legung der Minenfelder und das Unterseeboot Beweise der Unfreiheit der Meere sind, die, in wirkungsvoller Anwendung, dasselbe erreichen können, wie Seebeute, Blockade und die Beschlagnahme von Bannwaren. Selbst die Aufhebung dieser drei völkerrechtlichen Einrichtungen würde also die Freiheit der Meere für den Kriegsfall nicht wiederherstellen. Sollten aber diese neuen Kriegsmittel, später einmal durch das Völkerrecht geregelt und gemildert, sich als ungeeignet erweisen, das Ziel des Krieges, die vollständige Niederringung des Feindes, zu erreichen, so würden neue Kriegsmittel auftauchen, für die es an Rechtsbestimmungen fehlen würde. Das ist das tragische Los der Staaten und Völker.

Fünftes Hauptstück.

Deutschlands Politik und die „Freiheit der Meere“. Völkerrecht und internationales Recht. Das Weltgleichgewichtssystem als Bürgschaft des Rechts und des Friedens.

I.

Es ist nunmehr klar geworden, daß die Freiheit der Meere in Friedenszeiten eine berechtigte, aber erst noch in die Höhe bindender Rechtsregelungen zu erhebende Forderung ist, die auch Deutschland mit allen ihm zu Gebote stehenden Mitteln zu verwirklichen helfen soll; daß dagegen die Meeresfreiheit für den Kriegsfall unter allen Umständen und in vollstem Umfange zu sichern, unmöglich ist, weil dies die Beseitigung des Seekrieges überhaupt bedeutet. So wäre Deutschland natürlich schlecht beraten, wenn es jene ufer- und grenzenlose Forderungen als notwendig verkünden und erstreben wollte. Wir können ihre Verwirklichung allein nicht erreichen, solange das Übergewicht eines einzelnen Staates oder einer Machtgruppe dagegen wirkt[1]; wir wollen sie nicht erreichen, weil wir uns in der Verwendung unserer Machtmittel im äußersten Falle nicht mehr beschränken lassen können, als andere Staaten und jener Grundsatz — immer in seiner absoluten Form gemeint — für uns nicht nur keine Staatsnotwendigkeit bedeutet, sondern Deutschland unermeßlichen Schaden verursachen könnte; wir sollen die unbedingte Meeresfreiheit in Kriegszeiten nicht zu erreichen suchen, weil wir Unmögliches nicht erstreben dürfen. Als Aufgabe ist sie zwecklos, als Leistung unfruchtbar, als Endziel utopisch.

Anders steht es mit der etwaigen Lösung von Teilproblemen, die, wie ausreichend gezeigt, in dem Begriff der Meeresfreiheit enthalten sind. Es werden sich zweifellos nach dem Kriege reichlich Bestrebungen geltend machen, die sich gegen die rechtliche Zulässigkeit der Seebeute, der Blockade, der Konterbande, vielleicht auch der Seesperrgebietserklärung, der Minenlegung und des ungehemmten Unterseebootkrieges wenden werden. Ich habe eingehend dargetan, welche fast unübersteiglichen Schwierigkeiten die Beseitigung oder Abschwächung der einen Rechtseinrichtung ohne die gleichzeitige Abschaffung von solchen anderen Instituten bietet, die, richtig gehandhabt, denselben praktischen Erfolg der Kriegführung zeitigen. Aber es ist niemand berufen und in der Lage, der noch unbekannten zukünftigen Geistesarbeit, die vielleicht von wahrhaften Gedanken der Menschlichkeit und Friedfertigkeit nach diesem entsetzlichen gegenseitigen Morden unterstützt werden wird, Richtung und Weg zu weisen, oder gar ihr im voraus Schranken aufzuerlegen. Deshalb sind Einzelergebnisse völkerrechtlichen Fortschrittes immerhin möglich. Es wäre daher unklug, wollte Deutschland sich irgendwelchen Versuchen widersetzen, die furchtbaren Qualen eines späteren Krieges der leidenden Menschheit in Zukunft zu erleichtern. Unsere Offenheit, mit der wir ehrliche Zweifel an gewissen pazifistischen Hoffnungen aussprachen, hat uns früher ungeheuer geschadet; unsere Ablehnung der Abrüstungsidee hat man als Eroberungsgelüst aufgefaßt, während sie nur das Bekenntnis zur Einsicht in die unüberwindbar scheinenden Schwierigkeiten war. Wir müssen freilich lernen, auf die Geistesverfassung anderer Völker und Staaten, auch auf die ihrer Diplomaten, besser einzugehen. Wir haben Erfahrungen genug gesammelt, um zu wissen, daß auch nur der Schein eines Widerstrebens gegen etwa mögliche Herabsetzungen der Heeres- und Flottenlasten, der Milderungen der Schrecken des Krieges, gegen Deutschland in verhängnisvoller Weise ausgenützt wurde und nicht geringen Schuldanteil an dem Weltkriege trug. Wir müssen auch unseren nüchternen Rationalismus zügeln, der über der Macht der Logik und über der Bedeutung der mathematisch genauen Berechnung aller Wirkungen politischer und unpolitischer Vorgänge oft genug die Fülle der Unwägbarkeiten vergißt, die bei geistig besonders beweglichen Völkern, wie z. B. bei den Franzosen und Italienern, aber auch bei den Slawen und Amerikanern eine große Rolle spielen. Wenn wir von vielen Ereignissen beim Ausbruch und bei Fortdauer des Weltkrieges überrascht worden sind, uns manches unfaßbar erschien, so lag doch die Erklärung hierfür teilweise darin, daß wir das irrationale Element der menschlichen Seele, daß wir Haß und Liebe, Verständnis und Unverstand, Leidenschaft und Verblendung, aber auch viele andere Kräfte und Triebe niederer und höherer Ordnung bei anderen, aber auch bei uns selbst, nicht immer genügend in die politische Rechnung eingestellt haben. Was im einzelnen — abgesehen vom „ewigen Frieden“, der ganz sinnlos ist — jetzt unmöglich scheint, braucht es bei sich wandelnder Gemüts- und Geistesbeschaffenheit, bei der Veränderung religiöser, weltanschauungsmäßiger und wirtschaftlicher Strömungen durchaus nicht zu bleiben. Angesichts der schrankenlosen Rücksichtslosigkeiten dieses Krieges gibt es ja auch nur die Wahl, entweder an der Menschheit zu verzweifeln, oder — unter Aufsuchung und Abstellung der tragischen Fehlerquellen dieser Weltkatastrophe — an ihrem Wiederaufbau zu arbeiten. Wer mit mir diesen Weg wählt, muß vor allem eines wünschen und mit aller Kraft selbst erstreben: daß wir alle den Glauben an die Menschheit wiederfinden mögen. Erlangen und besitzen wir ihn, dann wird so manches von großen Seelen Erträumte Wirklichkeit werden können.

Manches, gewiß nicht alles! Gerade auf dem Boden des uns beschäftigenden Problems müssen wir Realpolitiker bleiben. Wir müssen alle nur denkbaren und durch die harte Wirklichkeit des Seekrieges sich uns aufdrängenden Folgerungen, die sich aus einer vorzuschlagenden völkerrechtlichen Neuregelung ergeben, sehr genau überlegen. Wir müssen auch die unvorhersehbaren Dinge, insbesondere die Möglichkeit des Entstehens neuer Waffen und Gestaltungen (U-Boote, Seesperre) in Rechnung stellen. Einem Versuche völkerrechtlicher Einzelregelung der Meeresfreiheit brauchen wir uns gewiß nicht zu versagen, aber wir können sie stets nur unter der Voraussetzung voller Gegenseitigkeit aller Staaten und bei Gewißheit der tatsächlichen Achtung auch durch alle anderen Mächte, für uns anerkennen.

II.

Darin liegt aber schon der Gedanke eingeschlossen, daß ohne Zuhilfenahme einer auf Verständigung der Staaten beruhenden rechtlichen Regelung der kommende Friede der Welt keinerlei Dauer verspricht. Ein nur auf die Macht abgestelltes Verhältnis der Staaten enthält den Keim und den Anreiz zu endlosen und jedenfalls zu erheblichem Teil unvermeidbaren Reibungen. Staaten, deren Leiter die Überzeugung haben müssen, es sei in unzähligen Fällen alles auf die Spitze des Schwertes gestellt, leben in einer Unsicherheit ihrer Daseinsbedingungen, in einer Anspannung und Überspannung ihrer meist nur nach außen gerichteten Kräfte. So ist es für sie eine innere, durch die Geschichte immer wieder bewiesene Notwendigkeit, nach einer geregelten Ordnung zu streben, die, ohne ihre berechtigten Ansprüche auf Bestand und Entwicklung aufzuheben, die gegenseitige Bürgschaft bietet für ein nach menschlichen Begriffen möglichst ungestörtes Bestehen und Auswirken. Dieses psychologische Bedürfnis einer Abgrenzung der Lebenssphären der Staaten trifft auch die größten und wichtigsten, zumal Macht und Größe nur relativ und zeitlich wechselvoll sind. Dazu kommt noch die Lehre des Weltkrieges, der eine ungeheure Zerstörung unersetzlicher Menschenleben, wertvollster Kulturgüter, wirtschaftlicher Kräfte und Gegenstände mit sich gebracht hat. Auch die siegreichen Staaten werden unermeßliches Leid ihrer Angehörigen, unübersehbare Verluste jeder Art zu tragen haben. Die Überlegung ist unabweisbar, ob nicht ein erheblicher Teil der entstandenen Schäden bei größerer Bestimmtheit und Durchführbarkeit rechtlicher Organisationen zwischen den Staaten doch hätte vermieden werden können.

Wie die Staaten als Einheiten und Gruppen, so sind auch die einzelnen und die Völker von der natürlichen Empfindung überall durchdrungen, daß eine lediglich auf rohe Macht gestellte Welt keinen Bestand haben, daß nur ihre Verbindung mit rechtlich geordneten Zuständen die Voraussetzung geistiger und wirtschaftlicher Kultur schaffen kann. Diese tiefe seelische Bedingtheit des rechtlichen Elementes kommt in unzähligen Äußerungen der letzten Jahre zum Ausdruck. Die

Erscheinung verliert nichts an Bedeutung dadurch, daß sie sich gewisser Redewendungen bedient, die, rein wissenschaftlich betrachtet, nur eine lose Verbindung mit dem positiv geltenden Rechte haben und in den sehr allgemeinen und umrißlosen Vorstellungen von Gerechtigkeit, Freiheit, Menschlichkeit u. dgl. in die Öffentlichkeit treten. Die Hauptsache ist vielmehr die aus den ganz realen Umständen der Welt sich ergebende Einsicht in die Unzulänglichkeit der nur materiellen Machtzustände zur Herstellung einigermaßen dauerhafter Lebensordnungen der Staaten und ihrer Angehörigen unter sich. Dieser praktische Beweggrund wird nicht immer bewußt bei denen, die anderen Rechtsverletzungen vorwerfen; im Grunde aber handelt es sich auch bei ihnen um dasselbe Gefühl der Notwendigkeit rechtlicher Bindungen. Ebenso ist es auch nur eine verschiedene Erscheinungsform derselben Sache, wenn ein Staat dem anderen entgegenhält, er habe den Frieden halten wollen, habe es aber infolge der Machtbestrebungen des anderen nicht vermocht, und wenn jeder für das gekränkte Recht, das wieder herzustellen ist, zu kämpfen vorgibt.

Jagen wir also scheinbar wieder einem Trugbilde nach, wenn wir für das Völkerrecht und das sonstige — hiervon begrifflich zu trennende — internationale Recht eintreten? Müssen wir uns Schwärmer und Toren schelten lassen, die aus dem Weltkriege nichts gelernt haben? Ich sage es rund heraus: Einfach töricht und nicht der Erörterung wert ist die Idee, es könnte die Zukunft und Sicherheit der Welt, es könnten auch nur kurze Friedenszeiten lediglich durch die Kraft des Völkerrechts verbürgt werden. Aber gemeinsam mit gewissen politischen, jedoch erst in ein Gleichgewicht zu bringenden Machtfaktoren sehr realer Art, ist es nicht nur berufen, jenes Ziel zu verwirklichen, sondern es gibt überhaupt keine andere Möglichkeit. Hat die bloße Macht versagt und war das Recht allein für sich zu schwach, so müssen beide zusammenwirken. So wenig der denkende Geist die objektiven Kräfteverhältnisse der Staaten außer acht lassen darf, so wenig auch die Notwendigkeit ihrer rechtlichen Ergänzung und Durchdringung. Jedes dieser Elemente, Macht und Recht, ist, für sich genommen, unzureichend. Nur in ihrer Vereinigung können sie den Erfolg kulturellen Fortschritts mit möglichst lange dauernden Friedenszeiten erreichen.

Nun sagen uns die vielmal Weisen, es gäbe kein Völkerrecht, und wenn es eins gegeben habe, so sei es zusammengebrochen.

Es kommt darauf an, was Recht ist. Versteht man darunter[2] „eine von einer höheren Macht gegebene Ordnung, die vermöge dieser höheren Macht, von und aus der sie hervorgeht, verbindlich ist für die dieser Macht Unterworfenen", und begreift man unter „Macht" nur den Staat, unter „Unterworfenen" nur die Staatsangehörigen, so kommt man mit der Wirklichkeit der Dinge in Widerspruch, wie man sich auch den Weg zum Verständnis des Völkerrechts verlegt. Die Wirklichkeit zeigt uns, daß auch ein nicht vom Staate gesetztes Recht besteht. So das Gewohnheitsrecht, die Observanz, der Gerichtsgebrauch, das Recht der katholischen Kirche und das von mehreren staatlichen Gemeinschaften gemeinsam gewollte Recht. Das Begreifen des Völkerrechts ist aber unmöglich, wenn man seinen Blick nur einstellt auf die dem Anschauungskreise des einzelnen souveränen Staates entnommene Vorstellung vom Recht als einer staatlichen Zwangsnorm. Vielmehr ist Recht die von der Gemeinschaft gewollte Ordnung und Abgrenzung der Lebenskreise der einzelnen und der Verbände. Das Recht ist Gemeinschaftswille. Es wird entweder durch die in der Staatsgewalt organisierten Vertreter des Volkes in Verbindung mit der Regierung ausgesprochen, also in der Form des Gesetzes, oder durch die in dem Volke selbst wirksamen rechtsbildenden Kräfte geschaffen, also durch gewohnheitsmäßige Übung in der Absicht der Rechtsüberzeugung. Zum Rechte gehört also der Geltungswille der Gemeinschaft. Wenn auch der Gedanke der normalen Durchsetzbarkeit immer mitschwingt, so gehört er doch nicht zum Wesen des Rechts. Denn es gibt Rechtssätze innerhalb des Einzelstaates ohne Erzwingbarkeit in Hülle und Fülle. Es sind das die sogenannten unvollständigen Gesetze des Privatrechts, ferner die im Verfassungsrecht sehr häufigen Normen, die die Stellung und die Aufgaben der höchsten Staatsorgane regeln. Als Beispiel diene der Fall des strafrechtlich unverantwortlichen Monarchen, bei dem die Unwirksamkeit des kriminellen Rechts deutlich hervortritt. Die sachliche und begriffliche Unmöglichkeit, über die verfassungsrechtlich höchsten Instanzen noch höhere zu setzen, zeigt, daß diese sehr wohl Verfassungsvorschriften verletzen können, daß aber ihre Befolgung nicht erzwingbar ist. Wenn z. B. der Kaiser, dem die Ausfertigung und Verkündigung der Reichsgesetze als Pflicht in der Reichsverfassung auferlegt ist, sich deren weigern würde, so wäre von einer Durchsetzbarkeit der Bestimmung nicht die Rede, ohne daß man an der Rechtsnatur jenes Verfassungsartikels zweifeln könnte. Daß ein an sich möglicher Zwang gleichwohl unwirksam sein, das Recht nicht verwirklicht werden kann, zeigt sich in den zahllosen Fällen, in denen in bürgerlichen und Verwaltungs-Rechtsstreitigkeiten die Zwangsvollstreckung fruchtlos ausfällt oder in kriminellen Fällen sich der Schuldige der Strafverfolgung oder Strafvollstreckung mit Erfolg entzieht.[3] Gegen das Argument, das auf der ganzen Erde geltende strafrechtliche Verbot des Diebstahls werde in Hunderttausenden von Fällen übertreten und doch behaupte niemand, daß das einen Zusammenbruch des Strafrechts auf der Erde bedeutet[4], wird neuerdings eingewendet[5], der Vergleich der zahllosen Diebstahlsübertretungen mit Übertretungen des sogenannten Kriegsvölkerrechts sei an sich verfehlt. Die inhaltlich so weit übereinstimmenden Strafgesetze der einzelnen Staaten gegen Diebstahl seien von einer höheren Macht, der Gesetzgebung der einzelnen Staaten, erlassen gegen die Diebe und deren voraussichtlichen Diebstähle. Sie behaupten sich gegen ihre Verächter und deren Übertretungen durch Bestrafung zahlloser Diebstähle und durch Verhinderung von noch viel mehr Diebstählen, die ohne die Strafgesetze begangen werden würden. Dagegen diejenigen, die das sogenannte Kriegsvölkerrecht verletzen, das seien die Gesetzgeber, die Schöpfer dieses Kriegsvölkerrechts selbst, die durch ihr eigenes entgegengesetztes Handeln das von ihnen geschaffene Recht vernichten. Hiergegen ist aber zu sagen: Die Verletzer des Seekriegsrechts sind allemal diejenigen, die daran gebunden sind. In beiden Fällen handelt es sich also um „Unterworfene" des Rechts. Somit ist nichts Stichhaltiges gegen jenen Beweisgrund vorgebracht.

Das Völkerrecht ist, soweit es nicht Gewohnheitsrecht ist, die Vereinbarung der Staaten unter sich, eine Norm über sich maßgebend sein zu lassen. Im Gegensatz zu demjenigen Rechte, das der einzelne Staat für seine Angehörigen schafft, ist das Völkerrecht zwischenstaatlicher Natur. „An der Spitze des Völkerrechts steht ein Satz, der nur, wenn das staatliche Dasein in einem Maße bedroht ist, das auch nach innerstaatlichem Recht die Berufung auf einen Notstand rechtfertigte, nicht beachtet zu werden braucht, dessen Verächter sich außerhalb der Völkerrechtsordnung stellen würden, der Satz: Verträge müssen gehalten werden.“[6]

Die Rechtsnatur des Völkerrechts wird bezweifelt, weil die Macht fehlt, die über den souveränen Staaten als Höheres steht und die den Inhalt des Herkommens und der Übereinkünfte durch ihre Zustimmung, durch ihren übermächtigen Willen zu einem für die einzelnen souveränen Staaten verbindlichen Recht erhoben hat. Die Gemeinschaft der beteiligten Staaten, die gleichsam als einheitliche Persönlichkeit, zusammengesetzt aus den einzelnen Staaten, gedacht werden könnte, sei bestenfalls eine erdichtete Macht, die gerade, wenn das Kriegsvölkerrecht verwirklicht werden soll, nämlich im Falle des Krieges, aufhört, zu sein.[7] Dies ist aber in der alten überlieferten Weise, die nur den Einzelstaat ins Auge faßt, gedacht und reicht nicht an den Horizont einer die Staaten umfassenden Rechtsordnung auch nur gedanklich heran. Die Macht, die über den einzelnen souveränen Staaten steht, ist das von ihnen selbst vertragsmäßig festgesetzte Recht; die Quelle dieses Rechts ist ihr Wille, diese Norm über sich zu setzen. Ob und inwieweit es einer überstaatlichen Macht zur Durchführung des Völkerrechts unbedingt bedarf, wird sogleich zu erörtern sein. Im übrigen fällt der Einwand mit dem der mangelnden Erzwingbarkeit zusammen.

Auf den ersten Blick bestechend erscheint auch die Erwägung, daß das Kriegsvölkerrecht, aus Übereinkunft souveräner Staaten hervorgegangen, in demselben Augenblicke falle, wie seine Grundlage; es gelte nur so lange, als es von den beteiligten Staaten, und zwar sämtlichen Staaten, anerkannt werde. Das gilt aber doch für jedes Recht, das versiegt, wenn seine Quelle nicht mehr fließt, vor allem vom einzelstaatlichen Gewohnheitsrecht, von der Aufhebung durch den Willen der gesetzgebenden Körperschaften und von dem Veralten des Rechts, das, ohne Stütze in den gegebenen gesellschaftlichen, sittlichen und Verkehrsverhältnissen, nicht mehr zur Anwendung gelangt. Von praktischer Bedeutung ist aber auch jener Erwägung gegenüber nur, daß dieses vertragsmäßige Völkerrecht seine Haltbarkeit erweist — auch das Kriegsvölkerrecht.

Wir müssen uns endlich darüber klar werden, daß auch in diesem Weltkriege von den Hunderttausenden von Anwendungsfällen des Kriegsrechts eine, absolut genommen wohl große, aber verhältnismäßig doch geringe Zahl von Völkerrechtsverletzungen vorgefallen ist.[8] Dazu kommt, daß ein sehr erheblicher Teil dessen, was wir als Völkerrechtsbruch empfinden, tatsächlich ein solcher nicht ist, weil das bis zum Weltkriege entwickelte Völkerrecht noch höchst unvollkommen und lückenhaft ist. Hierfür einige schlagende Beispiele: Eine Anzahl der Haager Abkommen steht nicht in Geltung, weil sie die sogenannte „Allbeteiligungsklausel" enthalten, d. h. ihre Vorschriften gelten nur zwischen den Vertragsmächten und nur dann, wenn alle am Kriege beteiligten Staaten Vertragsparteien sind.[9] Ebensowenig kann man es als Völkerrechtsbruch ansehen, wenn in einem Seekriege neue Kriegsmaßregeln aufkommen und, da es hierfür an Verabredungen der Staaten fehlt, zunächst noch die ungeregelte Kriegspraxis den Plan beherrscht. Das gilt insbesondere für die Seesperre und das Unterseeboot, also für die zwei allerwichtigsten, die Gestaltung des gegenwärtigen Weltkriegs kennzeichnenden Neuerungen. Unmöglich kann ein vor dem Kriege ausgestaltetes Völkerrecht ohne irgendwelche Änderungen anwendbar sein in Zeiten des Krieges, wenn in diesem ganz andere Tatbestände vorliegen. Niemals ist auch im einzelstaatlichen Rechte von einer Rechtsverletzung gesprochen worden, wenn eine Handlung in Frage stand, für die eine vorhergehende rechtliche Norm nicht nachweisbar war. Ferner ist mit allem Nachdruck darauf hinzuweisen, daß die Londoner Seerechtserklärung vom 26. Februar 1909 von England nicht ratifiziert worden ist, daß man ihm deshalb die Verletzung der in jener enthaltenen Regeln nicht von vornherein vorwerfen konnte. Dies vermochte man allerdings später unter zwei Gesichtspunkten zu tun. Einmal unter dem, daß England sich zunächst bei Beginn des Krieges an die Seerechtserklärung gebunden erklärte, später aber willkürlich hiervon immer größere Ausnahmen machte, schließlich das ganze Abkommen über Bord warf. Der andere Gesichtspunkt, unter dem England Völkerrechtsverletzungen grundsätzlicher Art im weitesten Umfange vorgeworfen werden mußten, ist der, daß die Londoner Seerechtserklärung im wesentlichen nichts Neues geschaffen, sondern den bis dahin schon geltenden international anerkannten Zustand des Seekriegsrechts zusammengefaßt hat. Aber auch gegenüber dieser Sachlage bleibt noch bestehen, daß selbst das vertraglich festgelegte Kriegsvölkerrecht ganz außerordentlich viel Zweifel übrig ließ. Strittige Rechtsfragen gibt es überall, aber nirgends so viel, wie auf dem Boden des Völkerrechts. Diese vielfache Unbestimmtheit seines Inhaltes hat Zitelmann mit Recht als seinen größten Mangel bezeichnet. „Seine Entstehung beruht vielfach auf der tatsächlichen Übung, die aus gemeinsamer Rechtsüberzeugung hervorgeht, nicht auf bewußter Rechtssetzung, und so ist sein Inhalt in weitem Maße unfertig, weich, biegsam; ein Satz wird aufgestellt, öfter geübt und so verdichtet er sich allmählich zum Rechtssatz, indem die Überzeugung von seiner verbindlichen Kraft allmählich durchdringt; aber der Augenblick dieser Rechtswerdung ist nicht genau zu bestimmen und so ist denn eine ganze große Reihe von Sätzen erst noch im Zustande des Werdens, ihr Dasein ist noch nicht sicher und klar .... Einige — durchaus nicht alle — Maßnahmen der Engländer, die ihnen als Völkerrechtsbrüche vorgeworfen werden, mögen sich dadurch erklären und entschuldigen lassen, daß es sich bei ihnen in der Tat um streitige Rechtsfragen handelt. Und selbst wenn das Völkerrecht auf Verträgen beruht, wenn sein Inhalt also bereits in Worte gefaßt ist, es bleiben doch noch Unsicherheiten übrig: bei der Auslegung der Vertragssatzungen ergeben sich nicht selten sehr schwere Zweifel."[10] Endlich mag die Unfertigkeit des Völkerrechts auch noch durch den Hinweis beleuchtet werden, daß die Behandlung der Fremden, die sich in Kriegszeiten auf dem Gebiete eines Feindes aufhalten, daß das Recht der unterseeischen Telegraphenkabel, das Werfen von Bomben aus Luftschiffen, die Wegnahme von Geiseln, um nur dies noch hervorzuheben, völkerrechtlich teils überhaupt nicht, teils nicht in einer auch nur einigermaßen befriedigender Weise geregelt sind. Eine Fülle von Vorwürfen knüpft sich an die Unkenntnis in diesen Fragen, an die irrige Annahme der Unzulässigkeit von Vergeltungsmaßnahmen, an das im bisherigen Recht nur höchst unvollkommen ausgestaltete Rechtssystem für die besetzten Gebiete.

Es ist gar nicht zu verkennen: Ein sehr großer Teil der sogenannten Völkerrechtsverletzungen besteht in Wirklichkeit nur in der Unvollkommenheit, Unsicherheit, Lückenhaftigkeit und in dem Bestrittensein der völkerrechtlichen Normen, nicht aber in dem bösen Willen irgendeines Kriegführenden. Der Weg der Zukunft ist also der der Behebung jener Fehler und Unzulänglichkeiten. Besondere Betonung muß aber auf die Behauptung gelegt werden, daß das Friedensvölkerrecht sich seit vielen Jahrzehnten auf das beste bewährt hat. „Die gewaltige Entwicklung der Technik ruft in dieser lebensstarken Zeit eine ebenso gewaltige Steigerung des zwischenstaatlichen Verkehrs und eine erstaunliche Erleichterung der Bevölkerungsbewegung hervor. Diese wieder hat zur Folge die Entstehung zahlloser gemeinsamer Interessen der Kulturstaaten und daher die Ausbildung eines heute kaum mehr zu übersehenden Systems von Post-, Telegraphen-, Eisenbahn-, Niederlassungs-, Handels-, Schiffahrts- und Rechtsschutzverträgen.“[11] Weiter seien noch erwähnt die Verbände zum Schutze des literarischen und des gewerblichen Eigentums, zur Bekämpfung des Mädchenhandels und des Sklavenraubes. Sie bestehen weiter und werden nach dem Kriege wieder in volle Wirksamkeit treten, soweit sie nicht etwa von einzelnen Staaten aufgekündigt und durch neue Vereinbarungen umgestaltet werden sollten. Mit Recht weist v. Liszt[12] darauf hin, daß schon der unausbleibliche Friedensvertrag einen völkererchtlichen Akt darstellt, daß sich Handelsverträge anschließen werden und daß die Räumung der besetzten Gebiete, die Rückgabe der Gefangenen, die Feststellung und Befriedigung der zahlreichen Entschädigungsansprüche (ganz abgesehen von der eigentlichen Kriegsentschädigung), die schiedsrichterliche Erledigung der durch den Friedensvertrag nicht entschiedenen Streitfragen und eine heute noch unübersehbare Fülle von anderen Problemen den Gegenstand besonderer Nebenverträge bilden werden. Dann wird es sich darum handeln, über die Schiffahrts- und Konsularverträge, die Auslieferungs- und Rechtshilfeverträge, die Eisenbahnverträge und die Literar-Konventionen neue Vereinbarungen zu treffen. „Das Völkerrecht wird seine unverwüstliche Lebenskraft entfalten, allen Enttäuschungen, allem Mißtrauen, aller Verbitterung zu Trotz."

III.

Ergibt sich aus alledem, daß wir dem Wiederaufbau des Völkerrechts guten Mutes entgegensehen können, so bedarf es noch eines Hinweises auf das danebenstehende internationale Privat-, Straf-, Handels- und Verwaltungsrecht. Je größer und reichhaltiger die Handels- und Verkehrsbeziehungen unter den Völkern der Erde werden, desto unentbehrlicher wurde schon bisher, Sorge zu tragen für die Entscheidung von Streitigkeiten, die bei Gelegenheit dieser Beziehungen unausbleiblich sind. Es gibt keinen Kulturstaat, in dem nicht wenigstens Ansätze dieser Art beständen und es ist auch ganz ausgeschlossen, daß in Zukunft irgendein Staat sich zu einer, seine eigenen wirtschaftlichen Interessen schädigenden Ablehnung der Anwendung internationalrechtlicher Sätze entschließen könnte. Der gehässige Wirtschaftskrieg, den insbesondere England und Frankreich gegen uns mit allen, auch den unwürdigsten Mitteln führen, hat u. a. zu den Verboten der Erfüllung von Zahlungsverpflichtungen gegenüber Deutschen geführt, Verboten, die wir mit den gleichen Maßregeln beantworten mußten. Entstehen schon hieraus Verwicklungen bisher unbekannter und rechtlich schwierigster Art, so wird nach Eintritt des Friedens eine unübersehbare Menge von Rechtsfragen zwischen Deutschen einerseits, den Angehörigen der zurzeit mit uns kriegführenden Staaten andrerseits in allen denjenigen Punkten entstehen, die sich auf die vor dem Kriege geschlossenen Verträge, insbesondere kaufmännischer und industrieller Art beziehen. Alle Fragen des Verzugs, der Unmöglichkeit der Leistung, der Fälligkeit der Forderungen, des Rücktrittes vom Vertrage, des Minderungs- und Schadensersatzrechtes werden mit größter Eindringlichkeit auftreten und ihre Lösung verlangen. Man denke auch an die vielen Zweifel bezüglich des Patent-, Musterschutz- und Markenrechts, an das Urheber- und Verlagsrecht, die sämtlich ihre internationalrechtlichen Beziehungen haben. Ein besonders reiches Betätigungsfeld hat ferner das internationale Verwaltungsrecht, dessen Regeln sich noch lange nicht allgemeiner Anerkennung erfreuen. Ich hebe nur einige Probleme hervor: Recht des Aufenthaltes und der Niederlassung; die Beschränkungen für Ausländer im Inlande; das Paßwesen; die Meldepflicht; die Beurkundung des Personenstandes; die Tätigkeit auf dem Gebiete der äußeren Sicherheit; Krankenfürsorge; Irrenanstalten; Staatsangehörigkeit der Vereine und Stiftungen; Schulpflicht; Zwangserziehung; religiöse Kindererziehung usw.

In seiner Schrift „Deutscher Aufstieg" (1915) hat Karl Lamprecht auch von der Auswanderung gesprochen, die viele Deutsche in einem Maße in die Welt getrieben hat, wie die Auswanderung keines anderen Volkes. Noch weit über die Engländer hinaus waren wir bis zum Weltkriege das gleichmäßigst verbreitete Volk hin über die ganze Erde. Wir stehen — das muß meines Erachtens allgemeine Überzeugung werden — auch nach dem Kriege und dann erst recht, vor der Tatsache, daß unsere internationalen Wirtschafts-, insbesondere Handels- und Verkehrsbeziehungen noch größer werden als vor dem Kriege. Das Wirtschaftsleben der Welt gestaltet sich immer mehr als ein einheitliches und die Wirtschaftsentwicklung der einzelnen Staaten ist miteinander unlösbar verflochten. Mögen wir uns darüber klar werden, daß keine der großen Kulturnationen in wirtschaftlicher Isolierung denkbar ist. Dann aber bedarf es eines schleunigen und intensiven Ausbaues unserer internationalrechtlichen Grundsätze. Diese müssen, neben den Völkerrechtssätzen, zu dem sich immer dichter gestaltenden Netze der Rechtsbeziehungen für die Völker werden, so daß einseitige Verletzung schon wegen der Gefahr der Vergeltung möglichst als Ausnahme wird gelten können. Niemals dürfen wir verkennen, daß die Bewahrung des Völkerrechts wie des internationalen Rechts vor allem auf der Überzeugung von der Gemeinsamkeit der Interessen der solcher Art verbundenen Staaten beruht.

IV.

Gleichwohl glaube ich, daß darüber hinaus für die Erzwingbarkeit des Völkerrechts in viel besserer Weise gesorgt werden muß, als bisher. Sein Vollzug darf nicht der Willkür einzelner Staaten überlassen bleiben.

Den Weg hierzu weist uns die Erfahrung des Krieges. Kein Staat vermag in Vereinzelung zu bestehen. Jeder ist auf Verbindung mit anderen angewiesen. Es gilt auch für Deutschland, daß es in Zukunft nicht nur mit seinen jetzigen Verbündeten zusammengefaßt bleibt, sondern Glied eines größeren Gleichgewichtssystems wird. Nur bei einem wohldurchdachten, auf breite und sichere Grundlage gestellten Bündnissystem ist Deutschlands Zukunft verbürgt. Es konnte diesmal dem furchtbaren Stoß, den die Feindschaft fast der ganzen Welt ihm zugedacht hatte, aushalten; aber unter der ständigen Bedrohung durch die meisten Staaten des Erdballs könnte es in Zukunft nicht leben. Ihrem nochmaligen, mit allen Erfahrungen des jetzigen Krieges ausgestatteten Ansturm könnte es nur bei Annahme eines Wunders widerstehen. Wie für Deutschland, so gilt dies auch für alle anderen Staaten. Das Bündnissystem, mag es zunächst aus allgemein politischen Gründen erforderlich sein, muß aber gleichzeitig zum Träger des Völkerrechts gemacht werden. Freilich nicht in der Art, daß die ganze Welt zu einem Staatenbunde zusammengeschlossen wird. Die hierauf gerichteten Hoffnungen und Bestrebungen halte ich für aussichtslos. Auch hier sprechen die Tatsachen allzu deutlich gegen die Möglichkeit, einen Ausgleich all der unendlich vielen entgegengesetzten Interessen zu finden, die in den zahlreichen Staaten der Welt den einen und den anderen von ihnen beherrschen. Die Bündnissysteme müssen daher in bescheidenerem Maße gedacht und durchgeführt sein, und auf einer durchgängigen politischen und wirtschaftlichen Interessengemeinschaft der jeweiligen Einzelgruppen bestehen. Es ist für uns keine zu beantwortende Frage, welche Gruppierungen dies in Zukunft sein werden. Man mag an eine Zusammenballung der europäischen[13] oder anglo-amerikanischen Staatenwelt denken; man mag das geeignete Mittel darin sehen, Europa mit Vorderasien dauernd zusammenzufassen[14]; man mag seine Hoffnungen setzen auf einen Bund Deutschlands und Österreich-Ungarns mit Rußland, Japan und den skandinavischen Staaten — auf all dies kommt es für diese Frage der völkerrechtlichen Sicherung nicht an; sondern nur darauf, daß durch Zusammenfassung mehrerer, durch innere und äußere Gründe zusammengehaltener Staaten ein politisches Gleichgewicht entsteht, mächtig genug, um auch ohne Krieg die Durchführung verabredeter Völkerrechtsnormen zu sichern. Mit dem Schlagwort europäisches-amerikanisches-asiatisches Weltgleichgewichtssystem will ich nur andeuten, daß Afrika und Australien wohl nur als Objekte, bestenfalls als Satelliten der anderen drei Weltteile in Frage kommen können, nicht aber, daß ein Drei-Weltteile-Bund ins Auge gefaßt wird.

Die Mittel der Vollzugssicherung des Völkerrechts werden demnach auf sehr reale politische Grundlagen gestellt und können bis zu einem gewissen Grade zu einer automatischen Ahndung von Völkerrechtsverletzungen führen. Es genügt, darauf hinzuweisen, daß, angesichts der inneren Verflochtenheit der Weltwirtschaft, bei Mißachtung verabredeter völkerrechtlicher und internationalrechtlicher Sätze gewisse Nachteile auf dem Gebiete der Zoll- und Handelspolitik verabredet werden können, die sogleich in Wirksamkeit treten, wenn der Garantiestaatenverband die Völkerrechtsverletzung als gegeben ansehen muß. Natürlich wird bei alledem unter den zwei oder drei Staatengruppen eine gewisse Gleichheit politischer und militärischer Macht vorausgesetzt, deren dynamische Wirkung nach meiner Überlegung die einzige Aussicht bietet, einem Weltkriege vorzubeugen. Diese Gestaltung, auf die mit aller Kraft hinzuarbeiten ist, bedeutet aber eine neue Form der Staatenbündnisse, die ich als die Sozialisierung oder Vergesellschaftung der Völkerrechtsidee nennen möchte. Eine der erheblichsten Unvollkommenheiten des geltenden Völkerrechts stellt die mehr oder minder große Freiheit der sich völkerrechtlich bindenden Staaten dar, von den Vereinbarungen einseitig zurückzutreten, wenn sie nur die politische Macht haben, die für sie ungünstigen Folgen auf sich zu nehmen oder auszuschalten. In dem hier vorgeschlagenen Weltgleichgewichtssystem ist aber dieser unsozial gedachten Staatenhandlung in doppelter Richtung ein Riegel vorgeschoben. Einmal nach außen, insofern, als der einseitigen Loslösung von völkerrechtlichen und internationalrechtlichen Verabredungen seitens eines Staates der einen Staatengruppe mit den entsprechenden Machtmitteln einer anderen, eben das Gleichgewicht haltenden Staatengruppe begegnet werden kann; sodann nach innen, derart, daß irgendwelchen Ablehnungsabsichten des innerhalb eines Staatensystems befindlichen Staates zunächst durch die übrigen Staaten derselben Gruppe ein solches Hemmnis auferlegt werden kann, das bis zur Gefahr einer vollkommenen Vernichtung des sich aus der Völkerrechtsbindung herauslösenden einzelnen Staates gehen kann.

Lehne ich hiermit den Weltstaatenbund als aussichtslos ab, so auch auf der anderen Seite alle diejenigen Tendenzen, die auf eine grundsätzliche Ausschaltung des Völkerrechts überhaupt abzielen und einer bloß nationalen Rechtsordnung auch im Verhältnisse zu anderen Staaten das Wort reden. Inmitten dieser zwei Extreme, der utopistischen Weltstaats- und der egoistischen Nationalstaatspolitik steht das System des Weltgleichgewichts. Wie der Gedanke des Weltstaatenbundes an unerbittlichen Härten der Wirklichkeit scheitern muß, so würde die nationale Begrenzung und Einengung notwendigerweise zu jener Vereinzelung führen, die den Versuch aller feindlich gesonnenen Staaten zur Vernichtung geradezu herausforderte.

Endlich steht das hier, wenn auch nur in kurzen Umrissen angedeutete Ideal in einem nicht zu verkennenden Widerspruch zu allen Folgerungen, deren letzte Weisheit doch immer ist: Niederringung und Vernichtung Englands. „Wenn die Forderung nach der Freiheit der Meere überhaupt einen Sinn haben soll — so sagt uns der Geschichtsforscher Erich Brandenburg —, so kann es nur der sein, daß dieser Zustand aufhören müsse, daß in Zukunft weder England, noch überhaupt irgendeine einzelne Seemacht einen solchen Grad von Überlegenheit auf dem Weltmeere besitzen dürfe, daß es jeden Gegner, der sich ihm entgegenstellt, durch die Abschneidung der Lebensquellen für seine Wirtschaft und sein Dasein erdrosseln kann. Die Freiheit würde vielmehr dann als gesichert zu betrachten sein, wenn, wie es eine Anzahl ungefähr gleich starker Landmächte gibt, auch eine Reihe ziemlich gleich starker Seemächte vorhanden wäre, die sich gegenseitig im Schach hielten und von denen keine allein stark genug wäre, eine Lahmlegung des ganzen Weltverkehrs erzwingen zu können."[15] Die Niederringung Englands ist eine Utopie; die Ablehnung einer Verständigungsmöglichkeit mindestens im Sinne einer Anbahnung einer Gleichgewichtspolitik wäre ein ungeheurer politischer

Fehler, vor dem Deutschland bewahrt werden muß. Das Gleichgewichtssystem ist unverträglich mit der Absicht Englands, Deutschland zu vernichten, aber auch mit der, Deutschland — auch wenn es möglich wäre — diejenige überragende Stellung zur See zu geben, die jeden Widerspruch jedes anderen Staates zum Schweigen bringen könnte. Die Zukunft der Welt ruht in dem festen Willen aller Völker und Staaten, sich gegenseitig Leben, Entwicklung, Freiheit und Kultur zu verbürgen.

Anmerkungen.

Zum ersten Hauptstück.

[1] v. Liszt, Das Völkerrecht. Systematisch dargestellt. 10., umgearbeitete Auflage. Berlin 1915. S. IV.

[2] v. Liszt, Deutsche Juristen-Ztg., 1916, Sp. 18—24.

[3] Im Original nicht gesperrt gedruckt.

[4] Nöldeke in der Deutschen Juristen-Ztg., 1917, Sp. 373 ff.

[5] Im Original nicht gesperrt gedruckt.

[6] Nöldeke, Das Seebeuterecht, in der Deutschen Juristen-Ztg., 1915, S. 373ff.

[7] Kohler, Die englische Gewaltherrschaft in Griechenland, a. a. O. 1916, Sp. 153ff.

[8] Tönnies, Die niederländische Übersee-Trust-Gesellschaft (Nederlandsche Overzee Trust Maatschappij). Jena 1916. (12. Heft der von Bernhard Harms herausgegebenen Kriegswirtschaftlichen Untersuchungen aus dem Institut für Seeverkehr und Weltwirtschaft an der Universität Kiel.)

[8a] Fehr, Die Schweizerische Überwachungsgesellschaft (S. S. S.), Zeitschrift „Recht und Wissenschaft" 1917 (April- und Maiheft).

[9] Vgl. die reichhaltigen Materialsammlungen von Müller-Meiningen: „Der Weltkrieg und der Zusammenbruch des Völkerrechts", eine Abwehr und Anklage. 4. Aufl. 1917., 2 Bände, und „Diplomatie und Weltkrieg", Bd. 1 (1917).

[10] Müller-Meiningen: „Die Neutralität im Seekriege", Deutsche Juristen-Ztg., 1916, Sp. 383.

[11] Abgedruckt in der Schrift von Schücking: „Der Dauerfriede. Kriegsaufsätze eines Pazifisten", 1917, S. 49—68.

[12] Vgl. unten das Vierte Hauptstück dieser Schrift.

[13] Neumann-Frohnau, Die Freiheit der Meere, 1917, S. 9.

[14] Levy, Die neue Kontinentalsperre. Ist Großbritannien wirtschaftlich bedroht? 1915, S. 5, 7—10.

[15] Levy, a. a. O.

[16] Levy, Die englische Gefahr für die weltwirtschaftliche Zukunft des Deutschen Reiches, 1916, S. 15f., 24.

[17] A. a. O., S. 25.

[18] Wehberg, Seekriegsrecht, IV, 1 des von Stier-Somlo herausgegebenen Handbuchs des Völkerrechts, 1915, S. 13f. — Die mir gemachten Vorwürfe, daß ich gewisse pazifistische — von mir übrigens nicht geteilte —

Meinungsäußerungen Wehbergs in diesem Handbuch nicht hätte zulassen dürfen, schließen die Zumutung einer Beschränkung der wissenschaftlichen Freiheit ein. Hierfür bin ich natürlich niemals zu haben.

[19] Wehberg, Die Freiheit der Meere, in „Weltwirtschaft", Zeitschrift für Weltwirtschaft und Weltverkehr, V. Jahrg., Nr. 9 vom Dezember 1915, S. 178ff.

[20] Vgl. übrigens auch Nöldeke, Deutsche Juristen-Ztg., 1917, S. 375: „Wir können nicht für die Freiheit der Meere eintreten, wenn wir gleichzeitig den Schutz des Privateigentums im Landkriege fallen lassen." Das werden wir wohl nicht tun! Siehe auch Neukamp, Der englische Postraub im Lichte des Völkerrechts, Deutsche Juristen-Ztg., 1916, Sp. 567ff.

[21] Edwin Katz, Die Freiheit der Meere im Kriege (1915), bemüht sich in dieser kleinen Schrift (die allbekannte Völkerrechtssätze und einige Tatsachen des gegenwärtigen Weltkriegs zusammenstellt) um den nicht gerade schwierigen Nachweis, daß Deutschland nur diejenigen kriegerischen Maßnahmen angewandt hat, die nach der von der Gesamtheit der Staaten bisher für den Krieg anerkannten Rechtsordnung — mögen sie auch die Freiheit der Meere beschränken — zulässig sind. Die anspruchslosen und nicht sehr tief gehenden Ausführungen — z. B. die über das Recht des Torpedos — sind einem Vortrag entnommen, den Verfasser in der „Gesellschaft für Weltmarkenrecht" gehalten hat.

[22] Laband, Die Neutralität im Landkrieg, Deutsche Juristen-Ztg. 1916, Sp. 1ff.

[23] Müller-Meiningen, Deutsche Juristen-Ztg. 1916, Sp. 384.

[24] Müller-Meiningen, Der Weltkrieg usw., Bd. 2, S. 134.

[25] v. Liszt in der Deutschen Juristen-Ztg. 1916, Sp. 21.

[26] Nöldeke, Deutsche Juristen-Ztg. 1915, S. 973ff.

[27] Laband a. a. O. 1916, Sp. 3.

[28] Schücking, Der Dauerfriede, S. 54ff. — Wie in manchen Kreisen solche Gedanken gewertet werden, zeigt uns Neumann-Frohnau in der Vorbemerkung seiner Schrift „Die Freiheit der Meere" (1917): „Wer jetzt noch an einen Weltbund zur Erzwingung oder Erhaltung des Friedens oder auch nur zur Sicherung des freien Verkehrs auf den Hochstraßen der Meere glaubt, dem ist nicht zu helfen. Er ist kein harmloser Narr mehr, sondern ein gemeingefährlicher Schädling, namentlich wenn er andere einzufangen versucht, und darf sich über Gegenmaßregeln der Volksgemeinschaft nicht beklagen." Solche Ausbrüche verraten wenig Besonnenheit und Einsicht.

[29] Quessel, Die Bedeutung der Seegeltung, Sozialistische Monatshefte vom 14. September 1916, S. 949.

[30] Pohl, England und die Londoner Deklaration, 1915, S. 15 und „England — als Anwalt der Meeresfreiheit", in Nr. 558 der Hamburger Nachrichten vom 28. November 1914.

[31] Pohl, a. a. O. S. 16.

[32] Dies hat Neumann-Frohnau, Die Freiheit der Meere, 1917, S. 36, richtig bemerkt!

[33] Auf den Notenwechsel zwischen Deutschland und Nordamerika wird noch kurz zurückzukommen sein. Hier handelt es sich um diejenigen Teile, die sich auf die Freiheit der Meere beziehen und dartun, daß die deutsche Regierung hierunter die Beseitigung der völkerrechtlichen Verletzungen Englands hinsichtlich der Benutzung der Meere durch die Neutralen und die Behinderung der Zufuhr von Nahrungsmitteln an die deutsche friedliche Bevölkerung gemeint hat.

[34] Rede des Reichskanzlers von Bethmann Hollweg in der Budgetkommission des Reichstages vom 9. November 1916.

[35] Müller-Meiningen, Die Neutralität im Seekriege, Deutsche Juristen-Ztg. 1916, Sp. 383.

[36] Vgl. die ausgezeichnete Schrift von Pohl, Amerikas Waffenausfuhr und die Neutralität, 1917. Dort ist auch der diplomatische Notenwechsel zwischen Deutschland und Nordamerika wiedergegeben und kritisch beleuchtet. Vgl. auch Wehberg, Die amerikanischen Waffen- und Munitionslieferungen an Deutschlands Gegner, 1915. Auch hier wird die Neutralitätswidrigkeit dieser Lieferungen betont.

[37] Vgl. die Ausführungen eines sachkundigen Argentiniers in der Kölnischen Zeitung vom 24. April 1917, Nr. 394.

[38] Pohl, England und die Londoner Deklaration, S. 12.

[39] A. a. O. S. 14f.

Zum zweiten Hauptstück.

[1] Strupp, Urkunden zur Geschichte des Völkerrechts, (1911) Bd. I, S. 1; Scala, Die Staatsverträge des Altertums, 1898, S. 30f.

[2] Scala, a. a. O. 58ff.; Strupp, a. a. O. S. 2.

[3] L. 2, § 1 D. de div. rer. et qual. I, 8: Et quidem naturali jure omnium communia sunt illa: aer, acqua profluens et mare, et per hoc litora maris; entsprechend § 1 Inst. de rer. div. II, 1; ferner l. 13, § 7 D. de injuriis 47, 10: et quidem mare commune omnium est et litora, sicuti aer. Mare natura omnibus patet, fr. 2 Marcianus lib. III. Inst. § 1. — Vgl. auch: l. 50 D. ne quid in l. p. 43, 8; § 1 J. 2, 1: ... nemo igitur ad litus maris accedere prohibetur: dum tamen a villis ... abstineat, quia non sunt juris gentium sicut est mare ...; § 5 h. t.: Litorum quoque usus publicus est et juris gentium. — Hierzu Pardessus, Collection des lois maritimes, anterieurs au dixhuitième siècle. Bd. I (1828), S. 85. Vgl. auch A. Pernice, Die sogenannten res communes omnium. (In der Festgabe für Heinrich Dernburg, Berlin 1900, S. 132, 139, 143f.)

[4] Perels, Das internationale öffentliche Seerecht der Gegenwart, 2. Aufl., 1903, S. 12, Anm. 1. Pierantoni, Trattato di diritto internationale, Roma 1881, I, §§ 203, 298; Cauchy, Le droit maritime international, 1862, Bd. I, S. 175f.

[5] L. 9 D. de lege Rhodia de jactu 14, 2; Pardessus, a. a. O. Bd. I, S. 209ff.; Engelbrecht, Corpus juris nautici, Lübeck 1790, S. 1f.; With, Die Entwicklung der Theorie der Meeresfreiheit (Würzburger Dissertation) 1913, S. 5—8.

[6] In der Charta fundationis ecclesiae Wigor; vgl. v. Schanz, Englische Handelspolitik gegen Ende des Mittelalters, Bd. I (1881), S. 354.

[7] Perels, a. a. O. S. 12; With, a. a. O. S. 15. — Sehr interessant sind die beiden in der Literatur unbekannten Schriften über die juristischen Erörterungen zur Frage der Freiheit der Adriaschiffahrt im XVI. Jahrhundert: „Petitio seu libellus extrajudicialis a me conscriptus, quo tamen usi non sumus", anonym, nach Prof. v. Luschin von Dr. Andreas Rapicius, späterem Bischof von Triest, vom Jahre 1563, handschriftlich, im Wiener Staatsarchiv; und eine andere, gedruckt, vom gleichen Jahre in der Staatsbibliothek in Venedig: „Discorsi e parere del Conte Francesco della Torre, ambasciatore Cesareo presso la Repubblica di Venezia d'intorno le differenze nel Friuli". Wieder aufgefunden hat die beiden Schriften, wie ich durch die Freundlichkeit des Herrn Kollegen Professor Dr. Freiherrn v. Dungern erfahre, Hofrat v. Luschin in Graz. Es handelt sich um einen Anspruch Venedigs auf das Eigentumsrecht an der Adria, dem der Kaiser Ansprüche seiner Untertanen auf freie und unbelastete Schiffahrt entgegenstellte. Über den Gegensatz ist verhandelt worden, als ob es sich um die Lösung einer rein juristischen Frage handle, obwohl tatsächlich selbstverständlich die Frage, wie immer, für den schwächeren Teil — in diesem Fall den Kaiser, der den Venezianern zur See nicht gewachsen war — eine Berufung auf allgemeine Grundsätze gegenüber den Machtausübungen der anderen Seite bedeutete.

Als Rechtsgründe für den Eigentumsanspruch haben die Venezianer angegeben: Erwerb mit der Entstehung ihres Staates oder Verleihung durch kaiserliche und päpstliche Privilegien bzw. Verjährung und Anerkennung. Die Österreicher haben sich anscheinend dagegen nicht recht zu helfen gewußt, haben aber aus den Friedensverträgen von 1523 (Worms) und 1529 (Bologna) gefolgert, daß die Republik den österreichischen Untertanen lastenfreie Benutzung des Adriatischen Meeres zugestanden habe, und die venezianische Antwort abgelehnt, daß durch jene Zugeständnisse nur den Handeltreibenden der beiden Staaten Sicherheit für ihre Person ausbedungen worden sei. Die Verhandlungen haben sich bis in das XVII. Jahrhundert hineingezogen und sind nicht zu Ende gekommen vor dem Krieg, der 1615 begann. Im Frieden von Madrid (1617) blieb alles beim Alten, d. h. die von Österreich verlangte freie Schiffahrt wurde nur so weit zugestanden, als sie vor dem Kriege bestanden hatte! Später haben wohl noch Verhandlungen stattgefunden; allein zu einer Erledigung der Frage in juristischem Sinne ist es nie gekommen.

Eine gute Quelle ist noch: A. Puschi: Attinenze tra Casa d'Austria e la Repubblica di Venezia dal 1529 al 1616. Triest, Programm des städtischen Gymnasiums, XVI. Jahrgang 1879.

[8] Diese Formel stellt sich, wie Stoerk in Holtzendorffs Handbuch des Völkerrechts, Bd. II (1887), S. 489 richtig bemerkt, wohl nur als eine

zeitgemäße Umbildung der in der Lex Rhodia gebrauchten Bezeichnung dar. Vgl. Schmaus, Corp. juris publ. ed. Ed. Schumann, 1759, S. 1394. Über die Ableitung dieses Titels aus dem spanischen Zeremonialrecht siehe Günther, Europäisches Völkerrecht, Bd. II, S. 36.

[9] Perels, S. 13 und 14, der noch bemerkt, zahlreiche Verträge bewiesen, daß auch noch im 17. Jahrhundert das Imperium der vereinigten Kronen von Dänemark und Norwegen über die Meeresgebiete in der Umgebung von Island und Grönland anerkannt wurde.

[10] Nys, La ligne de demarcation d'Alexandre VI., Revue de droit int. 1895, S. 474—491. Hierzu Gellmann, Die völkerrechtliche Okkupation, Grünhuts Zeitschrift für das Privat- und öffentliche Recht, Bd. 41, 1915, S. 641ff., 647ff.; Adam, Völkerrechtliche Okkupation, Arch. f. öffentl. Recht, Bd. 6, S. 193ff.

[11] „Insbesondere leitete Portugal auch daraus für sich das Monopol auf den afrikanischen und ostasiatischen Seehandel her". Perels, S. 12.

[12] With, S. 14; Strupp, Urkunden zur Geschichte des Völkerrechts, Bd. I, S. 5: Spanisch-portugiesischer Vertrag von Tordesillas, betreffend die Entdeckungen im Atlantischen Ozean vom 3. Juni 1494; Calvo, Droit international théorique et practique, 1887—1896, Bd. I, S. 24f.

[13] With, a. a. O., S. 15f. Vgl. auch Stoerk in Holtzendorffs Handbuch des Völkerrechts, Bd. II (1887), S. 488, nach dessen Annahme die Geschichte der „Freiheit der Meere" nicht in jenen Zeiten gesucht werden kann, da der Gedanke der potenziellen Rechtsgleichheit aller souveränen Staaten noch nicht in das Rechtsbewußtsein der europäischen Staatengesellschaft gedrungen war .... „Der die Geschichte durchziehende Kampf um die Weltherrschaft gelangt eben auch auf diesem Gebiete zu bezeichnenden Ausdrucksformen."

[14] Sie werden hier nach Beer, Allgemeine Geschichte des Welthandels, 2 Bände, Wien, 1860, III. Buch, 6. Kapitel und Scherer, Allgemeine Geschichte des Welthandels, Leipzig 1853, Bd. II, S. 272ff. und With, a. a. O., S. 17—19 wiedergegeben.

[15] Valckenier Kips, „Mars clausum" in der Zeitschrift „Das neue Deutschland" vom 15. März 1917, S. 313.

[16] Perels, S. 13, Anm. 2.

[17] Perels, a. a. O., S. 13.

[18] Vgl. hierüber unten S. 47 f.

[19] Vgl. insbesondere Grotius, Mare liberum sive de jure quod Batavis competit ad Indicana commercia dissertatio, Utrecht 1609, zuerst anonym, dann 1616 unter dem Namen des Verfassers veröffentlicht.

[20] With, S. 21. — Der Bibliograph des Grotius, H. C. Rogge, reiht deshalb auch das Mare liberum unter die politischen Schriften ein.

[21] Die Lehre, daß die Päpste nicht Herrscher des Weltalls und deshalb auch nicht des Meeres seien, haben vor Grotius manche andere schon ausgesprochen. So Johannis Oldendorp, Isagoge juris naturae gentium et civilis, Cöln, 1539; Nikolaus Hemming, De lege naturae methodus apodictia, Witenbergae, 1562; siehe bei v. Kaltenborn, Die Vorläufer des Hugo Grotius, Leipzig, 1848, Anhang.

[22] Valckenier Kips, a. a. O., S. 314f.

[23] Albericus Gentilis, Hispanicae advocationis libri, in quibus illustres quaestiones maritimae secundum jus gentium et odiernam praxim nitide perlustrantur, Francofurti 1613, Lib. I, cap. VIII; dazu Thamm, Albericus Gentilis und seine Bedeutung für das Völkerrecht (Diss. Würzburg), 1896; Rolin-Jacquemyns, Revue de droit international, Bd. VIII, S. 696 und v. Kaltenborn, Die Vorläufer des Hugo Grotius, 1848, Kap. 7, § 8.

[24] Valckenier Kips, a. a. O.; über Selden vgl. Nys, Etudes de droit international, 2e série, Bruxelles et Paris, 1901, S. 267—269; B. S. Nau, Grundsätze des Völkerseerechts, Hamburg 1802, §§ 70f., 79—81; R. J. Valin, Nouveaux commentaire sur l'ordonnance de la marine du mois d'août 1681, nouvelle éd. La Rochelle 1776, Bd. II, S. 688.

[25] Valckenier Kips, a. a. O., S. 315.

[26] Vgl. die sorgfältige Analyse des Werkes von Selden bei Ortolan, Règles internationales et diplomatie de la mer, Paris 1864, S. 1188ff. und With, S. 28—40.

[27] With, S. 45.

[28] Perels, a. a. O., S. 15.

[29] Valckenier Kips, a. a. O.

[30] The Seas Magazyne Opend, or the Hollander Disposessed, 1653.

[31] Murken, Die Grundlage der Seeschiffahrt, 1903 (Leipziger Diss.) S. 63.

[32] Perels, a. a. O., S. 15f.

[33] Perels, a. a. O. und die dort angeführte Abhandlung von G. Stackerjan, Die englische Schiffahrtsgesetzgebung nach der Navigationsakte vom 26. Juni 1849 (Sonderabdruck aus den „Neuen Blättern für Stadt und Land", Oldenburg 1850).

[34] With, S. 58f.

[35] Vgl. für das Folgende Perels, S. 139—141, Cleirac, Vs, et coustumes de la mer. Divisées en trois parties. I. De la Navigation. II. De Commerce Naval, & Contracts maritimes. III. De la Jurisdiction de la Marine, Bourdeaux 1661, im Anhang; F. C. v. Moser, Abhandlung von dem Segel-Streichen und Schiffs-Gruß (Kleine Schriften, Bd. 9, S. 287f. Bd. 10, S. 218f., Bd. 12, S. 1f., Frankfurt a/M. 1761 und f.); J. F. van Reede van Oudtshoorn, De salutatione maritima, diss. Traj. ad Rhen., 1830; dazu With, S. 66f.

[35a] With, S. 67.

[36] Levy, Die neue Kontinentalsperre usw., 1915, S. 4.

[37] Unter Bezugnahme auf Weiss, Code du droit maritime international, 1858, Cap. IV, führt With, S. 47—49 aus: „Im Sinne des Grotius verfocht der Däne Pantanos in seinem Werke „Discussiones historiae de mari libero adversus Seldenum" die Interessen seiner Nation, indem er für die Freiheit des Meeres eintrat. Die Interessen Venedigs nahm Angelus Mattheacius in seinem Werke „De jure Venetorum et juridictione maris Adriatici" (1617) wahr, indem er die Souveränität über das Adriatische Meer verlangte, während Cornelio Frangipane in seinem „Alegazion in

jure per il dominio della republica Veneta del suo golfo contra alcure scritture di napolitani" (1618) Venedigs Ansprüche gegen Sizilien vertrat. Auch Franciscus de Jugenius „Epistola de juridictione Venetae reipublicae in mare Adriaticum (1619), ferner Julius Pacius „De dominio maris Adriatici", und Palatius „Leo maritimus sive de dominio maris contra Graswincelium", sowie in späterer Zeit des Paters Paolo Sarpi, des Geschichtsschreibers des Tridentiner Konzils, „Del dominio del mare Adriatico della republica die Venezia" traten für Venedigs Ansprüche auf das Meer ein. Genuas Ansprüche, die im „Mare ligusticum" Ausdruck fanden, wurden bejahend in Burgus „De dominio reipublicae Cennensis in mare ligustica" (1641), verneinend in Graswinkels „Vindiciae adversus Burgum, ligustici maris dominio assertorum" (1652) erörtert. Der Portugiese W. Freitas nahm sich der portugiesischen Interessen an und wandte sich in seinem „De justo imperio Lusitanorum Asiatico adversus Grotii mare liberum" (1625) gegen die Freiheit des Meeres. Im Jahre 1625 war sodann das Karl I. mit dem pompösen Epigraph: „Pontus quoque serviet illi" gewidmete, lang erwartete Werk John Seldens erschienen, nachdem Selden bereits in seinem, im Jahre 1619 (?) erschienenen Werke „Jus naturale" sich als Leugner des von Grotius proklamierten Naturrechtes zu erkennen gegeben hatte. Es sei hier ferner der auf positiver Grundlage fußende Engländer R. Zouch genannt mit seiner „Descriptio juris et judicii militaris nec non juris et judicii maritimi" (1640) erwähnt. Seldens Ansichten wurden des weiteren von dem Franzosen Haloin Gothofredus in seinem Werke „De imperio maris (1637) und später von dem Schotten L. Wellwood in seiner gleichnamigen Arbeit aus dem Jahre 1653 vertreten. Auf Wellwoods Prätensionen entgegnete Graswinkel in seiner „Vindicatio maris liberi", der seinerseits wiederum durch Seldens „Vindicia maris clausi contra Graswincelium" bekämpft wurde. Im Zusammenhange sei noch die Schrift des Shookius „Jus et imperium maritimum" (1654) erwähnt, der ebenfalls die Notwendigkeit einer Herrschaft über das Meer für alle Nationen proklamierte, und ferner die Schrift des Henricus Boeklerus „Dissertatio de Minoe maris dominio" (1656), der auf dem gegenteiligen Standpunkte steht, während Groningius in seinem „Consilium de Maris Mediterranii dominio" (1670) das Mittelmeer unter die Küstenstaaten aufgeteilt sehen wollte. Im Jahre 1686 nahm J. Borough in seinem bedeutsamen Werke „Imperium maris Britanici ex momentis historiae legibusque Angliae demonstratum" nochmals Stellung zu Englands Exklusivansprüchen und den sie bestreitenden Theorien, während Samuel von Pufendorfs „De jure naturae et gentium (1672) und Corneli van Bynkershoeks „De dominio maris" (1702) in entgegengesetzter Richtung des Grotius Theorien weiterentwickelten und ausbreiteten."

[38] Schmauss, Neues System des Rechts der Natur, Bd. I, S. 213.

[39] Vgl. Nau, a. a. O. und Gellmann, Die rechtliche Natur der Meeresfreiheit, Österreichische Zeitschrift für öffentliches Recht, 1915, S. 438. Auch Samuel von Pufendorf, der in seiner Schrift „De jure naturae et gentium", 1672, die Freiheit der Meere verfocht, gibt die Möglichkeit von Eigentum und Herrschaft am Meere an sich zu, legt jedoch

beiden Begriffen für die Anwendung seiner Theorie ausschlaggebende Beschränkungen auf (lib. IV, cap. V, § 6); With, S. 53; von Bynkershoek, dem die Theorie der Meeresfreiheit außerordentlich viel verdankt, hält in seinem Werke „De dominio maris" (opera omnia edidit Vicat. II, 1761, cap. V) an sich eine Ausübung des Besitzes am Meere wohl für möglich, dieses sei okkupations- und eigentumsfähig; jedoch erachtet er die praktische Ausführung der theoretisch möglichen Beherrschung des Meeres für so unendlich schwierig, daß die Herrschaft über das Meer tatsächlich in diesem Punkte scheitern würde. Daß dies heute nicht mehr zutrifft, liegt auf der Hand. Sehr richtig sagt With, S. 55: „Bynkershoeks Theorie der Freiheit der Meere auf Grund seiner Unbesitzbarkeit könnte die rapide Entwicklung der modernen Technik insofern gefährlich werden, als letztere vielleicht einmal den Menschen die physische Fähigkeit der Ausübung dauernden Besitzes am Meere gewähren könnte." Leider nimmt dieser Verfasser seinen guten Gedanken wieder zurück mit den sehr schönen, aber nicht hierher gehörigen Worten: „Doch diese Gefahr ist nur eine scheinbare, denn unseres Erachtens würde die Umsetzung der Beherrschungstheorie in die dauernde Praxis in Anbetracht der ungeheueren Weite, der Tiefe, der Gewalt und der Unberechenbarkeit des Ozeans stets scheitern." Es kommt aber doch wohl nur darauf an, ob es möglich ist, durch Aufwendung einer großen Seemacht andere Staaten an der Schiffahrt und am überseeischen Handelsverkehr durch Herrschaftsgewalt zu verhindern. Daß dies allerdings möglich ist, hat der Krieg mit größter Deutlichkeit gezeigt.

[40] Böthlingk, Die Völker und das Meer im Laufe der Jahrtausende, 1915, S. 13, 20—24.

[41] „Der Weg zur Seeherrschaft Englands ist", wie Gellmann, Die rechtliche Natur der Meeresfreiheit, a. a. O., S. 404 ausführt, „ein langer gewesen, eingeleitet von der Abwehr Elisabeths gegen die Demarkationsbulle Alexanders VI. Die weiteren Etappen sind die Vernichtung der spanischen Armada 1588, das Piratentum Francis Drakes und Walter Raleighs, des phantastischen Utopisten und schöngeistigen Günstlings der Elisabeth, Robert Blakes u. a. Nach längerer Ruhe wandte sich England durch die Navigationsakte Cromwells 1651 gegen Holland, das 1674 unterlag. Jamaika und damit Westindien, Neu-Amsterdam (das heutige New York), das die neuen Englandstaaten des Nordens von den englischen Kolonien des Südens trennte, sind die Frucht gewesen. Unter dem Deckmantel des Kampfes gegen Ludwig XIV., für die Freiheit Europas und den Protestantismus, wurde die See- und Handelsmacht Frankreichs bekämpft, nur damit es nicht übermächtig werde aus eventuellem Gewinn an den spanischen Verlusten. Der Friede von Utrecht 1713 brachte England Gibraltar und den Assientotraktat. Frankreichs Konkurrenz in Ostindien, am Lorenzostrom und am Mississippi machte es zu Englands Erbfeind. Der Siebenjährige Krieg brachte Pitt und dem Admiral Douglas das Übergewicht. Kanada mit seinem gewaltigen Hinterland, das große Reich der englisch-ostindischen Kompagnie durch Clives und Warren Hastings Tatkraft waren die Erfolge. Diesem gegenüber bedeutete der Abfall

der amerikanischen Kolonien nicht viel. Napoleons Invasionspläne und Kontinentalsperre scheiterten an Nelsons Trafalgarsieg. Die letzte Regung des Widerstandes der Dänen gegen die Alleinherrschaft Englands auf dem Meere bei Kaperduin wurde durch den Überfall Kopenhagens erstickt."

[42] Gellmann, a. a. O., S. 441.

[43] Pufendorf, a. a. O., lib. IV, cap. V, § 6, gibt zu, daß das Meer begrenzt werden kann, wie die Flüsse begrenzbar sind. Ebenso nimmt von Bynkershoek, a. a. O. mit Gentilis, Selden, Gothofredus, Wellwood an, daß das Meer mit Hilfe von Kompaß und Karten begrenzt werden kann.

[44] von Pufendorf, a. a. O., lib. IV, cap. V, §§ 7 und 9, lib. XIV, cap. V, § 7.

[45] Vgl. Heincke, Die internationale Meeresforschung vor und nach dem Kriege, Internationale Monatsschrift für Wissenschaft, Kunst und Technik v. 1. Februar 1917, Bd. 11, Sp. 565—592.

[46] Nau, S. 75; Ortolan, S. 118; Heffter, S. 165; v. Martens, Völkerrecht, S. 374.

[47] Der alleinige Grund für die „Freiheit" des offenen Meeres liege nicht, wie verschiedene Autoren in vagen, aller juristischen Grundlage entbehrenden Behauptungen ausführen, darin, daß das Meer den verschiedenen Völkern als Verkehrsstraße, welche die fernsten Länder und Weltteile verbindet, notwendig sei, so daß sie dessen zu ihrer Entwicklung bedürfen. Stoerk in Holtzendorffs Handbuch des Völkerrechts, Bd. II, S. 485. „Unstreitig", meint Attlmayer (Die Elemente des internationalen Seerechts, Bd. I, S. 2f.), „bringt aber der dem Menschen innewohnende Drang zur Vergesellschaftung, zur gegenseitigen Annäherung, zum gegenseitigen Austausche geistiger und materieller Güter, auch das Recht hierzu mit sich; und wenn eine stetig fortschreitende Gesittung Zweck und Ziel des menschlichen Daseins und der menschlichen Gesellschaft ist, so gibt dieser Zweck auch das Recht zu den Mitteln, welche zu dessen Erfüllung führen." Hierzu sagt Stoerk richtig, a. a. O.: „Die mangelnde juristische Schlüssigkeit dieser Ausführungen fällt in die Sinne, gleichwohl kehren diese in mannigfachen Varianten bei den meisten Autoren wieder, so auch bei Calvo (Droit international, IIIe ed., Bd. I, S. 354) mit Berufung auf die Absichten der ewigen Vorsehung usw. Auch die Unentbehrlichkeit des offenen Meeres zur Entwicklung der internationalen Unternehmungen und Geschäfte oder die Wichtigkeit des Meeres für die Zwecke des Verkehrs, des Güteraustausches usw., kann den Rechtsgrund der Meeresfreiheit ebensowenig begründen, wie die Erwägung G. Fr. von Martens, daß, abgesehen von der Unbezwingbarkeit des Meeres, es hauptsächlich an dem Rechtfertigungsgrunde der Eigentumserwerbung fehlen würde, da es unbeschadet des Gebrauchs und der Sicherheit aller Völker, gemeinschaftlich bleiben kann."

[48] F. Perels, a. a. O., S. 16. Er beruft sich auf von Martens, Völkerrecht, deutsche Ausgabe von Bergbohm, Bd. I, S. 371; Negropontes, Die Zuständigkeit der Staaten für die auf dem Meere begangenen Delikte, Berlin 1894, S. 2; E. de Vattel, Le droit des gens etc., ed. 1863, Bd. I, §§ 95 und 285; Hautefeuille, Histoire des origines, des progrès et

des variations du droit maritime international, 2e éd., Paris, 1869, S. 24 und desselben, Des droits et des devoirs des nations neutres en temps de guerre maritime, 3e ed., Paris 1868, Bd. I, S. 43; Heffter, Das europäische Völkerrecht der Gegenwart, 8. Aufl. 1888, § 74; Gessner, Le droit des neutres sur mer, 2e ed., 1876, S. 20. Alle diese Schriftsteller können als mit Perels übereinstimmend angesehen werden.

49 Stoerk, a. a. O., S. 483ff.

50 Stoerk beruft sich a. a. O. auf Hautefeuille, Droit des neutres, Bd. I, S. 3ff. und Carnazza Amari, Droit international, ins Französische übersetzt von Montanari-Revest, Bd. II, S. 51.

51 v. Liszt, Das Völkerrecht, 10. Aufl. 1915, S. 205.

52 v. Liszt beruft sich, von seinem Standpunkt aus mit Recht, u. a. auf Löning, Handwörterbuch der Staatswissenschaften, Bd. VII, S. 279; Lemoine, Précis de droit maritime international, 1888; Nys, Les origines du droit international, 1894, S. 377; de Louter, Het stellig volkenrecht, 1912, Bd. I, S. 376, 399; Merignac, Traité de droit public international, Bd. II (1907), S. 498; Nys, Le droit international, II. Aufl. 1912, Bd. II, S. 168; Oppenheim, International law, 2. Aufl. 1912, Bd. I, S. 315; Rivier, Lehrbuch des Völkerrechts, 2. Aufl., 1889, S. 166; Ullmann, Völkerrecht, 1908, S. 324; Castel, Du principe de la liberté des mers et de ses aplications dans le droit commun international, 1900.

53 Ullmann, Völkerrecht, 1908, S. 325ff.

54 Vgl. außer den in den vorhergehenden Anmerkungen herangezogenen Schriftstellern die besonders kennzeichnenden Ausführungen von Bonfils, Manuel de droit international public (Droit des gens) V. Aufl. 1908, S. 349, § 572.

55 Grünhuts Zeitschrift für öffentliches und privates Recht, Bd. 41, S. 177—274, siehe besonders S. 233ff.

56 Gellmann spricht a. a. O. von der extensiven, intensiven und exklusiven Seite des subjektiven Rechts des Staates auf das Gebiet. Man kann das aber, wie oben gezeigt, auch gut deutsch ausdrücken.

57 Es ist deshalb auch nicht durchschlagend für die Idee der Meeresfreiheit als angeblichen Rechtssatz, wenn Gellmann, Österreichische Zeitschrift für öffentliches Recht, 1915, S. 447, nachzuweisen sucht, daß die Ausschließlichkeit und Undurchdringlichkeit, ohne die es keine Gebietshoheit gibt, dem Meere fehle. Die hohe See sei extrakommerzial ihrer physischen Natur nach wegen Unfähigkeit zu Eigentum und Herrschaft. Das sei das Prinzip der Meeresfreiheit. Die hohe See sei extrakommerzial ihrer wirtschaftlichen und rechtlichen Wesenheit nach; sie könne kein Gegenstand rechtgeschäftlicher Verfügung sein, weil dies verstoßen würde gegen den Grundsatz der Meeresrechtsgleichheit aller Seestaaten. Diese Sätze scheitern aber schon neine Erachtens daran, daß die Beherrschbarkeit des Meeres denkmöglich und tatsächlich in weitem Umfange historisch gegeben ist.

58 Gellmann fügt hinzu: Diesen Gedanken drückt, etwas undeutlich zwar, weil diese Bestimmung der Rechtsgleichheit als Gegenstück zur Meeresfreiheit bisher nicht so grundsätzlich betont wurde, Oppenheim

aus, wenn er sagt: „Die Freiheit des Meeres schließt die Befugnis ein, alles zu tun, was diese Freiheit (richtig Rechtsgleichheit) nicht beeinträchtigt, wie z. B. Legen von Telegraphenkabeln u. dgl.“ L. Oppenheim, Der Tunnel unter dem Ärmelkanal, Zeitschrift für Völkerrecht, Bd. V, 1908, S. 1ff. Diese Annahme von Gellmann ist aber unrichtig. Er unterschiebt dem Worte „Freiheit“ das Wort „Rechtsgleichheit“. Daß „die Bestimmung der Rechtsgleichheit als Gegenstück zur Meeresfreiheit bisher nicht so grundsätzlich betont wurde“, ist zu bescheiden ausgedrückt; es ist durchaus das Verdienst Gellmanns, diese Verbindung, die allerdings nicht ganz neu ist, hervorgehoben zu haben. Freilich hat sie nur verhältnismäßigen Wert. Noch deutlicher wird das, wenn man die weiteren Sätze betrachtet: „Jeder Seestaat hat eine unbestimmte Summe von Befugnissen auf der hohen See. Diese Befugnisse sind Ausflüsse des dem Staate zustehenden Rechts auf Gleichheit zur See. Das Völkerrecht schützt kraft der beiden Prinzipien jeden Staat in diesem Rechte. Es ist kein abhängiges, sondern ein selbständiges und endlich kein fremdes, sondern ein eigenes Recht. Es ist kein abgeleitetes, sondern ein ursprüngliches Recht, denn das Meer ist frei. Es hat niemand die Verfügungsbefugnis zugunsten oder zu Lasten eines anderen. Es ist kein abhängiges Recht, denn das Meer ist der rechtsgleichen Benutzung aller offen. Hiergegen muß ich sagen:

1. daß ein Völkerrechtssatz, der ein Recht auf Gleichheit zur See ausspräche, bisher nirgends und niemals, weder durch die Völkerrechtsgemeinschaft, noch durch die maßgebenden Seemächte anerkannt worden ist.

2. Die „unbestimmte Summe von Befugnissen“ jedes Staates auf der hohen See würde schließlich nichts anderes, als den Kampf aller gegen alle bedeuten.

Nicht unerwähnt bleibe, daß Gellmann seine Auffassung auch auf zwei weitere, von ihm miteinander in Verbindung gebrachte Begriffe stützt: auf die „äußere Souveränität“ und das „Persönlichkeitsrecht“ des Staates. Er sagt, die äußere Souveränität bezeichne das Recht des Staates auf den ganzen Komplex des Verkehrs mit den anderen Staaten. Das könne nun ebensowenig ein subjektives Recht genannt werden, wie beispielsweise das Recht des Individuums mit der ganzen übrigen Menschheit zu leben und zu verkehren. Er bezieht sich auf die Sätze von Pillet (Recherches sur les droits fondamentaux des Etats dans l'ordre des rapports internationaux. Rev. gen. de dr. int. 1898, S. 240ff.): „Les droits de l'Etat se divisent en deux groupes, ses droits à la souveraineté interieure et ses droits à une participation au commerce international égale des autres États.“ „La souveraineté de l'État est donc double: En tout qu'elle s'excerce sur le territoire de l'État, elle constitue la souveraineté interieure; en tout, qu'elle vise les nationaux, qui se livrent au commerce international, elle peut être dit exterieur.“ Hieran fügt Gellmann die Sätze: „Es ist unstreitig eines der fundamentalsten Attribute der Souveränität eines Staates, mit den anderen Staaten den Verkehr zu pflegen, der beispielsweise in den Formen des aktiven und passiven Gesandtschaftsrechts, Teilnahme an Staatskonferenzen, Unionen usw. vor sich geht. Dem

Staatenverkehre dient nun auch das Meer. Das Meer in seiner Funktion als Weg für den Völkerverkehr zu benützen, ist ein Attribut der Souveränität eines jeden Staates. Der Souveränität eines jeden Staates ist das Recht auf die Benutzung dieses Verkehrweges in gleicher Weise inhärent. Jeder Akt des Staates auf dem Meere ist ein Souveränitätsakt. Die Meeresrechtsgleichheit ist als Attribut der Souveränität wie diese selbst ein ursprüngliches, unabhängiges, eigenes Reflexrecht. Als solches ist es zwar kein subjektives Recht, jedoch aus der Souveränität als aus einer die Staatspersönlichkeit markierenden Eigenschaft fließend, ein Persönlichkeitsrecht jedes Staates." — Nun ist, meine ich, äußere und innere Souveränität doch nicht zweierlei, sondern ein und dasselbe; es handelt sich nur um zwei Erscheinungsformen des souveränen Staates. Es wäre also zu erweisen, daß er gegenüber anderen Staaten das Recht der Meeresfreiheit besitzt. Hieran fehlt es aber bei Gellmann, wie bei anderen auch. Während er kurz vorher richtig ausführt, Souveränität sei kein Recht, sondern eine Eigenschaft, läßt er doch aus dieser Eigenschaft ein Recht fließen, nämlich das Persönlichkeitsrecht des Staates. Er sagt wörtlich: „Das Recht des Staates zur Benützung des Meeres ist zwar ein Reflex der Souveränität nach außen, aber ein selbständiges, absolut wirkendes Persönlichkeitsrecht." Die Sache liegt doch wohl anders: Weil der Staat Persönlichkeit ist, kann er Souveränität besitzen. Wieweit sich diese im internationalen Verkehr, im Verhältnis zu anderen Staaten durchsetzen kann, ist keine Rechts-, sondern eine Machtfrage. Sieht man im „Tätigwerden eines Staates auf hoher See nichts anderes als das Reflexrecht der äußeren Souveränität, dieses Persönlichkeitsrecht in Aktion", dann ist ja klar, daß die Meeresfreiheit schon im Frieden, erst recht im Kriege in demselben Maße gefährdet sein muß, in dem sich jene „Aktion" des souveränen Staates ausdehnt. In der Tat war das in der Staatspraxis immer so und es wird gerade in dem nächsten Hauptstück dieser Schrift zu zeigen sein, wie die, auch nach bisherigem Völkerrecht zulässigen Durchbrechungen der Meeresfreiheit diese begrifflich in seinem Wesen, mindestens für die Kriegszeiten, vollständig verneinen. Es ergibt sich also, daß die Betonung der „äußeren Souveränität" den Keim des Widerspruchs in sich birgt, zumal jene im wirklichen Staatenleben nicht zu einem „mit Befugnissen zu bestimmten Hoheitsakten zur See" ausgestatteten Persönlichkeitsrechte führt, sondern zu einer, den Machtverhältnissen entsprechenden Kräfteentfaltung der Staaten.

[59] Über den Versuch von Radnitzky (Meeresfreiheit und Meeresgemeinschaft, im Archiv für öffentliches Recht, Bd. 22, S. 416—447), an Stelle der Meeresfreiheit die Konstruktion Meeresgemeinschaft zu setzen, vgl. Gellmann, Die rechtliche Natur der Meeresfreiheit, a. a. O., S. 445.

[60] Friedrich, Grundzüge des Völkerrechts, S. 11, 62, 84, van Calker, Das Problem der Meeresfreiheit usw., S. 11.

[61] Vgl. insbesondere die ausgezeichneten Darlegungen von Heilborn über Gewohnheitsrecht und Vereinbarung bei Stier-Somlo, Handbuch des Völkerrechts, Bd. I (1912), S. 37—51 und Heilborns Bemerkung in Holtzendorffs Enzyklopädie der Rechtswissenschaften, Bd. V (1914),

S. 498, wonach der völkerrechtliche Vertrag sowohl Rechtsquelle, wie Rechtsgeschäft sein könne und immer auf zweierlei Normen des Gewohnheitsrechts beruhe, durch die die Vertragsbindung erst erzeugt werde. Neuerdings stellt Rudolf Leonhard, Der Einfluß der römischen Rechtsgeschichte auf die Kriegsgebräuche der Gegenwart, 1916, S. 9, die Lehre auf, daß die einzige Völkerrechtsquelle die Gewohnheit sei. Die Wirksamkeit der Verträge sei in allen Rechtszweigen von Rechtssätzen abhängig. Dies ist richtig für den Einzelstaat; dagegen ist das Völkerrecht das Ergebnis der Rechtsüberzeugung der sich bindenden Staaten, die eben durch diese Verträge konkretes Recht über sich setzen. Jene Auffassung Leonhards würde übrigens auf die Leugnung gesetzten Völkerrechts überhaupt hinauskommen und müßte bei der Unsicherheit des Gewohnheitsrechts die wichtigste Stütze der Völkerrechtssätze überhaupt beseitigen.

[62] Eine Berufung auf die ganz gelegentliche Bemerkung in den Einleitungsworten des Haager Seeminen-Abkommens vom 18. Oktober 1907 kann nicht für die gegenteilige Behauptung in Anspruch genommen werden. Die dortige Wendung „von dem Grundsatz der Freiheit der Seestraßen, die allen Nationen offen stehen" ist für die Kriegszeit angesichts der seekriegsrechtlichen Bestimmungen derselben Haager Konferenz nichts als eine gedankenlose Redewendung. Das vierte Hauptstück dieser Schrift läßt hierüber keinen Zweifel.

Zum dritten Hauptstück.

[1] Gellmann, Die rechtliche Natur der Meeresfreiheit, a. a. O., S. 455; van Calker, Das Problem der Meeresfreiheit, S. 12f.: „Das Meer sollte nicht wie ein beliebiges Stück Land unter der Herrschaft irgendeines einzelnen begünstigten Staates stehen — oder, wie wir uns heute vielleicht logisch richtiger ausdrücken, als Raum für die Betätigung der Herrschaftsgewalt eines einzigen bevorrechteten Staates dienen —, sondern es sollte allen zusammen gehören oder, wie man auch sagen kann: es sollte für alle Zeiten der Schauplatz — vgl. hierzu Zitelmann, Internationales Privatrecht Bd. I (1897), S. 91 — der freien Lebensbetätigung aller Staaten der Welt bleiben." Hierin sieht van Calker „den eigentlichen leitenden Gedanken des Prinzips der Meeresfreiheit", — mit vollem Recht, wenn man an ein politisches oder ethisches Prinzip denkt, dagegen lassen sich rechtliche Folgerungen daraus nicht ableiten, vielmehr müßten diese aus völkerrechtlichen Quellen (Vertrag oder Gewohnheitsrecht) entnommen werden können. van Calker stellt aber folgende Leitsätze auf: 1. Die Schiffahrt, d. h. der Aufenthalt und die Fortbewegung von Menschen oder Sachen mittels Schiffen, Luftfahrzeugen oder anderen Hilfsmitteln auf, in und über dem Meere ist allen Staaten für ihre Staatsangehörigen jederzeit gestattet; die Schiffahrtsfreiheit be-

steht demnach zu jeder Tages- und Jahreszeit, im Frieden wie im Kriege, für jede beliebige Ladung, für jede beliebige Fahrtrichtung, für staatliche und für private Fortbewegungsmittel aller Art, z. B. auch für Kriegs- und Handels-U-Boote; 2. die Fischerei steht allen Staaten für ihre Staatsangehörigen frei, 3. auch jede andersartige Benützung des Meeres, z. B. Gewinnung von Salzen und anderen organischen Stoffen, von Bernstein, Perlen und Pflanzen, von elektrischer Kraft u. a. 4. Die Schiffe und Flugzeuge usw. auf, in oder über der See unterstehen ausschließlich der Herrschaft ihres Heimatsstaates. — Der Satz zu 4 ist völkerrechtlich anerkannt; allenfalls kann man auch den zu 3. und 2. als Gewohnheitsrecht ansprechen. Der Satz 1 ist, soweit er die freie Schiffahrt im Kriege betrifft, undurchführbar, wie dies im vierten Hauptstück dieses Werkes dargelegt ist. Davon, daß er ein anerkannter Rechtssatz würde, kann keine Rede sein. Soweit es sich um freie Schiffahrt im Frieden handelt, stimme ich — unter Verweisung auf das dritte Hauptstück dieser Schrift — ausdrücklich der Forderung als solcher zu; einen bereits völkerrechtlich anerkannten Rechtssatz vermag ich aber nicht darin zu erblicken. Der Wissenschaft ist es natürlich unverwehrt, aus einem für leitend erachteten Grundsatz Folgerungen abzuleiten und diese für die Zukunft zu empfehlen. Rechtssätze der Vergangenheit oder Gegenwart sind sie aber nicht.

[2] Vgl. v. Liszt, Völkerrecht, S. 85, 205f.

[3] Vgl. v. Liszt, a. a. O.

[4] Vgl. Perels, a. a. O., S. 28f.; Hautefeuille, Questions de droit maritime international, 1868, S. 2f.; Bonfis, a. a. O., § 502.

[5] v. Liszt, Völkerrecht, S. 313f.

[6] v. Martitz, Deutsche Juristen-Ztg., Bd. 15, S. 980.

[7] Wolfgang Krauel, Neutralität, Neutralisation und Befriedung im Völkerrecht, 1915, S. 78ff.

[8] Vgl. Perels, a. a. O., S. 31f.: Dänemark nahm seit dem 14. Jahrhundert für den Öresund und die Belte die Souveränität und die Erhebung von Zöllen von durchfahrenden Schiffen fremder Nationalität in Anspruch. Die Hansastädte, namentlich Lübeck, widersetzten sich und dies führte zu mehrfachen Kriegen mit wechselnden Erfolgen. Als im Jahre 1658 durch den Vertrag von Roeskilde Schonen auf die schwedische Krone überging, behielt sich Dänemark die Herrschaft über den Sund vor. Dieses Recht fand in der Folge auch in der Doktrin und in der Praxis verbreitete Anerkennung. Die ausschließliche Herrschaft der dänischen Krone über den Kleinen Belt hat durch die Trennung des Herzogtums Schleswig von Dänemark sein Ende gefunden. Schon vorher haben verschiedene Mächte gegen die Erhebung von Schiffahrtsabgaben von den die Engen durchfahrenden Schiffen Verwahrung eingelegt. Namentlich seit 1848 die Vereinigten Staaten von Nordamerika. Schließlich kam es zu dem Vertrage vom 14. März 1857, in dem Dänemark auf die Erhebung von Abgaben irgendwelcher Art von den Handelsschiffen der vertragschließenden Mächte beim Durchfahren der Meerengen, sowie auf die Ausübung eines Untersuchungsrechtes verzichtete. Gleichzeitig verpflichtete es sich zur Unterhaltung der Leuchtfeuer und sonstigen Seezeichen längs

der dänischen Küsten, in den dänischen Häfen usw., die zur Erleichterung der Schiffahrt im Kattegat, im Sund und in den Belten dienen, und zur Verbesserung des Seezeichenwesens. Das Zwangslotsentum wurde beseitigt. „Dänemark erhielt eine Entschädigung, die aber nicht für aufgegebene Souveränitätsrechte gedacht war, sondern als Schadloshaltung für die Kosten der Dänemark obliegenden Leistungen, insbesondere der Erhaltung und Errichtung der Seezeichen. Mit den Vereinigten Staaten von Nordamerika schloß Dänemark am 11. April 1857 einen besonderen Vertrag. Der Verzicht Dänemarks auf seine finanziellen Ansprüche gegenüber den die Meerengen durchfahrenden Schiffen erstreckt sich seitdem in seiner Wirksamkeit auch auf die Schiffe solcher Staaten, die an den Verträgen nicht beteiligt waren. Vgl. Stoerk, Das offene Meer, in Holtzendorffs Handbuch des Völkerrechts, Bd. II, S. 497, dagegen Heilborn, System des Völkerrechts, 1896, S. 50f.

[9] Sehr lehrreiche Einzelheiten siehe bei Perels, a. a. O., S. 160—163.

[10] v. Liszt, Völkerrecht, S. 206 f.

[11] Vgl. Kohler, Zur Dardanellenfrage, Zeitschrift für Völkerrecht, Bd. V, S. 187ff.; Gellmann, a. a. O., S. 464.

[12] Vgl. Gellmann, a. a. O., S. 468; Krauel, a. a. O., S. 81; Dedreux, Der Suezkanal im internationalen Recht in den Abhandlungen aus dem Staats-, Verwaltungs- und Völkerrecht, herausgegeben von Zorn und Stier-Somlo, Bd. XIII, Heft 1 (1913); Meurer, Die völkerrechtliche Stellung des Suezkanals, Leipziger Zeitschr. 1915, S. 21; Laband, Der Suezkanal, Deutsche Juristen-Ztg. v. 1. November 1914, Sp. 1219ff. Hierzu Meurer, Arch. f. öffentl. Recht, Bd. 33 (1915), S. 538ff. S. auch Ernst Freiherr von Mayer, Die völkerrechtliche Stellung Ägyptens, 1914; Winterer, Ägypten. Seine staats- und völkerrechtliche Stellung 1916.

[13] Wilhelm Kauffmann, Das Panamakanalgesetz der Vereinigten Staaten vom 24. August 1912 und das Völkerrecht, Zeitschrift für Völkerrecht, Bd. VI, S. 407ff.; Gellmann, a. a. O., S. 468f.; Krauel, a. a. O., S. 84ff.

[14] Vgl. außer den Lehrbüchern des Völkerrechts noch Godey, La mer cotière, 1896; Schücking, Das Küstenmeer im internationalen Recht, 1897; Frenzel, Theorien über die rechtliche Natur des Küstenmeers (Leipziger Diss.), 1908; Scholz, Räumliche Bedeutung der Gebietshoheit durch Rechtskonstruktionen, Zeitschrift für Völkerrecht, Bd. V, S. 159ff.; Gellmann, a. a. O., S. 456ff.

[15] With, a. a. O. S. 80. Die Bedeutung der Frage mag ein Beispiel zeigen. Zu der Aufbringung des norwegischen Dampfers Thorunn am 17. Mai 1917 wurde von deutscher Seite halbamtlich erklärt: „Gegenüber der Entrüstung verschiedener norwegischer Blätter, daß die Beschlagnahme des Dampfers innerhalb der Neutralitätsgrenze von vier Seemeilen vor sich gegangen sei, wird festgestellt, daß die Beschlagnahme des Thorunn außerhalb der Drei-Seemeilengrenze stattgefunden hat. Die deutsche Regierung hat niemals die von der norwegischen Regierung beanspruchte Vierseemeilen-Neutralitätsgrenze anerkannt, sondern hält sich bei den Unternehmungen ihres Seekriegs an die international festgelegte Grenze von drei Seemeilen."

[16] Unbeweisbar ist die Annahme von Gellmann, Die rechtliche Natur der Meeresfreiheit, S. 455, daß erstens die Zugehörigkeit der größeren Meeresbuchten zur hohen See und ihre Teilnahme an der Meeresfreiheit „nicht zweifelhaft“ sein kann, daß dasselbe gilt auch von den Ansprüchen der britischen Krone, betreffend die Ausdehnung der Territorialhoheit über die größeren Buchten, Golfe und Kanäle in Großbritannien und Irland, die sogenannten narrows seas und adjoinings seas, sowie von der großbritannischen Inanspruchnahme der Souveränität über die Meereseinschnitte zwischen je zwei Landspitzen bis zu der Linie, mittels welcher diese Landspitzen verbunden werden können (die sogenannten Königskammern). Richtig ist vielmehr, daß das alles sehr streitig ist. Endlich behauptet Gellmann, daß auch unberechtigt sind die Ansprüche der Vereinigten Staaten auf eine Hoheitsgewalt über den nördlichen Teil des Golfes von Mexiko bis zur Südspitze von Florida und bis zur Mississippimündung. Alle diese Meeresteile seien hohe See und nehmen an der Meeresfreiheit teil. Aber auch das ist sehr bestritten. — van Calker, a. a. O., S. 17f. wendet sich gegen die völkerrechtlichen „Sondergrundsätze“ Englands, z. B. über die Abgrenzung der englischen Eigengewässer. Mir dient überhaupt die „englisch-amerikanische Völkerrechtsauffassung“ als schlagender Beweis für das Fehlen eines allgemein anerkannten Völkerrechtssatzes über die Freiheit der Meere. van Calker zieht auch die viel umstrittene Frage der Bewaffnung von Handelsschiffen heran. Es gelte als „englische Rechtsauffassung“, daß die Bewaffnung von Handelsschiffen von alters her und demnach auch heute völkerrechtlich unbedingt zulässig sei. Dabei habe England an die Bewaffnung von Handelsschiffen noch vor wenigen Jahren nicht im entferntesten gedacht. Vgl. zur Frage noch: Denkschrift der deutschen Regierung v. 8. Februar 1916; auch Norddeutsche Allg. Ztg. v. 15. März 1917; Triepel, Der Widerstand friedlicher Handelsschiffe gegen die Aufbringung, Zeitschr. f. Völkerrecht, Bd. VIII (1914), S. 378ff.; Oppenheim, Die Stellung der feindlichen Kauffahrteischiffe im Seekrieg, daselbst S. 154ff. Wenn übrigens van Calker die Monroedoktrin der Vereinigten Staaten zutreffend nicht zum Völkerrecht, sondern zur Politik rechnet, die „englisch-amerikanische Rechtsauffassung“ als „nichts anderes als eine Sache der Politik“ bezeichnet und den Wunsch äußert, jene möge „ihres völkerrechtlichen Mäntelchens entkleidet werden“, so ist das genau dasselbe, was ich hinsichtlich des bisher nur politischen Grundsatzes der Meeresfreiheit in Kriegszeiten verlange. Vgl. übrigens Kraus, Die Monroedoktrin in ihren Beziehungen zur amerikanischen Diplomatie und zum Völkerrecht 1915; dazu Meurer, Archiv d. öffentl. Rechts, Bd. 34 (1915), S. 175ff.; Pohl, Der Monroe-Vorbehalt in der Festgabe der Bonner juristischen Fakultät für Paul Krüger, 1911. S. auch Meurer, Zeitschr. f. Völkerrecht, Bd. VIII (1914), S. 5, „Die Dragodoktrin und die Porter-Konvention“, endlich Emil Engelhardt, Die Praxis der Monroedoktrin 1916.

[17] Weniger bedeutungsvoll sind in diesem Zusammenhange die Einschränkungen, die man im Interesse des internationalen Seeverkehrs geschaffen hat. Wenn man behauptet, daß sich solche „Normen“ nicht als

Beeinträchtigung der freien Benutzung des Meeres, sondern als Mittel darstellen, das Prinzip von der allseitigen freien und ungestörten Benutzung des Meeres zur Geltung zu bringen (so Perels, S. 17; v. Liszt, S. 208—213; Ullmann, S. 327—333 mit zahlreichen Zitaten), so verwechselt man die Nützlichkeit und Notwendigkeit mit der Meeresfreiheit. Gewiß sind sehr zu billigen die Verpflichtungen der Seeschiffe bezgl. des Nachweises einer Nationalität, hinsichtlich der Vorschriften über das Anhalten der Schiffe zur Verhütung von Zusammenstößen (Sassen, Die Untersuchung von Seeunfällen nach deutschem und ausländischem Recht 1914), besonders zur Verfolgung der Seeräuberei, zur Beaufsichtigung und Kontrolle der Hochseefischerei in gewissen Gebieten, zum Schutze überseeischer Kabel, zur Untersuchung zwecks Unterdrückung des Sklavenhandels und des Branntweinhandels unter den Nordseefischern auf hoher See. Aber mindestens ein Teil dieser Vorschriften steht mit der angefochtenen Theorie von der Staatenlosigkeit und Unbeherrschbarkeit des Meeres in krassestem Widerspruch. Jedenfalls sind die als Bestandteile des „Rechts" auf Meeresfreiheit anzusehende unbeschränkte Schiffahrt und Fischereiberechtigung damit geleugnet. Daß die Verhältnisse auf hoher See zu dieser Negation führen müssen, beweist ebenso die Vernünftigkeit gewisser Beschränkungen der „Meeresfreiheit", wie die Unrichtigkeit der Behauptung ihrer angeblich unbegrenzten Geltung.

[18] Vgl. Hermann Staudacher, Die Friedensblockade, Bd. VII, Heft 3 der Staats- und völkerrechtlichen Abhandlungen, herausgegeben von Jellinek, Anschütz und Fleiner, 1909, S. 161 ff.

[19] Vgl. für das Folgende Prion, Die Pariser Wirtschaftskonferenz. Vortrag, gehalten in der Jahresversammlung der Deutschen Weltwirtschaftlichen Gesellschaft vom 23. November 1916 in Berlin (1917) und den Bericht über den Vortrag desselben Verfassers über „Die Aussichten des Wirtschaftskrieges gegen die Zentralmächte" im Verein der Industriellen des Regierungsbezirkes Köln vom 23. April 1917 in der Kölnischen Zeitung vom 24. April 1917, Nr. 394; Friedrich Kahl, Die Pariser Wirtschaftskonferenz vom 14.—17. Juni 1916 und die ihr voraufgegangenen Beratungen der Ententestaaten über den Wirtschaftskrieg gegen die Mittelmächte (Kriegswirtschaftliche Untersuchungen aus dem Institut für Seeverkehr und Weltwirtschaft an der Universität Kiel, herausgegeben von Prof. Dr. Bernhard Harms, 13. Heft), Jena 1917. Die Schrift von Prion verarbeitet das gesamte Material in mustergültiger Weise, während Kahl sich darauf beschränkt, die tatsächlichen Vorgänge zusammenzufassen und aufzuzeichnen, wobei der Grundsatz befolgt wird, die Dinge nach Möglichkeit für sich selbst sprechen zu lassen. In der zweiten Hälfte des Mai 1917 tagte in Rom eine interparlamentarische Konferenz der Ententestaaten, deren Zweck die Durchführung der Pläne der Pariser Wirtschaftskonferenz war.

[20] Vgl. Heinz Horstmann, Handelsverträge und Meistbegünstigung (1916), besonders S. 171 ff. über die Zukunft unserer Handelspolitik und S. 180 ff. über Deutschlands wirtschaftliche Lage nach dem Kriege; Hermann Schumacher, Meistbegünstigung und Zollunterscheidung. Betrachtungen über eine Neugestaltung der deutschen Handelspolitik nach

dem Kriege in dem vom Verein für Sozialpolitik herausgegebenen Werke: „Die wirtschaftliche Annäherung zwischen dem Deutschen Reiche und seinen Verbündeten, 1. Teil (1916), S. 61—132; A. Sartorius von Waltershausen, Der Paragraph elf des Frankfurter Friedens, 1915, mit Angabe der Literatur S. 5 und 44 und hinsichtlich der zukünftigen Behandlung der Dinge, S. 41ff.

[21] Prion, a. a. O., S. 56.

[22] Kahl stellt a. a. O., S. 54—88 Äußerungen der Presse im Auslande usw. zusammen, aus denen sich ergibt, daß weder zwischen den Alliierten, noch innerhalb derselben Nation volle Übereinstimmung über die Absichten der Pariser Wirtschaftskonferenz, noch auch über die Frage der Durchführbarkeit ihrer Beschlüsse herrscht. Gewiß wird das Endergebnis des Krieges auch für diese Gruppen von Fragen von wesentlicher Bedeutung sein, doch kann man die Aussichten der Alliierten auch für die Friedenszeit nicht ohne weiteres als schlecht bezeichnen. Gewiß hatten sich die Wirtschafts- und Finanzverhältnisse aller Ententeländer durch Verschuldung, Menschenverluste und Vorratsaufzehrung nicht verbessert und der Unterseebootkrieg hat diese Entwicklung beschleunigt. Für England kommt außerdem noch in Betracht, daß nach dem Kriege der englische Schiffsraum zusammengeschmolzen sein wird; ebenso werden die Rohstoffe vermindert sein, wodurch eine Änderung der beabsichtigten Schiffahrt- und Boykottpolitik nicht ausgeschlossen ist. Die Stellung Italiens ist für Deutschland günstig, die russische Revolution bedeutet einen weiteren Verlustposten auf Seite der Entente, der aber wohl durch den Eintritt Amerikas in den Krieg ausgeglichen ist. Wenn es richtig ist, daß Wilson einen Bund mit den übrigen amerikanischen Staaten schließen will, um in Amerika die Beschlüsse der Pariser Wirtschaftskonferenz durchzuführen, so erwächst daraus den Zentralmächten die Gefahr, daß ihnen wichtige Rohstoffe vorenthalten werden können. Jedoch sind diese Möglichkeiten noch keine eingetretenen Wirklichkeiten und Schäden für die Zentralmächte. Deutschland kann dem Stoß ausweichen durch die Fortsetzung seiner Spar- und Ersatzstoffwirtschaft, seiner Auswertungswirtschaft, kurz seiner Kriegssparwirtschaft, die auch aus Gründen der Valuta, der Neuordnung seiner Finanzen erwünscht ist. Deutschland hat ferner in seinen Erzeugnissen, wie Kohle, Eisen und Kali, optische Waren, Farben und Maschinen Kompensationsmittel, mit denen es Waren von außerhalb erhalten kann. Vgl. den Vortrag von Prion nach der Kölnischen Zeitung vom 24. April 1917, Nr. 394. Es handelt sich aber darum, daß schon bisher im Frieden, wie der Text ergibt, Beeinträchtigungen des deutschen Überseehandels und der Schiffahrt möglich waren und daß sie in Zukunft in noch erheblicherem Maße möglich sind.

[23] Hermann Levy, Die englische Gefahr für die weltwirtschaftliche Zukunft des Deutschen Reiches, 1916, S. 29.

[24] Vgl. oben S. 44 f. über die Cromwellsche Navigationsakte und Levy, a. a. O., S. 32.

[25] Levy, a. a. O., S. 32, 33, 35f. und Miller in der Europäischen Staats- und Wirtschaftszeitung vom 8. Juli 1916.

[26] Triepel, Die Freiheit der Meere und der künftige Friedensschluß, 1917, S. 8.

[27] Um sich ein klares Bild über die wirtschaftlichen Gefahren zu beschaffen, denen Deutschland durch die Pariser Wirtschaftskonferenz und durch die daran geknüpften Absichten entgegengeht, empfiehlt sich das Studium der einschlägigen Literatur, insbesondere der folgenden Werke: Arien Artaud, Bericht über die drängende Notwendigkeit, in den deutschen und österreichisch-ungarischen Absatzgebieten Fuß zu fassen (Kriegswirtschaftliche Untersuchungen aus dem Institut für Seeverkehr und Weltwirtschaft an der Universität Kiel, herausgegeben von Prof. Dr. Harms, Heft 10); Edgar Landauer, Unsere Rohstoffversorgung nach dem Kriege, Leipzig 1917, S. 15; Lujo Brentano, Über den Wahnsinn der Handelsfeindseligkeit, München 1916; Artur Dix, Der Wirtschaftskrieg, Leipzig 1915; H. Edwards, Englische Expansion und deutsche Durchdringung als Faktoren im Welthandel, Jena 1916; Georg Gothein, Deutschlands Handel nach dem Kriege, Tübingen 1916; Harms, Deutschlands Anteil an Welthandel und Weltschiffahrt, Stuttgart und Berlin 1916; A. Hesse und J. Grossmann, Der englische Handelskrieg und die chemische Industrie, Stuttgart 1915; Der Kampf um die industrielle Vorherrschaft. Gesammelte Aufsätze aus den Kriegsjahren aus England, Frankreich und den Vereinigten Staaten von Nordamerika. Übertragen und eingeleitet von H. Großmann 1917; J. Jastrow, Die handelspolitische Zukunft Deutschlands, Berlin 1916; derselbe, Völkerrecht und Wirtschaftskrieg. Ergänzungsheft 1 zu Bd. X der Zeitschrift für Völkerrecht. 1917; J. März, Die Zukunft des deutschen Außenhandels, Berlin 1915; E. Oberfohren, Französische Bestrebungen zur Verdrängung des deutschen Handels (Kriegswirtschaftliche Untersuchungen aus dem Institut für Seeverkehr und Weltwirtschaft an der Universität Kiel, herausgegeben von Prof. Dr. Harms, Jena 1916, Heft 5); F. Stahl, Die siegende Kraft im Welthandel, Berlin 1916.

[28] Ein kleines Beispiel dafür, wie sehr diese Dinge im Fluß sind, mag eine Meldung der Petersburger Telegraphen-Agentur vom 9. Mai 1917 aus Sebastopol geben. Danach nahm der Kongreß der Vertreter der Schwarzen Meer-Flotte, der Garnison und der Arbeiter eine Entschließung an, die vollkommene Bürgschaft für die Freiheit der Durchfahrt durch alle Meerengen, sowie Sicherheit dafür verlangt, daß keine feindliche Flotte in das Schwarze Meer einfahren könne!

[29] Vgl. oben S. 68 ff.

[30] Diese Erwägung ist wichtig für die am Schlusse dieses Werkes anzudeutende Idee eines neuen Weltgleichgewichts, das ein System einander gegenüberstehender, nicht in einem höheren Ganzen aufgehender Kräfte — den wirklichen Gestaltungen der großen Politik entsprechend — voraussetzt.

[31] Triepel, a. a. O., S. 23. Er gebraucht die Ausdrücke übrigens in anderem Zusammenhange, zur Stütze eines anderen Gedankens.

[32] Pudor in der Kreuzzeitung vom 21. Juli 1916.

[33] Wilhelm Bitter bei Prion, Die Pariser Wirtschaftskonferenz, S. 78.

Zum vierten Hauptstück.

[1] Vgl. statt vieler Heilborn, Der verschärfte Seekrieg, Zeitschr. für Völkerrecht, Bd. IX, 1916, S. 60; v. Liszt, Völkerrecht, S. 333.

[2] Vgl. zum Folgenden aus dem Schrifttum: Albrecht, Über Requisitionen von neutralem Privateigentum, insbesondere von Schiffen (Bonner Diss.) 1912; Beckenkamp, Die Kriegskonterbande in der Behandlung des Instituts für internationales Recht und nach der Londoner Erklärung über das Seekriegsrecht (Abhandlungen aus dem Staats- und Verwaltungsrecht, herausgegeben von Brie und Freischmann, Heft 21) 1910; Clapp, Britisches Seekriegsrecht und die Neutralen (übersetzt von Zimmermann) 1916; Einicke, Rechte und Pflichten der Neutralen im Seekrieg, 1912; Emmer, Die Kriegskonterbande im modernen Völkerrecht (Leipziger Diss.) 1913; Endres, Die völkerrechtlichen Grundsätze der Kriegführung zu Lande und zur See, 1909; Hold von Ferneck, Die Londoner Seekriegskonferenz (in Grünhuts Zeitschr. f. priv. u. öffentl. Recht, Bd. 36, S. 301); derselbe, Die Reform des Seekriegsrechts durch die Londoner Seekriegsrechtskonferenz 1908/09 (in Stier-Somlo, Handb. d. Völkerrechts, Bd. IV, Abt. 3) 1914; derselbe, Die Kriegskonterbande, 1907; Finger, Die Stellung der Person und des Privateigentums im Kriegsrecht, 1916; Fitger, Das Seekriegsrecht nach den Beschlüssen der internationalen Konferenzen vom Haag 1907 und von London 1908/09 (Volkswirtschaftl. Zeitfragen, Heft 245/6); Frank, Das Seekriegsrecht in gemeinverständlichen Vorträgen, 1916; Gellmann, Meeresfreiheit im Kriege in der österr. Zeitschr. f. öffentl. Recht, 1915, S. 657—705; von Hansemann, Die Lehre von der einheitlichen Reise im Recht der Blockade und der Kriegskonterbande (Breslauer Diss.) 1910; Heinze, Die Beschlagnahme der deutschen Postdampfer durch die Engländer, 1900; Hirschmann, Das internationale Prisenrecht nach den Beschlüssen der zweiten Haager Friedens- und der Londoner Seekriegsrechtskonferenz, 1912; Huberich, Das englische Prisenrecht in seiner neuesten Gestalt, 1915; Hübner, Die Theorie von der Einheitlichkeit der Reise im Kriegskonterbanderecht, 1908; Kleen, Lois et usages de la neutralité, 1900; derselbe, De la contrebande de guerre, 1913; Karl August Lindemann, Die feindliche Bestimmung der Kriegskonterbande, 1917; Loreburn-Niemeyer, Privateigentum im Seekrieg, 1914; Martin, Die einheitliche Reise im Seekriegsrecht (Breslauer Diss.) 1914; Meurer, Das Kriegsrecht der Haager Konferenz (Bd. II des Werkes „Die Haager Friedenskonferenz") 1907; Th. Niemeyer, Das Seekriegsrecht nach der Londoner Deklaration vom 26. Februar 1909 (1910); derselbe, Prinzipien des Seekriegsrechts, 1909; Nippold, Die zweite Haager Friedenskonferenz, II. Teil, 1911; derselbe, Die zweite Haager Friedenskonferenz, III. Abschnitt „Kriegsrecht" in Niemeyers Zeitschr. f. internat. u. öffentl. Recht, Bd. XIV; Pohl, Aus Völkerrecht und Politik. Gesammelte Aufsätze, 1913, S. 165ff; derselbe, Deutsches

Seekriegsrecht (Quellensammlung), 1915; derselbe, England und die Londoner Deklaration, 1915; derselbe, Englisches Seekriegsrecht im Weltkriege, 1917; Remy, De la continuité de voyage, 1902; Graf E. Reventlow, Großbritannien, Deutschland und die Londoner Deklaration. Marinepolitische Stimmungsbilder und Untersuchungen, 1911; Schramm, Die Verhandlungen und Beschlüsse der Londoner Seekriegsrechtskonferenz Dezember 1908 bis Februar 1909, auf Veranlassung des Reichsmarineamtes zusammengestellt, 1911; derselbe, Das Prisenrecht in seiner neuesten Gestalt, 1913; Stier-Somlo, Englische Blockadeabsichten (Köln. Ztg. vom 28. Oktober 1914, Nr. 1182); derselbe, Die Kriegskonterbande (daselbst vom 25. August 1914, Nr. 954); Thomsen, Einige Kapitel zur auswärtigen Politik, drei Hefte, 1915/16; Thomsen (nicht derselbe Verfasser), Die englische und die deutsche Seesperre, 1917; Wiegner, Die Kriegskonterbande in der Völkerrechtswissenschaft und der Staatenpraxis, 1904; Woothke, Die Theorie der Einheit der Reise der Kriegskonterbandegüter (Bonner Diss.), 1910; Zorn, Die Fortschritte des Seekriegsrechts durch die zweite Haager Friedenskonferenz, Tübingen 1908.

[3] Hold von Ferneck, Reform usw., S. 113.

[4] So die Ausführungen in Proceedings, S. 357, und Lindemann, S. 45f.

[5] Lindemann, 48f. Die Frage ist u. a. auch wichtig für das Recht der Abwerfung von Bomben. Sind z. B. London und Hamburg in Hinsicht auf die Befestigungen in der Elbe- bzw. Themsemündung Festungen oder friedliche Handelshäfen? Auf diesen letzteren Standpunkt hat sich Sir Edward Grey in seiner Note an die Vereinigten Staaten vom 19. Februar 1915 in dem Wilhelminafall gestellt.

[6] Schramm, Das Prisenrecht in seiner neuesten Gestalt, S. 232; Lindemann, S. 50.

[7] Clapp, Britisches Seekriegsrecht und die Neutralen, 1916, S. 17.

[8] Vgl. hierzu Hold von Ferneck, Reform des Seekriegsrecht usw., S. 130. Dies entspricht dem billigen Interesse der Kriegführenden. Denn wollte man den Beschlagnehmenden auf die letzte Strecke des Weges verweisen, so wäre es für den Bannware Führenden ein leichtes, durch geschicktes Einlegen neutraler Zwischenhäfen die ganze Wirkung des Konterbanderechts illusorisch zu machen. Praktisch ist der Beweis, daß es sich nur um einen Zwischenhafen handelt, in dem die Waren nicht ausgeladen werden sollen, für die Gegenstände absoluter Konterbande allerdings unerheblich; denn diese verfallen jedenfalls nach der Lehre der fortgesetzten Reise der Beschlagnahme, ob sie ausgeladen werden oder nicht, sofern sie nur feindliche Bestimmung haben. Für die Gegenstände relativer Konterbande ist er aber sehr erheblich, denn für sie findet die Lehre keine Anwendung. Wenn sie ausgeladen werden sollen, sind sie dem Beschlagnahmerecht entzogen. Es hat also der Beschlagnehmende ein großes Interesse daran, für sie nachzuweisen, daß sie in dem neutralen Hafen, zu dem das Schiff zunächst bestimmt ist, nicht ausgeladen werden sollen, daß es also nur ein Zwischenhafen ist. Dieser Nachweis schließt die Lehre von der fortgesetzten Reise aus und unterwirft auch die Gegenstände

relativer Konterbande nach der speziellen Bestimmung des Art. 37 der Beschlagnahme. Lindemann, S. 53f.

[9] Derselben Meinung Hold von Ferneck a. a. O., S. 107.

[10] Frankreich schloß sich durch Dekret vom 25. August 1914 an.

[11] Vgl. auch das französische Dekret vom 6. November 1914, im Journal officiel vom 7. November 1914.

[12] Pohl, England und die Londoner Deklaration, S. 19.

[13] Pohl, a. a. O., S. 20.

[14] Norddeutsche Allgemeine Zeitung, Nr. 262, Erste Ausgabe vom 25. Oktober 1914.

[15] Clapp, a. a. O., S. 31.

[16] Correspondence between H. M. Governement and the United States Governement respecting the Rights of Belligerents. Parl. Papers 1915 C. d. 7816, S. 7; Huberich, S. 71.

[17] Pohl, England und die Londoner Deklaration, S. 24. Auch das französische Dekret vom 6. November 1914 bestimmt in Artikel 1, Ziffer IV: „La destination visée à l'article 33 de la Declaration de Londres (outre les présomptions posées à l'article 34), et présumée si la marchandise est consignée à ou pour un agent de l'Etat ennemi".

[18] Pohl, England und die Londoner Deklaration, S. 25f., wo folgendes Beispiel angeführt wird: Die Holland-Amerika-Linie verlangte, um der Aufbringung ihrer Schiffe durch englische Kreuzer zu entgehen, von ihren Verladern eine schriftliche, durch den englischen Konsul legalisierte Erklärung, daß die mit ihren Dampfern ankommenden, als relative Konterbande erklärten Waren zum Verbrauch in Holland bestimmt sind und daß deren Durchfuhr oder Ausfuhr nach anderen Ländern bis zum Ende des gegenwärtigen Krieges nicht geschehen darf, daß ebensowenig eine vorrätige Partie Güter gleicher Art und Größe ausgeführt werden soll. Diese Beschränkungen sollen nur hinsichtlich der niederländischen Kolonien und derjenigen Staaten nicht gelten, die nicht mit England, Frankreich und Rußland im Kriegszustande sind. Die Empfänger müssen sich verpflichten, von ihren Käufern entsprechende Erklärungen zu fordern und, wenn verlangt, vorzulegen. Diese „Erklärung" muß die Holland-Amerika-Linie für die fraglichen Güter in Plymouth vorweisen, um die Güter nach Rotterdam weiterschaffen zu können. So bekommt die englische Regierung Kenntnis von allem, was an wichtigen Waren nach Holland eingeführt wird, und damit hat England diesen neutralen Staat überhaupt unter seiner Kontrolle. Zu Anfang Oktober 1914 hörte man, daß England der niederländischen Regierung zugesagt habe, keine holländischen Schiffe mehr anzuhalten mit Ladung von Nahrungsmitteln, deren Ausfuhr aus Holland verboten ist. Das kommt darauf hinaus, daß England den Holländern ihre Ausfuhrverbote diktiert. Vgl. a. a. O.

[19] Deutsche Denkschrift vom 25. Oktober 1914, I und III. Vgl. Lindemann, S. 76; Pohl, England und die Londoner Deklaration, S. 34. Siehe auch Schramm, Das Prisenrecht in seiner neuesten Gestalt, 1913, S. 490, und Triepel, Die Westmächte und die Neutralen, im „Tag" vom 5. November 1914, Nr. 260.

[20] Lindemann, S. 72.

[21] Ebenso das erwähnte französische Dekret vom 6. November 1914.

[22] Clapp, Britisches Seekriegsrecht, S. 33.

[23] Lindemann, der S. 73 und 74 ausführt: Diese Versicherung wurde dem englischen Konsul übermittelt, um zu erreichen, daß die harmlose Fracht unbehelligt bleibe; nicht immer mit Erfolg. Denn um den Beweis der feindlichen Bestimmung trotzdem zu erbringen, sind die englischen Gerichte um Mittel und Wege nicht verlegen. Clapp, a. a. O., der S. 105 über die Beschwerungen des Baumwollhandels berichtet, geht so weit, S. 19f. zu behaupten: „War eine für ein neutrales Gebiet bestimmte Ladung mit einem eidlichen Zeugnis nicht versehen, so diente diese bloße Tatsache dem britischen Prisengericht als Beweisgrund dafür, daß die Ware für die Streitkräfte Deutschlands bestimmt war". Vgl. daselbst S. 34. Auf diese Weise erreichte England eine vollständige Kontrolle der neutralen Einfuhr, a. a. O. S. 18; Lindemann, S. 74.

[24] Pohl, England und die Londoner Deklaration, S. 29.

[25] Wehberg, in der Zeitschr. f. d. ges. Versicherungswiss., Bd. XV, S. 31. Ihm schließt sich Lindemann S. 75 an.

[26] Konterbandeproklomationen sind ferner von England erlassen am 23. Dezember 1914, 11. März, 27. Mai, 20. August und 14. Oktober 1915, 27. Januar, 12. April und 27. Juni 1916 (Pohl, Englisches Seekriegsrecht im Weltkriege 1917, S. 10, Anmerkung).

[27] Pohl, Englisches Seekriegsrecht im Weltkriege, S. 12; Konterbandeproklamation vom 14. Oktober 1915, 12. April, 27. Juni, 3. Oktober, 23. November und 29. Dezember 1916. Die Order vom 30. März 1916 gibt eine Auslegungsregel für die Verordnungen, unabhängig von der Londoner Erklärung.

[28] Siehe auch Miscellaneous Nr. 12 (1916). List of Articles declared to be Conterband of War. Presented to both Houses of Parliament by Command of His Majesty. April 1916.

[29] Vgl. Lindemann, S. 83.

[30] Der enge Zusammenhang mit dem Blockade- und Seebeuterecht ist auch an dieser Stelle zu betonen. Es ist aber im Text versucht worden, soweit möglich eine gedankliche Sonderung der Fragen zwecks Herbeiführung größerer Klarheit vorzunehmen. Das Bannwarenrecht steht aber auch im Zusammenhang mit der noch weiter unten (vgl. S. 113) zu erörternden Frage, ob sich die künftigen Kriege nicht auch, wie der Weltkrieg, bis zu einem weitgehenden Grade gegen die Bevölkerung als solche richten werden, so daß mit der Behinderung der Nahrungsmittelzufuhr und mit einem wesentlich beschränkten Seehandel unbedingt gerechnet werden muß.

[31] Über die englische Rechtsprechung in Prisensachen siehe auch Lindemann, S. 85, und Fr. W. v. Rauchhaupt, The Prize Court Rules, 1914, mitgeteilt und übersetzt (Abhandlungen und Mitteilungen aus dem Seminar für öffentliches Recht und Kolonialrecht, Heft 5), Ham-

burg 1915. — Schaps, Englische Prisengerichtssprüche, „Recht und Wirtschaft", 1917, S. 10; auch: British and Colonial Prize Cases. Reports of Prize Cases decided during the present war. Under the general editorship of E. C. M. Tehern, P. 3. London 1915, Stevens & Sons.

[32] Entscheidung des Prisengerichts Hamburg, Fall „Zaantroom" (1. Juni 1915), bei Lindemann, S. 88.

[33] Vgl. Reichsgesetzblatt 1916, S. 773. Vgl. über den Inhalt und die Bedeutung der Änderungen Lindemann, S. 87—92, über die deutsche Rechtsprechung in Prisensachen, S. 92—98; ferner Buresch, Prisenrecht und Prisengerichtsbarkeit, Deutsche Juristen-Ztg. 1916, Sp. 471; Derselbe, Die Novelle zur Prisenordnung, ebenda 1917, Sp. 229 und v. Dassel, Die Rechtsprechung des Prisengerichts Hamburg, ebenda, Sp. 574.

[34] van Calker, Problem der Meeresfreiheit, S. 27f.

[35] Triepel, Die Freiheit der Meere und der künftige Friedensschluß, S. 35.

[36] Vgl. Röpcke, Das Seebeuterecht (Rostocker Rechtswissenschaftl. Studien, Bd. II, Heft 7, 1904), besonders S. 136ff., übrigens mit reicher Literatur; Wolfgang Hammann, Der Streit um das Seebeuterecht, 1907, S. 31ff.; Wehberg, Das Beuterecht im Land- und Seekriege, 1909 (Abhandl. aus dem Staats-, Verwaltungs- u. Völkerrecht, herausgegeben von Zorn und Stier-Somlo, Bd. IV, 1909); Derselbe in der Zeitschrift „Weltwirtschaft" vom Dezember 1915, S. 179; Earl Loreburn, Privateigentum im Seekrieg, deutsche Übersetzung von Niemeyer, 1914; Niemeyer, Prinzipien des Seekriegsrecht, 1909, S. 20ff.; Kurt Perels, Der Kampf um das Seebeuterecht. Rückblicke und Ausblicke. Deutsche Rundschau, Bd. CLXIV, 1915, S. 161ff.

[37] Die ablehnende Haltung der englischen Vertreter auf der Haager Friedenskonferenz rechtfertigte Sir Edward Grey am 6. Februar 1908 u. a. folgendermaßen: „Englands Mittel, einen Krieg zu Ende zu führen, beruhen ganz auf seiner Seemacht, und wenn das Privateigentum unantastbar wäre, so weiß ich nicht, wie jemals ein Krieg beendigt werden könnte. Das Ergebnis einer Unantastbarkeitserklärung würde sein, daß andere Länder zu der Annahme verleitet würden, daß die Flotte Großbritanniens nur eine Verteidigungswaffe sei. Wenn England sich der Mittel beraubt, auf die anderen Nationen durch deren eigene Handelsmarine einen Druck auszuüben, so können einige Großmächte mit äußerst geringer Gefahr für sich selbst einen Krieg mit England beginnen". Am 21. April 1909 bekämpfte (vgl. Perels, a. a. O. S. 166) im Namen der englischen Regierung der Vertreter der Admiralität, Mc Kenna, die von dem Abgeordneten Jowett (Arbeiterpartei) zugunsten des Privateigentums auf See eingebrachte Resolution. Die europäischen Völker, so erklärte er, würden in dem Bezug von Rohmaterialien immer abhängiger von ihrem Überseehandel, und es bedeute ein gewaltiges Machtmittel in den Händen Großbritanniens, daß es den fremden Handel unterbinden könne, solange es eine überlegene Flotte habe. Er bäte das Haus, die Regierung nicht

durch Annahme der Resolution in Verlegenheit zu setzen; es würde besser sein, nicht an der Sache zu rühren und das Seebeuterecht als Kompensationsobjekt in Reserve zu halten, wenn je die Gelegenheit zu einer allgemeinen Einschränkung der Rüstungen sich zeigen sollte. Die Erörterung endete mit einer Vertagung auf unbestimmte Zeit.

38 Kurt Perels, a. a. O. S. 166f.

39 Kurt Perels, a. a. O. S. 167.

40 Vgl. Kurt Perels, a. a. O. S. 163, und van Calker, Problem der Meeresfreiheit, S. 21ff., der in Anmerkung 39 in gründlichster Weise die Enwicklung an der Hand der Reichstagsprotokolle mit dem Ergebnis verfolgt hat, daß in neuester Zeit die von parlamentarischer Seite geäußerten Gründe zugunsten der Beibehaltung des Seebeuterechts sprechen.

41 So zutreffend Perels, S. 163.

42 Perels, S. 164.

43 Vgl. van Calker, Problem der Meeresfreiheit, S. 22ff.

44 Triepel, Die Freiheit der Meere usw., S. 16.

45 Niemeyer, Prinzipien des Seekriegsrechts, 1909, S. 22.

46 Triepel, a. a. O. S.17.

47 Triepel verfolgt das weitere Schicksal des englischen Antrags in bezug auf Konterbande auf der zweiten Haager Konferenz mit dem Ergebnis, daß die Abschaffung der Seebeute und die Beibehaltung des Konterbanderechts zur Folge hätte, daß der bisher hauptsächlich nur für neutrales Eigentum gültige Begriff der Bannware auch auf feindliches Eigentum Anwendung finden würde. Dieses würde dem Gegner zwar nicht als Beute, aber als Banngut innerhalb des ganzen Rahmens verfallen sein, den jener dem Konterbandebegriff zu geben für gut findet (a. a. O. S. 18, 19). Die Abschaffung der Seebeute ohne Abschaffung des Konterbanderechts ist nur der Seemacht nützlich, die die Waffe der Konterbandeunterdrückung leichter handhaben kann als eine andere Macht. Im Verhältnis zwischen uns und England wäre Deutschland ohne jeden Zweifel der Benachteiligte. Solange die Schwäche unserer geographischen Lage nicht irgendwie ausgeglichen ist, solange wir nicht draußen leistungsfähige maritime Stützpunkte haben, solange sich das Kräfteverhältnis der beiderseitigen Kampf- und Kreuzerflotten nicht wesentlich zu unseren Gunsten verschoben hat, werden wir von solcher Art der Meeresfreiheit mehr Schaden als Nutzen haben. Bei dem heutigen Stande der Dinge können wir allenfalls in der Ostsee und zum Teil in der Nordsee eine wirksame Konterbandepolizei ausüben. Auf den für England wichtigsten Zufahrtsstraßen des Atlantischen Ozeans können wir es nicht (a. a. O. S. 22, 23). Das Ergebnis, ein Verzicht auf die Seebeute sei nur möglich, wenn auch Blockade und Konterbande restlos und ersatzlos abgeschafft werden, und daß kein Weg sichtbar ist, auf dem sich das erreichen ließe (a. a. O. S. 35f.), drängt sich von selber auf.

48 Niemeyer, Prinzipien des Seekriegsrechts, S. 22.

49 Triepel, Die Freiheit der Meere usw., S. 24.

50 Daß diese Effektivität der Blockade früher nicht bestand, ist besonders kennzeichnend. Z. B. erklärte ein niederländisches Gesetz von

1650 alle englischen Häfen für blockiert, ein englisches Gesetz von 1756 alle französischen Häfen. Napoleon I. hat unter dem 21. November 1806 vom Schloß in Berlin aus gegen England die Kontinentalsperre verhängt mit dem Satze, daß die englischen Inseln für blockiert erklärt sind. Als Antwort darauf verhängte England durch eine Order in Council vom 7. Januar 1807 die Blockade über die französische Küste und über die Küste der mit Frankreich alliierten Mächte innerhalb und außerhalb Europas. Erst am 26. April 1809 nahm England im eigenen Interesse von dieser Blockade den Norden Europas und den Süden Italiens aus. Im Krimkrieg behauptete England, daß der Hafen von Odessa dadurch für blockiert zu erachten sei, daß im Bosporus die Einfuhr und Ausfuhr von Schiffen nach Odessa verhindert werde. Es bahnte sich hier der Übergang an von der bloßen Erklärung der Blockade durch Bekanntmachungen zu einer Blockade durch eine gewisse ausübende Gewalt, wenn diese auch in nicht unbeträchtlicher Entfernung vom blockierten Hafen sich befand. Erst die Pariser Seerechtsdeklaration von 1856 verlangte dann die Effektivität. Seither war bis zum Weltkrieg der Grundsatz unanfechtbar und hat auch in den Prisenordnungen der Seestaaten Eingang gefunden, wenn auch nicht überall in gleicher Weise. Vgl. Edwin Katz, Die Freiheit der Meere im Kriege, 1915, S. 28—32.

51 Vgl. Hold von Ferneck, Reform usw., S. 63.

52 So zutreffend Niemeyer, Prinzipien des Seekriegsrechts, 1909, S. 24.

53 Deutsche Denkschrift vom 10. Oktober 1914; vgl. oben S. 28; Pohl, Englisches Seekriegsrecht im Weltkriege, S. 14.

54 Pohl, a. a. O. S. 15, und desselben Aufsatz: Die Verschärfung der englischen Blockade (im „Tag" vom 8. April 1916, Nr. 84); Triepel, Die Freiheit der Meere, S. 27.

55 Der Wortlaut der Note vom 23. Juli 1915 ist mitgeteilt in dem amerikanischen Weißbuche: European War No. 2. Departement of State. Diplomatic correspondence with belligerent governments relating to neutral rights and duties. Washington, Government Printing Office. 1915. Printed and distributed Oktober 21, 1915, p. 179—181. Pohl, Die englische Blockade neutraler Häfen (in der Köln. Ztg., Nr. 993, Erste Morgen-Ausgabe vom 30. September 1915).

56 Pohl, Englisches Seekriegsrecht, S. 17.

57 Pohl, a. a. O.; Derselbe, Englands Kampf gegen die deutsche Bunkerkohle (in der Köln. Ztg. vom 5. Mai 1916, Nr. 457).

58 Vgl. Pohl, a. a. O. S. 18ff., der ausführt, welcher Mittel zur Unterbindung der deutschen Einfuhr sich England bedient hat. Abgesehen von Handelsspionage und ausgiebigster Benutzung von Nachrichtenquellen, kam besonders die englische Praxis in Betracht, fast alle nach skandinavischen oder holländischen Häfen gehenden neutralen Schiffe zu zwingen, zwecks genauester Durchsuchung einen britischen Hafen anzulaufen. In Kirkwall wurde jeder Ladungsteil unter Verwertung des umfassenden Nachrichtenmaterials auf seine endgültige Bestimmung ge-

prüft. Ergab diese Prüfung derartige Umstände, daß mit prisengerichtlicher Einziehung gerechnet werden konnte, so erfolgte die Abgabe an das Prisengericht. Soweit Zweifel an neutraler Endbestimmung der Waren bestanden, wurden sie vorläufig zurückbehalten, bis die neutrale Endbestimmung einwandfrei festgestellt war. Später hat England unter dem Einfluß des deutschen Unterseebootkrieges die Kirkwallpraxis aufgegeben und durch Order in Council vom 16. Februar 1917 ein anderes Verfahren eingeführt. Es besteht darauf, daß alle Schiffe, die nach oder von einem Hafen fahren, von wo aus es möglich ist, feindliches Gebiet zu erreichen, irgendeinen englischen oder verbündeten Hafen anlaufen, um sich untersuchen zu lassen. Halifax und die Bermudas-Inseln wurden besonders genannt. Entziehen sich die Schiffe dieser Untersuchung, so werden sie bis zum Beweise des Gegenteils behandelt, als beförderten sie Güter des Feindes oder Güter mit feindlicher Bestimmung. Sie werden zur Untersuchung eingebracht und gegebenenfalls vor ein Prisengericht gestellt. Ein Schiff, das Güter mit feindlicher Bestimmung oder feindlichen Ursprungs befördert, setzt sich dadurch der Beschlagnahme und Verurteilung aus, falls es nicht einen englischen oder verbündeten Hafen zwecks Untersuchung seiner Ladung anläuft. Die bei der Untersuchung eines Schiffes an Bord betroffenen Güter feindlichen Ursprungs oder feindlicher Bestimmung unterliegen nicht mehr, wie das nach der Order vom 11. März 1915 der Fall war, der Beschlagnahme und Zurückhaltung, sondern der Beschlagnahme und prisengerichtlichen Einziehung. Zutreffend kennzeichnet Pohl (a. a. O. S. 21) die seekriegsrechtliche Tragweite der Order vom 16. Februar 1917 dahin: Das völkerrechtlich anerkannte Anhaltungs- und Durchsuchungsrecht des Kriegführenden wird gesteigert zu einer Gestellungspflicht der neutralen Schiffe, die von oder nach einem Hafen fahren, von dem aus Feindesland ereichbar ist. Wer sich dieser Gestellungspflicht entzieht, gilt als „Blockade"-Brecher und verfällt prisengerichtlicher Einziehung. Alle Waren feindlichen Ursprungs oder feindlicher Bestimmung unterliegen prisengerichtlicher Einziehung, auch wenn sie an Bord eines neutralen Schiffes angetroffen werden. Vgl. über die Bedeutung des Systems der Schwarzen Listen und das sogenannte Rationierungssystem Pohl, a. a. O. S. 23—26.

[59] Triepel, Freiheit der Meere, S. 28, Noten vom 5. und 30. März 1915.

[60] Triepel, a. a. O. S. 24.

[61] Triepel, Die Freiheit der Meere, S. 29.

[62] Vgl. Gustav Droysen, Vorlesungen über die Freiheitskriege (Aprilheft 1917 der Süddeutschen Monatshefte u. Köln. Ztg. vom 11. Mai 1917, Nr. 455). Einige Beispiele seien hervorgehoben: Die dänische Fregatte Freya hatte im Sommer 1800 sechs dänische Kauffahrer als Schutz begleitet. Man konnte schon damals Warentransportschiffe vor den Engländern nicht anders sicherstellen. Dänemark lebte mit England im tiefsten Frieden. Trotzdem wurde die Freya von einem englischen Geschwader aufgebracht und, als sie die Durchsuchung verweigerte, nach England geschleppt. Das Kopenhagener Kabinett protestierte, worauf eine Flotte von 17 englischen Kriegsschiffen vor Kopenhagen erschien; Dänemark

mußte sich vertraglich dazu bequemen, überhaupt keine Kriegsschiffe als Geleit mitzusenden. Der Fall der schwedischen Galiote Hoffnung fällt auch in das Jahr 1800. Schweden war eine in dem zwischen Frankreich, Spanien und England herrschenden Kriege völlig neutrale Macht. Die Engländer suchten ein Mittel, um unbemerkt in den Hafen von Barcelona hineinzukommen, wo eine reiche Beute von Frachtschiffen sie lockte. Da hielten sie die schwedische Galiote Hoffnung an, die vor dem Hafen lag, nahmen sie, obgleich ihre Papiere in Ordnung waren, weg, besetzten sie mit englischen Truppen und kamen so unter schwedischer Flagge ungehindert in den Hafen. Dort bemächtigten sie sich der beiden Fregatten, die sie wünschten, und führten sie weg. Das schwedische Schiff ist nie zurückgegeben worden. Auf Beschwerden des Stockholmer Kabinetts hat England überhaupt nicht geantwortet. — Schon 1792 setzte England im Kriege mit Amerika Getreide auf die Bannwarenliste; gleich zu Anfang begannen auch die Durchsuchungen und Beschlagnahmungen der Briefpost, bei denen England keineswegs allein politische Zwecke im Auge hatte. Über die Nordamerika zugefügten Demütigungen kam es 1794 beinahe zu einem neuen Kriege zwischen England und Amerika; die Durchsuchungen, das Aufhalten, das Matrosenpressen von amerikanischen Schiffen nahmen kein Ende. Zugleich besetzten kanadische Milizen amerikanische Grenzpunkte. Die Spannung wurde durch Vertrag, in dem Nordamerika nachgab, 1794 beseitigt. Immerhin ließ man jetzt seine Schiffe etwas mehr in Ruhe. Vom 6. November 1793 bis 28. März 1794 waren über 600 aufgebracht und nach englischen Häfen geschleppt worden. Es ist nicht zu viel, wenn der Premierminister Lord Derby 1857, freilich, als er zur Opposition gehörte, sagte: „Wir verfahren gegen fremde Nationen höchst schamlos. Wir bestehen auf dem Vollzug des Völkerrechts, wenn es uns nützlich ist; im anderen Falle setzen wir uns über seine Regeln schrankenlos hinweg. Die Geschichte des Seerechts, das ich Seeunrecht nennen möchte, ist ein unauslöschliches Zeugnis des ungezügelten Egoismus und der Habgier des englischen Volkes und seiner Regierung".

[63] Vgl. A. Mendelssohn-Bartholdy, Der Kriegsbegriff des englischen Rechts (Erläuterungen zum Fall Panariellos, 1915, insbesondere S. 81ff.); derselbe, Wirtschaft und Recht in der englischen Kriegsjustiz (Koloniale Rundschau, 1916, S. 65—92, 529—552); Strupp, Lebendes und totes Völkerrecht (in der Zeitschr. f. internat. Recht, 1916, S. 481), wo auch daran erinnert wird, daß der Satz „Krieg aller gegen alle" sich noch in der amerikanischen Instruction for the government of armies in the field von 1863 findet. — Pitt erklärte 1793, das ganze französische Volk sei als Feind anzusehen, der durch Mangel an Lebensmitteln niedergeschlagen werden müsse. Vgl. Hollweg, Unser Recht auf den Unterseebootkrieg, 1916, S. 99. — R. O. Frankfurter, U-Bootkrieg und Völkerrecht, eine deutsch-norwegische Erörterung (Johann Bredal, Arne Rygh [Christiania], Walter S. Schwabe [London], Morgenbladet [Christiania] und Frankfurter Ztg.) 1916.

[64] Eltzbacher, Totes und lebendes Völkerrecht, 1916, S. 24ff.

[65] Richtig Strupp, a. a. O.

[66] Vgl. oben S. 29.

[67] Thomsen, Die englische und die deutsche Seesperre, 1917, S. 7, 8, 13, 14.

[68] O. v. Alvensleben, Unterseebootkrieg und Völkerrecht (Politische Flugschriften, herausgegeben von Ernst Jäckh, Heft 81, 82), 1916, S. 14—75.

[69] v. Liszt, Wilson und das Völkerrecht (Deutsche Juristen-Ztg. 1917, S. 260); Gellmann, Meeresfreiheit im Kriege (Österr. Zeitschr. f. öffentl. Recht, 1915, S. 658—707, besonders 676ff.); Böckner, Der Kriegsschauplatz 1916; Coester, Die deutsche Seekriegsgebietserklärung (Archiv d. öffentl. Rechts, Bd. XXXIV, 1915, S. 36—54).

[70] v. Alvensleben, a. a. O. S. 12.

[71] Neben dieser juristischen ist noch die politische Rechtfertigung der englischen Seesperre und des Unterseebootkrieges einwandfrei für Deutschland nachweisbar. Die deutsche Sperre war geplant und erklärt als Erwiderung auf die englische Sperre und ist damit schon gerechtfertigt. Deutschland befindet sich in der Notwehr und übt Vergeltung. Vgl. Thomsen, Die englische und die deutsche Seesperre, S. 19—23.

[72] Thomsen, Die englische und die deutsche Seesperre, 1917, S. 20f. Vgl. übrigens auch die Rede des Ministerpräsidenten Grafen Tisza im ungarischen Parlament vom 5. Februar 1917 und den Artikel, Wer hat mit dem uneingeschränkten U-Bootkrieg begonnen? (Nordd. Allgem. Ztg. vom 25. Februar 1917), wo betont wird, daß Deutschlands Feinde sich niemals besonnen haben, ihre U-Boote schonungslos gegen uns zu gebrauchen, d. h. Handels- und Passagierschiffe ohne Warnung zu versenken.

[73] Binding, in der Zeitschr. f. Völkerrecht, Bd. IX, 1916, S. 152.

[74] Vgl. den Schriftwechsel mit der Regierung der Vereinigten Staaten, betreffend den Unterseeboothandelskrieg. Denkschrift des Auswärtigen Amtes, 1916.

[75] Siehe über diese v. Alvensleben, Unterseebootskrieg und Völkerrecht, 1916, S. 22ff., 35ff., 45ff., 55ff.; Meurer, Der Lusitaniafall. Eine völkerrechtliche Studie, 1915; Der Lusitaniafall im Urteile von deutschen Gelehrten. Mit Abdruck der amtlichen Urkunden (Sonderausgabe aus der Zeitschr. f. Völkerrecht, Bd. IX, Heft 2, 1915/16); dazu Scholz, ebenda, Bd. IX, S. 429f.; siehe ferner Rehm, Der Unterseebootkrieg, ebenda Bd. IX, S. 20ff.; Heilborn, Der verschärfte Seekrieg, S. 44ff.; Steinuth, England und der Unterseebootkrieg, 1915; Derselbe, „Lusitania", 1915; Thomsen, Einige Kapitel zur auswärtigen Politik, 1915/16, Heft 1, S. 184; Heft 2, S. 2—5, 7—12, 15—20; Heft 3, S. 8ff.

Zum fünften Hauptstück.

[1] Treffsicher spricht hierüber der Geschichtsforscher Prof. Erich Brandenburg, Deutschlands Kriegsziele, 1917, S. 89, 93: „Immer wieder hören wir, daß unser Kampf gegen England im wesentlichen für die Freiheit der Meere geführt werde, und daß er mit der Erreichung dieses Zieles endigen müsse, wenn er nicht erfolglos gewesen sein solle. Wenn man sich aber in konkreter Weise vorzustellen sucht, was mit dieser Forderung eigentlich gemeint ist, und durch welche Festsetzungen oder Maßregeln sie erreicht werden kann, so gerät man alsbald in große Verlegenheit. Der jetzige Zustand ist so, daß England eine unbedingte Überlegenheit nicht nur über die an Größe nächststehende Seemacht, sondern auch noch über die beiden nächstgroßen zusammen besitzt. Die englische Kriegsflotte wurde zu Beginn des Weltkrieges auf 2356000 Tonnen bei 620 Fahrzeugen berechnet; das Deutsche Reich besaß 375 Schiffe mit 1059000 Tonnen; Frankreich 376 Schiffe mit 749000 Tonnen; die Vereinigten Staaten 203 Schiffe mit 981000 Tonnen, während die Kriegsmarinen aller übrigen Staaten hinter derjenigen dieser Mächte erheblich zurückblieb.... Es läßt sich daher durchaus nicht absehen, auf welche Weise die Freiheit der Meere wirksam gesichert werden könnte, solange nicht England zur See vollständig besiegt ist".

[2] Wie das Thomsen, Einige Kapitel zur auswärtigen Politik, Neue Folge, 1915, S. 20ff., tut.

[3] Zitelmann, Der Krieg und das Völkerrecht in dem Sammelwerk: Deutschland und der Weltkrieg, 1915, S. 644ff.; Derselbe, Haben wir noch ein Völkerrecht? (Vortrag), 1914, S. 4ff.; Niedner, Der Krieg und das Völkerrecht, 1915, S. 6, 13, 18.

[4] Niemeyer, Das Recht des Unterseebootkrieges. Vortrag vom 24. September 1915, Sonderabdruck aus den Hamburger Nachrichten.

[5] Thomsen, a. a. O., Heft 3, 1916, S. 21ff.

[6] Vgl. Strupp, Lebendes und totes Völkerrecht. Eine Abwehr und ein Programm. Zeitschr. f. internat. Recht, Bd. XXVI, S. 506; Lammasch, Vertragstreue im Völkerrecht? (in der Österr. Zeitschr. f. öffentl. Recht, Bd. II, 1915, S. 1ff.) und dazu Manenti, E da tener fede ai contratti nel diritto internazionale?, 1916; Mola, Il principio juridico della forza obbligatoria dei trattati, 1914.

[7] So Thomsen, Einige Kapitel zur auswärtigen Politik, Heft 1, S. 4f.

[8] „Jene Rechtsbrüche und Scheußlichkeiten sind, so zahlreich sie auch sein mögen, doch nur Einzelfälle, Auswüchse, Entartungen, denen eine größere Menge besserer Erfahrungen gegenübersteht." (Zitelmann, Haben wir noch ein Völkerrecht? S. 26.) „Übersehen wir dabei eins nicht, daß jenen Mißachtungen (des Völkerrechts) auch in diesem Kriege eine so große Reihe von Fällen der Befolgung der völkerrechtlichen Gebote gegenüberstehen, daß die Mißachtungen durchaus als Ausnahmen

erscheinen .... Daß aber Hunderttausende, ja Millionen fortgesetzt die Genfer Konvention achten, sich einer anständigen Kriegführung befleißigen, daß die Staaten, dabei insbesondere die neutralen, bei ihren Maßnahmen in der überwältigenden Mehrzahl der Fälle auf die Gebote des Kriegsrechts Rücksicht nehmen, davon wird nicht gesprochen, weil es selbstverständliche Pflicht ist. Das sollte bei der Beurteilung des Völkerrechts nicht vergessen werden." (Herbert Kraus, Der gegenwärtige Krieg vor dem Forum des Völkerrechts, 1914, S. 26.)

[9] Vgl. Stier-Somlo, Grund- und Zukunftsfragen deutscher Politik, 1917, S. 222ff.; Zitelmann, Die Anwendbarkeit der Haager und Genfer Abkommen im gegenwärtigen Kriege (Archiv d. öffentl. Rechts, Bd. XXXV, 1915, S. 1—27); Niemeyer, Das Recht des Unterseebootkrieges, 1915, S. 13; Triepel, Die Zukunft des Völkerrechts, 1916, S. 21ff.; Pohl, Amerikas Waffenausfuhr und Neutralität, S. 23; Anzilotti in Rivista di diritto internazionale, Bd. IX, 1915, S. 202ff., 478ff.; Baty-Morgan, War: its conduct and legal results, 1915, S. 223. Anderer Meinung Strupp, Landkriegsrecht, 1914, S. 161, 162 und Zeitschr. f. internat. Recht, Bd. XXVI, S. 486. Vor allem steht auch die deutsche Reichsregierung auf dem auch hier vertretenen Standpunkt der Völkerrechtslehre.

[10] Zitelmann, Haben wir noch ein Völkerrecht?, S. 19. Vgl. Strupp, a. a. O. S. 484f.: „Es ist das größte Übel, das jedem nicht aufgezeichneten Rechte anhaftet, daß die, welche seine Normen aufsuchen wollen, diese nicht in Paragraphenform aufgezeichnet finden, sondern auf Lehr- und Handbücher, wie auf Monographien angewiesen sind. Nur wenige Schriftsteller aber, vor allem die modernen deutschen und italienischen, im Gegensatz zu der Mehrzahl derjenigen anderer Nationen, haben es dahin gebracht, auch nur wirklich geltendes Recht und in Zweifels- und Streitfragen, sowie bei den so zahlreichen Lücken im Völkerrecht, nicht ihre höchstpersönliche Meinung (diese ohne nähere Begründung) als Völkerrecht vorzuführen. Weiter aber stellen viele noch nicht ratifiziertes, rechtlich nur Vertragsentwurf bedeutendes „Recht" als positiv geltendes dar. Oder aber — und dieser Fehler findet sich häufig selbst bei in Völkerrechtsfragen wohlerfahrenen Personen — man übersieht, daß ein Satz oder ein Komplex solcher nur für einen beschränkten Kreis von Staaten, zu denen der oder die nicht gehören, für die man es behauptet, gelten, und versucht, auch sie trotzdem als allgemeines und nicht partikuläres Völkerrecht (denn ein solches ist schon zwischen zwei Staaten möglich) hinzustellen. Strupp bekämpft besonders eindringlich die gleichnamige Schrift von Eltzbacher mit reichem Material und dem sichtbaren Beweise einer beherrschenden Kenntnis des Völkerrechts. Wie vielen von denen, die von dessen „Zusammenbruch" reden, stehen kaum die elementaren Kenntnisse über das Völkerrecht zur Verfügung!

[11] Triepel, Die Zukunft des Völkerrechts, 1916, S. 10. Vgl. auch die feinen Bemerkungen von Ferdinand Tönnies, Weltkrieg und Völkerrecht, 1917, S. 51—84.

[12] v. Liszt, Der Wiederaufbau des Völkerrechts (Deutsche Juristen-Ztg., 1916, Sp. 18ff.).

[13] Hugo Sinzheimer, Völkerrechtsgeist, 1917, S. 33. — Zoller, Das Völkerrecht und der Krieg 1914/15 (Zürich 1915), S. 130ff., 141ff.

[14] Vgl. Karl Mehrmann, Das neue Gleichgewicht der Staaten (o. J.), 1917, insbesondere S. 80; Brüggemann, Die Einheit Europas (Bonner vaterländische Reden und Vorträge während des Krieges), Heft 11, 1915, S. 29ff.; Franz Klein, Die Kulturgemeinschaft der Völker nach dem Kriege 1915, besonders S. 73ff., 87ff.; v. Liszt, Ein mitteleuropäischer Staatenverband 1915. Weitere Literatur zum Problem Mitteleuropa bei Stier-Somlo, Grund- und Zukunftsfragen deutscher Politik, 1917, 4. u. 5. Tausend, S. 390, und Jacques Stern, „Mitteleuropa". Von Leibniz bis Naumann über List und Frantz, Planck und Lagarde 1917 (wesentlich historisch gerichtet); Jäckh, Das größere Mitteleuropa 1917 (starke Betonung der Bedeutung der gegenwärtigen Konstellation); Schücking, Der Dauerfriede. Kriegsaufsätze eines Pazifisten, 1917, S. 23ff., 31ff., 69—86; Derselbe, Der Weltfriedensbund und die Wiedergeburt des Völkerrechts, 1917, S. 16ff., 32ff.

[15] E. Brandenburg, Deutschlands Kriegsziele, 1917, S. 91.

FSC
www.fsc.org
MIX
Papier | Fördert
gute Waldnutzung
FSC® C083411

Kolibri 360 GmbH
Ferdinand-Jühlke-Straße 7
99095 Erfurt, Deutschland
produktsicherheit@kolibri360.de

Die Vereinten Nationen im Unterricht

Die Vereinten Nationen im Unterricht

Bericht über eine Arbeitstagung für Pädagogen und Sozialwissenschaftler, veranstaltet vom 3. bis 8. Januar 1977 in der Europäischen Akademie Berlin

Deutsche UNESCO-Kommission, Bonn
K·G·Saur
München · New York · London · Paris

Seminarbericht der Deutschen UNESCO-Kommission Nr. 31

Bearbeitung: Prof. Dr. Klaus Hüfner
Redaktion: Dr. Hans-Wolf Rissom

CIP-Kurztitelaufnahme der Deutschen Bibliothek

Die Vereinten Nationen im Unterricht : Bericht über e. Arbeitstagung für Pädagogen u. Sozialwissenschaftler, veranst. vom 3. – 8. Januar 1977 in d. Europ. Akad. Berlin / Dt. UNESCO-Komm., Bonn. [Bearb.: Klaus Hüfner]. – München, New York, London, Paris : Saur, 1979.
(Seminarbericht der Deutschen UNESCO-Kommission ; Nr. 31)
ISBN 3-598-20421-3

NE: Hüfner, Klaus [Bearb.]; Arbeitstagung für Pädagogen und Sozialwissenschaftler ⟨1977, Berlin, West⟩; Deutsche Unesco-Kommission

K. G. Saur Verlag KG, München
Gesamtherstellung: Druckerei Stocky & Co, Leverkusen-Opladen
Printed in Federal Republic of Germany
ISBN 3-598-20421-3

Vorwort

Im vorliegenden Band wird über eine Arbeitstagung für Pädagogen und Sozialwissenschaftler berichtet, die in der Zeit vom 3. bis 8. Januar 1977 in Berlin gemeinsam von der Europäischen Akademie Berlin, der Deutschen Gesellschaft für die Vereinten Nationen (DGVN) und der Deutschen UNESCO-Kommission in Zusammenarbeit mit dem Berliner Komitee für UNESCO-Arbeit, der DGVN-Forschungsstelle und der Deutschen Welthungerhilfe durchgeführt wurde.

Angesichts der wachsenden Bedeutung der UNO und ihrer Sonderorganisationen stand die Frage im Mittelpunkt, ob die weltweiten Konflikte und Probleme im Unterricht einen angemessenen Niederschlag finden. Es wurden Lehrpläne, Schulbücher, Unterrichtsmodelle und AV-Medien zum Thema „Die Vereinten Nationen im Unterricht" vorgestellt und kritisch gewürdigt sowie in einem ersten gemeinsamen Gesprächsforum mit Vertretern von Kulturverwaltungen und Schulbuchverlagen diskutiert.

Die Deutsche UNESCO-Kommission hofft, daß die im folgenden abgedruckten Berichte weitere Anstöße zu einer intensiveren Behandlung dieser Probleme in den Schulen und Universitäten liefern und bedankt sich bei allen Mitveranstaltern und insbesondere bei den Autoren für deren konstruktive Mitarbeit.

Dr. Hans Meinel
Generalsekretär der
Deutschen UNESCO-Kommission

Bonn, November 1978

Inhaltsverzeichnis

I. Einleitung

von Prof. Dr. Klaus Hüfner

Im ersten Teil dieses Beitrages sollen die Gesamtzusammenhänge skizziert werden, die in den letzten Jahren zu einer intensiveren Beschäftigung mit dem Thema der Tagung führten. Im zweiten Teil wird über den Ablauf der Tagung berichtet, insbesondere über zwei Podiumsdiskussionen, die einleitend in die allgemeinpolitische Dimension einführten und abschließend Konsequenzen und Forderungen formulierten, sowie über die Ergebnisse der Arbeitsgruppen. In einem dritten Teil sollen einige Perspektiven für die weiteren Arbeiten an diesem Problemkomplex aufgezeigt werden, wie sie sich – teils als Ergebnis dieser Tagung, teils als Konsequenz bisheriger Aktivitäten internationaler und nationaler Organisationen – ergeben.

1. Gesamtzusammenhänge

Presse, Fernsehen und Funk konfrontieren uns tagtäglich mit Problemen der internationalen Politik, seien es militärische Konflikte und politische Krisen, Fragen des Rüstungswettlaufs, der weltweiten Inflationstendenzen, der Rohstoffpreise, der Unterentwicklung, des Hungers und Elends in der Dritten Welt oder Probleme, die mit der Abschaffung der Folter, der Verwirklichung der Menschenrechte sowie der Erarbeitung einer neuen Ordnung des internationalen Seerechts zusammenhängen. Die ständige Verbesserung, Intensivierung und Ausbreitung der Nachrichtentechnologie, der Informationsverbreitung und des -empfangs führten in dem letzten Jahrzehnt zu einem effektiven Einbezug der großen Mehrheit der Weltbevölkerung in die moderne Nachrichtenkommunikation und Ideologieverbreitung. Die heutige Jugend wächst – anders als die ältere Generation – mit Nachrichten über das Geschehen in der ganzen Welt auf. Zwar bietet sich die Chance, heute weniger Fehlinformationen und mehr zuverlässige Informationen als früher über das Weltgeschehen zu erhalten, aber es bestehen erhebliche Zweifel, ob „Sender“ und „Empfänger“ dieser Informationen über die notwendigen Fähigkeiten verfügen, diese Informationen in einer geeigneten Form zu sammeln, auszuwählen und auszuwerten.

Zwar wächt in den Sozialwissenschaften die Zahl der Abhandlungen über eine im Entstehen begriffene *Weltgesellschaft* mit ihren vielfältigen politischen, ökonomisch-sozialen, (völker-)rechtlichen und ideologisch-kulturellen Beziehungen, die in den letzten Jahrzehnten ein historisch bisher nicht gekanntes Ausmaß erreicht haben. Aber die sozialwissenschaftliche Auf- und Verarbeitung dessen, was sich aufgrund technologischer Entwicklungen bereits vollzogen hat, hinkt noch erheblich nach. Im Gegenteil, die Gefahr einer immer größer werdenden „Wissenslücke“ steigt bedrohlich, da die interdisziplinären Ansätze zur Überwindung vorhandener Theorie-Defizite ebenso wie die monodisziplinären Bemühungen eher stagnieren, wenn es darum geht, Erklärungen und Anleitungen zur Überwindung vorhandener Weltprobleme zu formulieren. Der Zusammenbruch der alten Weltwährungs- und Welthandelsordnung in der ersten Hälfte der siebziger Jahre, ebenso das Versagen sämtlicher, wie auch immer wirtschaftstheoretisch formulierter Entwicklungsansätze der westlichen Welt zur ökonomischen und sozialen Entwicklung der Dritten Welt bieten anschauliche Beispiele für den gegenwärtigen Zustand.

Betrachtet man vor diesem Hintergrund die Auseinandersetzungen um eine angemessene Darstellung der Weltprobleme im Schulunterricht, so werden die fachwissenschaftlichen, pädagogischen und didaktischen Schwierigkeiten ebenso wie die Gefahren einer politischen Verzerrung deutlich. Es tut sich eine „zweite Kluft" auf, nämlich die Gefahr, daß die internationale Dimension aller Probleme der nationalen Lebenswelt zunehmend unverständlicher werden. Eine bewußt oder unbewußt erfolgte Ausblendung dieser Perspektive im Bildungsbereich läßt sich spätestens seit der Vollmitgliedschaft der Bundesrepublik Deutschland in den Vereinten Nationen im Herbst 1973 nicht mehr rechtfertigen.

Mit anderen Worten: Die mangelhafte Darstellung der Problematik „Vereinte Nationen" in den Schulbüchern sowie das weitgehende Fehlen von Vorschlägen für Unterrichtseinheiten, Schülerarbeitshefte usw., von seiten der Landeszentralen für politische Bildung, von Lehrerverbänden oder aus dem Bereich der Sozialwissenschaften kann heute nicht mehr als Folge einer bis Anfang der siebziger Jahre typischen „Stimmung" in der Bundesrepublik Deutschland interpretiert werden, welche die Behandlung internationaler Beziehungen – falls sie nicht in den Kontext einer deutschlandbezogenen Ost-West-Analyse fielen – weitgehend vernachlässigte.

Sicher wird es stets einen systematischen Bruch zwischen dem, was im Bildungsbereich angeboten wird, und der ihn umgebenden komplexen Lebenswelt in dem Sinne geben, daß nur solche Themen und Lerninhalte eine Chance haben, in Lehrpläne und Rahmenrichtlinien auf Dauer aufgenommen zu werden, wenn sie Schlüsselkonzepte, Basiswissen oder verallgemeinerungsfähige Beispiele darstellen. Naumann/Reich betonen, daß eine Behandlung von Struktur und Funktionen des Systems der Vereinten Nationen im Schulunterricht keineswegs selbstverständlich war und ist: „Vielmehr treffen Forderungen nach einer Verbesserung und Intensivierung der schulischen Beschäftigung mit den Vereinten Nationen noch immer häufig auf eine Mauer von Skepsis und Desinteresse bei Pädagogen und Schulverwaltung. Wichtige Bausteine dieser Mauer sind ‚herrschende Pädagogik', genauer die Fachdidaktiken der Fächergruppe Geschichte/Sozialkunde/Politische Weltkunde, in denen es bisher noch keinen ‚gesicherten Platz', also eine im Rahmen dieser wissenschaftlichen Disziplinen begründete und legitimierte Verortung dieses Lerninhalts gibt. Solange dies aber nicht gesichert ist, hat das System der Vereinten Nationen aus pädagogischer Sicht nur den Status eines ‚Faktums der Lebenswelt', von denen es viele – für die pädagogische Praxis zu viele – gibt. Solange diese didaktische Verortung nicht gesichert ist, besteht die Möglichkeit, daß bei den periodisch erfolgenden ‚Entrümpelungen des Lehrplans' auch dieser Themenkomplex entfällt." (Nr. 12, S. 80)

Im Gegensatz zu den bisherigen Ausführungen scheint die Tatsache zu stehen, daß eine Bestandsaufnahme geltender Lehrpläne in den Ländern der Bundesrepublik Deutschland für den politischen Unterricht (Geschichte, Gemeinschaftskunde, Sozialkunde, Politische Weltkunde usw.) aufzeigt, daß eine Behandlung des Themenkomplexes „Vereinte Nationen" überall expliziert empfohlen oder sogar gefordert wird (vgl. Anhang). Demgegenüber sind jedoch folgende Einschränkungen zu machen:

- Lehrpläne sind in ihrer unterrichtsstrukturierenden Wirkung nur sehr begrenzt wirksam. Sie können die Thematik, die pädagogische Intentionalität und die zweckmäßigerweise anzuwendenden Unterrichtsmethoden nur grob skizzieren. Sie unterstellen ferner in erheblichem Maße ein vorhandenes Interesse und eine entsprechende Motivation von Lehrern und Schülern; diese hängen ihrerseits zum Teil von den verfügbaren Arbeitshilfen, vor allem von den Schulbüchern ab.
- Die Behandlung des Problemkomplexes „Vereinte Nationen" soll nach den analysierten Lehrplänen relativ spät, frühestens in Klasse 8, meistens in Klasse 9 und später erfolgen. Diesen Vorschriften liegt die – inzwischen widerlegte – Annahme zugrunde, daß das Wachstum des kindlichen Wissens in konzentrischen Kreisen erfolgt, d.h. von nahen zu fernen oder von einfachen zu komplexen Gegenständen (vgl. hierzu die Diskussion der politischen Sozialisationsforschung in Nr. 13, S. 28 ff).
- Fachwissenschaften und -didaktiken ist es bisher nicht gelungen, die Lücke zwischen den – in vielen Lehrplänen geforderten – institutionell orientierten Darstellungen der UNO einerseits und deren Bedeutung für die Entwicklungstendenzen der Weltgesellschaft, d.h. für die Dimensionen der die nationalstaatlichen Grenzen überschreitenden Gemeinsamkeiten im militärisch-politischen, ökonomisch-sozialen, kulturell-ideologischen und völkerrechtlichen Bereich andererseits zu schließen.

Die im letzten Punkt geäußerte Kritik spiegelt sich besonders deutlich in der Behandlung der Dritte-Welt-Problematik wider. So beachtenswert die Ende der sechziger Jahre insbesondere vom Bundesministerium für wirtschaftliche Zusammenarbeit ausgegangenen Impulse für eine intensivere pädagogische Beschäftigung mit den Problemen der Entwicklungsländer auch waren und sich inzwischen in zahlreichen Sammelpublikationen niederschlugen (vgl. 6., 7., 10. und 11. in den Literaturhinweisen), so muß andererseits bedauert werden, daß der Brückenschlag zu den inzwischen entstandenen Formen der Institutionalisierung überstaatlicher, weltweiter Kommunikations- und Kooperationsmechanismen durch das UNO-System noch nicht gelungen ist.

2. Zum Ablauf der Tagung

Die Tagung begann mit einer Podiumsdiskussion zu dem Thema „Die Vereinten Nationen: Chance für eine gerechte Weltfriedensordnung oder politischer Bankrott einer Idee?" Diese Themenstellung wurde von den Veranstaltern dieser Tagung bewußt an den Anfang gestellt. Durch eine pointierte Diskussion im Pro-Kontra-Verfahren sollte den Teilnehmern die Gelegenheit gegeben werden, einerseits die Sachprobleme zu diskutieren, andererseits die politischen Prämissen bei der Würdigung der Arbeit des Systems der Vereinten Nationen herauszuarbeiten. An der Podiumsdiskussion nahmen Dr. Jens Naumann, Vorstandsmitglied der Deutschen Gesellschaft für die Vereinten Nationen (DGVN) in Bonn und Berlin, und Dr. Wagner, Chefredakteur der Hannoverschen Allgemeinen Zeitung, Herausgeber des Europa-Archivs und Mitglied des Präsidiums der Deutschen Gesellschaft für Auswärtige Politik in Bonn, teil.

In der Diskussion wurde sehr schnell deutlich, daß es keine einheitlichen Maßstäbe gibt, um die Arbeit des Systems der Vereinten Nationen bewerten zu können. Ein Maßstab besteht darin, das UNO-System als ein auf weltweiter Ebene wirkendes System von Organisationen und Verfahren zur Identifizierung langfristig sich auswirkender Probleme der Weltgesellschaft und zur Akzentuierung möglicher Lösungen zu definieren. Dies bedeutet, daß die denkbaren Lösungen von dem UNO-System nicht direkt in die Realität umgesetzt werden, sondern daß lediglich die Rahmenbedingungen dessen, was auf bilateraler oder regionaler Ebene dann durchgeführt werden soll, von den Organen der Vereinten Nationen formuliert werden müssen. Diese Ausgangsprämisse blendet die Funktion der UNO, sich zuspitzende politisch-militärische Konflikte unter Kontrolle zu bringen, von vornherein aus und ignoriert damit diese sogenannte Feuerwehrfunktion. Stellt man diese Aufgabe jedoch in den Mittelpunkt der Betrachtungen, was oftmals getan wurde, dann fällt eine Beurteilung relativ negativ aus: Die bei der Gründung der Vereinten Nationen vorherrschende Idee, daß ein Instrument zur Verfügung stehe, um in Zukunft Kriege verhindern zu können, wurde bald aufgegeben. In der Phase des Kalten Krieges, d.h. der Auseinandersetzungen zwischen Ost und West, spielten die Vereinten Nationen keineswegs die Rolle, die sich die Gründer vorgestellt hatten. Gemeint ist das erfolgreiche Verhindern von Konflikten, da die Vereinten Nationen praktisch zum Instrument einer der beiden Seiten, nämlich der westlichen Seite wurden, zu einer Zeit als die östliche Seite eine Minderheit in den Vereinten Nationen darstellte. Heute ist die politische Bedeutung des Sicherheitsrates, der in den fünfziger Jahren als ein sehr wichtiges Instrument galt, praktisch völlig verloren gegangen. Die Staaten der Dritten Welt haben in der Generalversammlung eine Zwei-Drittel bis Drei-Viertel-Mehrheit, was zu einer völligen Verlagerung der Verhandlungsgegenstände in den Vereinten Nationen führte. Der Generalsekretär, dessen vermittelnde Rolle bei der Schlichtung von militärischen Konflikten Ende der fünfziger, Anfang der sechziger Jahre sehr wichtig war, als es darum ging, aus der Sackgasse eines paralisierten Sicherheitsrates zu gelangen, kann heute kaum noch politisch aktiv tätig werden. Die entsprechende Schlußfolgerung dieser Bewertung lautet dann, daß die eigentliche Tätigkeit der Vereinten Nationen sich in die Sonderorganisationen verlagert hat und daß man im Prinzip auf die UNO mit ihren Hauptorganen verzichten könne.

In der Diskussion wurde deutlich, daß beide Ausgangsprämissen unvollständig sind, daß es vielmehr darum geht, eine umfassende Definition dessen zu entwickeln, was von den Vereinten Nationen zu erwarten ist und erwartet werden kann. Dabei müssen auch die Zielsetzungen, wie sie 1945 in der Charta der Vereinten Nationen niedergelegt wurden, zur Analyse dessen, was als „Verfassungswirklichkeit" gilt, herangezogen werden. Studiert man nämlich den Inhalt der Charta genauer, so stellt man fest, daß sie nicht nur Ausführungen über die Möglichkeiten zur Verhinderung von Kriegen und von Bedrohungen des Weltfriedens mit Hilfe des Sicherheitsrates und der Generalversammlung enthält, sondern auch auf Institutionen im sozialen und ökonomischen Bereich hinweist und – ebenso wie das Problem der weltweiten Verwirklichung der Menschenrechte – in Umrissen so etwas wie eine Weltsozialpolitik skizziert.

Die Bundesrepublik Deutschland, erst seit 1973 Vollmitglied der Vereinten Nationen, sieht sich mit einer Reihe von Problemen konfrontiert, welche die Darstellung der Vereinten Nationen in den deutschen Schulbüchern zu einem „Politikum" machen. Da geht es zum einen um die historische Dimension der Gründung der Vereinten Nationen, die vor dem Hintergrund des gemeinsamen Bemühens der USA, Frankreichs, Großbritanniens und der Sowjetunion gesehen werden muß, das Dritte Reich und dessen Verbündete militärisch zu besiegen, um nach den schrecklichen Ereignissen des Zweiten Weltkrieges eine Organisation der „Vereinten Nationen" aufzubauen, die Kriege ein für allemal verhindern. Die Bürger des zerschlagenen Deutschen Reiches hatten nach der Kapitulation im Mai 1945 andere Sorgen: Sie mußten sich um das physische Überlegen kümmern und versuchen, neue Ordnungen aufzubauen. Sie waren zum Feind abgestempelt; die Vereinten Nationen wurden von den Siegern gegründet, in deren Staaten sich friedenseuphorisch gestimmt Bürger fanden, um die Idee der Vereinten Nationen in die Wirklichkeit umzusetzen. Die Besiegten hatten damals keine Möglichkeit, an diesem Prozeß teilzunehmen, und haben heute große psychologische Probleme, sich in der neuen Rolle als Vollmitglied der Vereinten Nationen innerhalb dieser Organisation „normal" zu bewegen. Ähnliches gilt auch für die Vertreter der DDR.

Generell kann daher behauptet werden, daß die Bewertung der Entwicklung der Vereinten Nationen und ihrer Tätigkeitsfelder in der Bundesrepublik Deutschland durch Regierung, Opposition und Öffentlichkeit eher distanziert erfolgt und daß die Zahl derer, die dieses UNO-System nicht mit einer nationalen, sondern mit einer globalen Brille betrachten, eine Minderheit ausmacht.

Wenn es um die pädagogischen und didaktischen Fragen der Vermittlung dieser Problematik geht, dann wird es unumgänglich sein, auch die politisch-normativen Maßstäbe offenzulegen, die bei einer Einschätzung der Erfolge und Mißerfolge bestimmter Tätigkeiten des UNO-Systems angelegt werden. Dabei werden die Differenzen wahrscheinlich um so größer sein, je aktueller die UNO-Bezüge sind, oder anders ausgedrückt, je weniger die Ereignisse von der Politikwissenschaft aufgearbeitet werden konnten. Dies bedeutet, daß fachwisschenschaftlich bewährte theoretische Raster notwendig sind, um im Unterricht aktuelle Probleme des UNO-Systems diskutieren zu können. Dabei sollte die Illusion aufgegeben werden, daß es ein einziges, allgemein anerkanntes Theorie-Stück gibt, das uns erlaubt, diese Diskussion nur unter einem Kriterium fachwissenschaftlicher Rationalität zu führen.

Im Anschluß an die beiden in diesem Band wiederabgedruckten Referate von Frau Reich und Herrn Dr. Wiegandt wurden Arbeitsgruppen gebildet, die sich mit den Vereinten Nationen im Unterricht der Sekundarstufe I, der Sekundarstufe II, der Berufsschule sowie mit dem Einsatz von audiovisuellen Medien befaßten. Dabei wurde noch einmal die Kritik derjenigen Unterrichtsplanungungen und -texte hervorgehoben, welche die Vereinten Nationen zu stark unter einem historischen und institutionellen Aspekt beleuchten, so daß dadurch sowohl langfristig strukturelle als auch aktuelle Probleme und Aufgabenbereiche vernachlässigt sowie die Beziehungen zwischen dem institutionellen Aufbau (= Struktur des UNO-Systems) und den Aufgaben (= Funktionen des UNO-Systems) sowie deren Veränderungen im Zeitablauf nicht aufgezeigt werden. Daher wurde empfohlen, die Vereinten Nationen stärker vor dem Hintergrund der sich wandelnden weltpolitischen, -wirtschaftlichen und -sozialen Konflikt- und Konsensbereiche vorzustellen.

In einer anderen Arbeitsgruppe wiesen Lehrer aus der Schweiz auf eine besondere Aktivität hin, die in einigen Schulen in Verbindung mit der Genfer Organisation SUN (Student United Nations) und der nationalen UNESCO-Kommission der Schweiz durchgeführt wurde. Es handelt sich dabei um eine Simulation von UN-Vollversammlungen, die jedes Jahr im Dezember im größten Saal des UNO-Gebäudes in Genf stattfindet. Sie dauert drei Tage und wird von etwa 500 Schülern besucht. Die Schüler repräsentieren in verschiedenen Delegationen die Mitgliedstaaten der Vereinten Nationen. Sie bereiten sich in ihren Klassen langfristig auf diese Aufgabe vor. In den Genfer Gymnasien erfolgt die Vorbereitung der Schülerdelegationen im Rahmen eines freien Wahlkurses zu dem Thema Internationale Organisationen. Die Verhandlungen finden in französischer, deutscher und englischer Sprache mit Simultanübersetzung statt. Die in der Schweiz gewonnenen Erfahrungen mit diesen Simulationsspielen sind sowohl im Hinblick auf die Motivation der Schüler, der vermittelten Informationen und der öffentlichen Beachtung dieser Veranstaltungen überwiegend positiv zu bewerten.

In der Arbeitsgruppe wurde eine Übertragung dieser Veranstaltungsform in die Bundesrepublik Deutschland begrüßt. Sie müßte allerdings in modifizierter Form stattfinden, wobei folgende Voraussetzungen zu erfüllen sind:

- Eine der SUN vergleichbare Trägerorganisation müßte gegründet werden;
- die Veranstaltung sollte auf eine überschaubare Region (eventuell eine Stadt) eingegrenzt werden und
- die Themen sollten sorgfältig ausgewählt und nach Möglichkeit eingegrenzt werden.

Weiterhin wurde empfohlen, daß eine derartige Simulation sich weniger an eine UN-Generalversammlung, sondern sich eher an UN-Fachkonferenzen (z.B. Bevölkerungskonferenz, Frauenkonferenz) orientiert. Wegen des großen Interesses an diesem Simulationsspiel aus der Schweiz wurde in diesem Band ergänzend der Aufsatz von Christel Adick und Sabine Loreck aufgenommen, die über eine andere Simulation, wie sie kürzlich in Holland durchgeführt wurde und demnächst in deutscher Sprache von der Deutschen Gesellschaft für die Vereinten Nationen veröffentlicht wird, berichten und deren Einsatzmöglichkeiten kritisch bewerten.

Die Tagung wurde durch ein öffentliches Rundgespräch abgeschlossen, das zum Thema „Die UN im Unterricht – Konsequenzen und Forderungen" Vertreter aus Kultusministerien und Schulbuchverlagen einlud.

In den beiden Schulbuchanalysen durch Frau Reich wird deutlich, daß die in den Ländern der Bundesrepublik Deutschland zugelassenen Schulbücher vor allem drei Schwächen aufweisen. Sichtbar wurde einerseits eine Tendenz zur reinen Institutionenkunde, andererseits ein mangelnder Aktualitätsbezug. Die Schulbücher blieben meist bei der Phase des Kalten Krieges stehen und übersahen bisher den Wandel der Welt und der Vereinten Nationen, der spätestens Mitte der sechziger Jahre einsetzte. Ein dritter Mangel zeigte sich in der eurozentrischen Sichtweise: Alle Aspekte und Aktivitäten des UNO-Systems wurden durch eine westeuropäische Brille gefiltert, so daß auch die Strukturen des UNO-Systems und dessen Aktivitäten höchst unzureichend miteinander verknüpft wurden. Mit anderen Worten, der gegenwärtige Schwerpunkt der Tätigkeiten des UNO-Systems, nämlich seine Mitwirkung an der Lösung der sozialen und wirtschaftlichen Probleme der Staaten der Dritten Welt wird nur selten in den Schulbüchern als eine UNO-Aktivität angemessen dargestellt.

Bei der Diskussion der pädagogischen Dimension, die in dem Vortrag von Herrn Dr. Wiegandt angeschnitten wurde, kam sehr deutlich zum Ausdruck, daß es äußerst schwierig ist, die Probleme auf der weltweiten internationalen Ebene in angemessener Form auf der Individualebene zu veranschaulichen, d.h. internationale Probleme jungen Menschen klar zu machen. Dies wurde sichtbar in der Kritik an bestimmten Curriculumansätzen, die davon ausgehen, daß man die Umwelt und die Erlebniswelt des Kindes zum Ausgangspunkt der Vermittlung machen soll und damit erst in einer sehr späten Altersphase der Jugendlichen, nämlich etwa zwischen 15 und 18 Jahren, die Probleme des aktuellen Weltgeschehens in den Unterricht miteinbezieht. Ferner wurde das Problem der Konkretisierung von Lernzielen hervorgehoben, also der Frage, wie man Krieg und Frieden darstellt, wie man bestimmte Leitbilder analysiert, wie man aber auch das Verhalten der Kinder verändern kann, und zwar nicht nur das individuelle Verhalten an sich, sondern auch das Individualverhalten innerhalb der Gesellschaft, wobei Gesellschaft sehr weit definiert werden muß und sich nicht nur auf die unmittelbare Umwelt wie Familie und nationale politische Gesellschaft bezieht, sondern eben auch Politikverhalten zum und im internationalen Kontext

berücksichtigt. Drittens ging es um das Problem einer optimalen Kombination von Institutionenkunde einerseits und die Darstellung der Funktionen und Tätigkeitsfelder des UNO-Systems andererseits. Hier ging es um die Frage, wie man eine Institutionenkunde sinnvoll kombiniert mit aktuellen Tätigkeitsfeldern des UNO-Systems, um dadurch die Vereinten Nationen und die internationalen Probleme angemessen darstellen zu können.
Ein vierter Aspekt der Behandlung der Vereinten Nationen im Unterricht bezog sich auf die Zeit, die aufgrund der vorhandenen Lehrpläne und Rahmenrichtlinien zur angemessenen Darstellung dieses Gegenstandes überhaupt zur Verfügung steht. Es wurde deutlich, daß man den Gegenstand „UNO-System" nicht isoliert, sondern möglichst in einem fachübergreifenden projektorientierten Blockunterricht durchführt, daß man nach Möglichkeiten sucht, ihn nicht nur in zwei Unterrichtseinheiten zu behandlen, sondern – wie im Rahmen der UNESCO-Modellschulen – zum Schwerpunkt des gesamten Schulunterrichts in bestimmten Phasen des Schuljahres macht.

Bezugnehmend auf die Diskussionen im Anschluß an die Referate und in den Arbeitsgruppen wurden – an die Adresse der Kultusverwaltungen gewandt – unter anderem folgende Anregungen gegeben:

- Der Themenkomplex „Internationale Verständigung, internationale Organisationen" sollte in den Rahmenrichtlinien auch schon für die Primarstufe berücksichtigt werden;
- diese Themenbereiche sollten bei Curriculumrevisionen angemessen Berücksichtigung finden;
- das Angebot zu diesem Themenkomplex in der Lehrerausbildung und -fortbildung sollte erhöht werden; und damit zusammenhängend,
- die Motivation der Lehrer, solche Veranstaltungen zu besuchen, sollte verbessert werden.

In diesem Zusammenhang wurde auch der Vorschlag diskutiert, inwieweit man die Praxis der Norwegischen Gesellschaft für die Vereinten Nationen auch in der Bundesrepublik Deutschland verwirklichen kann. Dabei ging es um die Frage, ob man nicht im Sekretariat der Ständigen Konferenz der Kultusminister in Bonn drei bis fünf pädagogische Referenten ansiedelt, die dann an der „Basis" operieren, d.h. von Schule zu Schule fahren und versuchen, mit den Lehrern die aktuellen Probleme zu diskutieren, die sich aus der Umsetzung dieses Themenkomplexes im Unterricht ergeben. Hier wurde unter anderem darauf hingewiesen, daß im Rahmen der Modellversuche der Bund-Länder-Kommission für Bildungsplanung und Forschungsförderung die Möglichkeit bestünde, einen speziellen Modellversuch zu starten. Auch das Georg-Eckert-Institut für Internationale Schulbuchforschung in Braunschweig könnte seinen Aufgabenbereich in diesem Sinne erweitern.

Ferner sollten Möglichkeiten zur Erhöhung der finanziellen und Verbesserung der organisatorischen Unterstützung der UNESCO-Modellschulen in der Bundesrepublik Deutschland geprüft werden. Dies sollte mit dem Ziel erfolgen, die dort erfolgreich abgeschlossenen Modellprojekte so zu generalisieren, daß sie auch anderen Schulen zugänglich gemacht werden können. Dies könnte durch eine finanzielle Förderung spezifischer Projekte dieser Modellschulen erfolgen und mit einer entsprechenden Publikationspolitik durch die Kultusverwaltungen verbunden werden. Dabei könnten auch die nichtstaatlichen Organisationen in der Bundesrepublik Deutschland eine wichtige Mittlerrolle übernehmen.

Gegenüber den Schulbuchverlagen wurde der Wunsch geäußert, aktuelle Text- und Quellenmaterialien, Materialien in Form von Unterrichtseinheiten, Schülerarbeitsheften und Unterrichtsmodellen zu veröffentlichen, welche die Probleme des UNO-Systems angemessen und umfassend darstellen (vgl. hierzu als erste Versuche 1.-5. in den Literaturhinweisen). Die bisherigen unzureichend und teilweise einseitig erfolgten Darstellungen der Strukturen und Funktionen des UNO-Systems in den vorhandenen Schulbüchern sollten einer ernsthaften Revision unterzogen werden. Dies könnte z.B. auf einer Tagung in Zusammenarbeit mit Fachwisschenschaftlern und Fachdidaktikern erfolgen.

In der Abschlußdiskussion wurde deutlich, daß sicher noch manches durch Kultusverwaltungen und durch Schulbuchverlage verbessert werden könnte. Es wäre aber falsch und vermessen, ihnen allein den „Schwarzen Peter" zuzuschieben. Entscheidende Verbesserungen müßten an der „Basis" erfolgen. Die internationale Politikwisschenschaft müßte interdisziplinär orientierte Angebote in der Lehrerbildung und -fortbildung machen, die attraktiv genug sind, um Lehrer zu motivieren, um die vorhandenen Schwierigkeiten bei der Umsetzung dieser Problematik zu überwinden. Diese Tagung sollte ein erster Schritt in diese Richtung sein. Es ist zu hoffen, daß sowohl die anwesenden Lehrer als auch die Leser dieses Tagungsberichts ihren Beitrag leisten werden, um den Unterricht über internationale Beziehungen und das UNO-System zu verbessern.

3. Perspektiven

Einleitend wurde bereits hervorgehoben, daß es heute verstärkte Tendenzen des Zusammenwachsens der Welt zu einer „Weltgesellschaft" gibt, daß Gemeinsamkeiten bereits entstanden sind oder im Entstehen begriffen sind, die weit über die Grenzen einzelner Staaten hinausreichen. Als Beispiele für diese Dimensionen grenzüberschreitender Gemeinsamkeiten seien u.a. genannt:

- Die reale Möglichkeit des gemeinsamen Todes der Menschheit aufgrund des vorhandenen Mehrfach-Vernichtungspotentials der beiden Supermächte;
- die ständig stattfindende Beobachtung der Welt für militärische und zunehmend auch wirtschaftliche Zwecke durch Satelliten;
- die enorme Verbesserung, Intensivierung und Ausbreitung der Nachrichtentechnologie, der Informationsverbreitung und des -empfangs, die zu einem effektiven Einbezug der großen Mehrheit der Weltbevölkerung in die mo-

derne Nachrichtenkommunikation und Ideologieverbreitung führten;
- die ständige Ausdehnung und Verbesserung der Verkehrstechnologie, welche die Welt „zusammenschrumpfen" läßt;
- der ständig anwachsende Umfang wirtschaftlicher Transaktionen und Interdependenz;
- die zunehmende Erkenntnis über die Knappheit der Ressourcen, die der Menschheit zur Verfügung stehen, und die notwendige Zusammenarbeit zum Schutze des bedrohten ökologischen Gleichgewichts; und
- die zunehmende Intensität in der politischen Konfrontation zwischen Nord und Süd, die den Ost-West-Konflikt immer stärker in den Hintergrund drängt.

All diese Beispiele für ein Zusammenwachsen der Welt weisen in Richtung auf eine neue Realität, die globale Interdependenz, die durch die klassische Machtpolitik einzelner Staaten nicht mehr zu kontrollieren ist, sondern weltweite Kooperations-, Kommunikations- und Konfliktlösungsmechanismen erfordert.

Das System der Vereinten Nationen stellt auf weltweiter Ebene die Institutionalisierung eines Systems solcher Mechanismen dar. Das Eigengewicht der Sachgesetzlichkeit der weltweiten Probleme, die von den Vereinten Nationen thematisiert werden und an deren Lösung die verschiedenen Regierungen aus objektiven Zwängen heraus interessiert sein müssen, hat erheblich dazu beigetragen, die Legitimation des UNO-Systems zu erhöhen, über die Wichtigkeit von Themen und Problemen, die Präferenzen für bestimmte Lösungen, etc., aber auch über konkrete Aktionen und unmittelbare Maßnahmen, etc. zu entscheiden.

Vor diesem Hintergrund werden unsere wichtigsten Aufgaben darin bestehen, durch Forschungsprojekte, nationale und internationale Fachkonferenzen, etc. zu untersuchen,

- ob und in welchem Unfange Geschichts-, Weltkunde- und Sozialkunde-Schulbücher in der Lage sind, diese Weltprobleme angemessen darzustellen und die gegenseitigen Abhängigkeiten zwischen der internationalen und nationalen Ebene zu problematisieren;
- ob diese Schulbücher die Rolle der internationalen Organisationen, insbesondere des UNO-Systems, in deren Strukturen *und* Funktionen im Hinblick auf die oben genannten Weltprobleme darstellen oder nicht;
- ob und in welchem Umfang Fachwissenschaften einerseits sowie Pädagogik und Didaktik andererseits auf diese empirischen und theoretischen Herausforderungen reagieren (vgl. hierzu auch Nr. 8 und Nr. 9 des Literaturverzeichnisses).

Bundespräsident Walter Scheel hat in seiner Rede auf dem Deutschen Historickertag 1976 auf die Ambivalenz der Erziehungsprozesse mit aller Deutlichkeit hingewiesen, als er sagte: „Die Geschichte in Schulbüchern aber ist eine geschichtliche Macht, die ungeheure Energien entfalten kann, zum Guten oder zum Bösen. Die Mächtigen und diejenigen, die zur Macht drängen, haben das immer gewußt." Er betonte an anderer Stelle: „ In den Schulbüchern einer Demokratie sollte es keine geschichtlichen Tabus geben. Geschichte ist Kampf, Kampf der Ideen, der Völker, der Klassen. Man stelle immer die Argumente beider Seiten dar, die Leiden, das Recht und das Unrecht beider Seiten."

Vor diesem Hintergrund sollte die wissenschaftliche und pädagogisch-didaktische Arbeit forgesetzt und vertieft werden. Dabei gilt es zu beachten, daß die „internationale Perspektive" nicht nur Gegenstand der Untersuchungen ist, sondern selbst als allgemeiner Bezugsrahmen anerkannt wird. Hierzu gehört z.B. auch die Diskussion und Umsetzung der UNESCO-Empfehlung über die Erziehung zu internationaler Verständigung und Zusammenarbeit und zum Weltfrieden sowie die Erziehung im Hinblick auf die Menschenrechte und Grundfreiheiten, deren voller Wortlaut in deutscher Übersetzung im Anhang dieses Tagungsberichts enthalten ist. Ferner sollten bilaterale Schulbuch-Konferenzen, die darauf gerichtet sind, nationalistische oder ideologisch einseitige Darstellungen und Interpretationen geschichtlicher Abläufe und gesellschaftlicher Zusammenhänge in Schulbüchern zu reduzieren, ergänzt werden durch „multilaterale" Schulbuchverhandlungen, um auf diese Weise bessere Voraussetzungen zur Bewältigung der Probleme auf dem Wege zu einer internationalen Erziehung im umfassenden Sinne des Wortes zu schaffen.

4. Literaturhinweise:

1. *Beyer,* Claudia, und andere: Krieg und Frieden in deiner Welt. Berlin 1977.
2. *Beyer,* Claudia, und andere: Konflikte: Gewalt oder Zusammenarbeit? Berlin 1977.
3. *Böhme,* Walter, und andere: Die Vereinten Nationen in internationalen Konflikten. Nahost-Konflikt – Nord-Süd-Konflikt. Sachanalyse und Unterrichtsmodelle. Opladen 1977.
4. *Böhme,* Walter und *Lotz,* Peter: Nahost-Konflikt. Friedenssicherung durch die UNO. Schülerarbeitsheft. Opladen 1977.
5. *Böhme,* Walter, und *Lotz,* Peter: Nord-Süd-Konflikt. Friedenssicherung durch die UNO. Schülerarbeitsheft. Opladen 1977.
6. *Bundeszentrale für politische Bildung* (Hrsg.): Zur Methodik des Lernbereichs Dritte Welt. Bonn 1977 (Schriftenreihe der Bundeszentrale für politische Bildung, Band 118).
7. *Gesellschaft für Entwicklungspolitik:* Dritte-Welt-Problematik im Schulunterricht. Dokumentation einer Fachexpertentagung zur Erfahrungsauswertung und Bestandsaufnahme der entwicklungspolitischen Information im Schulunterricht in der Bundesrepublik Deutschland, Österreich und der Schweiz. Saarbrücken 1977 (GEP-Dokumentation, Heft 3).
8. *Hüfner,* Klaus: Die Vereinten Nationen als didaktisches Modell. Zur Behandlung des UNO-Systems im Schulunterricht. In: Materialien zur Politischen Bildung, 4. Quartal, 1970, S. 70-74.
9. *Hüfner,* Klaus, und *Naumann,* Jens: Images of the World and World Society-Stability and Change in the Contents and Normative Orientations of Schoolbooks and Standard Texts of Relevant „Reference Sciences" in Eastern, Western and Southern Countries. Berlin, September 1976 (hektographiertes Manuskript).
10. *Kübel-Stiftung:* Dritte Welt im Unterricht. Ein Seminarbericht. Bensheim-Auerbach 1974.

11. *Meueler*, Erhard, und *Schade*, K. Friedrich (Hrsg.): Dritte Welt in den Medien der Schule. Analyse und Konstruktion von Unterrichtsmedien. Bonn 1977 (Schriftenreihe der Bundeszentrale für politische Bildung, Band 106).
richt. Eine Übersicht über den geegnwärtigen Unterricht. In: Vereinte Nationen, 25. Jahrgang, Heft 3, 1977, S. 80-86.
12. *Naumann*, Jens und *Reich*, Brigitte: Die Vereinten Nationen im politischen Unterricht. Eine Übersicht über den gegenwärtigen Unterricht. In: Vereinte Nationen, 25.
13. *Pawelka*, Peter (Hrsg.): Internationale Beziehungen. Ein vernachlässigter Lernbereich. Stuttgart 1976.
14. *Reich*, Brigitte: Die Vereinten Nationen als Gegenstandsbereich einer kritischen Friedenserziehung im Unterricht. Berlin 1976 (unveröffentlichte Diplom-Arbeit an der PH Berlin).
15. *Reich*, Brigitte, und andere: Die Vereinten Nationen im Schulbuch. Bonn 1973 (Schule und Dritte Welt Nr. 42 des BMZ).

II. Die bildungspolitische Dimension

Die Vereinten Nationen in den Lehrplänen und Schulbüchern der Länder der Bundesrepublik Deutschland – Eine kritische Bilanz

von Brigitte Reich

1. Vorüberlegungen zur Relevanz der Untersuchung

Warum eine derartige Analyse, was kann sie an Einsichten hervorbringen und wo liegen ihre Beschränkungen?

Ausgangspunkt ist die Tatsache, daß die Welt in der Nachkriegszeit zunehmend „kleiner geworden" ist, „stärker zusammenrückte", „einheitlicher wurde" oder wie immer man das Phänomen verstärkter internationaler und transnationaler Abhängigkeiten und Interaktionen umgangssprachlich faßt.[1]

Dieser Prozeß wird einerseits widergespiegelt, andererseits vorangetrieben durch weltweit orientierte Verfahren und Institutionen, Organisationen, vor allem durch das System der Vereinten Nationen. In der Analyse von Rahmenplänen und Schulbüchern wird also unterstellt, daß es wünschenswert ist, Kinder und Jugendliche auf diese evolutionären Prozesse in angemessener Weise aufmerksam zu machen. Mit dieser vorsichtigen Formulierung soll angedeutet werden, daß Art und Umfang eines entsprechenden pädagogischen Programms Rücksicht zu nehmen hat auf zahlreiche (u.a. alters-, entwicklungs- und motivationsbedingte) Eigenheiten der jeweiligen Zielgruppen.

Es muß nun deutlich gesehen werden, daß eine Untersuchung von Lehrplänen und Schulbüchern wie diese nur einen Teil des pädagogischen Programms zu charakterisieren vermag. Dagegen kann nichts über die Durchführung des Unterrichts, das Zusammenwirken mit anderen schulischen und außerschulischen Einflußfaktoren (wie z.B. Kenntnisse des Lehrers, Unterrichtsstil des Lehrers, Einbeziehung anderer Materialien, Einfluß der Medien wie Fernsehen, Zeitungen, Einflüsse des Elternhauses usw.) und schließlich nichts über den Erfolg oder Mißerfolg solcher Lernprozesse ausgesagt werden.

Die in der vorliegenden Analyse untersuchten Lehrpläne und Schulbücher sind jedoch in zweierlei Hinsicht wichtig:

1. Sie sind politisch und wissenschaftlich legitimierter Ausdruck der in einem bestimmten Zeitraum und Land geltenden bildungspolitischen (Vor-)Urteilsstruktur und haben insofern
2. eine Steuerungs- und Orientierungsfunktion für konkretes Lehr- und Lernverhalten in der großen Mehrzahl von Schulen.

Insofern kann eine Bestandsaufnahme wie die hier vorliegende den Ausgangspunkt für eine Reihe weiterreichender Fragen über den Komplex „Internationale Organisationen/Weltgesellschaft" darstellen, z.B. die Untersuchung

- von zeitlichen Verzögerungen zwischen Schulbuchinhalten einerseits und Themen und Argumentationsmustern von Fachdidaktiken andererseits;
- zeitlichen Verzögerungen und fachlich bedingter Perspektivverschiebungen zwischen Fachdidaktiken einerseits und Themen und Argumentationsmustern thematischer Bezugsdisziplinen wie der Politologie, der Soziologie, der Ökonomie und des Rechtes andererseits[2];

– nationaler (Bildungs-)Ideologien durch die Gegenüberstellung von Schulbuchinhalten und Fachdidaktiken in verschiedenen Staaten.

Diesen Fragen konnte im Rahmen der vorliegenden Arbeit nur oberflächlich nachgegangen werden. Vielleicht bezeichnen sie aber zukünftige Arbeitsperspektiven.

1.1 Das Untersuchungsmaterial

In dieser Untersuchung wird gefragt, ob und in welcher Form in der Bundesrepublik Deutschland die Vereinten Nationen und ihre Sonderorganisationen sowie ihre Programme, Konferenzen etc., in Lehrplänen und Schulbüchern berücksichtigt werden.

Obwohl diese Frage einfach klingt, ist es fast unmöglich, sie exakt zu beantworten. Dies liegt daran, daß die Länder der Bundesrepublik Deutschland – bedingt durch ihre Kulturhoheit – jeweils eigene Lehrpläne beschließen und jeweils bestimmte Schulbücher zum Gebrauch zulassen. Zum anderen werden in der Regel erheblich mehr Bücher zum Gebrauch zugelassen als tatsächlich in den Schulen benutzt, d.h. „eingeführt" werden. Als Ergebnis der verschiedenen Finanzierungsmodi (Übereignungs-, Leih- und Selbstbeschaffungssystem) bestehen außerdem erhebliche Unterschiede im Alter und in der Zusammensetzung der Schulbuchbestände.

Als Fazit dieser Faktoren kann festgestellt werden, daß keine bildungspolitische Stelle in der Bundesrepublik Deutschland mit einiger Genauigkeit angeben kann, welche Lehrmittel tatsächlich benutzt werden.

Aus diesen Gründen ist auch das Material dieser Untersuchung lückenhaft, obwohl, wie an späterer Stelle noch ausgeführt wird, davon ausgegangen werden kann, daß ca. 80 - 90% aller in den Ländern der Bundesrepublik Deutschland zugelassenen Bücher für das Fach Geschichte und Sozialkunde/Politische Weltkunde einbezogen wurden.

Eine Untersuchung von Lehrplänen stößt auf folgende problematische Beschränkungen:

Die seit den 60er Jahren verstärkt diskutierten und durchgeführten Reformvorhaben im Bereich der organisatorischen Strukturierung des Bildungswesens (z.B. Einführung von Gesamtschulen, der zweijährigen Orientierungsstufe, der reformierten Oberstufe) wurden auch durch Neuformulierungen und Diskussionen über die Auswahl von Lerninhalten und -zielen für die verschiedenen Schulformen begleitet.

Neue Rahmenrichtlinien und Lehrpläne wurden erarbeitet, zur Erprobung im Unterricht zugelassen, teilweise (wie z.B. in Hessen) wieder zurückgezogen und umformuliert. Diese Vielfalt nebeneinanderherlaufender unterschiedlich verbindlicher und eingeführter Lehrpläne erschwert eine umfassende Übersicht. Deshalb sollen hier nur grundlegende Tendenzen der Berücksichtigung der Vereinten Nationen in z.Zt. gültigen Rahmenrichtlinien und Lehrplänen vorgestellt werden.

1.2 Die Vereinten Nationen in Rahmenplänen

Es kann festgestellt werden, daß in Rahmenrichtlinien/Lehrplänen für die Sekundarstufe I (Klassen 5/7 - 10) und Sekundarstufe II (Klassen 11 - 13) sowohl für das Fach Sozialkunde/Politische Weltkunde (im folgenden Text als SK/PW abgekürzt) – die Bezeichnung variiert von Land zu Land – die Vereinten Nationen als Unterrichtsinhalt aufgeführt werden.

Im Fach Geschichte werden sie der Behandlung der Nachkriegszeit zugeordnet: z.B. verzeichnet der Berliner Rahmenplan für die Realschule im Fach Geschichte das Thema: Die Welt in den ersten Jahren nach dem II. Weltkrieg. Als erstes Unterthema erscheint die Gründung der Vereinten Nationen.

Die Richtlinien für die Hauptschule in Nordrhein-Westfalen sehen ebenfalls für das Fach Geschichte innerhalb des größeren Themas: Die Kriegsfolgeauseinandersetzung und die Entscheidung über die Vormachtstellung der USA und UdSSR – die Behandlung der UN – Absicht und Erfolg von Friedensbemühungen – vor. Allerdings wird der Behandlung der Nachkriegszeit (II. Weltkrieg) insgesamt nur ein geringer zeitlicher Spielraum zugemessen, der oft nicht mehr als 6 Unterrichtsstunden umfaßt.

Ausführlicher und häufiger sollen die Vereinten Nationen, internationale Organisationen im Fach SK/PW laut Rahmenplan diskutiert werden. Hier zeichnen sich unterschiedliche Orientierungen in schon länger geltenden und in neuen (z.B. seit Anfang der 70er Jahre erarbeiteten) Rahmenplänen ab:

Die älteren Lehrpläne legen den Hauptaspekt auf eine Darstellung der institutionellen Struktur der unterschiedlichen internationalen Zusammenschlüsse wie z.B. vor allem der EG, der NATO, des COMECON und auch der Vereinten Nationen. Die neueren Rahmenpläne wie die für die Länder Hessen und Nordrhein-Westfalen orientieren sich stärker an thematisch gebündelten Lernfeldern wie: Intergesellschaftliche Konflikte und Friedenssicherung (Lernfeld IV, Hessen), Situationsfeld Internationale Beziehungen (Richtlinien für Nordrhein-Westfalen). Diese Lernfelder werden dann z.B. in den Hessischen Rahmenrichtlinien für Gesellschaftslehre (HRRG) in Lernzielzusammenhänge untergliedert, die jeweils verschiedene Aspekte des Gesamtthemas beleuchten. Die Vereinten Nationen sollen thematisiert werden sowohl unter dem Aspekt 1: Rüstung und Friedenssicherung, unter dem Aspekt 2: Konflikte als Ergebnis der ungleichzeitigen Entwicklung verschiedener Gesellschaften, – d.h. eine Thematisierung des Verhältnisses von unterentwickelten und entwickelten Ländern, Entwicklungshilfe – als auch unter dem Aspekt 3: Probleme und Chancen supranationaler Zusammenschlüsse. In den Rahmenrichtlinien für das Fach Politik (5. - 10. Klasse) an Gesamtschulen in Hamburg werden die Vereinten Nationen unter den Themen: Großmächte USA und UdSSR (Thema 10), Sicherheitspolitik, Wehrdienst und Kriegsdienstverweigerung (Thema 25) und Entwicklungspolitik (Thema 29) aufgeführt. Zu dem jeweiligen Oberthema sollen entsprechende Beispiele, Aktivitäten und Beiträge des UN-Systems zur Lösung der diskutierten Probleme ausgesucht werden.

Diese Abwendung von einer eher zu kritisierenden „Institutionenkunde" findet man jedoch bisher nur in den neuesten und umstrittensten Entwürfen und Erprobungsprogrammen für Rahmenpläne. Die vorherrschende Tendenz zur

Berücksichtigung des Lernbereiches „Internationale Organisationen/Vereinte Nationen" besteht in Lehrplänen für das Fach SK/PW darin, dieses Thema

1. für die Abschlußklassen der jeweiligen Schulform,
2. für einen zeitlichen Umfang von 2 - 6 Unterrichtsstunden,
3. unter der Zielsetzung der Darstellung der Gründung, des organisatorischen Aufbaus und einiger Beispiele aus ihrer Tätigkeit zur Friedenssicherung

vorzusehen.

Unter Berücksichtigung dieser sowohl für Schulbuchautoren als auch für Lehrer vorgegebenen Rahmenbedingungen ist nun weiterhin konkreter in dieser Analyse zu fragen, wie Schulbuchautoren diese Vorgaben reflektieren, in ihren Texten darauf Rücksicht nehmen oder ob sie stärker dem in Fachdidaktiken und wissenschaftlichen Bezugsdisziplinen erreichten Diskussionsstand folgen[3].

1.3 Zur Schulbuchanalyse

1.3.1 Auswahl der Schulbücher

Wie die Untersuchung von Rahmenplänen ergeben hat, ist eine Behandlung der Vereinten Nationen sowohl für den Geschichts- als auch für den SK/PW-Unterricht vorgesehen. Aus diesem Grunde wurden entsprechende Schulbücher für diese beiden Fächer in die Analyse einbezogen. Darüber hinaus sollte eine Beschränkung auf die Bücher, die zwischen 1971 und 1975 als Erst- oder Neuauflagen erschienen waren, sicherstellen, daß die heute und noch in den nächsten Jahren verwendeten Schulbücher erfaßt wurden.

Als drittes – pragmatisch bedingtes – Auswahlkriterium diente die Zulassung zum Schulgebrauch in Berlin (West). Die Menge der in Berlin zugelassenen Schulbücher dürfte etwa 80 - 90% aller in den Ländern der Bundesrepublik Deutschland zugelassenen Bücher umfassen. Damit ist allerdings keine Aussage über die erheblich kleinere Menge der in Berlin oder in den anderen Ländern tatsächlich eingeführten Bücher gemacht. Dies hängt u.a. von den bereits erwähnten Faktoren wie der Höhe der Lernmittelbudgets, Leihsystem oder Übereignungssystem usw. ab. Zumindest kann aber unterstellt werden, daß die für den Schulalltag potentiell wichtigen Texte in die Auswahl einbezogen wurden.

Damit ergab sich eine Gesamtmenge von 31 zu untersuchenden Schulbüchern. Für das Fach Geschichte wurden 9 Bücher für die Sekundarstufe I und 2 für die Sekundarstufe II ausgewählt. Die geringe Menge von Geschichtsbüchern für die Klassen 11 - 13 erklärt sich aus der Tatsache, daß in einigen Ländern der Bundesrepublik Deutschland (Berlin, Hessen, Hamburg) das Fach Geschichte in der Kombination mit Erdkunde und Sozialkunde als Fach „Politische Weltkunde" unterrichtet wird, so daß dementsprechend die Schulbücher für dieses Integrationsfach konzipiert werden und nicht mehr als gesonderte „Geschichtsbücher" erscheinen.

Für das Fach SK/PW wurden jeweils 10 Bücher für die Sekundarstufe I und Sekundarstufe II in die Analyse einbezogen. Die folgenden Ausführungen beziehen sich auf die in der Liste der analysierten Schulbücher verwendete Numerierung.

1.3.2 Fragestellung der Schulbuchanalyse und Aufbau des Analysebogens

Die Anfangserläuterungen zur Auswahl des Themenbereiches der Analyse: „Das System der Vereinten Nationen in Lehrplänen und Schulbüchern –" sollte andeuten, daß diese Organisation nicht „als Lerninhalt und Lernziel an sich" relevant erscheint. Vielmehr ist zu untersuchen, ob die Vereinten Nationen (UN) sowohl als Ausdruck als auch als weitere Voraussetzung der zunehmenden Tendenzen in Richtung auf politische, wirtschaftliche, rechtliche, kulturelle und soziale weltweite Interdependenzen gesehen werden oder ob sie nur durch ihre normativ-rechtliche Organisationsstruktur charakterisiert werden, ohne daß ihre spezifischen Funktionen und Möglichkeiten zur Friedenssicherung vor dem Hintergrund der internationalen Beziehungen seit 1945 (Gründung der UN)[4] diskutiert werden.

Diese Fragestellung impliziert zum einen die Berücksichtigung des thematischen Kontextes, innerhalb dessen die Darstellung des UN-Systems in den Schulbüchern erfolgt. Zum anderen soll gefragt werden:

- welche Informationen über das UN-System ausgewählt werden;
- welche expliziten und impliziten Bewertungen über das UN-System den Texten zugrunde liegen;
- in welchem quantitativen Umfang die Behandlung des UN-Systems erfolgt.

Zur Beantwortung wurde ein Analysebogen konzipiert, der für jedes Schulbuch ausgefüllt wurde (siehe Anlage 1). In diesem Auswertungsbogen wurden 7 Aspekte der Analyse hinsichtlich folgender Fragestellungen gruppiert:

I. Wie wird die *Umwelt* des UN-Systems (bezogen auf Weltgesellschaft) dargestellt?
II. Wie wird die normativ-rechtliche *Organisationsstruktur* des UN-Systems beschrieben?
III. Welche *Tätigkeitsbereiche* des UN-Systems werden vorgestellt?
IV. Wie werden Struktur und Tätigkeiten des UN-Systems *bewertet?*
V. Welche *Anregungen* zur weiteren Auseinandersetzung mit dem UN-System werden gegeben?
VI. In welchem *thematischen Kontext* wird das UN-System innerhalb des Schulbuchs eingeführt?
VII. In welchem *quantitativen Umfang* und mit welchen Darstellungsformen (Text, Graphiken, Photos usw.) wird das UN-System behandelt?

Die Auswertung und Interpretation der Antworten beziehen sich sowohl auf jedes einzelne Schulbuch, das hinsichtlich bestimmter Ergebnisse in den einzelnen Fragekategorien eingestuft wurde, als auch auf durchgängige, quantitativ gewichtete Trends in allen analysierten Schulbüchern.

2. Darstellung der Umwelt des UN-Systems in Schulbüchern

Unser „didaktisches Ideal", an dem wir die Schilderung des UN-Systems in den Schulbüchern – mehr oder weniger explizit – messen, ist nicht eine irgendwie vollständige Institutionenschilderung, sondern die – notwendigerweise immer vergröberte – Darstellung organisatorischer und verfahrensmäßiger Regelungen bezogen auf Problembereiche, die ihrerseits sicherlich immer nur verkürzt dargestellt werden können.

Mit anderen Worten, wir fragen danach, ob und in welcher Form das UN-System als Teil der entstehenden Weltgesellschaft beschrieben wird. Mit dem Begriff „Weltgesellschaft" sind dabei all jene gemeinsamen Abhängigkeiten etwa sicherheitspolitischer, wirtschaftlicher, technischer und ökologischer Art sowie Orientierungen und Erwartungshorizonte, Vorstellungen vom menschenwürdigen Leben, Menschenrechten, modernen politischen Ideologien gemeint. Diese definieren schon heute und seit geraumer Zeit über politische Grenzen hinweg die heutigen Lebensbedingungen der Menschheit. Es wurde daher versucht, festzustellen, ob und in welchen Dimensionen in den Schulbüchern ein Bild der Weltgesellschaft – als Umwelt und Bezug des UN-Systems – gezeichnet wird.

Da nicht erwartet oder gefordert werden kann, daß eine derartige Darstellung unter allen Umständen im unmittelbaren Zusammenhang mit dem jeweiligen Abschnitt über das UN-System stehen würde oder sollte, mußten die Bücher insgesamt überprüft werden. Die Prüfung bezog sich auf Darstellungen der vier funktionalen Problembereiche:

– internationale Politik
– internationale Wirtschaftsbeziehungen
– internationales Recht (Völkerrecht)
– Entwicklung und Verbreitung universalistischer Wertmuster (Ideologien, Wissenschaften, Religionen)

2.1 Internationale Politik

Sowohl für Geschichtsbücher wie auch für SK/PW-Bücher sind zwei Themenkomplexe der internationalen Politik in der Nachkriegszeit charakteristisch: der Ost-West-Konflikt und die Entkolonialisierung bzw. die Probleme der Dritten Welt. Für die Geschichtsbücher ist eine starke chronologische Orientierung typisch und eine im Vergleich zu SK/PW-Büchern stärker ausgeprägte einseitige (pro-westliche) Akzentuierung des Ost-West-Gegensatzes.[5] Zur Darstellung des Ost-West-Gegensatzes in den Geschichtsbüchern gehört die relativ ausführliche Schilderung politisch-militärischer und wirtschaftlicher Integrationsbemühungen in Ost und West sowie eine ausführliche Schilderung der Entwicklung des Deutschland-Problems. In SK/PW-Büchern wird die Ost-West-Problematik stärker losgelöst von einer an der Zeitachse geordneten Krisenfolge – in einem neutraleren Ton thematisiert: Charakterisierung von Gesellschaftssystemen in östlichen und westlichen Ländern, Hinweise auf Verfassungsnormen, Charakterisierung von Bündnissystemen, (Ab-)Rüstungsproblematik, Grundzüge einiger politischer Ideologien – vor allem verschiedene Ausprägungen des Kommunismus. Während die Geschichtsbücher hinsichtlich der Dritten Welt vor allem einzelne markante Punkte des Entkolonialisierungsprozesses hervorheben (Indien als positives, Kongo als negatives Beispiel für Kolonalpolitik) widmen sich SK/PW-Bücher stärker einer Schilderung des Zustandes der Unterentwicklung.

2.2 Internationale Wirtschaftsbeziehungen

In Geschichtsbüchern werden internationale Wirtschaftsbeziehungen der Nachkriegszeit anhand von 3 Themen kurz vorgestellt: Marshall-Plan für Westeuropa, west- und osteuropäische Integrationsbemühungen (als Institutionenkunde). In SK/PW-Büchern gibt es grundsätzlich ein Kapitel über Wirtschaft ... der Bundesrepublik Deutschland: Tarifautonomie, Wirtschaftspolitik, Sozialpolitik, Preise und Investitionen.

Daneben – als Institutionenkunde – ein Kapitel (Abschnitt) über die westeuropäische Integration und eine Darstellung der Wirtschaftsprobleme der Dritten Welt,[6] die von den Weltmärkten völlig losgelöst diskutiert werden. Hinzu kommt ein Abschnitt über Entwicklungshilfe (kurze Diskussion der Vor- und Nachteile bi- und multilateraler Hilfe und Kapitalhilfe versus technischer Hilfe); in älteren Büchern bzw. Neuauflagen älterer Bücher wird die Entwicklungshilfe u.a. aus der Ost-West-Konkurrenz motiviert, in neueren Büchern wird auf die Kooperationsmöglichkeiten und -notwendigkeiten mit sozialistischen Ländern zur Lösung dieses Weltproblems verwiesen. Handelsprobleme, Währungsprobleme, GATT-Zollrunden, EG-Assoziierungsabkommen, UNCTAD I, II, III und Multis – all diese Probleme gibt es in den Schulbüchern nicht.

2.3 Internationales Recht

Sowohl für Geschichts- als auch für SK/PW-Bücher gilt, daß Recht in sehr unvermittelter Form als ordnungsstiftende Regelstruktur vorgestellt – besser wohl: behauptet – wird. Mit anderen Worten, kodifiziertes positives Recht (wie Gesetze und Verträge) wird nicht als ein besonderer Spezialfall von Regelstruktur eingeführt. Das hat zwei Konsequenzen: 1. die wenigen Ausführungen über Recht erscheinen häufig sehr abstrakt, 2. es wird der Eindruck suggeriert, daß *nicht* rechtlich geregelte Lebensbereiche grundsätzlich regellos, chaotisch seien (zumal Regelstrukturen wie etwa militärische Drohsysteme, aber auch Orientierung an ökonomischen Regeln oder auch wissenschaftlichen Regeln nicht thematisiert werden). In Geschichtsbüchern wird internationales Recht praktisch nur in Zusammenhängen wie Friedensverträgen und in bezug auf wenige prominente Konventionen (Haager Konvention) genannt, aber nicht erklärt oder begründet.

Die seit über 50 Jahren anhaltende vor allem seit dem II. Weltkrieg zunehmende Tendenz zur rechtlich-vertraglichen Fassung internationaler Beziehungen wird nur in wenigen Fällen gesehen. Alle SK/PW-Bücher enthalten relativ ausführliche Ausführungen über innerstaatliches Recht (Rechtswesen als dritte Kraft, Funktion von Gerichten, Gerichtsverfahren, Gesetzgebung). Die meisten SK/PW-Bücher enthalten zumindest kurze Hinweise auf internationales Recht. 5 Bücher enthalten längere Ausführungen und zahlreiche Beispiele. Bemerkenswert ist jedoch, daß verfahrensmäßige Aspekte – die Vorbereitung internationaler Verträge (durch Konferenzen, häufig durch eine Vorgeschichte von Entschließungen, die Rolle internationaler Organisationen) – nicht gesehen werden.

2.4 *Verbreitung universalistischer Wertmuster (Ideologien, Wissenschaften, Religionen)*

In Geschichts- und SK/PW-Büchern gibt es explizit keine kulturellen Orientierungen oder Bezüge, die nicht identisch sind mit staatlichen Grenzen oder Blockgrenzen politischer Allianzen.

Weder Kirchen oder religiöse Systeme – nicht Wissenschaften und wissenschaftliche Vorgehensweisen – noch politische Ideologien oder weltliche Ethiken werden systematisch als kulturelle Orientierungen für einzelne Menschen und einzelne Organisationen unabhängig von und möglicherweise gegenläufig zu politischen Grenzziehungen thematisiert.

Menschenrechte werden hier als verwirklicht angesehen (Westen), dort scheinen sie ständig verletzt zu werden (Osten); Kommunismus gibt es dort, bei uns wohl nicht. Kultur und Wissenschaften enden an politischen Demarkationslinien, dahinter sind sie anders.

Dieses Bild mag überzeichnet erscheinen, aber abgesehen von 4 (maximal 7) Büchern entspricht es der ideologischen Realität der Schulbücher.

3. *Darstellung der normativ-rechtlichen Organisationsstruktur des UN-Systems in Schulbüchern*

In diesem Abschnitt der Analyse besteht die Zielsetzung der Fragen darin, zu untersuchen, wie das UN-System als eine Institution mit spezifischen – in ihrer Charta festgelegten – Organen, Entscheidungsfindungs-, Abstimmungsverfahren und Kompetenzbereichen beschrieben wird.

Es soll also gefragt werden,
- ob die Organisationsstruktur *vollständig* und *sachlich richtig* vorgestellt wird.
- in welchem *quantitativen* Umfang die Darstellung erfolgt.
- ob *Zusammenhänge* zwischen Organisationsstruktur und Aufgabenbereich gesehen und diskutiert werden.

Als Ergebnis kann festgestellt werden, daß die Schulbücher durchschnittlich zwischen 50 und 60% des Abschnitts über das UN-System der Darstellung des organisatorischen Aufbaus widmen. Präambel und die ersten Artikel der Charta werden wörtlich zitiert; als wichtigste Aufgaben werden die dort festgelegten Ziele aufgezählt wie: Zur Friedenssicherung beizutragen, Konflikte mit friedlichen Mitteln zu lösen, die Menschenrechte zu wahren und die wirtschaftliche und soziale Zusammenarbeit zwischen den Völkern zu fördern.

Der organisatorische Aufbau wird durch die Benennung der Hauptorgane und Sonderorganisationen erläutert und in 13 Büchern durch ein Organogramm veranschaulicht (vgl. Übersicht 1). 9 Bücher begnügen sich mit einer Aufzählung nur einiger der 6 Hauptorgane (vor allem mit der Nennung des Sicherheitsrates und der Generalversammlung) oder der Nennung nur einiger ausgewählter Namen (zumeist 2 - 3) von Sonderorganisationen. Am häufigsten werden UNICEF und UNESCO als Sonderorganisationen vorgestellt (jeweils in 7 Büchern), aber nur 2 Bücher versuchen, durch ausführliche Beispiele ihre konkrete Arbeit zu veranschaulichen (2, 15).

Insgesamt beziehen sich alle Angaben eher auf formale Kriterien wie Mitgliedschaft und Wahl- bzw. Abstimmungsverfahren. Diese werden in 16 Büchern entweder falsch oder nach einem veralteten Stand wiedergegeben. Die häufigsten Fehler liegen in problematischen Kompetenzzuordnungen und in veralteten Zahlenangaben über die Mitgliedschaft im Sicherheitsrat und im Wirtschafts- und Sozialrat.

Kann damit einerseits festgestellt werden, daß die Darstellungen in fast allen Schulbüchern weder vollständig noch sachlich richtig sind, so muß darüber hinaus auch noch bemerkt werden, daß eine Aneinanderreihung ausgewählter formaler Organisationsaspekte noch keine zureichende Beschreibung der Organisationsstrukturen des UN-Systems ergibt. Es fehlt eine Behandlung formeller und informeller Abstimmungs- und Kommunikationswege *zwischen* einzelnen Organen, es fehlen veranschaulichende Beispiele für die Arbeit und Kompetenzen der spezifischen Organe. Über die Fragen der Schwierigkeiten bei der Rekrutierung von Finanzen und Personal, der Interessendurchsetzung und Entscheidungsfindung innerhalb der einzelnen Organe auf den verschiedenen Ebenen erfährt der Schüler nichts. Die Organisationsstruktur bleibt damit abstrakt und folgenlos, solange nicht auch geschildert wird, welche Zusammenhänge zwischen Strukturen und Wirksamkeit der Arbeit dieser Organisation bestehen oder sich aufgrund politischer Durchsetzungsmöglichkeiten herausgebildet und geändert haben.

Allein das Veto-Recht im Sicherheitsrat wird im Zusammenhang mit Auseinandersetzungen zwischen den Großmächten USA und UdSSR in der Gründungsphase diskutiert. Zum einen dient es als Beispiel für strukturelle Schwierigkeiten, die darin liegen, bestimmte Zielsetzungen nur durch einen Konsens aller Großmächte zu erreichen; zum anderen wird das Veto-Recht mit einer negativen Stellungnahme über die UdSSR verbunden. Der UdSSR wird fälschlicherweise die in den Gründungsverhandlungen vertretene Forderung nach einer unbedingten Verankerung des Veto-Rechts zugeschoben; daß diese Forderung zuerst von den Vertretern der USA erhoben wurde, steht in diesen Schulbüchern nicht.

Weitere problematische Strukturaspekte, wie z.B. das Prinzip, daß Länder so unterschiedlicher Größenordnung wie die USA und Luxemburg mit je einer Stimme in der Generalversammlung vertreten sind, daß durch Art. 2,7 der Charta Eingriffe in die inneren Angelegenheiten von Staaten ausgeschlossen werden, daß sich in Art. 53 und 107 der Charta die ehemaligen Siegermächte von 1945 ein Interventionsrecht gegenüber den ehemaligen Feindstaaten gesichert haben, werden nur in 3 Büchern (14, 16, 26) wahrgenommen und angesprochen.

So läßt die Mehrzahl der Texte eher den Eindruck entstehen, „Strukturen" existierten „an sich" und seien nicht Ausdruck bestimmter historischer und machtpolitisch durchgesetzter Interessen. So erfährt der Schüler zwar, wann die Charta der Vereinten Nationen in Kraft getreten ist und welche Aufgaben und Organe sie vorsieht, nicht aber, warum, aus welchen Motiven und mit welchen Zielsetzungen die einzelnen Organe in ihrer spezifischen Ausführung so geplant worden sind, und wie die Vereinten Nationen ihrer Aufgabenstellung gerecht werden oder warum sich Schwierigkeiten ergeben.

Vergleicht man diese Ergebnisse mit denen der Schulbuchanalyse von 1973,[7] so läßt sich feststellen, daß sich die Aneinanderreihung formaler Organisationsaspekte in den Texten und die wörtliche oder sinngemäße Übernahme von Satzungsbestimmungen nicht geändert hat. Noch immer wird das UN-System unter dem Blickwinkel des Aufbaus der Hauptorgane – vor allem der Generalversammlung und des Sicherheitsrates – vorgestellt; noch immer werden die Sonderorganisationen in der Mehrzahl nur mit dem Namen erwähnt.

Bei der Darstellung der Organisationsstruktur in den Schulbüchern, die in die Analyse von 1971 und von 1975 einbezogen wurden, lassen sich demnach kaum Unterschiede festhalten. Das liegt vielleicht zum einen an einer durchgängigen Einschätzung der Schulbuchautoren, die „Strukturen" eher als konstante anstatt – im Gegensatz zu „Prozessen" – als dynamische Faktoren interpretieren und von daher frühere Darstellungen einfach übernehmen. Diese Einschätzung ist sicherlich zum Teil begründet angesichts der empirisch langen Zeitspanne, in der Strukturveränderungen vor sich gehen. Dennoch ist den Autoren der Vorwurf nicht zu ersparen, zu wenig dem Umstand Rechnung getragen zu haben, daß sich die Vereinten Nationen im Laufe ihres über 30jährigen Bestehens Veränderungen ihrer politischen Umwelt auch organisatorisch anpassen mußten, wie z.B. durch die stärkere Einbeziehung und Berücksichtigung der Interessen der Staaten der 3. Welt (Erhöhung der Mitgliedschaft im Wirtschafts- und Sozialrat), die entweder gar nicht (in den meisten Fällen) oder kommentarlos (in den wenigsten Fällen) angeführt wird.

Die Diskussion und Kritik an einer unvollständigen und veralteten Darstellungsweise der Organisationsstruktur des UN-Systems sollte nicht überstrapaziert werden, da auch nicht eine möglichst vollständige und exakte „Institutionenkunde" gefordert werden soll. Stärker noch interessiert in diesem Zusammenhang, welche verschiedenen Aufgabenbereiche und konkreten Tätigkeiten des UN-Systems die Schulbuchautoren sehen und diskutieren und ob sich hierbei Veränderungen zwischen den Schulbüchern Ende der 60er und Anfang bis Mitte der 70er Jahre abzeichnen, die den empirisch zu beobachtenden Umorientierungen in der Aufgabenstellung des UN-Systems Rechnung tragen.

4. Darstellung der Tätigkeitsbereiche des UN-Systems in Schulbüchern

Die Charta weist den Vereinten Nationen die Aufgabe zu, als weltweites Instrument zur Sicherung des „Friedens" zu fungieren. Dabei liegt der Präambel und den Artikeln der Charta ein Friedensbegriff zugrunde, der in der Verhinderung offener kriegerischer Auseinandersetzungen eine primäre Aufgabe sieht. Darüber hinaus läßt sich aber auch ableiten, daß die Zielrichtung „Frieden" in einem umfassenderen Sinne als nur durch „Abwesenheit von offener Gewalt" interpretiert wird. In Art. 1, Absatz 1-3 werden gleichermaßen die Bemühungen um internationale Zusammenarbeit in wirtschaftlichen, sozialen, kulturellen und humanitären Bereichen und die Wahrung der Menschenrechte als Wege zum Frieden genannt.

Die Charta gibt damit zum einen den Beurteilungsrahmen ab, vor dem die Tätigkeitsbereiche des UN-Systems zu diskutieren sind. Andererseits ist die Charta zwar als Absichtserklärung der Gründerstaaten zu werten, aber erst eine Berücksichtigung der realen Ausfüllung dieser eher allgemeinen Organisationsziele gibt Aufschluß über die vergangenen und gegenwärtigen Aktivitäten des UN-Systems. So läßt sich zum Beispiel seit Mitte der 60er Jahre eine stärkere Umorientierung auf den Problembereich, den man global als „Abbau des Nord-Süd-Gefälles" bezeichnen könnte, feststellen, während die Aufgaben der ersten Jahre stärker unter dem Blickwinkel der Ost-West-Auseinandersetzungen zu sehen sind.

Dieser Ansatz impliziert gleichermaßen die Forderung nach einer Darstellung der verfassungsmäßigen Ziele als auch die Berücksichtigung der spezifischen Differenz zwischen Verfassungsnorm und Verfassungswirklichkeit vor dem Hintergrund der zeitlichen Veränderungen.

Unter diesem Anspruch sollen die Schulbuchtexte danach untersucht werden:

- welche Tätigkeitsbereiche sie insgesamt vorstellen,
- welche Tätigkeitsbereiche im Mittelpunkt der Texte stehen, und
- ob die Tätigkeitsbereiche in Abhängigkeit von den sich im Zeitablauf ändernden realen Ausfüllungen, Interessen und Durchsetzungsmöglichkeiten der Mitgliedstaaten diskutiert werden.

Bis auf 5 Schulbücher (5, 7, 9, 17, 20), die keinen gesonderten Abschnitt über die Vereinten Nationen aufweisen, beschäftigen sich alle Texte mit den Aktivitäten dieser Organisation. Dabei überwiegt sowohl in Geschichts- als auch in SK/PW-Büchern die Behandlung militärischer Konflikte und der Einsatz von Friedenstruppen in Krisengebieten. Andere Aktivitäten, wie Bemühungen zur Entkolonialisierung, zum Schutz der Menschenrechte, zur Ausarbeitung völkerrechtlicher Regelungen, werden seltener vorgestellt. Insgesamt stehen 106 Nennungen militärischer Aktionen 49 Nennungen weiterer Aktivitäten gegenüber. Besonders deutlich zeigt sich diese Tendenz in den SK/PW-Büchern für die Sekundarstufe I, in denen 33 Nennungen über friedenserhaltende Aktionen und nur 9 Nennungen über Aktivitäten im wirtschaftlichen und sozialen Bereich zu zählen sind (vgl. Übersicht 2).

Bei der Auseinandersetzung um die friedenserhaltenden Aktionen zeichnen sich folgende Darstellungsmuster ab:

- 19 Schulbücher nennen in verschiedener Kombination die Krisen im Nahen Osten (20 Nennungen), in Korea (17 Nennungen), im Kongo (16 Nennungen), in Zypern (15 Nennungen) u. Ungarn oder der CSSR (13 Nennungen), so daß diese Konflikte als „typischer Set" zu deuten sind, da sie am häufigsten mit der friedenssichernden Tätigkeit der UN assoziiert werden.

- 7 Bücher erwähnen darüberhinaus (6, 8, 10, 14, 18, 24, 25) auch die Auseinandersetzungen in Griechenland, Persien, Algerien, Tibet, Vietnam, Nigeria, Pakistan, Libanon und Indonesien als jeweilige Beispiele.
- Bis auf wenige Ausnahmen, in denen an anderer Stelle im Schulbuch ausführlicher der Korea-Krieg, die Kongo-Krise oder der Nahost-Konflikt behandelt werden, beschränken sich die Angaben auf die Nennung des Konflikts und der Jahresdaten des Ausbruchs bzw. der Beendigung.

Insgesamt erfährt der Schüler oft, wann sich die UN mit der Beilegung von Konflikten beschäftigte und an welchem Ort, nicht aber aus welchen Ursachen diese Krisen entstanden sind, welche Zielsetzungen von den einzelnen Konfliktparteien verfolgt wurden, welche Mittel die UN anwenden konnte und zu welchen Ergebnissen diese führten.

Weniger als die Hälfte aller Nennungen von Aktivitätsbereichen des UN-Systems beziehen sich auf die Bemühungen – vor allem im Rahmen der Sonderorganisationen, Komitees, Konferenzen und Programmen des UN-Systems – in wirtschaftlichen, sozialen und kulturellen Bereichen. Relativ häufig (14 Nennungen) werden noch Beispiele zur Entwicklungshilfe durch das UN-System gegeben, die Ausarbeitung völkerrechtlicher Regelungen und der Schutz der Menschenrechte werden 4 - 5mal genannt, die Verhandlungen zur Nutzung der Meere und des Weltraums werden nur einmal angeführt (13).

Damit wird die Tendenz deutlich, neue Tätigkeiten des UN-Systems noch nicht entsprechend ihrem Anteil an der Arbeit der UN zu berücksichtigen. Viel eher liegt die Vermutung nahe, die Schulbuchautoren sähen die Arbeit der UN unter dem Aspekt der Durchsetzung vor allem der Interessen westlicher Industriestaaten. Krisen, in denen die Interessen westlicher (oder östlicher) Industriestaaten direkt oder indirekt berührt waren oder sind (Nahost, Kongo, Korea, Zypern), werden am häufigsten genannt. Weitere Problembereiche, die eher die vitalen Interessen kleinerer, ärmerer, jüngerer und weniger einflußreicher Staaten betreffen – wie z.B. die Beeinflussung des Welthandels durch eine Änderung der Terms-of-Trade (in den UNCTAD-Konferenzen gefordert), die Ausarbeitung völkerrechtlicher Regelungen über die Nutzung und Ausbeutung der Meere, Bemühungen zur Erfüllung der sozialen Menschenrechte wie z.B. der Rechte auf Bildung, auf Arbeit, auf Wohnung, auf ärztliche Betreung werden als Aktivitätsbereiche der erst an 10. und 11. Stelle der „Themenrangfolge nach Häufigkeit" (vgl. Übersicht 2) genannt.

Im Vergleich zur Schulbuchanalyse von 1973 hat sich zwar der quantitative Umfang von Beschreibungen über Tätigkeiten des UN-Systems erweitert. Nach wie vor werden aber militärische Konfliktbeilegungen betont und „tagespolitisch greifbare" Aktivitäten hervorgehoben, während eher langfristig angelegte strukturelle Einflußnahmen vernachlässigt werden.

Die einzige Ausnahme von dieser Tendenz bilden Beschreibungen über Entwicklungshilfebemühungen des UN-Systems, die im Gegensatz zu früheren Schulbuchtexten jetzt in 14 Schulbüchern vorgestellt und als wichtige Aufgabe hervorgehoben werden. Hier scheint sich ein Wandel in der Einschätzung der Notwendigkeit zur Beachtung der Probleme der anderen zwei Drittel der Welt abzuzeichnen.

5. Einschätzung der Tätigkeitsbereiche und Strukturen des UN-Systems in Schulbüchern

Der quantitative Anteil von Darstelllungen über Krisenbewältigungen des UN-Systems gegenüber anderen Aktivitäten deutet schon den Stellenwert an, den die Schulbuchautoren friedenserhaltenden Aktionen einräumen. Die Behauptung, die Tätigkeiten und die Wirksamkeit des UN-Systems würden unter dem Aspekt militärischer Friedenssicherung gesehen und damit auf einen Friedensbegriff der Autoren verweisen, der in der Betonung der Abwesenheit offener Gewalt seine Beschränkung zeigt, soll anhand der von den Autoren selbst vorgenommenen expliziten Wertungen der Arbeit nach Erfolg/Mißerfolg/Mängel und Probleme untermauert werden (vgl. Übersicht 3). Zu fragen ist in diesem Abschnitt der Analyse, welche Tätigkeitsbereiche bzw. Strukturaspekte der Organisation als

- Erfolg,
- Mißerfolg,
- Mängel und Probleme

bewertet werden.

Es werden insgesamt 86 Beispiele von Krisenbewältigung bzw. Nichteinflußnahme der UN als Erfolge oder Mißerfolge dargestellt, 39mal werden andere Beispiele gewählt, wie die Arbeit der Sonderorganisation, moralische Erfolge der UN als Völkerforum oder das Fehlen von Machtmitteln. Als Mängel und Probleme werden die Vormachtstellung der Großmächte durch die Konstruktion des Sicherheitsrates, die Anwendung des Veto-Rechts, die zeitweilige Verlagerung von Entscheidungsbefugnissen des Sicherheitsrates auf die Generalversammlung durch die Uniting-for-Peace-Resolution und die Nichtmitgliedschaft geteilter Staaten diskutiert.

Tendenziell lassen sich die Schulbücher für die beiden Fächer und Schulstufen folgendermaßen klassifizieren:

SK/PW-Bücher für die Sekundarstufe I tendieren dazu, die Wirksamkeit des UN-Systems anhand einer Bilanz zwischen militärischen Erfolgen und Nichteinflußnahmemöglichkeiten in Krisen zu beurteilen. 32 Nennungen über Krisenherde stehen 7 Nennungen über Erfolge/Mißerfolge in anderen Bereichen gegenüber, so werden z.B. nur einmal der Schutz der Menschenrechte und moralische Erfolge als positive Leistungen der UN klassifiziert. Eine Auseinandersetzung über strukturelle Rahmenbedingungen findet kaum statt, und wenn, dann nur durch den Hinweis auf das Veto-Recht oder durch ein Konstatieren des Fehlens von Machtmitteln der UN. Der Zusammenhang zwischen Ursachen der Konflikte, Interessen der beteiligten Streitparteien und strukturellen Rahmenbedingungen der UN wird daher nicht einsichtig. Die Einschätzung verschiedener Konfliktverläufe als „Erfolg“ oder „Mißerfolg“ wird nur behauptet, bleibt aber unbegründet, da nur die Daten des Konflikts aneinandergereiht werden. Diese Tendenz ist vor allem in den Schulbüchern 6, 8 und 10 festzustellen.

Hierzu als Beleg einige Textstellen:

„Die UN haben mehr erreicht als der Völkerbund: . . .

Die Vereinten Nationen erwirkten im israelisch-arabischen Krieg 1948/49 einen Waffenstillstand und überwachten mit internationalen UN-Beobachtern seine Einhaltung . . . zwangen beim israelisch-englisch-französischen Überfall auf Ägypten in der Suezkrise durch Beschluß der Vollversammlung den Angreifer zum Rückzug auf seine Ausgangsposition . . . vermittelten im blutigen Grenzstreit um Kaschmir zwischen Indien und Pakistan . . .

aber sie konnten nicht verhindern: daß die Weltmächte weiterrüsten – daß die UdSSR die Aufstände in Ungarn und in der DDR unterdrückte – daß 1964 auf Zypern Unschuldige hungerten und starben – daß Rotchina die Tibeter verschleppte . . .“ (6)

„Was die UNO erreichte: Waffenstillstand zwischen Israel und den Arabern 1948/49; raschere Beendigung der Kämpfe in Korea; erfolgreiche Vermittlung im Kaschmirstreit zwischen Pakistan und Indien . . .

Was sie nicht verhindern konnte: das Wettrüsten der Weltmächte; das Niederkämpfen freiheitlicher Bewegungen in Ungarn und in der DDR durch Truppen der Sowjet-Union; die Besetzung Tibets durch Rotchina . . .“ (10)

SK/PW-Bücher für die Sekundarstufe II geben eher ein umfassendes Bild über die Arbeit des UN-Systems in den verschiedenen Bereichen. Erfolge und Mißerfolge bei der Beilegung von Krisen, strukturelle Probleme werden gesehen und andiskutiert. Die UN werden nicht einseitig auf ein politisches Instrument zur Verhinderung von Krisen festgelegt. Tätigkeitsbereiche und Schwierigkeiten werden sichtbar gemacht, die daraus resultieren, daß ihr Aufgabenbereich nicht regional begrenzt ist, sondern die Interessen von inzwischen über 140 Mitgliedstaaten berücksichtigt werden müssen. Die Einordnung von Erfolgen und Mißerfolgen wird unter dem Aspekt struktureller Rahmenbedingungen und realer Machtverhältnisse getroffen.

Die Tendenz geht dahin, die UN insgesamt zwar als fehlerhaftes, aber doch unentbehrliches Instrument zum Aufbau von „Frieden“ in der Welt einzuschätzen. Hierzu folgende Beispiele:

„Die Vereinten Nationen werden in erster Linie nach ihrer Aktivität in der internationalen Politik beurteilt. Bei einer Würdigung muß jedoch auch ihre Tätigkeit im Bereich der Sozialpolitik gesehen werden. In dieser Arbeit war die UNO wesentlich erfolgreicher als in der Rolle der Friedensbewahrerin. Die sozialpolitischen Aktivitäten kommen vorwiegend den Entwicklungsländern zugute und sorgen für eine Milderung des Gegensatzes zwischen den armen und reichen Nationen." (13)

„Die UN basieren auf der Vorstellung, daß die fünf Großmächte aufgrund ihrer Macht für den Frieden verantwortlich sein sollten. Das setzt ihre Einigkeit voraus. Sie mußte in dem Augenblick funktionsunfähig werden, als diese Einheit zerbrach und der Ost-West Konflikt in den Vereinten Nationen Einzug hielt. So konnte sie vor allem eines ihrer wichtigsten Ziele, die Abrüstung, nicht verwirklichen. Dennoch bleiben die UN heute das wichtigste Forum für eine rechtliche Beschränkung der Machtpolitik." (14)

Geschichtsbücher für die Sekundarstufen I und II bevorzugen ähnlich wie die SK/PW-Bücher für die Sekundarstufe I eine Darstellung militärischer Aktionen der UN. Am häufigsten werden die Erfolge in Nahost, Kongo, Zypern und Korea aufgezählt; als Mißerfolge werden diejenigen Auseinandersetzungen geschildert, bei deren Beilegung die UN durch die enge Interessenverflechtung der im Sicherheitsrat vertretenen Großmächte kaum eine Rolle spielen konnte. Entsprechend häufig (7 Nennungen) wird auch das Veto-Recht oder der „Mißbrauch" des Veto-Rechts durch die UdSSR als Konstruktionsfehler der Organisation eingestuft. Darüberhinaus finden sich in den Geschichtsbüchern Einschätzungen über die UN, die sie eher als einflußloses, den Interessen der Großmächte hilflos ausgeliefertes Organ insgesamt negativ bewerten und nur Mißerfolge und Mängel und Probleme aufzählen. DieseEinschätzung vor allem den Texten der Bücher 21, 26, 27 und 28 zugrunde. Man könnte bei den Geschichtsbüchern vermuten, die Autoren argumentierten aufgrund eines Selbstverständnisses von „Geschichte" als einer Abfolge gewonnener oder verlorener Kriege, wobei diese Bilanz negativ für die Vereinten Nationen ausgehen muß. Auch hier sollen einige Textbeispiele zur Veranschaulichung herangezogen werden:

„Die tatsächliche Macht der UN ist heute wegen der ideologischen Gegensätze ihrer stärksten Mitgliederstaaten der USA und der Sowjetunion, recht gering;" (21)

„Der Sicherheitsrat hat sich in den letzten Jahren stets bemüht, Kriege in der Welt zu verhindern. Er ist in den meisten Fällen durch ein Veto ausgeschaltet worden. Über eigene Truppen verfügt der Sicherheitsrat nicht . . . In den folgenden Fällen haben Streitkräfte der UN in größere Konflikte eingegriffen: 1948 im Gaza-Streifen (Palästinakrieg zwischen Israel und Ägypten), 1950 in Korea, 1956 im Suezkonflikt, 1960 im Kongo, 1964 in Zypern." (26)

„Die Sowjetunion hat ihren Beitritt zur UNO davon abhängig gemacht, daß bei wichtigen Entschlüssen die Einstimmigkeit der fünf ständigen Mitglieder erforderlich sei. Jede der fünf Großmächte hat also das Einspruchsrecht (lat. veto = ich verbiete). Dieser Vorbehalt entsprang dem tiefen Mißtrauen der Sowjetregierung, damals besonders Stalins, gegen die übrigen Staaten. In der Folgezeit hat sich dann das fortgesetzte Veto des sowjetischen Vertreters (zwischen

1945 und 1960 allein neunzigmal!) als das größte Hindernis erwiesen, von Seiten der UNO wichtigste Beschlüsse durchzuführen." (24)

Im Vergleich zur früheren Schulbuchanalyse zeigen sich kaum Abweichungen in den Ergebnissen. Bis auf die SK/PW-Bücher für die Sekundarstufe II, die hier wegen der zu geringen Anzahl in der ersten Schulbuchanalyse nicht verglichen werden können, werden Einschätzungen in den Büchern immer noch vor dem Hintergrund des Ost-West-Gegensatzes und seiner „heißen" Formen als Krisen und Kriege und der Möglichkeit der UN, diese Konflikte im Sinne westeuropäischer Interessen zu entschärfen, vorgenommen. Zwar beziehen schon mehr Autoren die Problematik des Nord-Süd-Gefälles in ihre Aufgabenbeschreibungen der UN mit ein, als Erfolg werden ihre Aktivitäten im wirtschaftlichen, sozialen und kulturellen Bereich jedoch kaum eingestuft. Es gibt insgesamt nur 5 Nennungen, in denen die Leistungen der Sonderorganisationen positiv vermerkt werden. Da diese Aktivitäten aber auch nicht unter der Rubrik „Mißerfolg" erscheinen, ist zu vermuten, daß die Autoren diese eher als zweitrangig gegenüber den politischen Aufgaben der Organisation ansehen; zumindest scheinen sie selten als Kriterium für eine generelle Einschätzung über die UN herangezogen zu werden. Diese verkürzte und den Entwicklungen innerhalb der UN-Aktivitäten nicht mehr – und heute weniger als am Ende der 60er Jahre – adäquate Darstellung und Bewertung gibt Anlaß zu der Kritik, die Schulbuchautoren tradierten eher ein veraltetes und ideologisch-einseitiges Weltbild, das sich ausschließlich an Positionen innerhalb des Ost-West-Gegensatzes festmacht und neuere Dimensionen innerhalb der internationalen Politik und Wirtschaft nicht wahrnimmt.

Diese Behauptung kann noch unterstützt werden, untersucht man, vor welchem zeitlich-politischen Hintergrund die UN geschildert werden. 19 Schulbuchtexte beschäftigen sich mit der Gründungsphase der UN und nennen die verschiedenen Konferenzen, auf denen die Gründung vorbereitet wurde. Verschiedene Zielsetzungen und Hoffnungen der dort versammelten Politiker – vor allem die von Roosevelt und Stalin – werden vorgestellt. Der Ausbruch des ideologischen Gegensatzes und seine Rückwirkung auf die Arbeit der UN wird in 16 Texten diskutiert anhand der Anwendung des Veto-Rechts im Sicherheitsrat (in 10 Büchern) und anhand der Debatte über die zeitweilige Machtverlagerung auf die Generalversammlung durch die Uniting-for-Peace-Resolution (in 5 Büchern). Zum anderen werden die Wechselbeziehungen zwischen den Entwicklungen internationaler Politik und den Aktivitäten der UN durch eine Aufzählung von Krisenherden und friedenserhaltenden Operationen ergänzt, die vor allem in den 50er und Anfang der 60er Jahre stattfanden.

Die weitere Entwicklung in den 60er Jahren bis heute wird von den Schulbuchautoren lediglich an dem Steigen ihrer Mitgliederzahl (in 7 Schulbüchern) festgemacht. 4 Texte erwähnen darüber hinaus die veränderte regionale Zusammensetzung, die auch eine Umstrukturierung der Aufgabengebiete der UN mit sich brachte.

Zwei Beispiele hierzu:

„Die UN ist eine völkerrechtliche Staatenverbindung zur Wahrung des Weltfriedens. Sie wurde . . . am 26. Juni 1945 auf der Konferenz in San Franzisko gegründet. Heute umfaßt sie bereits 135 Mitgliedstaaten." (11)

„Innerhalb der Vereinten Nationen befinden sich heute die Staaten mit weißer Bevölkerung schon in der Minderheit. Die sogenannten „Entwicklungsländer" stellen die Mehrheit, so daß den zahlreichen Hilfsprogrammen große Bedeutung zukommt." (15)

Nur 3 Schulbuchtexte diskutieren aktuelle und zukünftige Möglichkeiten, Chancen und Notwendigkeiten der UN, Prozesse auf weltweiter Ebene in den Bereichen Politik, Wirtschaft, Technologie, Recht, Ökologie in ihre Arbeit einzubeziehen (in den Büchern 13 und 16).

6. Anregungen zur weiteren Beschäftigung mit dem Thema in Schulbüchern

Wenn man auch den Schulbuchautoren den Vorwurf einer veralteten Darstellung des UN-Systems nicht ersparen kann, so ist aber weiterhin zu fragen, ob die Texte durch zusätzliche Anregungen, Fragen und Literaturhinweise auf aktuellere Konfliktdimensionen und Arbeitsschwerpunkte in den UN hinweisen.

15 Schulbuchtexte (8 SK/PW-Bücher und 7 Geschichtsbücher) geben den Schülern durch Arbeitsfragen Anregungen zur eigenen Weiterbeschäftigung. In 9 Schulbuchtexten werden Fragen formuliert, welche die Schüler motivieren sollen, weiteres Informationsmaterial heranzuziehen, wie z.B. Zeitungsartikel, Lexika, die Charta der UN, Informationsmaterial über die Sonderorganisationen (2, 4, 6, 16, 19, 24, 27, 28, 29). In 6 Schulbüchern dienen die Fragen zur Wiederholung der im Text vorgestellten Aufgaben und Möglichkeiten der UN und 7mal werden Aufforderungen zur eigenen Einschätzung und Stellungnahme des Schülers über die UN gegeben.

Einige Textbeispiele für die verschiedenen Fragestellungen:

„Verfolge in den Nachrichten aus der Welt die Berichte über die Tätigkeit der Vereinten Nationen! Forsche nach den Gründen für Erfolge oder Mißerfolge ihrer Bemühungen" (24)

„Durch welche Bestimmungen in der UN-Satzung wird ihre Aufgabe erschwert, den Frieden in der Welt zu sichern?" (26)

„Was halten Sie davon, daß die Bundesrepublik Deutschland wohl nicht Mitglied der UN, aber bei allen Sonderorganisationen als einer der bedeutendsten Partner vertreten ist?" (1)

Darüber hinaus werden in 4 Büchern (12, 15, 16, 30) zwei oder drei Buchtitel genannt, die zur weiteren Lektüre über die UN anregen sollen.

Damit kann die Aussage über eine generelle Vernachlässigung aktueller Dimensionen des Themas UN abgeschwächt werden. Die zusätzliche Behandlung und

Beantwortung der aufgeführten Arbeitsfragen und Anregungen ist aber stärker in das Belieben eines jeden Lehrers gestellt, als wenn die Auseinandersetzung um aktuellere Themen im Text selbst und für die Schüler mit- und nachvollziehbar geführt würde.

7. *Thematischer Kontext der Behandlung des UN-Systems in Schulbüchern*

Zur Untersuchung des thematischen Kontextes soll gefragt werden, welche Themen in den vorangegangenen bzw. nachfolgenden Kapiteln der Schulbücher behandelt werden.

Anhand der Ergebnisse lassen sich folgende charakteristische Unterschiede zwischen den Geschichtsbüchern einerseits und den SK/PW-Büchern andererseits aufzeigen: Die Geschichtsbücher schildern die UN unter der Perspektive der historischen Ereignisse am Ende des 2. Weltkrieges. Die Konferenzen der Alliierten von Jalta bis Potsdam und San Franzisko werden ausführlich beschrieben sowie die Bemühungen der Alliierten, die Welt nach dem Krieg neu zu gestalten und zu ordnen. Die UN gelten in diesem Zusammenhang als ein Beispiel dieser Bemühungen.

Einige Abschnittüberschriften, unter denen die UN dargestellt werden, sollen diese Aussage belegen: „Die Welt nach dem II. Weltkrieg" (21), „Deutsche Nachkriegsgeschichte: Die Kriegsfolgen" (26), „Bilanz des Krieges. Die Vereinten Nationen" (29) und „San Franzisko und Potsdam" (27).

SK/PW-Bücher ordnen das Thema UN mehr unter systematischen Aspekten den Fragen über Friedenssicherung in der heutigen Welt, aktuelle weltpolitische Probleme und Gefahren zu: „Von den Gefahren, die die Welt bedrohen" (2) „Eine Welt" (6), „Es geht um unsere Zukunft" (8) und „Gegenwartsprobleme der Weltpolitik" (15). Zwar kann – wie die vorausgegangenen Ergebnisse zeigten – aus den Überschriften allein noch nicht geschlossen werden, daß inhaltliche Bezüge zu aktuellen Fragestellungen bei der Behandlung der UN in SK/PW-Büchern auch hergestellt werden. Die Vermutung liegt jedoch nahe, daß die Autoren von Geschichtsbüchern die UN eher als historisches Phänomen der Nachkriegszeit einschätzen und sie daher eher unter dem Aspekt der Vergangenheitsbearbeitung vorstellen. Die Überschriften in den SK/PW-Büchern lassen eher die Schlußfolgerung zu, die UN müßten im Zusammenhang mit weltpolitisch aktuellen Ereignissen vorgestellt werden. Wie die vorausgegangene inhaltliche Auswertung der Abschnitte über die UN aber gezeigt hat, gilt der Vorwurf einer eher vergangenheitsorientierten als aktuellen Darstellung der UN sowohl für Geschichts- als auch für SK/PW-Bücher.

8. Quantitativer Umfang und Darstellungformen des Schulbuchabschnittes über die UN

In der letzten Kategorie der Schulbuchanalyse soll nach dem quantitativen Umfang und der didaktischen Aufbereitung des Schulbuchabschnitts gefragt werden bzw. untersucht werden, welche Schulbücher das Thema in einem gesonderten Schulbuchabschnitt abhandeln oder in anderen thematischen Zusammenhängen miterwähnen.

Von den insgesamt 31 analysierten Schulbüchern widmen 24 Bücher dem Thema einen eigenen Abschnitt (vgl. Übersicht 4) unter entsprechenden Überschriften wie z.B. „Vereinte Nationen im Zwielicht" (6), „Die Vereinten Nationen" (10)oder „Die Vereinten Nationen als Forum zur Lösung internationaler Probleme" (14). 7 Schulbücher – 5 davon für die Sekundarstufe I und das Fach Sozialkunde – weisen sie qua Überschrift nicht als gesondert behandeltes Thema aus, 3 von ihnen erwähnen sie aber z.B. bei Beschreibungen über den Nahost-Konflikt oder die Korea-Krise.

Der Seitenumfang der Schulbuchabschnitte variiert von mindestens 1/2 bis zu 7 Seiten, wobei der Durchschnitt bei 2,5 Seiten liegt (vgl. Übersicht 4). Bei den SK/PW-Büchern für die Sekundarstufe II ist der Anteil an Texten, die quantitativ über dem Durchschnitt liegen, am höchsten (6 von 10 Büchern). Diese quantitativen Angaben lassen möglicherweise auf eine Konzeption schließen, die eine Behandlung des Themas UN eher für die Sekundarstufe II vorsieht, während für die Sekundarstufe I andere Themenbereiche ausgewählt werden.

Für die Geschichtsbücher gilt diese Aussage nicht, da alle Bücher die UN im Rahmen ihrer zeitlich chronologischen Auflistung der Ereignisse in der Nachkriegszeit – zumindest die Gründung der Organisation, ihren Aufbau und ihre Tätigkeitsbereiche – beschreiben, allerdings in quantitativ geringerem Umfang als die SK/PW-Bücher (Geschichtsbücher: 2,6 durchschnittlicher Seitenumfang; SK/PW-Bücher: 3,7 durchschnittlicher Seitenumfang).

In den 24 Schulbüchern, die einen Abschnitt über die Vereinten Nationen aufweisen, wählten 8 Autoren ausschließlich Lesetexte und Zitate als Darstellungsform. 16 Autoren bezogen Graphiken, Organogramme und Photos zur Veranschaulichung der Informationen mit ein.

9. Schlußbemerkungen

Als Schlußfolgerungen aus den Ergebnissen der Analyse können folgende Forderungen an Schulbuchautoren formuliert werden: Die Vereinten Nationen sollten
– weniger institutionell als problemorientiert,
– nicht nur unter geschichtlichen, sondern auch unter gegenwärtigen Strukturgegebenheiten,
– unter dem Aspekt des Zusammenhanges zwischen Struktur und Funktion dargestellt werden.

Darüber hinaus erscheint es auch problematisch, daß die untersuchten Rahmenpläne und Schulbücher politische, wirtschaftliche, kulturelle, rechtliche und soziale Entwicklungen außerhalb der eigenen nationalstaatlich organisierten Gesellschaft kaum thematisieren, und wenn sie es tun, dann eher unter dem Aspekt der „Andersartigkeit" als unter dem Gesichtspunkt von Gemeinsamkeiten und Interdependenzen.

Zum anderen sind die Ergebnisse einzuordnen und zu diskutieren unter den Aspekten:

1. Verhältnis zwischen Rahmenplänen und Schulbüchern,
2. Verhältnis zwischen Schulbuchtexten und dem Stand der fachdidaktischen Diskussion,
3. Verhältnis zwischen Schulbuchtexten und dem Stand der Diskussion in den entsprechenden Bezugswissenschaften.

Zu 1.:

Rahmenpläne sind als Ausdruck politisch legitimierter (Vor-)Urteilsstrukturen zu werten, die in einem bestimmten Zeitraum und einer bestimmten Region Orientierungsfunktionen für Unterrichtsprozesse und für Materialien und Medien beanspruchen.

Vergleicht man die Schulbuchtexte mit den Vorgaben in Rahmenplänen, so fällt für das Fach Geschichte eine weitgehende Übereinstimmung zwischen beiden auf; einige Schulbuchtexte gehen in ihrer Behandlung der Vereinten Nationen sogar über die geschichtliche Gründungsphase hinaus.

Für das Fach SK/PW kann eher die gegenteilige Tendenz in Schulbuchtexten ausgemacht werden. Zwar werden die Vereinten Nationen in vielen neueren Rahmenrichtlinien nicht explizit als (institutionelles) Thema aufgeführt, gleichwohl ist ihre Behandlung erforderlich, wenn die vorgeschlagenen Themenkomplexe angemessen dargestellt werden sollten (vgl. hierzu den Rahmenplan für das Fach Politik an Gesamtschulen, Hamburg). Die SK/PW-Buchtexte schöpfen diesen Rahmen jedoch selten aus, sie begnügen sich vielmehr von Auflage zu Auflage mit einer Fortschreibung (zumeist auch nur einer Übernahme) des institutionell orientierten Kapitels über die Vereinten Nationen. Damit führen diese neuen Tendenzen in Rahmenplänen und Lehrplänen aber auch dazu, die Behandlung internationaler Organisationen den Vorkenntnissen und der Beliebigkeit des Lehrers stärker als früher zu überlassen.

Zu 2.:

Zwar gibt es innerhalb der Fachdidaktik und hier vor allem der Didaktik der Politischen Bildung keine einheitliche und überall anerkannte Lehrmeinung über das, was gelehrt und gelernt werden sollte, andererseits läßt sich aber seit Mitte der 60er Jahre eine allgemeine Ablehnung einer reinen Institutionenkunde feststellen.[8] Sicherlich ist ein gewisses Maß an Kenntnissen über den organisatorischen Aufbau von Institutionen unerläßlich, um die Wirkungsweise, die Probleme und Chancen der Arbeit solcher Institutionen einschätzen zu können. Es ist jedoch verwunderlich, in wie starkem Maße die Schulbuchtexte Informationen über die Struktur der Vereinten Nationen ohne Hinweise auf die Zusammenhänge mit ihren Tätigkeitsbereichen und ihrer Wirksamkeit geben. Damit kann den meisten Schulbuchautoren nicht der Vorwurf erspart bleiben, weit hinter den Stand der Überlegungen in der Fachdidaktik zurückzufallen.

Die Kritik muß aber auch auf die inhaltlichen Dimensionen eines relevanten Teils der Fachdidaktik ausgedehnt werden. Vor allem seit Ende der 60er Jahre betonen weitverbreitete Lehrmeinungen der Didaktik der Politischen Bildung, daß die Auswahl der Inhalte sich an Kriterien wie Schülererfahrung und Schülermotivation zu orientieren habe. Schule solle die Aufgabe haben, auf künftige Lebenssituationen (vgl. hierzu das Curriculum-Konzept von S.B. Robinsohn) vorzubereiten. Diese Zielsetzung führt dann häufig – verkürzt angewendet – dazu, als künftige Lebenssituationen die Bereiche Familie, Freizeit, Beruf und Politik zu ermitteln und Politik mit nationalstaatlicher Gesellschaftspolitik zu identifizieren. Damit entsteht aber die Gefahr, daß der gesamte Bereich der Internationalen Beziehungen/Internationale Organisationen von vornherein entfällt: als Handlungsbereich für Schüler erscheint er irrelevant . . . und als „Erlebnisbereich" (Massenmedien) und als vermittelt wirksame Umwelt (im Konsumbereich, in zahlreichen Berufsfeldern) war er vorher wegdefiniert worden.

Andere einschränkende Argumentationsmuster innerhalb der didaktischen Diskussion berufen sich auf Ergebnisse der entwicklungspsychologischen Forschung (vor allem auf die von Piaget): Diese begründet, daß kindliche Lernvorgänge schrittweise vom Einfachen zum Komplizierten, vom Konkreten zum Abstrakten führen. Problematisch wird die Übertragung dieser Erkenntnisse auf die allgemeine Formel „Vom Nahen zum Fernen" bei der Präsentation sozialer Realität für 11 - 16jährige (Sekundarstufe I). Die stereotype Themenfolge am Beginn des Sozialkundeunterrichts ist dann nämlich sehr häufig „Die Familie", „Du und die Gruppe", „Der Bürger und seine Gemeinde" bis hin zum Kernstück: „Der Staatsaufbau und die Staatsorgane der Bundesrepublik Deutschland".

Aus dieser Perspektive sind internationale Beziehungen und internationale Organisationen so entfernt, daß man sie nicht erreicht[9] oder ihre Konturen nur grob erahnt.

Die Begründung für diese Vorgehensweise kann heute – im Zeitalter des Massentourismus und des Fernsehens – nicht mehr sein, daß die Welt jenseits des Wohnorts und der Grenzen des eigenen Staates sinnlich unerfahrbar, daher abstrakt und unzugänglich sei. Gleichwohl geben die erwähnten entwicklungspsychologischen Befunde Hinweise auf die zumutbare Abstraktheit der Behandlung und

Darstellung einzelner Themen – dies betrifft jedoch die Themen „Familie", „Kommune", „Staat" in gleicher Weise wie „entstehende Weltgesellschaft" oder „Internationale Organisationen". Insofern bieten z.B. die norwegischen Rahmenpläne und Materialien für den sozialkundlichen Unterricht den Kontrapunkt zur bundesdeutschen Theorie und Praxis: Im Sinne eines Spiralcurriculums wird von der 1. Klasse an der Themenbereich „Moderne Welt – Internationale Organisationen" behandelt.

Zu 3.:

Die Kristallisation von theoretischen und thematischen Schwerpunkten in Rahmenplänen und Schulbüchern wird entscheidend mitgeprägt von Diskussionstrends in den fachlichen Bezugswissenschaften. Abschließend sei daher die These gewagt, daß die in der Schulbuchanalyse festgestellten Defizite in gewisser Weise – und sicherlich um einige Jahre verzögert – Trends und Schwerpunkte der Politikwissenschaft in der Bundesrepublik Deutschland widerspiegeln. Sieht man einmal ab vom Völkerrecht, einer von der Lehrerausbildung und der Curriculumdiskussion weit entfernten Disziplin, so hat in der hiesigen Politikwissenschaft sowohl der Themenbereich UN-System[10] wie auch die theoretische Perspektive des Funktionalismus lange Zeit eine sehr untergeordnete Rolle gespielt. Insofern lassen andererseits die drei Impulse Mitgliedschaft der Bundesrepublik Deutschland in der UN, Förderung der Friedensforschung seit Ende der 60er Jahre und eine Wiederbeschäftigung mit funktionalistischen Theorien in den nächsten Jahren einen Veränderungsschub in den Schulmaterialien erwarten.

10. Anmerkungen

1 Vgl. hierzu: *Luhmann*, N.: Die Weltgesellschaft. In: Soziologische Aufklärung, Band 2, S. 51-71, Opladen 1975.

2 Vgl. hierzu: *Naumann*, J., *Reich*, B.: Die Vereinten Nationen im politischen Unterricht. In: Vereinte Nationen, Heft 3, 1977, S. 80-86.

3 Eine ausführliche Beschreibung und Deutung der Schulbuchanalyse ist zu finden in: *Reich*, B.: Die Vereinten Nationen als Gegenstandsbereich einer kritischen Friedenserziehung im Unterricht. Unveröffentlichte Diplom-Arbeit an der PH Berlin, Sommer 1976.

4 Vgl. hierzu: *Hüfner*, K., *Naumann*, J.: Das System der Vereinten Nationen, Düsseldorf 1974.

5 Vgl. hierzu: *Kühnl*, R. (Hrsg.): Geschichte und Ideologie. Kritische Analyse bundesdeutscher Geschichtsbücher, Hamburg 1973.

6 Vgl. hierzu: *Fohrbeck*, K., *Wiesand*, A.J., *Zahar*, R.: Heile Welt und Dritte Welt. Medien und politischer Unterricht, Opladen 1971.

7 Vgl. hierzu: *Reich*, B., und andere: Die Vereinten Nationen im Schulbuch. Schule und Dritte Welt, Nr. 42, Bonn 1973.

8 Vgl. hierzu: *Fischer*, K.G. (Hrsg.): Zum aktuellen Stand der Theorie und Didaktik der Politischen Bildung, Stuttgart 1975.

9 Ein neueres Beispiel dafür ist: *Callies,* E. und andere: Sozialwissenschaft für die Schule. Umrisse eines Struktur- und Prozeßcurriculums, Stuttgart 1974.

10 Vgl. hierzu die Analyse einschlägiger deutscher Literatur bei: *Czempiel,* E.-O.: Macht und Kompromiß. Die Beziehungen der BRD zu den Vereinten Nationen 1956-1970. Düsseldorf 1971.

Anlage 1: Analysebogen

I. Darstellung der Umwelt des UN-Systems (bezogen auf die Weltgesellschaft)

Analysekategorien	Qualitative Auswertung
1. Darstellung internationaler Politik (Konsens und Konflikt: Vermittlungsprozesse zwischen nationalen politischen Systemen, formalisiert oder nicht formalisiert)	
2. Darstellung der Interdependenzen ökonomischer Entwicklungen, technologischer Neuerungen und der Probleme der Ökologie	
3. Darstellung der Entwicklung weltweiter Rechtsstrukturen, weltweiter Organisationen und ihrer Verfahren	
4. Darstellung der Entwicklung und Verbreitung universalistischer Wertmuster (Religionen, Ideologien, Wissenschaften)	

II. Darstellung des UN-Systems, intern (bezogen auf normativ/rechtliche Organisationsstrukturen)

5. Charta	
5.1 Hauptorgane, Allgemeines über Aufbau und Arbeitsweise	
5.2 Sonderorganisationen, sonstige Organe, Allgemeines über Aufbau und Arbeitsweise	
5.3 Sonstige Organisationsmerkmale (Rekrutierung, Finanzierung)	

III. Darstellung der Tätigkeitsbereiche des UN-Systems
(bezogen auf empirische Ausfüllung)

---

6. Abbau militärischer Gewalt

6.1 Friedenserhaltende Aktionen

6.2 Abrüstung und Sicherheit

---

7. Abbau struktureller Gewalt

7.1 Entkolonialisierung

7.2 Welthandel

7.3 Soziale und wirtschaftliche Entwicklung der Dritten Welt

7.4 Menschenrechte

7.5 Völkerrechtliche Regelungen

7.6 Sonstige Tätigkeiten

---

8. Zeitlicher Hintergrund

IV. Bewertung des UN-Systems
(bezogen auf Organisationsstruktur und Tätigkeiten)

---

9. Erfolge:

In Konflikten vermittelnd eingegriffen in:

____

____

____

____

____

Weltfrieden gesichert O

moralische Erfolge als weltweites Forum O

Leistungen der Sonderorganisationen O

Verabschiedung der Allgemeinen Erklärung der Menschenrechte O

sonstige Erfolge O

____

Analysekategorien	Qualitative Auswertung	
10. Mißerfolge:	Verhinderung der weltweiten Aufrüstung	O
________________	Abbau der Ost-West-Konfrontation	O
________________	fehlende Machtmittel der UN (keine Weltregierung, kein Weltparlament)	O
________________	sonstige Mißerfolge	O
	________________	
11. Mängel und Probleme:	Ost-West-Problematik in den UN	
	Lähmung der Handlungsfähigkeit	O
	Veto-Recht im Sicherheitsrat	O
	Veto-"Mißbrauch" durch die UdSSR	O
	Abstimmungsmodus in der Vollversammlung	O
	fehlende Machtmittel der UN	O
	Mitgliedschaft der geteilten Staaten	O
	sonstige Mängel und Probleme	
	________________	
	Nord-Süd-Problematik in den UN	
	Lähmung der Handlungsfähigkeit	O
	Abstimmungsmodus in der Vollversammlung	O
	Interessendurchsetzung durch die Dritte Welt	O
	sonstige Mängel und Probleme	
	________________	
12. Sonstige institutionell-organisatorische Mängel und Probleme		
13. Begründung		

V. Hinweise auf zusätzliche Beschäftigung mit dem UN-System

---

14. Arbeitsaufgaben: ja O nein O

wenn ja : Bewertungsfragen O

Wiederholungsfragen O

Fragen zur Kenntniserweiterung und -vertiefung O

---

15. Weitere Literaturhinweise: ja O nein O

wenn ja, welche?

VI. Stellung und Kontext des Themas "Das System der Vereinten Nationen" im Schulbuch

---

16. Das System der Vereinten Nationen wird behandelt

O in einem Hauptabschnitt

O in einem Unterabschnitt

O kein eigener Abschnitt

---

17. Welche Themen werden in den vorhergehenden und welche in den folgenden Abschnitten behandelt?

VII. Quantitative Auswertung (bezogen auf den Abschnitt/Unterabschnitt über das UN-System)

---

18. Gesamtseitenumfang

---

19. Anteil von visualisierenden Darstellungsformen

---

20. Anzahl von Graphiken und Organogrammen

---

21. Anzahl von Photos

---

22. Anzahl anderer Darstellungen (Tabellen, Karikaturen, usw.)

Anlage 2:

Liste der analysierten Schulbücher

A. *Schulbücher für den Sozialkunde/Politische Weltkunde-Unterricht in der Sekundarstufe I:*

1. *Deuschle,* Friedrich, *Gönner,* Kurt: Gesellschaft – Staat – Politik. Lehrbuch für die politische Bildung. Bad Homburg: Gehlen Verlag, 1972, 5. durchgesehene Auflage, 239 S.
2. *Fischer,* Kurt Gerhard: Gesellschaft und Politik. Ein Arbeitsbuch für die Sozial- und Gemeinschaftskunde der Klassen 7 bis 9/10. Stuttgart: Metzlersche Verlagsbuchhandlung, 1974, 336 S.
3. *George,* Siegfried, *Hilligen,* Wolfgang: sehen - beurteilen - handeln. Lese- und Arbeitsbuch zur Sozialkunde und Gesellschaftslehre. 5./6. Schuljahr. Frankfurt/M.: Hirschgraben-Verlag, 1972, 2. durchgesehene Auflage, 132 S.
4. *Greiffenhagen,* Martin, *Hättich,* Manfred: Sozialkunde. Lehr- und Arbeitsbuch zur Politischen Bildung für die Sekundarstufe I. Stuttgart: Klett Verlag, 1972, 209 S.
5. *Helbig,* Ludwig: Politik im Aufriß. Ein Quellen- und Arbeitsbuch für die Sekundarstufe I., Bd. 1. Frankfurt/M.: Diesterweg Verlag, 1973, 1. Auflage, 294 S.
6. *Hilligen,* Wolfgang: sehen - beurteilen - handeln. Arbeits- und Lesebuch zur Politischen Bildung und Sozialkunde. 7. - 10. Schuljahr. Frankfurt/M.: Hirschgraben-Verlag, 1973, 8. Auflage, 320 S.
7. *Hilligen,* Wolfgang: sehen - beurteilen - handeln. Arbeits- und Lesebuch zur Politischen Bildung und Gesellschaftslehre. 7. - 9. Schuljahr. Frankfurt/M.: Hirschgraben-Verlag, 1973, 5. Auflage, 232 S.
8. *Kühn,* Peter: Das geht uns alle an. Wolfenbüttel: Heckners Verlag, 1972, 6. Auflage, 237 S.
9. *Monsheimer,* Otto, *Hilligen,* Wolfgang: Aktionsfeld Politik. Frankfurt/M.: Hirschgraben-Verlag, 1972, 6. Auflage, 260 S.
10. *Seitzer,* Otto et al: Einer und alle. Staat, Gesellschaft, Arbeit, Wirtschaft. Stuttgart: Klett Verlag, 1971, 254 S.

B. *Schulbücher für den Sozialkunde/Politische Weltkunde-Unterricht in der Sekundarstufe II:*

11. *Amann-Kellner-Pauly:* Im Spannungsfeld der Politik. Darmstadt: Winklers Verlag, 1974, 55. Auflage, 265 S.
12. *Bodensiek,* Heinrich: Der Kalte Krieg. Weltpolitik 1945 - 1962. Quellen- und Arbeitshefte zur Geschichte und Politik. Stuttgart: Klett Verlag, 1971, 112 S.
13. *Dieckerhoff-Friedrichs-Pyzalla:* mitentscheiden - mitverantworten. Lehrbuch für den politischen Unterricht. Porz/a. Rhein: Verlag H. Stam, 1973, 2. Auflage, 271 S.
14. *Hartwich-Horn-Grosser-Scheffler:* Politik im 20. Jahrhundert. Braunschweig: Westermann Verlag, 1974, 4. neubearbeitete Auflage, 545 S.

15. *Klein,* J. Kurt: Demokratien und Diktaturen. Zur Geschichte und Politik im 20. Jahrhundert. Köln: Kölner Universitätsverlag, 1971, 2. Auflage, 472 S.
16. *Mickel-Kampmann-Wiegand:* Politik und Gesellschaft. 2. Lehr- und Arbeitsbuch für die Gemeinschaftskunde/Politische Weltkunde (12. und 13. Schuljahr, Sekundarstufe II). Frankfurt/M.: Hirschgraben-Verlag, 1972, 2. Auflage, 340 S.
17. *Ritscher,* Hans (Hrsg): Welt der Politik. Lehrbuch der Sozial- und Gemeinschaftskunde. Frankfurt/M.: Diesterweg Verlag, 1971, 4. Auflage, 301 S.
18. *Ritscher,* Hans (Hrsg): Welt der Politik. II. Lehrbuch der Zeitgeschichte. Frankfurt/M.: Diesterweg Verlag, 1972, 1. Auflage, 324 S.
19. *Seitzer,* Otto: Einer für alle - alle für einen. Gemeinschafts- und Wirtschaftskunde. Stuttgart: Klett Verlag, 1973, 11. Auflage, 232 S.
20. *Wiemer,* Joachim: Demokratie als Lebensform. Hannover: Schroedel Verlag, 1971, 2. Auflage, 112 S.

C. *Schulbücher für den Geschichtsunterricht in der Sekundarstufe I:*

21. *Becker,* H.M., *Voelske,* A.: Die neueste Zeit. (Das 20. Jahrhundert). Hannover: Schroedel Verlag, 1971, 208 S.
22. *Birkenfeld,* Wolfgang (Hrsg): Westermann Geschichtsatlas. Politik, Wirtschaft, Kultur. Braunschweig: Westermann Verlag, 1972. 2. Auflage, 51 S.
23. *Böhm,* Wilhelmine, *Deuerlein,* Ernst: bsv Geschichtsatlas. München: Bayerischer Schulbuch-Verlag, 1974, 49 S.
24. *Ebeling,* Hans, *Birkenfeld,* Wolfgang: Die Reise in die Vergangenheit. Ein geschichtliches Arbeitsbuch. Band 4. Braunschweig: Westermann Verlag, 1973, 240 S.
25. *Hampel,* Johannes, *Rieder,* Max: Wir erleben die Geschichte. Ein Arbeitsbuch für den Geschichtsunterricht. 9. Schuljahr, München: Bayerischer Schulbuch-Verlag, 1973, 92 S.
26. *Heumann,* Hans: Unser Weg durch die Geschichte. Ausgabe für Berlin. 9. und 10. Schuljahr, Frankfurt/M.: Hirschgraben-Verlag, 1973, 203 S.
27. *Hoffmann,* Joachim: Spiegel der Zeiten. Lehr- und Arbeitsbuch für den Geschichtsunterricht. Ausgabe B, Band 4, Frankfurt/M.: Diesterweg Verlag, 1972, 2. Auflage, 267 S.
28. *Lucas-Bodensiek-Rumpf-Thiele:* Menschen in ihrer Zeit. 4 In unserer Zeit. Stuttgart: Klett Verlag, 1971, 224 S.
29. *Steinbügl,* Eduard: Geschichte. Band IV. Neueste Zeit. München: Oldenbourg Verlag, 1973, 1. Auflage, 164 S.

D. *Schulbücher für den Geschichtsunterricht der Sekundarstufe II:*

30. *Dittrich-Gallmeister-Dittrich-Herzfeld:* Grundriß der Geschichte für die Oberstufe der Höheren Schulen. Ausgabe B. Von 1850 bis zur Gegenwart. Stuttgart: Klett Verlag, 1972, 6. Auflage, 264 S.
31. *Dittrich-Gallmeister-Dittrich-Herzfeld:* Grundriß der Geschichte für die Oberstufe der Höheren Schulen. Gekürzte, zweibändige Ausgabe B. Die moderne Welt. Stuttgart: Klett Verlag, 1972, 3. Auflage, 344 S.

<u>Übersicht 1:</u> "Vollständigkeit" und "sachliche Richtigkeit" der Darstellung der Organisationsstruktur des UN-Systems in Schulbüchern, nach Fächern und Schulstufen.

Fächergruppe / Stufe / Kriterien	SK-/PW-Bücher						Geschichtsbücher					
	Sekundarstufe I			Sekundarstufe II			Sekundarstufe I			Sekundarstufe II		
	Anzahl	%	Buchnummern	Anzahl	%	Buchnummern	Anzahl	%	Buchnummern	Anzahl	%	Buchnummern
Vollständige Darstellungen: - Hauptorgane und Sonderorganisationen (nur Namensnennungen)	2	20	1, 8	2	20	14, 19	3	33	21, 25, 28	-		-
(davon falsch/veraltet)	2	100	1, 8,	1	50	19	3	100	21, 15, 28	-		-
- Hauptorgane und Sonderorganisationen (mit kurzen Tätigkeitsbeschreibungen)	2	20	2, 10	3	30	11, 13, 15	3	33	24, 25, 26	-		-
(davon falsch/veraltet)	1	50	10	2	66	11, 15	3	100	24, 25, 26	-		-
Unvollständige Darstellungen:	1	10	6,	3	30	12, 16, 18	3	33	22, 27 29	2		30, 31
(davon falsch/veraltet)	-	-	-	2	66	16, 18	1	33	29	2		30, 31
Keine Erwä[illegible]ung des UN-System [illegible]er kurze Erwähnung [illegible]nderen Zusammenhängen	5	50	3, 4, 5, 7, 9	[illegible]	20	17, 20	-		-	-		-
Insgesamt	10	100		1[illegible]	100		9	100		2		

Übersicht 2: "Tätigkeitsbereiche" des UN-Systems in Schulbüchern, nach Fächern und Schulstufen

Fächergruppe		SK/PW-Bücher																				Geschichtsbücher											Anzahl der Nennungen insgesamt
Stufe (Buchnummern)		Sekundarstufe																				Sekundarstufe											
		I										II										I									II		
Tätigkeitsbereiche (Themenrangfolge nach Häufigkeit)		1	2	3	4	5	6	7	8	9	10	11	12	13	14	15	16	17	18	19	20	21	22	23	24	25	26	27	28	29	30	31	
1. Friedenserhaltende Aktionen																																	
1.1 Nahost	1	x					x		x		x		x	x	x	x	x		x	x			x	x	x	x	x		x	x	x	x	20
1.2 Zypern	4	x					x		x		x			x		x			x	x				x	x		x		x	x	x	x	15
1.3 Kongo	3	x					x		x		x		x	x	x	x			x	x				x	x	x	x				x	x	16
1.4 Kaschmir	6	x					x		x		x			x					x	x			x		x				x				9
1.5 Korea	2								x		x		x	x	x	x			x	x		x	x	x	x		x		x	x	x	x	17
1.6. Ungarn/CSSR/Berlin	5						xxx		xx		xx		x		x				x							xx			xx				14
1.7 sonstige	4						xx		xxxx		xx				xx										xx	x							15
																																	106
2. Aktivitäten zum Aufbau eines "positiven Friedens"																																	
2.1 Abrüstungsverhandlungen	8	x			x								x			x			x					x								x	7
2.2 Entkolonialisierung	11																		x				x			x			x				4
2.3 Beeinflussung des Welthandels	7										x	x		x		x	x									x		x				x	8
2.4 Entwicklungshilfe	5	x	x	x	x						x	x		x		x	x		x	x				x		x	x						14
2.5 Schutz der Menschenrechte	10	x													x	x		x							x								5
2.6 Ausarbeitung völkerrechtlicher Regelungen	10													x		x	x									x						x	5
2.7 sonstige	9												x	x	x					x									x	x			6
																																	49

<u>Übersicht 3:</u> Einschätzung der Tätigkeitsbereiche und Strukturen des UN-Systems in Schulbüchern, nach Fächern und Schulstufen

Kriterien (Themenrangfolge nach Häufigkeit) / Fächergruppe / Stufe (Buchnummern)		SK-/PW-Bücher																				Geschichtsbücher											Anzahl der Nennungen insgesamt
		Sekundarstufe																				Sekundarstufe										
		I									II											II									II	
		1	2	3	4	5	6	7	8	9	10	11	12	13	14	15	16	17	18	19	20	21	22	23	24	25	26	27	28	29	30	31	
I. Erfolge																																	
1. Friedenserhaltende Aktionen																																	
1.1 Nahost	1	x					x		x		x				x	x	x		x	x				x	x	x				x	x	x	15
1.2 Kongo	2	x					x		x		x			x	x	x			x	x				x	x	x					x	x	14
1.3 Zypern	3	x					x		x		x			x		x			x	x				x	x					x	x	x	13
1.4 Kaschmir	6	x					x		x		x			x					x						x	x							8
1.5 Korea	4								x		x			x	x	x			x	x				x	x						x	x	11
1.6 sonstige	10								x																x	x				x			4 (65)
2. Aktivitäten zum Aufbau eines "positiven Friedens"																																	
2.1 Weltfrieden gesichert	12				x																				x								2
2.2 Moralische Erfolge als Völkerforum	8				x							x			x	x			x							x							6
2.3 Aktivitäten der Sonderorganisationen	9															x			x	x											x	x	5
2.4 Schutz der Menschenrechte	11		x													x											x						3
2.5 sonstige	11													x	x				x														3 (19)
II. Mißerfolge																																	
3. Friedenserhaltende Aktionen																																	
3.1 Nahost	12	x									x																						2
3.2 Ungarn	7						x		x		x				x				x							x			x				7
3.3 CSSR	12						x																			x							2
3.4 Deutschlandfrage	11								x		x																		x				3
3.5 Vietnam	9						x		x		x				x																x		5
3.6 Tibet	12						x				x																						2 (21)

Forts. Übersicht 3

			1	2	3	4	5	6	7	8	9	10	11	12	13	14	15	16	17	18	19	20	21	22	23	24	25	26	27	28	29	30	31	
	4. Sonstige Mißerfolge																																	
	4.1 Aufrüstung nicht verhindert	6								x		x			x	x	x			x												x	x	8
	4.2 Ost-West-Konflikt nicht entschärft	11															x			x			x											3
	4.3 keine eigenen Machtmittel	10													x	x																x	x	4
	4.4 sonstige	9								x	x	x				x									x			x						5 (20)
III.	Mängel und Probleme																																	
	5.1 Veto-Recht	5				x		x				x		x						x								x	x		x	x		9
	5.2 Veto-Mißbrauch	9	x														x						x			x					x			5
	5.3 keine eigenen Machtmittel	10				x						x					x				x													4
	5.4 (Nicht-)Mitgliedschaft der geteilten Staaten	8	x								x					x		x		x			x											6
	5.5 Uniting-for-Peace-Resolution	7	x												x	x							x							x	x	x		7
	5.6 sonstige	8													x	x							x							x	x	x		6 (37)

<u>Übersicht 4:</u> Stellung und umfangmäßige Behandlung des UN-Systems in Schulbüchern, nach Fächern und Schulstufen

Fächergruppe	SK-/PW-Bücher						Geschichtsbücher					
Stufe	Sekundarstufe						Sekundarstufe					
	I			II			I			II		
Kriterien	Anzahl	%	Buchnummern	Anzahl	%	Buchnummern	Anzahl	%	Buchnummern	Anzahl	%	Buchnummern
Hauptabschnitt	-	-	-	4	40	12, 14 15, 16	2	22	21, 24	-		-
Unterabschnitt	5	50	1, 2, 8, 10	4	40	11, 13, 18, 19	7	78	22, 23 25, 26, 27, 28, 29	2		30, 31
kein eigener Abschnitt	5	50	3, 4, 5, 7, 9	2	20	17, 20	-	-	-	-		-
Insgesamt	10	100		10	100		9	100		2		
0 - 1 S.	5	50	3, 4, 5, 7, 9	2	20	17, 20	3	33	22, 23, 27	-		
>1< 2 S.	1	10	6,	-	-	-	1	11	21	2		30, 31
>2< 3 S.	3	30	1, 8,	2	20	18, 19	2	22	26, 29	-		-
> 3 S.	1	10	2	6	60	11, 12, 13, 14, 15, 16	3	33	24, 25, 28	-		-
Insgesamt	10	100		10	100		9	100		2		

III. Die pädagogische Dimension

Internationale Politik im Kursunterricht der Oberstufe – Unterrichtsbeispiel Vereinte Nationen

von Dr. Berthold Wiegand

1. Einleitung

Ein Rückblick auf zweieinhalb Jahrzehnte politischen (sozialkundlichen) Unterrichts zeigt, wie gering der Stellenwert internationaler Beziehungen eingeschätzt worden ist. Dieser Eindruck ergibt sich zumindest aus den Lehrplänen der Länder der Bundesrepublik Deutschland, die Wolfgang W. *Mickel* über den Zeitraum hinweg analysiert hat[1]. Der folgende didaktische Entwurf gründet sich auf Unterrichtserfahrungen aus dem Schuljahr 1975/76, verbunden mit der Fachleitung für Politik an einem Studienseminar. Mein Kursangebot zur internationalen Politik erging an eine Jahrgangsbreite von ca. 120 Schülern der 13. Klassenstufe und stand in Konkurrenz mit drei ebenfalls anspruchsvollen, jedoch fest umrissenen und theoretisch überschaubaren Themen. Trotz eines Papiers, das Intentionen, Arbeitsweisen und Anforderungen detailliert darbot und der Gesamtforderung vor dem Abitur Rechnung trug, lagen die Einwahlen der Schüler unter denen aller anderen Kurse. Was dann zusammenkam, entsprach etwa der Unterrichtssituation eines Leistungskurses, wie er nach dem Modell der Kultusministerkonferenz vom Juli 1972 mit dem folgenden Schuljahr in allen Ländern eingeführt worden ist.

2. Internationale Organisationen – wie sehr noch gefragt?

Die Atmosphäre ist insgesamt kühler geworden. An internationale und supranationale Organisationen knüpfen sich längst nicht mehr Erwartungen wie noch bei vorangegangenen Schülergenerationen; dies gilt sowohl für die Europäischen Gemeinschaften als auch weit mehr noch für die Vereinten Nationen, die von ihrer Hauptaufgabe der Friedenssicherung weiter entfernt sind denn je. Nicht geringer geworden ist jedoch das Informationsbedürfnis über Struktur und Wirkungsweisen dieser Organisation wie auch neuer, der Organisation für Afrikanische Einheit (OAU) zum Beispiel. Die institutionelle Seite läßt sich dabei bündig erarbeiten, die politische Einschätzung geht – bei entsprechender Fundierung im Lehrgang – aus der Analyse aktueller Konflikte hervor.

Diese didaktischen Vorüberlegungen machen deutlich, welche Schwierigkeiten bei einem so weit gefächerten Kursthema für die Umsetzung und die Einhaltung eines Zeitplans entstehen. So lassen wir die Unterscheidung von Grund- und Leistungskursen beiseite, wenn wir die folgenden übergeordneten Lernziele formulieren:

– Erkennen der Interdependenz der Staaten als wesentliches Merkmal internationaler Politik mit dem Dualismus von wechselseitiger Abhängigkeit einerseits, dem Beharren auf nationalstaatlichen Rivalitäten andererseits.

Demgegenüber sollen Solidarität und Kooperation als neue Elemente und Grunderfordernisse für die internationalen Beziehungen verstanden werden[2].

- Vermittlung eines theoretischen Gerüsts zum Verständnis der Unterschiede zwischen herkömmlicher Außenpolitik und internationaler Politik in einer „kleiner gewordenen" Welt mit dem Blick auf die Risiken des technischen Zeitalters[3].

3. Zur Struktur der Unterrichtsplanung

Die Unterrichtsplanung mit dem detaillierten Ablauf der Lernprozesse kann erst erfolgen, wenn der Lehrer nach den Einwahlen seinem Kurs begegnet. Die Schüler untereinander sowie Schüler und Lehrer kennen sich oft nur wenig. Daher haben im Kursunterricht die Einführungsgespräche noch größere Bedeutung erlangt. In der Funktion des Kursleiters erfährt der Lehrer, unter welchen Voraussetzungen sich seine projektierende und praktizierende Tätigkeit entfalten kann, welche Einzel- oder Feinziele den Motivationen der Schüler am ehesten entsprechen, welche Ziele des sozialen Lernens operationalisierbar sind.

Bei einem so komplexen Gegenstand wie der internationalen Politik ist es angemenden Schüler in Gruppenarbeit feststellen, was sie an Einstellungen und Kenntnissen hierfür mitbringen. Danach lassen sich Methodik und Medieneinsatz einstellen und zumutbare Anforderungen im voraus besprechen. Diese gemeinsame Planung im Kurssystem braucht einige Doppelstunden und auch zwischenzeitlich eine Rückkoppelung zwischen Kursleiter und Schülern; ein solcher Zeitaufwand wird jedoch erfahungsgemäß aufgeholt, indem Umwege und Mißverständnisse im Arbeitsablauf vermieden werden können[4].

Thematisch handelt es sich nicht um einen wirklich neuen Gegenstand. Nach den Themenkreisen für die Gemeinschaftskunde wird etwa die Hälfte des Unterrichts in der Fächerintegration von Geschichte, Geographie und Politik davon beansprucht, dabei von den sechs Hauptteilen vier: „Wege zur Einigung Europas in der zweigeteilten Welt", „die beiden Weltmächte", „Europäisierung und Entkolonialisierung der Erde", „Wege zur Befriedung der Welt". Die verbleibenden zwei Hauptteile „Demokratische und totalitäre Politik zwischen den Weltkriegen", die Zeitgeschichte also, und „Gesellschaft, Staat und Wirtschaft in Deutschland" nahmen dann in der Praxis wenigstens denselben Raum ein, zumal darin die Thematik der deutschen Teilung enthalten war. Manches aus den seinerzeitigen Richtlinien ist einfach zu streichen – zumal dann, wenn die Entwicklung über die damalige Problematik hinweggegangen ist. Andererseits sind im Weltganzen neue Schwerpunkte zu setzen, z.B. in einer Verlagerung auf Probleme der dritten und vierten Welt.

Alle diese Überlegungen laufen auf eine exemplarische Bearbeitung hinaus, auf die Bindung der Thematik an einen zentralen Gegenstand aus der gegenwärtigen Weltpolitik, wodurch die Theorie unmittelbar mit der Praxis konfrontiert wird.

Zur Auswahl standen der Konflikt zwischen den arabischen Staaten und Israel sowie der Gegensatz zwischen Industrie- und rohstoffproduzierenden Ländern. Beide Unterrichtsgegenstände boten sich an, weil sie beispielhaft die gegenwärtigen Kräfteverhältnisse und die hauptsächlichen Tendenzen in der internationalen Politik wiedergeben, die Ansätze von Interdependenz und Betroffensein verdeutlichen. Für die Strukturierung des Unterrichts gibt es mehrere Möglichkeiten, vorausgegangene Unterrichtsergebnisse wiederaufzunehmen und auf die derzeitige internationale Politik anzuwenden: das Ende des Kolonialzeitalters, die Positionen der „Supermächte", die Diskrepanz zwischen Wirtschaftskraft und politischer Aktivität in der Europäischen Gemeinschaft, der Zustand der Vereinten Nationen usw. Vorherrschendes Schülerinteresse entschied für die Entwicklungspolitik, der umfangreicheren Thematik mit beträchtlichen geographischen Anforderungen.

4. *Feinziele und thematischer Grundriß (in Kurzfassung und Stichworten)*

4.1. Gründung der Vereinten Nationen aus den politischen Gegebenheiten des 2. Weltkrieges

Erkennen der Bedingungen, unter denen die Gründung der Weltorganisation im Ausgang des 2. Weltkrieges überhaupt möglich war. Mit der Wiederaufnahme vorausgegangener Unterrichtsergebnisse erfolgt ein Vergleich mit dem Völkerbund.

- Die Atlantik-Charta als Formulierung alliierter Kriegsziele und ihre Wirkung in der Weltöffentlichkeit; Fortführung des Planes bei den Kriegskonferenzen der Alliierten; Kompromisse zur Beteiligung der Sowjetunion, Kompromisse zum Einverständnis der kleineren Staaten; Übergewicht der Großmächte; Behandlung der Feindstaaten; Prinzip der souveränen Gleichheit.
- Die Völkerbundssatzung als Teil des Versailler Friedensvertrags; Nichtbeteiligung der Vereinigten Staaten als Folge des Isolationalismus; das Übergewicht der europäischen Mächte; Funktion von Völkerbundsrat und -versammlung in den Konflikten der zwanziger und dreißiger Jahre.
- Demgegenüber die sich anbahnende Universalität der Vereinten Nationen im Prozeß der Enteuropäisierung der Erde und des Endes der Kolonialreiche. Die veränderten Machtverhältnisse im internationalen System.

4.2 Präambel, Zwecke und Grundsätze der Charta der Vereinten Nationen

Die Ansätze zu einer Weiterentwicklung des Völkerrechts werden aus der Satzung erschlossen und Hemmnissen gegenübergestellt, wie sie bereits in deren ersten Kapiteln enthalten sind. Zur Förderung des Erkenntniszieles Frieden werden einige Texte aus der gegenwärtigen Friedens- und Konfliktforschung einbezogen. Daraus soll auch die Berechtigung von Friedensutopien hervorgehen, wie sie seit der Aufklärung als regulatives Prinzip verstanden worden sind.

- Sprachliche und inhaltliche Interpretation der Präambel. Die Diskussion zu den hohen Erwartungen an die Weltorganisation stößt auf die Realitäten: Mehr als 50 Kriege und Bürgerkriege – oft von außen geschürt – seit Bestehen der Vereinten Nationen.
- Ursachen für die fortdauernde Bedrohung des Weltfriedens. Aufgaben der Vereinten Nationen bei der Lösung wirtschaftlicher und sozialer Probleme von universalen Ausmaßen.
- Exkurs zur Interdependenz der Staaten in der gegenwärtigen Welt nach Texten der Friedens- und Konfliktforschung (hier mit Textauszügen von *Czempiel, Senghaas* und *Morgenthau* aus dem eingeführten Lehrbuch; vgl. Literaturverzeichnis).

Mit diesen protokollierten Unterrichtsergebnissen werden die Begriffe „positiver" und „negativer" Friede diskutiert und für den Fortgang des Kurses bereitgestellt.

Die Grundsätze der bona fides, der friedlichen Beilegung von Streitigkeiten, der territorialen Unversehrtheit, der Zulassung von Sanktionen, der Verpflichtung von Nichtmitgliedern der Vereinten Nationen u.a. werden dem strikten Souveränitätsprinzip gegenübergestellt. Dies geschieht auch hinsichtlich der im Text vorliegenden Menschenrechtserklärung der Vereinten Nationen.

4.3 Organe und Sonderorganisationen

Indem die Fakten zum Organisationsgefüge jeweils mit den Funktionen verbunden werden, unterbleibt Institutionenkunde. Der Unterricht ist auch nicht auf Vollständigkeit eingestellt, sondern auf Auswahl zur Beurteilung des Wirksamwerdens der Vereinten Nationen. Die kritische Analyse läßt im zeitgeschichtlichen Zusammenhang wie in der Aufnahme aktueller Bezüge die Grenzen dieser Wirksamkeit erkennbar werden. Lähmungserscheinungen bei der Hauptaufgabe der Friedenssicherung sollen jedoch voll in den Blickpunkt gestellt und zur Frage nach dem Fortbestand der Weltorganisation hin entwickelt werden.

- *Generalversammlung:* Weder „Weltgewissen" noch weltweite Legisalative – permanenter Diplomatenkongreß. Allzuständigkeit in Fragen der Friedenserhaltung und der internationalen Sicherheit. Beschlüsse nach dem Prinzip „ein Land – eine Stimme". Empfehlungen in der Form von Resolutionen mit der Möglichkeit, Auffassungen von Staaten und Staatengruppen vor der ganzen Welt zu vertreten. Dementsprechend bedeutende Publizität. Kompetenzerweiterung durch die Resolution „Uniting-for-peace". Verdreifachung der Mitgliederzahl mit Übergewicht der dritten und vierten Welt und entsprechende Blockbildung. Interpretation der Satzung und erläuternde Texte führen zur Problematisierung der Prinzipien, Kompetenzen und Wirksamkeiten im Zusammenhang einer der jährlichen Tagungen.
- *Sicherheitsrat:* Entscheidungsorgan mit Sonderrechten gegenüber den anderen Organen der Vereinten Nationen. Vorrechte der 5 ständigen gegenüber den inzwischen 10 nichtständigen Mitgliedern. Das faktische Vetorecht der

ständigen Mitglieder. Die daraus entstehenden beharrenden Tendenzen im Sicherheitsrat gegenüber den dynamischen in der Vollversammlung werden nach zeitgeschichtlichen Ereignissen und aus gegenwärtiger Sicht diskutiert mit dem Schwerpunkt von Einverständnis oder Kontroverse unter den „Supermächten".

- *Generalsekretär:* Ursprüngliche Funktion als Leiter einer weltweiten Verwaltung und Kompetenzzuwachs bei Lähmung der anderen Organe. Beweglichkeit und Reisediplomatie. Die Funktion des Generalsekretärs bei Interventionen der Vereinten Nationen. Im Mittelpunkt des Unterrichts steht die Problematik einer Friedensstreitmacht im Verhältnis zum längerfristigen Einsatz von Abschirmungskontingenten. Anwendung der historischen Fallanalyse zur Darlegung gesamtpolitischer Funktionszusammenhänge. Für Gruppenarbeit stehen zur Auswahl: Korea-Intervention von 1950 *(Trygve Lie)*, Kongo-Intervention von 1960 *(Hammarskjöld)*, 3. arabisch-israelischer Krieg von 1967 *(U Thant);* je nach Aktualität auch andere Fälle auf Vorschlag von Schülern.
- *Sonderorganisationen:* Gruppenarbeit zu den Leistungen der Weltgesundheitsorganisation (WHO), der Ernährungs- und Landwirtschaftsorganisation (FAO), der UNESCO und der Weltbank. Zukunftsweisende Bedeutung dieser Wirksamkeit. Die Problematisierung nimmt ihren Ausgang von der Sitzverteilung in den Entscheidungsgremien zwischen Industrie- und Entwicklungsländern.

4.4 Der Nord-Süd-Konflikt im Wirkungsbereich der Vereinten Nationen

Aus diesem Beispiel soll die Chance hervorgehen, welche die Weltorganisation bietet, um andrängende Aufgaben eines Ausgleichs in den wirtschaftlichen und sozialen Verhältnissen zu bewältigen. Ergebnisse aus dem Unterricht in den Jahrgangsklassen werden in der Form von Gruppenberichten wiederaufgenommen, sodann stufenadäquat fortgeführt. Dazu gehört die Auswertung neuer Statistiken sowie die Erschließung kontroverser Texte aus politischer Fachliteratur und Tagespresse. Auf der Grundlage ausgewerteter Materialien sollen die Auseinandersetzungen in den Vereinten Nationen zukunftsorientiert beurteilt werden. Damit soll der Aufbau eigenständiger Positionen zu diesem Weltproblem gefördert werden.

- Differenzierung des Sammelbegriffs Entwicklungsländer. Untersuchung der Faktoren, die außer dem Sozialprodukt hierfür maßgebend sind. Einzuarbeiten ist der Einschnitt der Ölkrise von 1973.
- Kritischer Vergleich der Entwicklungsleistungen von Ost und West, bilateraler und multilateraler Förderungsmaßnahmen. Die Vertiefung der Kluft wird aus den Rückständen der ersten Entwicklungsdekade wie der letzten Jahre deutlich. Schwerpunkt der kritischen Analyse ist die „Militärhilfe".
- Erfordernisse für eine Veränderung der internationalen Arbeitsteilung. Beharrungstendenzen in den Industrieländern, Maximalforderungen der Entwicklungsländer. Ansätze für realistische Lösungen in den Vereinten Nationen und auf Nord-Süd-Konferenzen werden aus Materialien und Medien erarbeitet.

- Abschlußdiskussion unter der Fragestellung: Permanenter, antagonistischer Konflikt oder Aussicht auf rationale Konfliktbewältigung?

5. Methodisches Vorgehen

Für eine dauernde Motivierung erweist sich die Projektmethode als besonders geeignet, d.i. in der Förderung eigenständiger Tätigkeit, so bei der Erschließung von Materialien, der Ausarbeitung von Papieren und der Präsentation von Sachverhalten und Zusammenhängen. Jeweils mehrere Schüler sind an einer größeren Aufgabe beteiligt. Auf diese Weise bleibt der Anteil des einzelnen überschaubar, die Bemühung läßt sich mit den Anforderungen in den anderen Fächern in Einklang bringen. Ein gruppendynamisch angelegter Unterricht ist das aber noch nicht, eher ein partnerschaftliches Verfahren, bei dem sich die Bearbeiter eines Themas über Umfang und Schwerpunkt ihrer Anteile einigen sowie über die Verwendung von Unterrichtsmedien wie Karten, Dias und Tageslichtprojektor.

Die Ausarbeitung erfolgt dann zu Hause; auf freien Vortrag wird besonderer Wert gelegt, wozu als Unterlage ein Papier mit den wichtigsten Fakten und einigen Thesen gehört, das alle Kursteilnehmer bei der Präsentation zur Hand haben. So werden Rückfragen erleichtert, die nachfolgende Diskussion, von einem anderen Mitglied der Gruppe geleitet, erhält Konturen. Diese Referatsunterlage, im Anschluß ergänzt, erfüllt auch den Zweck einer Zusammenfassung aller Ergebnisse und sichert Querverbindungen zwischen den Arbeitsgruppen.

Die Rolle des Lehrers hat sich damit gewandelt; Lehrerdominanz wird zugunsten eigener Urteilsbildung der jungen Erwachsenen zurückgenommen, größer sind aber die Aufgaben in der Gestaltung von Lernprozessen geworden. Ein solches Verfahren muß, dem jeweiligen Gegenstand und der Zusammensetzung des Kurses entsprechend, immer neu eingeübt und wechselnden Unterrichtssituationen angepaßt werden. Die Kursteilnehmer wenden sich an den Lehrer, wenn sie seinen Informationsvorsprung oder neue Impulse für die weitere Arbeit brauchen. Oft werden auch methodische wie Verständnishilfen erforderlich, u.a. bei schwierigen Passagen in wissenschaftlichen Texten.

Empfehlenswert ist Methodenwechsel. Die Projektmethode eignet sich nicht für alle geplanten Lernschritte in gleichem Maße. Eine straffere Unterrichtsführung ist häufig bei Wiederholungen und bei Hineinnahme länger zurückliegender Unterrichtsergebnisse nötig. Hilfreich ist auch die Verwendung eines Lehr- und Arbeitsbuches für die Gemeinschaftskunde, das die hauptsächlichen Bereiche der internationalen Politik darbietet und erläutert. Zur Ergänzung des Lehrbuchs kann ein Reader zusammengestellt und vervielfältigt werden, vor allem für die Schwerpunkte des Kurses. Bei dem zu Anfang erwähnten Kurs, auf dessen Erfahrungen sich dieser Aufsatz primär gründet, stand ein Lehrbuch in voller Teilnehmerzahl zur Verfügung. Vorhandene Wandkarten waren meist veraltet, Atlanten in genügender Zahl vorhanden, wenn auch hier die Karten mit Hilfe von Skizzen dem gegenwärtigen Stand angepaßt werden mußten. Für Wiederholung und Erweiterung des geographischen Wissens konnten die Schüler ein thematisches Lehrbuch benutzen.

Im Bereich der Entwicklungspolitik ließ sich die Projektmethode am besten anwenden. Der Kurs war zu Beginn dem Vorschlag gefolgt, *Myrdals* „Politisches Manifest über die Armut in der Welt" als Taschenbuch anzuschaffen und zu Hause zu lesen, was die gemeinsame Arbeit sehr positiv anregte. Dasselbe gilt für Materialien aus Publikationen des Bundesministeriums für wirtschaftliche Zusammenarbeit bzw. aus UNO-Quellen. Bei dieser Arbeitsweise können Voreinstellungen nachhaltiger revidiert werden, als dies auf dem Wege der Belehrung möglich wäre. Der Nord-Süd-Konflikt erweist sich als ein geeignetes Übungsfeld für die politische Bewußtseinsbildung in der Einschätzung dessen, was sich gegenwärtig im Weltganzen abspielt.

6. *Anmerkungen*

1 *Mickel*, W.G.: Lehrpläne und politische Bildung – Ein Beitrag zur Curriculumforschung und Didaktik. Darmstadt 1971.
2 Vgl. *Loch*, T.M.: Interdependenzen – Wer hängt von wem ab? Zürich 1975.
3 Siehe *Frei*, D.: Kriegsverhütung und Friedenssicherung. Frauenfeld und Stuttgart 1970.
4 *Heimann*, P., *Otto*, G., *Schulz*, W.: Unterricht, Analyse und Planung. 4. Aufl., Hannover 1965.

7. *Literaturübersicht*

7.1 Grundlektüre für alle Schüler

Ackermann, P. (Hrsg.): Frieden- und Friedensstrategien. Reclam.

Hüfner, K., *Naumann*, J.: Eine neue Weltwirtschaftsordnung? Landeszentrale für politische Bildung, Berlin 1976.

Mickel, Kampmann, Wiegand: Politik und Gesellschaft. Grundlagen und Probleme der modernen Welt. Lehr- und Arbeitsbuch Sekundarstufe II. 7. Aufl., Frankfurt a.M. 1976.

Mück, J. (Hrsg.): Internationale Politik. Bad Wildunger Beiträge, Hessische Landeszentrale, Bd. 4.

Myrdal, G.: Politisches Manifest über die Armut in der Welt. Suhrkamp. Frankfurt 1970.

Noack, P.: Internationale Politik. dtv Wissenschaftliche Reihe 4060. München 1970.

Storkebaum, W.: Entwicklungsländer und Entwicklungspolitik. Lehr- und Arbeitsbuch Sekundarstufe I. Braunschweig 1973.

Unser, G.: Die UNO. Aufgaben und Struktur der Vereinten Nationen. München 1973 (Olzog-TB 133).

7.2 Weiterführende Literatur in der Handbibliothek

BMZ: Entwicklungspolitik. Materialien. Bonn.

Bracher, K.D., *Fraenkel*, E. (Hrsg.): Internationale Beziehungen. Fischer-Lexikon Bd. 7. Frankfurt 1973.

Czempiel, E.O.: Schwerpunkte und Ziele der Friedensforschung. München 1972.

Doeker, G. (Hrsg.): Die Vereinten Nationen. Uni-TB 294.

Fischer-Länderkunde. Neunbändige Taschenbuchausgabe.

Fröbel, F., und andere: Die Armut des Volkes – Verelendung in den unterentwickelten Ländern. Auszüge aus Dokumenten der Vereinten Nationen. Rowohlt-TB 1772. Reinbek bei Hamburg 1974.

Höfer, F.: Internationale Verträge und Organisationen. München 1975.

Hüfner, K., *Naumann*, J.: Das System der Vereinten Nationen. Düsseldorf 1974.

Krippendorf, E. (Hrsg.): Probleme der internationalen Beziehungen. Frankfurt a.M. 1972.

Krysmanski, H.J.: Soziologie des Konflikts. Reinbek bei Hamburg 1971 (rde 362).

Kuhn, R.: Internationale Politik. Frankfurt a.M. 1967 (Schriften zur politischen Bildung).

Lukacs, J.: Konflikte der Weltpolitik nach 1945. dtv Weltgeschichte.

Matzke, O., *Priebe*, H.: Entwicklungspolitik ohne Illusionen. Mobilisierung der Eigenkräfte. Urban-TB 1973.

Mickel, W.: Konfliktfeld: Internationale Politik. Neuwied und Berlin 1974.

Obermann, E. (Hrsg.): Verteidigung. Stuttgart 1970.

Pearson, L.P.: Der Pearson-Bericht. Bestandsaufnahme und Vorschläge zur Entwicklungspolitik. Wien 1969.

Picht, G., *Huber*, W.: Was heißt Friedensforschung? Stuttgart und München 1971.

Schlüter, H.W.: Diplomatie der Versöhnung. Die Vereinten Nationen und die Wahrung des Weltfriedens. Stuttgart 1966.

Senghaas, D. (Hrsg.): Kritische Friedensforschung. Frankfurt a.M. 1971.

Siegler, H.: Die Vereinten Nationen - eine Bilanz nach 20 Jahren. Bonn 1966.

IV. Die Internation Simulation (INS)

Ein Spiel internationaler Beziehungen als Instrument politischen Lernens

von Christel Adick und Sabine Loreck

1. Warum Simulationsspiele im Bildungsbereich?

Seit Mitte der 60er Jahre ist verschiedentlich auf die unzureichende Vermittlung entwicklungspolitischer und internationaler Probleme im schulischen und außerschulischen Bildungsbereich hingewiesen worden. Als Reaktion auf dieses Ungenügen liegen inzwischen erste Ansätze vor, diese Problematik über Unterrichtsmaterialien und andere audiovisuelle Hilfsmittel in die Bildungsarbeit zu integrieren.

Im Rahmen der Entwicklung von Praxismodellen treten dabei vereinzelt auch Konzeptionen auf, die diesen komplexen Problembereich mit Hilfe verschiedener Spielanleitungen der unterrichtlichen Bearbeitung zugänglicher machen wollen. Solchen Versuchen läßt sich auch die Internation Simulation zurechnen – ein Spiel, das internationale Beziehungen erfahrbar zu machen verspricht.

Im November 1976 wurde auf einem internationalen Wochenendseminar in den Niederlanden, zu dem einige europäische UN-Gesellschaften, darunter auch die Deutsche Gesellschaft für die Vereinten Nationen (DGVN), eingeladen hatten, die Internation Simulation (INS) erprobt. Anwesend waren etwa hundert Vertreter aus verschiedenen Verbänden und Bereichen außerschulischer Bildungsarbeit*.

Im folgenden soll dieses INS-Modell dargestellt und unter Bezug auf einige pädagogische Kriterien diskutiert werden.

Solchen Spielmodellen werden bisweilen besondere pädagogische Qualitäten zugeschrieben. So zeigt sich z.B. die Hoffnung, gerade einen bisher wenig behandelten und wenig anschaulichen Bereich, wie entwicklungspolitische und internationale Themen, interessant zu gestalten. Der allgemeine Trend der erziehungswissenschaftlichen Diskussion versucht, Handeln und Lernen zusammenzubringen und gesellschaftliche Realität stärker und direkter in pädagogische Institutionen einzubeziehen, z.B. durch projektorientiertes Lernen, Handlungsforschungsstrategien. Zusammen mit dem Anspruch vom „spielerischen Lernen" erscheinen Simulationsspiele als „Ausweg aus der Sackgasse". Darüber hinaus wird das positive Aufgreifen von INS-Modellen dadurch begünstigt, daß sie als Methode

---

* Ein erster Bericht über diese Simulation erschien bereits von uns an anderer Stelle (*Adick/Loreck:* Simulationsspiele. Eine neue Art politischen Lernens? In: deutsche jugend 4/1977, S. 167-173). Der hier vorgelegte Aufsatz greift auf einige Abschnitte dieses Auswertungsartikels zurück.

in den USA u.a. speziell für diesen Bereich politischen Lernens entwickelt und ausdifferenziert wurden (vgl. *Verba* 1963/64, S. 53). Die Rezeption der Methode und der damit gesammelten Erfahrungen erfolgte in der Bundesrepublik Deutschland etwas zögernder und zurückhaltender (vgl. *Lehmann/Portele* 1976, Einleitung) – schließlich liegen die ersten vereinzelten Versuche mit INS-Modellen bereits Mitte der 50er Jahre. Eine Adaption für bundesrepublikanische Verhältnisse schien vor dem Hintergrund der noch mangelnden Evaluation in den USA zu ungewiß (vgl. *Robinson* u.a. 1966). Mittlerweile gehört die Simulation zusammen mit Rollen- und Planspielen zum allgemeinen pädagogischen Repertoire; oft gesehen als *die* Chance gegenüber ‚defekten', anreizlosen alten Lernmethoden. „Die ersten Eindrücke von INS führen die Beobachter dazu, von der Hypothese auszugehen, daß im Vergleich zu Schülern, die nach konventionellen Programmen lernen, INS-Teilnehmer a) höher motiviert werden, b) wahrscheinlich mehr Fakten und Prinzipien lernen und sie länger behalten, c) mit höherer Wahrscheinlichkeit kritische Denkfähigkeit erwerben und d) mit größerer Wahrscheinlichkeit die Haltung des politischen Realisten übernehmen" (vgl. *Cherryholmes* 1971, S. 96).

Vor dem Hintergrund erziehungswissenschaftlicher Diskussionen versuchen wir, in diesem Artikel Überlegungen zum Stellenwert von Simulationsspielen als einem Ansatz im Lernbereich internationaler Probleme anzustellen. Aus der Perspektive eigener Erfahrungen bei der Teilnahme an einem INS-Modell sollen Möglichkeiten für die Anwendung aufgezeigt und Vorschläge zur konkreten Durchführung eines solchen entwicklungspolitischen Spiels im Bildungsbereich gemacht werden.

2. *Die Internation Simulation (INS)*

2.1 Entstehungszusammenhang

Die Internation Simulation entstand vor nunmehr zwei Jahrzehnten: Harold *Guetzkow* (USA), der Ziehvater dieser Simulation internationaler Beziehungen, praktizierte die ersten explorativen Durchgänge in den Jahren 1957/58 unter der heuristischen Fragestellung, ein Instrument zu entwickeln, das im Hauptstudium internationaler Beziehungen den Studenten sowohl zu Forschungs- als auch zu Unterrichtszwecken dienen sollte *(Guetzkow* 1959). Man vergegenwärtige sich die damalige Situation: Vor dem Hintergrund des Kalten Krieges und unter Aufnahme der seinerzeit hoch im Kurse stehenden sozialpsychologischen Kleingruppenforschung suchte man nach einem Modell, das die internationale Situation einigermaßen befriedigend zu repräsentieren vermochte. Zugleich versprach man sich davon Entscheidungshilfen für konkrete politische Handlungserfordernisse. In diesem gesellschaftspolitischen Rahmen entstand die sozialwissenschaftliche Spieltheorie als Versuch, über die Konstruktion und Beobachtung von Spielen aller Art (angefangen von Rollenspielen über Plan- und Strategiespiele bis hin zu mathematischen Spielmodellen) soziale Prozesse auf verschiedenen Ebenen (interindividuelle Konflikte, Gruppenprozesse, internationale Beziehungen usw.) in den Griff zu bekommen und aus ihrer Analyse adäquate (Gegen-)Steuerungsfaktoren abzuleiten (vgl. dazu z.B. *Shubik* (Hrsg.) 1964; *Krysmanski* 1971, S. 196 f.). Im Laufe der Entwicklung von Simulationsmodellen kristallisierten sich dabei zwei recht unterschiedliche Intentionen heraus:

- Einerseits wurden sie im Rahmen von Forschungsprozessen zur empirischen Überprüfung von Theorien und zur Gewinnung von Handlungsempfehlungen entwickelt (Stichwort: Informationsgewinnung über den simulierten Realitätsausschnitt);
- andererseits machten sich alsbald auch pädagogische Interessen im Umgang mit Simulationen geltend, die den Mitspielern einen bestimmten Gegenstand in simulierter Weise nahezubringen suchten (Stichwort: Lernen an einem didaktisch begründeten simulierten Ausschnitt aus gesellschaftlicher Realität).

Bevor auf die mit den beiden konkurrierenden Zielperspektiven Simulation als Forschungs- gegenüber Lernprozeß verbundenen Argumente näher eingegangen wird, noch einige Bemerkungen zum Begriff.

2.2 Simulationsmodell

Mit diesem Begriff verbindet sich alltagssprachlich am ehesten die Vorstellung eines Vortäuschens bestimmter Zustände; dieser Prozeß muß allerdings bestimmte Momente der vorgetäuschten Sache enthalten: Über das Moment der Ähnlichkeit stehen Realität und simulierte Realität miteinander in Beziehung. Unter modelltheoretischem Aspekt wird das Problem, wie ähnlich sich beide sind, präzisiert als

- Analogie (die Elemente zweier Strukturen sind sich nur über qualitative Momente ähnlich),
- Homomorphie (mehreren Elementen in der komplexeren Struktur entspricht ein Element in der einfacheren) und
- Isomorphie (die Elemente zweier Strukturen können umkehrbar eindeutig aufeinander bezogen werden. Vgl. dazu *Kern/Rönsch* 1972, S. 25 f.).

In sozialwissenschaftlichen Simulationsmodellen wird bestenfalls die Ebene der Homomorphie erreicht: Es geht um das Durchspielen von Variablen am Modell, d.h., es werden Ereignisse, also reale Vorgänge, unter theoretischen Vorannahmen (Konstituierung von Variablen) nach Abzug ihrer zufälligen Elemente (Modellbildung) abgebildet – oder simuliert. Eine Simulation ist in diesem Sinne um so aussage- und das heißt u.a. prognosefähiger, was die Realität anbetrifft, wenn abgebildete Realität (das Modell) und Realität möglichst gleiche Strukturen aufweisen, die Ergebnisse also übertragbar sind.

Dieses forschungsmethodologische Kriterium der maximalen Realitätsnähe ist begründet durch die Hoffnung, mit Hilfe des Simulationsverfahrens z.B. zu möglichst „richtigen" politischen Entscheidungen in Konfliktsituationen zu gelangen. Eine Simulation bezieht jedoch – im Unterschied zu anderen Modellen – eine weitere Ebene in ihr Kalkül ein: die Zeitdimension. Wegen ihres Prozeßcharakters werden Simulationen daher auch operative bzw. dynamische Modelle genannt (vgl. *Raser* 1976, S. 14 ff.).

Bei diesen Überlegungen zu Simulationsmodellen und zur Unterscheidung von Simulationen als Forschungs- bzw. als Lernprozeß handelt es sich indessen nicht um nur akademische Fragen; sie haben vielmehr Konsequenzen für die Praxis von Simulationsspielen. Folgende Überlegung mag das verdeutlichen: Wird eine Simulation zur Prüfung einer Theorie herangezogen, als Quasi-Experiment, dann zielen die Vorschriften für die Mitspieler im allgemeinen darauf ab, deren Verhaltensvariation so gering wie möglich zu halten, um Effekte intervenierender Variablen auszuschließen (Ausnahme: es handelt sich um die Überprüfung einer Theorie über Verhalten von Spielern in einer Simulation – dann müßten andere Variablen konstant gehalten werden). In diesem Sinne ist Lernen der Mitspieler eine intervenierende Variable. Was man hier aus empirischen Erfordernissen (positivistische Auffassung) so gering wie möglich zu halten trachtet, wie Lerneffekte, Umdeuten der Situation, Ändern von Spielregeln, Einbringen von Individualität u.ä., ist andererseits vom pädagogischen Standpunkt aus gerade das Ziel eines Simulationsspiels. Hier wird gerade das Interesse verfolgt, daß die Mitspieler individuelle Lernerfahrungen im Umgang mit dem simulierten Gegenstand machen. Sie sollen sich sogar verändern.

Nach dieser kurzen Skizze der Entstehungszusammenhänge von Simulationsmodellen in den Sozialwissenschaften allgemein soll nun eine spezielle Variante, die Internation Simulation (INS), näher erläutert werden.

Ausgangspunkt waren damals bei den Probeläufen 4-5 Nationen mit jeweils einem externen Entscheidungsträger (für Außenpolitik zuständiger Spieler) und einem internen Entscheidungsträger (die nationalen Belange regelnder Spieler) sowie einige Arrangements für zwischenstaatliche Kommunikation (vgl. *Guetzkow* 1959, S. 185ff.). Diese vergleichsweise einfache Anordnung ist dann um wesentliche Elemente ergänzt worden. Nationen wurden mit Merkmalen ausgestattet, die sie bestimmten politischen und ökonomischen Gegebenheiten verwandt erscheinen lassen; internationale Bündnis- und Handelsstrukturen wurden vorgegeben u.v.m. (vgl. *Guetzkow* u.a. 1963).

Die vier Grundeinheiten der INS sind:

1. Nationen,
2. nationale Entscheidungsträger,
3. subnationale Bewertergruppen,
4. supranationale Einheiten (nach *Alker* 1972, S. 93).

Die Anzahl und Benennung der Nationalstaaten mögen variieren, ebenso die Wirtschaftsregeln und Bündnisstrukturen. Obwohl inzwischen offenbar mehrere INS-Überarbeitungen vorliegen, so daß man von „der" INS kaum noch sprechen kann (vgl. dazu z.B. die entsprechenden Aufsätze im Sammelband von *Kern/Rönsch* 1972), gehen wir wohl nicht fehl in der Annahme, daß die für das internationale Wochenendseminar einiger Gesellschaften für die Vereinten Nationen erstellte Einführungsbroschüre ein einigermaßen repräsentatives Bild „der“ INS vermittelt[1]: Als Vorgabe für alle Teilnehmer diente dabei eine vereinfachte und modellhafte Weltsituation, die jedoch an den realen Macht- und Konfliktkonstellationen orientiert blieb. Ein wichtiges Element war etwa die Zuordnung der skizzierten Länder: Erika, Eurora und Norwa gehörten zur westlichen Welt; Ursa, Polo und Yuga zur östlichen; Turka, Rani, Tapania und Latina zu den Entwicklungsländern. Daneben gab es noch verschiedene ökonomische Bündnisse (COMECCO: Council for Mutual Economic Cooperation, zwischen Ursa und Polo; WEC: Western Economic Community, zwischen Erika und Eurora; usw.) sowie militärische Allianzen (WASAPAT: Eastern Military Cooperation Organisation usw.), . . . die dezenten Anspielungen an „Realität“ sind nicht zu übersehen. Alle Länder waren Mitglieder der Vereinten Nationen.

Zu den Einzelbeschreibungen der Länder (ökonomische, kulturelle, geographische, politische Determinanten der Ausgangssituation) gehörte auch eine Skizze der jeweiligen Regierungsstruktur: So hatte Erika an der Spitze der Regierung einen Präsidenten, einen Minister des Innern und einen Außenminister; Rani wurde von einem Kaiser beherrscht, der seine Innen- und Außenminister selbst ernannte und dem Öl- und Industrieberater zur Seite standen, usw. Der Aktionsradius der einzelnen Länder war ferner abhängig von vorgegebenen Interessengruppen: Arbeitgeber- und Arbeitnehmervertreter, Beamte, Presse, Militär usw. waren – nach Ländern verschieden – an den Entscheidungsfindungsprozessen beteiligt. Die einem bestimmten Land zugeordneten Mitspieler fungierten dabei als Vertreter der unterschiedlichen Interessengruppen bzw. übernahmen die entsprechenden politischen Ämter.

Die Ausgangssituation war dadurch gekennzeichnet, daß zwischen den Ländern unterschiedliche Verbindungen in wirtschaftlicher, militärischer und kultureller Hinsicht existierten, die durch bilaterale Abkommen bzw. über multilaterale Konferenzen (in Anlehnung an die Vereinten Nationen und ihre Sonderorganisationen) aufrechterhalten oder modifiziert werden konnten. Die Kommunikation lief mündlich und mit Hilfe von Formblättern bzgl. Vertragsabschlüssen über bestimmte Kommunikationszentren. Auch die ökonomischen Daten waren vorgegeben. Jedes Land hatte zu Beginn der Simulation ein bestimmtes Quantum an Ressourcen: Geld, Energie, Rohstoffe, Nahrungsmittel, Arbeiter, Wissenschaftler. Damit war gleichzeitig ein bestimmter Lebensstandard festgesetzt.

Um mit diesen vorgezeichneten Daten wirtschaften zu können, gab es wiederum bestimmte formale Wirtschaftsregeln, die exakt bestimmten, daß z.B. soundso

1 Diese Vorlage wird z.Zt. von der Deutschen Gesellschaft für die Vereinten Nationen (DGVN) überarbeitet. Soweit wir bislang in Erfahrung bringen konnten, bleibt die grundlegende Konzeption in etwa erhalten; das INS-Spiel soll jedoch so reduziert werden, daß es auch von kleineren Gruppen (25 Teilnehmer und mehr) durchgeführt werden kann. Auch wird der internationale Aspekt (Dritte-Welt-Länder, Bündnisse, UN-Situation) stärker hervorgehoben; die Überarbeitung ist noch nicht abgeschlossen.

viel Einheiten an Rohstoffen, Arbeitskraft, Energie usw. benötigt werden, um soundso viel Einheiten an Industriegütern, Halbfertigwaren, Waffen usw. zu produzieren. Eine Spielrunde (geplant waren 90 Minuten, de facto dann meist 2 Std.) entsprach einem „Jahr". Die Enddaten dieses Jahres (Produktion, Kapital, Arbeitskräfte, Verträge usw.) stellten dann jeweils die Anfangsdaten für das folgende „Jahr" dar. Die Simulation wurde begleitet von einem Team von Beratern und Beobachtern, die z.T. Eingaben und Rückkopplungen von Vorgängen an bestimmte Länder verantwortlich entscheiden mußten, z.B. ob irgendwo die politische Situation so „unzulänglich" war, daß dort eine Revolution erfolgreich stattfinden konnte usw. Insbesondere sollten Mitarbeiter in einem „Computer"-Zentrum garantieren, daß die – in der Tat recht schwierigen – ökonomischen Daten und Berechnungen exakt abgewickelt würden. Den Mitspielern war aufgetragen worden, die Interessen ihrer Gruppe und ihres Landes zu vertreten sowie ihre Rolle – auch bei entgegengesetzter persönlicher Meinung – realitätsnah zu spielen.

Der Schwerpunkt des Spiels lag bei Entscheidungs- und Handlungskomplexen wie: weltweiter Handel, Industrialisierung, Rohstoffprobleme, Arbeitslosigkeit, Ausbeutung und Abhängigkeitsstrukturen, Waffenhandel und Abrüstung, internationale Zusammenarbeit und Mitarbeit bei den Vereinten Nationen usw.

Nach dieser knappen Darstellung der INS sei noch einmal an die zuvor gemachten Bemerkungen zur Simulation als Forschungs- gegenüber Lernprozeß erinnert: Diese Ambivalenz findet sich auch in der INS. Das beständige Bemühen um Realitätsnähe und die Anweisung an die Mitspieler, sich rollenadäquat zu verhalten, dokumentieren dies. Nähe zur Realität in diesem Sinne heißt aber noch gar nichts; sie kann sogar pädagogisch fragwürdig sein, wo sie bestenfalls zum unkritischen Nachvollzug der zuvor in das Modell hereingesteckten Realitätsmomente gerinnt (Vorstellungen vom autonom handelnden Nationalstaat z.B.). Ein Simulationsspiel kann also in zweifacher Weise „falsch" sein: „Zum einen kann die Simulation selber auf einer falschen Wiedergabe des betrachteten Realitätsausschnitts beruhen, zum anderen kann das Simulationsmodell für die mit ihm verfolgten (pädagogischen; die Autoren) Intentionen falsch sein." (*Reinisch* 1975, S. 6). Zur Erinnerung: Wir hatten das pädagogische Interesse an Simulationsspielen mit dem Stichwort „Lernen an einem didaktisch begründeten simulierten Ausschnitt aus gesellschaftlicher Realität" bezeichnet. Auf die INS bezogen, bedeutet dies, sich über zweierlei klar zu werden:

(a) über den Ausschnitt aus gesellschaftlicher Realität, hier: das Weltmodell und seine politisch-ökonomischen Funktionen, faßbar in der Ausgangslage und den formalen Wirtschaftsregeln;
(b) über die didaktisch-methodische Konzeption; hier: die Spielregeln und Rollenvorschriften, explizite und implizite Zielvorstellungen.

Es bleibt anzumerken, daß beide Momente keinesfalls isoliert zu sehen sind; die Sache und ihre Vermittlung sind vielmehr eins.

3. Was kann die INS pädagogisch leisten?

Im Vordergrund dieser Überlegungen soll nicht die Abgrenzung der Simulationsspiele von anderen pädagogischen Methoden (Planspiel, Rollenspiel, Projektmethode u.ä.) stehen, und das aus folgendem Grund:

Wie schon eingangs angedeutet, muß die Vorstellung, eine bestimmte Methode bewirke a priori bestimmte Lerneffekte – obgleich dies Argument bei dem Für und Wider bestimmter Methoden immer mitschwingt –, aufgegeben werden. Die Entscheidung für die Durchführung eines Simulationsspiels steht nicht einfach am Anfang oder am Ende einer didaktischen Planung; auch können aus bestimmten inhaltlichen Überlegungen die intentionalen und methodischen nicht einfach abgeleitet werden. Vielmehr konstituiert die Methode den Gegenstand, die Entscheidung über Methoden ist in die inhaltlich-intentionalen Überlegungen eingebettet. (Zur gegenstandskonstitutiven Funktion von „Methode" vgl. *Kaiser/Menck* 1972.) Auf die INS gewendet:

> Der Internation Simulation liegt ein bestimmter Begriff internationaler Beziehungen zugrunde, der sich sowohl im Weltmodell als auch in den Regeln des Simulationsspiels geltend macht.

Daß Simulationen in ihren formalisierten und teilformalisierten Momenten bestimmte Theorien internationaler Beziehungen implizieren, darauf ist oben hingewiesen worden. Solche Theorie-Elemente gehen z.B. in die Überlegungen zur Formalisierung außerpolitischer Beziehungen und wirtschaftlicher und militärischer Bündnisse ein, aber auch in die Spielanweisungen für die nationalen Entscheidungsträger (vgl. *Coplin* 1972, S. 195 ff.). Wer die theoretischen Prämissen über solche Vorgänge nicht teilt, wird die daraus abgeleiteten Spielelemente auch nicht akzeptieren können; m.a.W., die didaktische Begründung findet sich nicht darin, daß es sich hier um ein Spiel handelt, pädagogische Intentionalität muß sich vielmehr im Gesamt der Konzeption dokumentieren. Angesichts der Multinationalisierung des Kapitals ist es z.B. fraglich, ob die Regeln, nach denen in der INS Entscheidungen über ökonomische Fragen zustande kommen (nationale Arbeitgeber- und Arbeitnehmerverbände plus jeweilige Regierung sitzen an einem Tisch), ökonomische Handlungs- und Entscheidungskompetenzen auf nationaler Ebene suggerieren, die inzwischen gar nicht mehr in dem Maße vorhanden sind. Insofern kann ein Mitspieler bei einem solchen Spiel (wenn er vorher nicht Entsprechendes schon weiß) auch nicht mehr und nur das lernen, was zuvor hereingesteckt worden ist. Hier ist auch die Grenze für Möglichkeiten emanzipatorischen Lernens: Erweiterung von Handlungsdispositionen (und nicht: Festschreibung) und kritische Distanzierung aus unbegriffenen Abhängigkeiten sind bei der INS nur insoweit möglich, als es die „Methode" im oben angedeuteten Sinn zuläßt, präziser:

> In der INS ist emanzipatorisches Lernen nur möglich, wenn adäquate methodische Vorkehrungen zum Ausmessen solcher Spielräume getroffen werden – ansonsten bleibt es beim lernenden Nachvollzug herrschenden

Bewußtseins, bleibt die INS trotz oder gerade wegen der Realitätsnähe in ihrem Lernangebot restriktiv.

Nur wenn man sich diesen Kontext vor Augen hält, können einige Aussagen zum Simulationsspiel als pädagogische Methode gemacht werden – wohlgemerkt: nicht verstanden als pädagogische Methode an sich.

3.1 Das Simulationsspiel als pädagogische Methode

Als zentraler Vorteil und qualitativ Neues gegenüber rein verbaler Wissensvermittlung im Rahmen anderer Bildungskonzepte kann gelten, daß ein Simulationsspiel den Teilnehmern gestattet, sich selber im Kontext einer speziellen sozialen Situation zu erleben und dabei konkrete Erfahrungen zu machen. Beim Versuch, gesellschaftliche Realität zu begreifen, scheint das Spiel außerdem eine günstigere Ausgangsposition dafür zu bieten, kognitive und emotionelle Aspekte im Lernen und Handeln aufeinander zu beziehen. So können z.B. auch komplexere Zusammenhänge, die sich normalerweise außerhalb des unmittelbaren Erfahrungshorizonts des Lernenden befinden, erfahrbar gemacht und die real bestehende Distanz zu bestimmten Problemen (Beispiel: Welthandelsstrukturen) tendenziell aufgehoben und die Schwierigkeiten internationaler Beziehungen tatsächlich „nahe" gebracht werden.

Positiv erscheint weiterhin, daß die vielschichtigen Strukturen und Interessenverflechtungen der Weltsituation dem an der Simulation Beteiligten nicht aus einer pseudo-wertfreien und allzu distanzierten Sicht begreiflich werden, sondern bewußt aus einer bestimmten Perspektive; denn es wird nicht als objektiver Beobachter gelernt, sondern als Interessenvertreter in einem bestimmten konkreten Kontext (ähnlich wie im „normalen Leben" auch). Bei der Methode des Simulationsspiels können also Konflikte zwischen größeren Interessengruppen in ihren vielfältigen Konstellationen und Abhängigkeiten besonders gut durchschaubar und nachvollziehbar gemacht werden. Wenn z.B. die Auswirkungen von innenpolitischen Entscheidungen (Produktionsverlagerungen, institutionelle Veränderungen,u.ä.) oder internationalen Verflechtungen (Handelsabkommen, militärische Bündnisse, u.ä.) in einer Simulation durchgespielt werden, dann eröffnet das die Chance, Einflußgrößen, Störfaktoren und Machtpositionen zu erkennen und damit erst bearbeitbar zu machen. Führt man solche Erwägungen nur per Diskussion oder auf dem Papier durch, so werden bestimmte Entscheidungsgrößen sicher eher „wegrationalisiert" und nicht bewußt, weil die Auswirkungen den Beteiligten nirgends präsentiert werden.

Eine Chance fürs Lernen im Sinne eines emanzipatorischen Erkenntnisinteresses liegt darin, daß die Spielsituation gegenüber der Realität das Ausprobieren unkonventioneller Lösungsstrategien bei der Bewältigung schwieriger Probleme ermöglicht – ohne daß aktueller Handlungsdruck ständig zu „verzwecklichtem" Denken führt.

Mehrdimensionales Denken kann besonders dadurch gefördert werden, daß zu dem weiten „horizontalen" Überblick (Existenz verschiedener Staaten mit verschiedenen Interessen) auch die dazu quer liegenden Dimensionen von Konflikten vermittelbar werden (hier die Verflechtung ökonomischer und politischer Faktoren in den jeweiligen Staaten, d.h. deren Innen- und Außenpolitik).

In Anlehnung an einen Versuch, die erwarteten (und in den seltensten Fällen überprüften) Wirkungen von Unterrichtsspielen wie Planspiel und Simulation darzulegen (*Reinisch* 1975, S. 3ff.), fassen wir die erhofften Effekte des Simulationsspiels wie folgt zusammen:

(1) *Motivation:* Es wird die Erwartung geäußert, die Lernenden seien aufgrund der Spielsituation besser motiviert: „Gegenüber konventionellen Lernsituationen ergeben sich also in der Beziehung zwischen dem Lernenden und dem Lerngegenstand zwei Veränderungen: Zum einen sind die Gegenstände so auszuwählen, daß die Lernenden sie auf die eigene reale Situation beziehen können (Stichwort: Betroffenheit), und zum anderen sitzen die Lernenden den Gegenständen, Prozessen und Konflikten nicht passiv gegenüber, sondern erleben die Konsequenzen ihres Nachdenkens, Urteilens und Entscheidens auf die Gegenstände im Wege der aktiven Auseinandersetzung (Stichwort: Lernen durch Aktion) (*Reinisch* 1975, S. 3).

(2) *Förderung bestimmter Verhaltensweisen und Einstellungen:* Das Erreichen solcher Ziele wird den Auswirkungen der Interaktionen zwischen Gruppen und dem Rollenverhalten zugeschrieben: Kooperationsfähigkeit, Verständnis für andere, aber auch Konkurrenzdenken zwischen Gruppen u.ä. sind solche möglichen Lerneffekte.

(3) *Lernerfolg im kognitiven Bereich, Wissen:* In dieser Hinsicht werden Hoffnungen vorgetragen, die sich zusammenfassen lassen als die Erwartung, „mehr" zu lernen (Umfang der verarbeiteten Information), „besser" zu lernen (das Gelernte ist besser verankert, ist verknüpft mit anderen zuvor erworbenen Wissenselementen) und „komplexer" zu lernen (es werden höher inklusive kognitive Konzepte verarbeitet, mehrdimensionales Denken und multikausale Sichtweisen gefördert).

Diese und ähnliche Erwartungen werden – auch im Zusammenhang mit dem INS-Spiel – immer wieder benannt (vgl. z.B. *Portele* 1976; *Taylor/Walford* 1974, S. 41ff.). Eine Sekundäranalyse von verschiedenen empirischen Studien zu den Auswirkungen von Simulationsspielen kommt allerdings zu dem Ergebnis, daß solche Spiele auf Lernen, Einstellungen und Motivationen offenbar nicht durchgängig die erhofften Erfolge aufweisen können (vgl. *Cherryholmes* 1976, S. 176ff.).

3.2 Erfahrungen im Umgang mit der INS

Die eben aufgeführten positiven Möglichkeiten politischer Bildung per Simulationsspiel standen auf der Tagung ständig in Gefahr, sich in ihr Gegenteil zu verkehren oder doch zumindest an Chance einzubüßen.

Drei verschiedene Zielperspektiven schienen miteinander zu konkurrieren, nämlich das Simulationsspiel als

– Wissensvermittlung über reale weltpolitische Zusammenhänge (Aspekt: Realität),
– Erprobung alternativer Lösungsstrategien (Aspekt: Kreativität),
– internationale Begegnung zur schwerpunktmäßigen Betrachtung von Verhalten in der Gruppe (Aspekt: Gruppendynamik).

Sicher ist die hier gemachte Trennung lediglich eine heuristische; im Verlauf des Spiels gab es kaum die eine oder die andere Version in „Reinkultur", lediglich Mischformen mit unterschiedlichem Schwerpunkt. Das ungeklärte Nebeneinander so grundsätzlich verschiedener Gewichtungen durchzog letztlich sämtliche Spielsituationen und verhinderte dadurch einen befriedigenderen Ausgang des pädagogisch-politischen Experiments.

Wenn hier das Dilemma einer ungeklärten Zielperspektive als zentraler Kritikpunkt herausgestellt wird, dann bezeichnet dies nicht nur einen spezifischen Mangel der beschriebenen Tagung, sondern umreißt zugleich die grundlegende Problematik des Konzepts „Simulationsspiel".

Im konkreten Fall der INS war das Wechselverhältnis der Komponenten untereinander nicht hinreichend reflektiert; die Spielkonzeption (greifbar in der Einführungsbroschüre und den Regeln) ließ zumindest keine methodisch gesicherte Vermittlung von „Weltmodell", „Simulation" und „Rolle" der Mitspieler erkennen. Dieses Versäumnis wurde andeutungsweise schon in der Auswertungsdiskussion auf der Tagung sichtbar, wenn auch noch nicht auf den Begriff gebracht; denn folgende Argumentationen standen sich gegenüber:

– Entweder konzentrierte man sich auf die sachlich-politische Diskussion der anstehenden Probleme (Atomwaffen, Arbeitslosigkeit, Sozialpolitik, u.ä.) – wobei tendenziell das Verhaltensrepertoire der zu spielenden Rolle in den Hintergrund trat;
– oder man widmete sich voll seiner eigenen und den Rollen der Mitspieler – wodurch leicht die sachlich-politische Diskussion unter den Tisch fiel;
– oder man konzentrierte sich wohl auf die sachlich-politische Ebene, dabei aber mit unterschiedlichem Akzent: entweder mit dem Anspruch an eine größtmögliche Realitätsnähe (Druck der Ereignisse, „Sachzwang") oder mit dem Versuch, alternative und damit nicht unbedingt „reale" Lösungen auszudiskutieren – was natürlich auch zu Spannungen führte.

Einsicht in reale Machtverhältnisse und politische Handlungsweisen gewinnt man aber wohl erst in der Vermittlung der verschiedenen Aspekte, die in ein solches Spiel eingehen. Daraus ergibt sich die Forderung:

> Simulationsspiele als Methode der politischen Bildungsarbeit müssen die Verknüpfung von Gegenstandsvariablen, Prozeßvariablen und psychischen Verarbeitungsmechanismen methodisch sichern, sonst steht der dafür notwendige Aufwand in keinem Verhältnis zum Lernertrag.

Ist diese Vermittlung nicht methodisch hinreichend gesichert, würden andere Methoden dem jeweiligen Einzelaspekt (z.B.: wissenschaftliche Lektüre, gruppendynamische Übungen usw.) besser gerecht. (Vgl. dazu z.B. die Diskussion zu Rollenspiel, Planspiel, Projektmethode usw. bei *Giesecke* 1973, S. 75 ff.)

3.3 Folgen ungeklärter Zielperspektive

Warum die Gefahr besteht, daß die Einzelaspekte sich verselbständigen, und was dabei für das politische Lernen herauskommt, sollen die folgenden Beobachtungen darstellen. So zeigte sich, daß der Anspruch, Wirklichkeit zu reproduzieren, bevorzugt eingefahrene Denkstrukturen provoziert und so den Spaß am Ideenausmalen nimmt. Auf der anderen Seite droht unvermittelte Kreativität das Spiel zu unterlaufen (wenn z.B. Arbeitslosigkeit dadurch „gelöst" wurde, daß die Arbeitslosen einfach „vom Erdbeben geschluckt" wurden).

Die Chance, unkonventionelle Lösungsstrategien einmal befreit von aktuellem Handlungsdruck durchzuspielen, deren Konsequenzen auszuprobieren und zu diskutieren, konnte je nach Gruppe und deren meist unreflektierter Präferenz für den einen oder anderen Schwerpunkt nur unbefriedigend genutzt werden.

Das Realitätsargument mit seiner Pseudo-Schlüssigkeit stellt somit für das Spiel und seinen Lerneffekt eine der hauptsächlichen Gefahren dar: Das Phänomen der Nicht-Informiertheit der meisten Mitglieder über ökonomische Zusammenhänge, fehlende Sachkompetenz und das Gefühl, nicht durchzublicken, werden als aus der Realität allzugut bekannt registriert, entschuldigt, aber damit zugleich unter den Tisch gekehrt. Eine solche Erfahrung im Spiel gerät aber nicht zur Aufklärung, sondern zu einem ganz banalen Realitäts„abklatsch". Um Chaos und Unzulänglichkeiten von Politikern und politischen Systemen zu begreifen, braucht man nicht solch ein vergleichsweise aufwendiges Spiel zu treiben; derlei Einsichten bieten sich in jedermanns Alltagserfahrung viel direkter an.

Mit der Intention, politische Realität zu begreifen, war aber zugleich das Problem der Komplexität berührt. Die Verflochtenheit der verschiedenen Bereiche: Innen-, Außen- und internationale Politik und die jeweiligen ökonomischen und politischen Ebenen, war zu vielfältig und – mit so wenig konkretem Informationshintergrund wie im Szenario vorgegeben – kaum zu bewältigen. Die Teilnehmer werden von der Aufgabe mehrdimensionalen Denkens unter solchen Bedingungen schnell überfordert. Typisches Resultat während der INS-Simulation. Jeder versuchte, „sein" Lieblingsprojekt durchzusetzen (eine Konservenfabrik, Erdnußrösterei, ein Staudamm, u.ä.), wobei die Vorteile, aber auch die möglicherweise nicht so positiven Nebeneffekte (Arbeitsmarktsituation, Umweltverschmutzung, u.ä.) in ihrer Wechselwirkung mit vielen anderen Faktoren gar nicht hinreichend durchdacht werden konnten.

3.4 Gefahren der Verkürzung pädagogischer Intentionalität

Mit einer so „dürftigen" Aufarbeitung des Wissenshintergrundes – das läßt sich daraus folgern – kann politische Realität sicher nicht erfahrbar gemacht werden. Im Gegenteil, die Gefahr liegt nahe, daß sich die verschiedenen Bereiche (Wirtschaft, Gesellschaftspolitik, internationale Beziehungen) voneinander verselbständigen und alles, was an Problemen nicht vertraut ist, einfach nicht berücksichtigt wird.

Ob ein Anklammern an das wenige, was man bereits kennt, allerdings ein größeres Problembewußtsein schafft, bleibt zu fragen. Aus all diesen Überlegungen ergibt sich als erste, stichwortartig zusammengefaßte Gefahr:

(1) *Komplexitätsreduktion, damit das Spiel weiterläuft!*

Das zu erprobende Simulationsmodell entsprach ganz sicher der pädagogischen Maxime, dort anzusetzen, wo die Teilnehmer mit ihren Vorerfahrungen standen. Bleibt es aber dabei und werden den Mitspielern keine weiteren Wissensangebote (etwa in Form einer „Informationsbörse") gemacht, so liegt die Gefahr nahe, an Oberflächenphänomenen hängenzubleiben. Statt bestimmte Konfliktkonstellationen realitätsadäquat zu spielen, gelingen bestenfalls vorurteilsbehaftete Anspielungen. Wie sollte man z.B. Stammesauseinandersetzungen in einem Entwicklungsland spielen, ohne oberflächliche (Vor-)Urteile im (Vor-)Bewußtsein der Teilnehmer zu mobilisieren? Auch über joviale Rollenspielerei war dies Problem nicht zu lösen. Dies legt den Schluß nahe, daß mangelnder eigener Erfahrungshintergrund (oder, wie Negt es formuliert, „soziale Topik") eine klare Einordnung der Ausgangsposition erschwert, was in der Folge allzuleicht zu einer fehlenden Perspektive beim Spiel führt. So bewirkt zum Beispiel ungenügende Kenntnis von Arbeitnehmerinteressen eher globale und damit die Problematik verkürzende Spielzüge (wie unspezifisches Fordern „höherer" Löhne, „besserer" Arbeitsbedingungen, u.ä.), aber keine Aufklärung über die dahinterliegenden Antagonismen. Mit anderen Worten – und das ist die zweite Gefahr – das Spiel gerinnt zum

(2) *Vorurteile ausspielen mit der Folge politischer „Halbbildung" (Adorno).*

Wenn man in einem Simulationsspiel am Anfang mit „Irgendwie"-Vorstellungen arbeitet, dann sollte man sich darüber im klaren sein, daß die emotionalen und kognitiven Aspekte beim Lernen wahrscheinlich zugunsten der emotionalen ausfallen werden – genauso einseitig, wie bei manchen anderen Konzepten politischer Bildung der kognitive Bereich dominiert. Dem sollte man durch bestimmte methodische Vorkehrungen entgegenwirken, weil sonst die konkreten Erfahrungen, die von „Irgendwie"-Vorstellungen ausgehend dann im Spiel gemacht werden können, allzuleicht ins Fahrwasser der Ideologie tragen, hier gemeint als falsches Bewußtsein über real herrschende Machtstrukturen. Das Erleben von Machtlosigkeit bzw. Erfolg in der Rolle eines Arbeitnehmervertreters, UNO-Beauftragten oder Delegierten eines Entwicklungslandes usw. verleitet dazu, diese Erfahrungen soweit zu verallgemeinern, daß dabei ein Gesellschaftsbild herauskommen kann, das gruppendynamische Prozesse während des Spiels unvermittelt parallel setzt zu machtpolitischen Auseinandersetzungen auf gesamtgesellschaftlicher Ebene. Da ein solcher vorschneller Analogieschluß bei diesem Spielmodell tendenziell zustande kommt, scheint um so gebotener, die Teilnehmer darauf hinzuweisen und darüber aufzuklären. Ansonsten landet man in einer verschleiernden Idylle, die man als dritte Gefahr mit dem Stichwort charakterisieren kann:

(3) *Psychologisierung politischer Zusammenhänge.*

4. *Didaktisch-methodische Anregungen zum Einsatz des INS-Spiels*

Die Ausführungen im Teil 3 haben hoffentlich hinreichend deutlich gemacht, daß die INS so, wie sie von den Autoren mitgespielt und beschrieben wurde, nicht per se emanzipatorisches Lernen garantiert – auch nicht im entwicklungspolitischen Bereich und auch nicht, wenn ein ausgefeiltes, internationale Abhängigkeiten adäquat reflektierendes Weltmodell vorliegt.

Durch das Benennen und Systematisieren der Gefahren und Grenzen solcher Spielmodelle soll weder die Methode an sich desavouiert noch die Illusion genährt werden, ein Wissen um die ‚Hindernisse' könne das Dilemma beheben.

Bedenkt man den großen organisatorischen Aufwand in bezug auf Material (Spielmärkchen, -geld, Auftragsformulare, Papier, Schreibmaschinen etc.), Personal (Spiel-, Konferenzleitung, Kommunikationsbörse, Pressestelle, Beobachter), die relativ anspruchsvollen Voraussetzungen an den Tagungsort (mehrere Gruppenräume, Konferenzräume, Presseräume) und nicht zuletzt an die Zeit (mehrere Stunden hintereinander, besser noch 1-2 Tage), dann wird an dieser Stelle bereits klar: Die unmittelbare Realität beeinflußt das Spielmodell stark und beeinträchtigt es auch bisweilen. All diese Faktoren liegen noch vor den oben erörterten didaktisch-methodischen Problemen.

Wir folgern daraus, daß eine Diskussion über wissenschaftstheoretische Hintergründe, pädagogische Zielsetzungen und methodische Schwierigkeiten solange akademisch und irrelevant bleibt, wie sie diese Bedingungen der Spielpraxis ignoriert; wenn also diese simplen, aber deshalb nicht weniger wichtigen Faktoren unberücksichtigt bleiben. Möglichkeiten, wie sie bei der Wochenendveranstaltung der nationalen Gesellschaften für die Vereinten Nationen vorlagen, sind sicher als exklusiv anzusehen und für den allgemeinen pädagogischen Betrieb im Rahmen von politischer Bildung keine Normalsituation.

In bezug auf die Einsetzbarkeit eines Simulationsspiels wie in der INS kommt von daher eigentlich nur der außerschulische Bereich in Frage, sei es in der Jugendarbeit von Kommunen, Gewerkschaften, Parteien, Kirchen oder im Angebot der Jugendherbergen, sei es im Rahmen der Erwachsenenbildung, im Volkshochschulwochenendangebot oder als Bildungsurlaubsprogramm. Im Zusammenhang mit Schule würde die INS einen größeren Zeitraum beanspruchen als normalerweise im Stundenrhythmus des Schulalltags vorhanden ist. Daher ließe sich bestenfalls etwa ein Schullandheimaufenthalt, eine Klassenfahrt, ein Praktikum u.ä. mit einem Simulationsspiel kombinieren bzw. dazu „umfunktionieren".

Zunächst einmal scheint der Hinweis wichtig, daß es keinen Vorschlag für den Einsatz des INS-Spiels gibt, der alle oben angesprochenen Bedenken auflösen kann bzw. in der praktischen Durchführung gleichzeitig zu berücksichtigen imstande wäre, daß es sich um Probleme handelt, die im Konzept Simulationsspiel selbst begründet liegen.

Zur Vermeidung der drei größten Fehlerkomplexe, wie sie unter dem Aspekt die Verkürzung pädagogischer Intentionalität beschrieben wurden, ist eine Klärung der Zielperspektive zentral. Man sollte sich klarmachen, daß es nie möglich ist, alle Aspekte zugleich zu erreichen; mit wenig erreicht man zuweilen mehr! Eine bewußte Beschränkung der Spielvariablen, eine genaue Auswahl der Spielregeln, kann mehr deutlich machen als der Versuch, möglichst exakt soziale, politische und ökonomische Realität zu kopieren.

Die Ausgangssituation des Spiels sollte klar und überschaubar sein; die Teilnehmer sollten ausreichend Zeit haben, sich mit den Daten und Fakten des Modells der simulierten Weltsituation vertraut zu machen. Nur wenn man die verschiedenen Einflußgrößen und Bedingungen wirklich kennt und „im Kopf hat", kann man frei darüber verfügen, im Spiel verschiedene Alternativen produktiv durchdenken, sie ausprobieren und neue Strategien entwickeln. Wichtige Faktoren, die im INS eine Rolle spielten, waren – wie oben ausführlicher beschrieben – z.B. die unterschiedlichen geographischen, klimatischen, historischen, ökonomischen, politischen Voraussetzungen der einzelnen Staaten, die wechselseitigen Verflechtungen und Abhängigkeiten, die aktuellen Verpflichtungen durch verschiedene politische, ökonomische, militärische Zusammenschlüsse. Außerdem mußten gemeinsame Interessenhintergründe mitbedacht werden, sei es über gleiche Strukturprobleme wie Monokultur oder gemeinsame rassische Probleme, sei es über gemeinsame Feindstaaten.

Nach den Erfahrungen mit der INS in ihrer komplexen Struktur und mit einer großen Teilnehmerzahl scheint der Versuch sinnvoll, verschiedene abgewandelte Formen mit kleinerem Umfang durchzuprobieren, sich entweder einmal nur auf innenpolitische Konflikte (vgl. *Böhnet* u.a. 1972) oder außenpolitische Auseinandersetzungen zu konzentrieren, oder die internationalen Konflikte aufzusplitten in militärische, ökonomische, ideologische Teilaspekte oder auch die Vereinten Nationen als kleines Forum der Weltkonflikte zu simulieren, wie dies in einer anderen Simulation, der MUN (Models of the United Nations), in den USA erprobt wurde (vgl. *Mickolus* 1976). Über verschiedene Versionen von INS-Spielen berichten auch *Robinson* u.a. 1966, S. 54 ff.

Spontan mag das nicht behagen, weil der große Reiz von Simulationsspielen, nämlich möglichst viele Faktoren einzubeziehen und in ihrem Beziehungsgefüge transparent zu machen, verloren zu sein scheint. Andererseits ist dieser Vorteil von Simulationsspielen zugleich eine ihrer großen pädagogischen Gefahren, die darin besteht, lediglich nichts als bereits bekannte Klischees auszutauschen und damit auch bestätigt zu finden. Auf die Illusion, durch starke Anlehnung an Wirklichkeit ihr am besten gerecht zu werden und Handlungsmöglichkeiten auszuprobieren, wurde nicht nur von uns, sondern auch sonst in der Literatur ausreichend hingewiesen (vgl. *Portele* 1976, S. 245; *Lehmann* 1976, S. 262 ff; *Kahsnitz* 1976, S. 294/5; *Schöll* 1977, S. 66).

Egal, ob man sich nun dafür entscheidet, Mikro- oder Makroprozesse genauer unter die Lupe zu nehmen; solange die bei einer solchen Komplexitätsreduktion notwendigerweise entstehenden Verzerrungen/Verfälschungen (betrachtet wird immer – auch in der konkreten Auseinandersetzung mit der jeweils eigenen Umwelt tut das jeder – nur jeweils ein Teilausschnitt aus dem Gesamtzusammenhang sozialer Realität) berücksichtigt werden, scheint uns eine gewisse Einseitigkeit didaktisch fruchtbarer. An welcher Stelle und wie in einem Simulationsspiel dieser Aspekt auftaucht, sollte sorgfältig überlegt werden. Ob gleich zu Anfang beim Vorstellen der Ausgangslage oder eher als fester Bestandteil der Evaluation, das ist sicher abhängig von dem Bewußtseinsstand der jeweiligen Lerngruppe und der globalen pädagogischen Perspektive der ‚Initiatoren'.

Je klarer ein Spielaufbau ist, desto leichter ist es, das Modell in einigen Punkten zu verändern und vielleicht noch einmal neu durchzuspielen, um den unterschiedlichen Spielablauf zu beobachten. Je aufwendiger und breiter solch ein Spiel angelegt ist, desto größer die Wahrscheinlichkeit eines „Einmal-und-nicht-wieder-Spiels".

Wenn die Methode Simulationsspiel in der Literatur öfter global als *der* motivierende pädagogische Trick beschrieben wird, dann ist das nach den bisher vorliegenden empirischen Untersuchungen nicht nur nicht erwiesen und womöglich falsch, sicher aber nicht unbedingt repräsentativ. Schließlich gehören zum Simulationsspiel auch viele Reaktionen, die als Ermüdungserscheinungen zu interpretieren sind. Die Bereitschaft, weiterzuspielen bzw. eine Spielvorgabe noch einmal durchzuspielen oder selbst neu vorzubereiten und auszuprobieren, nimmt proportional ab mit der Aufwendigkeit eines Spiels.

Auch wer über ein Spiel wie Monopoly die Nase rümpft und es nicht mit dem roten pädagogischen Qualitätssiegel „spiel-gut" auszeichnen würde, schafft nicht die Tatsache aus der Welt, daß dieses Spiel dauernd und mit Begeisterung gespielt wird und daß dabei auch bestimmte Erfahrungen gemacht werden, d.h. gelernt wird.

Gerade im entwicklungspolitischen Bereich, wo die mangelnde Berücksichtigung internationaler Probleme immer wieder beklagt wird, scheint es nicht sinnvoll, die „neue" Methode Simulationsspiel letztlich so elitär werden zu lassen, daß sie nur in Ausnahmesituationen und unter ganz speziellen Bedingen eingesetzt werden kann. Die Reichweite eines Simulationsspiels – nicht nur im Vergleich, sondern vor allem in Kombination mit anderen pädagogischen Methoden – sollte eine wichtige Überlegung sein.

4.1 Skizze eines alternativen Verwendungszusammenhangs von Simulationsmodellen

Eine gute Möglichkeit politischer Bildung bestünde darin, mit Teilnehmern einer Veranstaltung gemeinsam das Konzept Simulationsspiel an einem konkreten Beispiel zu entwickeln. Das könnte so aussehen, daß die Teilnehmer selbst den zu spielenden Konflikt auswählen und einen Entwurf für eine Simulation ausarbeiten, d.h. die sogenannte Ausgangslage des Spiels gemeinsam entwerfen.

Dabei könnten sie zum einen bei der Auswahl des groben Konfliktbereichs und bei der Schwerpunktsetzung innerhalb dieses Komplexes (die Problemkonstellation, wie sie für die verschiedenen beteiligten Spielgruppen konkretisiert wird) von den Vorerfahrungen ausgehen, d.h. dem, was jeder schon weiß, zum anderen von den Informationsbedürfnissen, d.h. dem, was der einzelne schon immer wissen wollte.

Im Verlauf eines solchen Prozesses könnten die Lernenden gleichzeitig die Konstruktionsprinzipien eines solchen Spiels in konkreter Auseinandersetzung kennenlernen. Entscheidet sich eine Gruppe beispielsweise für das Thema „Handelsschranken zwischen 1. und 3. Welt", dann muß sie selber bestimmen, wie das inhaltlich gefüllt werden soll, ob der Schwerpunkt bei einem bestimmten Land liegt, das besonders interessiert, ob bei mehreren Ländern, ob die ökonomischen und/oder ideologischen Hintergründe besonders herausgearbeitet werden sollen, ob die Auseinandersetzung auf der Ebene der Vereinten Nationen ausgespielt wird, etc. Die Gruppe muß selber festlegen, welche Spielgruppen beteiligt sein sollen, welche Vorinformation jedes Land bekommt und wie die Bedingungen innerhalb der verschiedenen Länder aussehen.

Die Gefahr, daß ein Spiel für die Teilnehmer überkompliziert und unüberschaubar wird, ist durch solch ein Vorgehen vielleicht eher beherrschbar. Die Teilnehmer werden die verschiedenen Faktoren, die dann nach diesen Entscheidungsprozessen schließlich in die endgültige Spielfassung eingehen, besser im Kopf haben und damit spielen können, als wenn sämtliche Vorgaben der Simulation für die Spieler vorher schon feststehen. Wenn vorhin erläutert wurde, wie zentral die exakte Ausarbeitung der Ausgangslage ist, d.h. die allgemeine Konfliktbeschreibung und die unterschiedliche Festlegung der speziellen Bedingungen der einzelnen Spielgruppen, dann liegt hier ein entscheidender Ansatzpunkt für die Gestaltung eines selbstbestimmten Lernprozesses.

Bei solch einem Vorgehen wird den Teilnehmern deutlich werden, daß es eine verzerrungsfreie, objektive Abbildung von Realität nicht gibt, daß jede mögliche Spielkonzeption interessengeleitet ist, ob bewußt oder unbewußt. Vielleicht kann ein Spiel, wo der Prozeß der Konstruktion in den einzelnen Schritten nachvollzogen werden kann, wo durchschaubar wird, an welchen Stellen welche Faktoren in die Spielsituation eingehen, den Schein der Selbstverständlichkeit sozialer Gegebenheiten besser zerreißen und für die Spieler erfahrbar machen als differenzierte soziologische Abhandlungen über den Zusammenhang.

Indem die Erarbeitung der Spielregeln und auch das Spielen selber die jeweiligen unterschiedlichen Vorerfahrungen der Teilnehmer aktivieren, kann vielleicht besonders gut ein Bewußtsein davon vermittelt werden, was man weiß, welche Fakten fehlen, welche Hintergründe und Zusammenhänge noch nicht begriffen sind. Insofern bietet ein Simulationsspiel einen guten Einstieg in ein entwicklungspolitisches Thema, produziert eine Menge Fragen und hilft von daher, weitere Lernprozesse im Anschluß an das Spiel zu strukturieren. Spiel als Aneignung von Realität (vgl. *Claus/Heckmann* 1976, S. 312) kann nur dann emanzipatorisch wirken, wenn nicht nur längst Begriffenes aufgearbeitet wird, sondern auch scheinbar Begriffenes und nicht Verstandenes.

5. Literaturliste:

Alker, Jr., H.R.: Die Umwelt des Entscheidungsträgers in der Inter-Nation Simulation. In: *Kern/Rönsch* (Hrsg.) 1972, S. 92 - 119

Böhnet, C. (Hrsg.): Simulation innenpolitischer Konflikte. Opladen 1972

Chartier, M.R.: Zur Wirksamkeit von Diskussionen über Simulationsspiel-Erfahrung. In: *Lehmann/Portele* 1976, S. 246 - 58

Cherryholmes, C.H.: Die Simulation internationaler Beziehungen im Unterricht. In: Politische Bildung, Jg. 4, Heft 3, 1971

Cherryholmes, C.H.: Über einige Untersuchungen zur Wirksamkeit von Simulationsspielen: Implikationen für Alternativstrategien. In: *Lehmann/Portele* 1976, S. 176 - 86

Claus, J. *Heckmann*,W.: Sozialistische Produktion und emanzipatorische Erziehung. Ein Spielprojekt. In: *Lehmann/Portele* 1976, S. 306 - 41

Coplin, W.D.: Die Inter-Nation-Simulation und neue Theorien internationaler Beziehungen. In: *Kern/Rönsch* 1972, S. 195 - 219

Giesecke, H.: Methodik des politischen Unterrichts. München 1973

Guetzkow, H.: A Use of Simulation in the Study of Inter-Nation-Relations. In: Behavioral Science, Jg. 4 (1959), S. 183 - 191

Guetzkow, H.: Simulation in International Relations. Englewood Cliffs, N.J., 1963

Kahsnitz, D.: Simulationen in der Arbeitslehre, Entwurf eines sozial-ökonomischen Curriculums, In: *Lehmann/Portele* 1976, S. 288 - 306

bestimmung pädagogischer Methodenlehren. In: *Menck/Thoma* (Hrsg.): Unterrichtsmethode, München 1972

Kern, L., *Rönsch*, H.D.: Simulation internationaler Beziehungen. Ein Überblick. In: *Kern/Rönsch* (Hrsg.): Simulation internationaler Prozesse, Politische Vierteljahresschrift, Sonderheft 3/1971, Opladen 1972

Krysmanski, H.J.: Soziologie des Konflikts. Reinbek 1971

Lehmann, J.: Zur Kritik des Simulationsspiels. In: *Lehmann/Portele* 1976, S. 258 - 67
Lehmann, J., *Portele,* G.: Simulationsspiele in der Erziehung. Weinheim, Basel 1976
Mickolus, E.F.: Models of the United Nations:Contemporary Developments in Research and Teaching. In: The Social Studies, Jg. LXVII (1976), Heft 4, S. 171 ff.
Portele, M.: Behauptete pädagogische Effekte von Simulationsspielen. In: *Lehmann/Portele* 1976, S. 235 - 46
Prim, R., *Reckmann,* H.: Das Planspiel als gruppendynamische Methode außerschulischer politischer Bildung. Hamburg 1975
Raser, J.R.: Theorien, Modelle und Simulationen. In: *Lehmann/Portele* 1976, S. 11 - 27
Reinisch, H.: Einleitung. In: Hochschuldidaktische Arbeitspapiere Nr. 7: Planspiele, hrsg. v. H. *Reinisch,* IZ HD, Hamburg 1975, S. 1 - 11
Robinson, J., et al.: Teaching with Inter-Nation-Simulation and case studies. In: American Political Science Review 60, 1966, S. 53 - 65
Schöll, G.: Das Planspiel als Methode politischer Bildung, dargestellt am Beispiel eines entwicklungspolitischen Planspiels. In: Arbeitsmaterialien 1, Vlotho 1977, S. 58 - 70
Shubik, M.: Spieltheorie und Sozialwissenschaften. Hamburg 1965
Taylor, J.L., *Walford,* R.: Simulationsspiele im Unterricht. EGS-Texte, Ravensburg 1974
Verba, S.: Simulation, Reality and Theory in International Relations. In: World Politics, Band 16, 1963/64, S. 490 - 519

V. Anhang

1. Empfehlung über die Erziehung zu internationaler Verständigung und Zusammenarbeit und zum Weltfrieden sowie die Erziehung im Hinblick auf die Menschenrecht und Grundfreiheiten

Verabschiedet von der 18. Generalkonferenz der UNESCO am 19. November 1974

A. Einleitung

Auf ihrer 17. Generalkonferenz im November 1972 in Paris beschloß die UNESCO die Vorbereitung einer Empfehlung an die Mitgliedstaaten über die Erziehung zur internationalen Verständigung und Zusammenarbeit und zum Weltfrieden sowie die Erziehung im Hinblick auf die Menschenrechte und Grundfreiheiten. Die 18. Generalkonferenz hat daraufhin nach dem in der Satzung der UNESCO festgelegten Verfahren, das insbesondere eine breit angelegte Konsultation der Mitgliedstaaten vorsieht, am 19.11.1974 den vorliegenden Empfehlungstext verabschiedet, der inzwischen allen Mitgliedstaaten zur Beachtung zugeleitet wurde.

Die Empfehlungen der Generalkonferenz haben im Unterschied zu den von der UNESCO verabschiedeten internationalen Abkommen (Konventionen) für die Mitgliedstaaten keinen gesetzlich verpflichtenden Charakter. Sie setzen jedoch Normen und Leitsätze, innerhalb derer die einzelnen Staaten aufgefordert sind, entsprechend ihrer verfassungsrechtlichen Struktur geeignete Maßnahmen zur Verwirklichung der angesprochenen Ziele zu ergreifen. In regelmäßigen Berichten haben sie der UNESCO über den Erfolg der eingeleiteten Maßnahmen Rechenschaft abzulegen.

Die UNESCO-Empfehlungen sind zunächst an die Regierungen der einzelnen Staaten gerichtet, die ihrerseits verpflichtet sind, die gesetzgebenden Körperschaften zu unterrichten. Die Bundesregierung ist dieser Pflicht durch die Unterrichtung des Bundestages und Bundesrates am 4. Juli 1975 nachgekommen. Daneben sind jedoch alle verantwortlichen Stellen des betreffenden Landes – staatliche und nichtstaatliche – aufgerufen, im Rahmen ihrer Zuständigkeit an der Implementation der Empfehlung mitzuwirken.

Die Empfehlung zur internationalen Erziehung – wie die vorliegende Empfehlung kurz genannt wird – ist nicht die erste normative Aktion der UNESCO in diesem Bereich. Innerhalb der über 25jährigen Geschichte der Organisation hat es verschiedene Versuche gegeben, Ziele und Prinzipien einer Erziehung zur internationalen Verständigung in einer allgemeingültigen Fassung zu formulieren und zu verabschieden.

Der erste entsprechende Beschluß wurde bereits bei der 2. Generalkonferenz im Jahre 1947 gefaßt. Damals wurde dem Generaldirektor der Auftrag erteilt, eine Konvention zu entwerfen, welche die beitretenden Staaten verpflichten sollte, im Bildungswesen die Ziele des Friedens und der Zusammenarbeit zu fördern. Dieser Auftrag führte 1949 zur Einsetzung einer Expertengruppe, die der 6. Generalkonferenz im Jahre 1951 einen Textentwurf zur Beratung vorlegte. Trotz positiver Beurteilung hat die Generalkonferenz die Empfehlung damals nicht verabschiedet.

1960 wurde die UNESCO von den Vereinten Nationen erneut ersucht, die Möglichkeit einer Internationalen Erklärung über die Grundsätze der Erziehung zum Frieden und zur gegenseitigen Achtung und zur Völkerverständigung zu prüfen. Der Generaldirektor leitete daraufhin eine umfangreiche Befragung der Mitgliedstaaten ein, die etliche Erkenntnisse über Programme und Methoden der Friedenserziehung erbrachte und auch eine Verstärkung der entsprechenden UNESCO-Programmteile zur Folge hatte (vgl. Dokument ED/189, 1962). In der Frage der Vorbereitung einer internationalen Erklärung konnte jedoch keine Einigung erzielt werden, so daß das Projekt nicht weiterverfolgt wurde. Die Ergebnisse der Untersuchung wurden vom Generaldirektor den Vereineten Nationen unterbreitet und beeinflußten dort die Vorbereitung der 1965 von der Vollversammlung der Vereinten Nationen angenommenen Erklärung über die Förderung der Ideale des Friedens, der gegenseitigen Achtung und der Völkerverständigung unter jungen Menschen.

Im Jahr der Menschenrechte 1968 stand die Frage einer Empfehlung zur internationalen Erziehung auf der Tagesordnung der 31. Erziehungskonferenz, die alle zwei Jahre von der UNESCO und dem Internationalen Erziehungsbüro (IBE) nach Genf einberufen wird. Aufgrund einer vorbereitenden vergleichenden Studie in 82 Ländern verabschiedete die Konferenz eine Empfehlung (Nr. 64) über die „Erziehung zur internationalen Verständigung als integraler Bestandteil des Lehrplans und des Lebens an der Schule". Diese Empfehlung hat die Generalkonferenz der UNESCO veranlaßt, die Frage eines internationalen Instruments erneut aufzugreifen. 1974 konnte die Initiative mit der Verabschiedung der vorliegenden Empfehlung abgeschlossen werden.

Der Inhalt der Empfehlung hebt sich von den frühenern Versuchen und Erklärungen dadurch ab, daß er sich nicht auf einen bestimmten Sektor des Bildungswesens beschränkt, sondern im Sinne des Konzeptes der lebenslangen Bildung alle Formen und Stufen des Bildungsprozesses einschließt. Neben der politischen Zielsetzung der Verabschiedung eines allgemein akzeptierten Dokuments zur internationalen Erziehung haben auch Erkenntnisse der modernen Pädagogik und insbesondere der Ergebnisse des sog. Faure-Berichtes (1972) die Aussagen der Empfehlung beeinflußt. Internationale Erziehung wird nicht mehr vornehmlich als eine Aufgabe des Schulunterrichts aufgefaßt. Ihr Ziel ist umfassender auf alle Möglichkeiten des Lernens, die in der Gesellschaft während des ganzen Lebens geboten werden und zur Schaffung eines humaneren Lebens beitragen können, gerichtet.

B. Text der Empfehlung

Die Generalkonferenz der Organisation der Vereinten Nationen für Erziehung, Wissenschaft und Kultur, die vom 17. Oktober bis 23. November 1974 in Paris zu ihrer achtzehnten Tagung zusammengetreten ist –

eingedenk der den Staaten obliegenden Verantwortung, die Ziele der Charta der Vereinten Nationen, der Satzung der UNESCO, der Allgemeinen Erklärung der Menschenrechte und der Genfer Konventionen vom 12. August 1949 zum Schutze der Opfer des Krieges durch Erziehung zu erreichen, um die internationale Verständigung und Zusammenarbeit und den Weltfrieden sowie die Achtung der Menschenrechte und der Grundfreiheiten zu fördern,

in erneuter Bekräftigung der Verantwortung der UNESCO für Förderung und Unterstützung jeder Tätigkeit in den Mitgliedstaaten, welche die Erziehung aller zugunsten der Gerechtigkeit, der Freiheit, der Menschenrechte und des Friedens gewährleisten soll,

in dem Bewußtsein aber auch, daß die Tätigkeit der UNESCO und ihrer Mitgliedstaaten manchmal nur eine kleine Minderheit der ständig wachsenden Anzahl von Schülern, Studierenden, in der Fortbildung stehenden Jugendlichen und Erwachsenen sowie Lehrkräften erreicht und daß die Lehrpläne und Methoden der internationalen Erziehung nicht immer den Bedürfnissen und Wünschen der beteiligten Jugendlichen und Erwachsenen entsprechen,

in Anbetracht ferner des erheblichen Mißverhältnisses, das in vielen Fällen noch immer zwischen den verkündeten Idealen, den erklärten Absichten und der Wirklichkeit besteht,

angesichts ihres auf ihrer siebzehnten Tagung gefaßten Beschlusses, diese Erziehung zum Gegenstand einer Empfehlung an die Mitgliedstaaten zu machen –

nimmt am 19. November 1974 diese Empfehlung an.

Die Generalkonferenz empfiehlt den Mitgliedstaaten, die nachstehenden Bestimmungen anzuwenden, indem sie nach Maßgabe der verfassungsmäßigen Praxis der einzelnen Staaten alle erforderlichen gesetzgeberischen oder sonstigen Voraussetzungen für die Anwendung der in dieser Empfehlung aufgestellten Grundsätze in ihrem Hoheitsgebiet schaffen.

Die Generalkonferenz empfiehlt den Mitgliedstaaten, diese Empfehlung den für die Erziehung in der Schule, der Hochschule und außerhalb der Schule verantwortlichen Behörden, Dienststellen und sonstigen Gremien sowie den verschiedenen Organisationen für Jugend- und Erwachsenenbildung wie Studenten- und Jugendbewegungen, Elternvereinigungen, Lehrerverbänden und sonstigen Beteiligten zur Kenntnis zu bringen.

Die Generalkonferenz empfiehlt den Mitgliedstaaten, ihr über das auf diese Empfehlung hin Veranlaßte zu einem Zeitpunkt und in der Form, die sie bestimmt, zu berichten.

I. Begriffsbestimmung

1. Für die Zwecke dieser Empfehlung

a) bezeichnet das Wort Erziehung den gesamten Prozeß des gesellschaftlichen Lebens, durch den die einzelnen und die gesellschaftlichen Gruppen lernen, innerhalb der nationalen und internationalen Gemeinschaft und zu deren Nutzen bewußt ihre gesamte Persönlichkeit, ihre Fähigkeiten, ihre Einstellung, ihr Können und ihr Wissen zu entwickeln. Dieser Prozeß ist nicht auf spezifische Tätigkeiten beschränkt;

b) sind die Ausdrücke internationale Verständigung und Zusammenarbeit und Weltfrieden als ein unteilbares Ganzes anzusehen, das auf dem Grundsatz freundschaftlicher Beziehungen zwischen Völkern und Staaten mit verschiedenen gesellschaftlichen und politischen Systemen sowie auf der Achtung der Menschenrechte und Grundfreiheiten beruht. Im Wortlaut dieser Empfehlung sind die verschiedenen Bedeutungen dieser Ausdrücke gelegentlich in dem Ausdruck „internationale Erziehung" zusammengefaßt;

c) sind unter Menschenrechten und Grundfreiheiten die in der Charta der Vereinten Nationen, der Allgemeinen Erklärung der Menschenrechte und in den Internationalen Pakten über wirtschaftliche, soziale und kulturelle Rechte sowie über bürgerliche und politische Rechte bezeichneten Menschenrechte und Grundfreiheiten zu verstehen.

II. Anwendungsbereich

2. Diese Empfehlung gilt für alle Stufen und Formen der Erziehung

III. Leitsätze

3. Die Erziehung soll sich an den Zielen und Zwecken ausrichten, die in der Charta der Vereinten Nationen, der Satzung der UNESCO und der Allgemeinen Erklärung der Menschenrechte, insbesondere in deren Artikel 26 Abs. 2, aufgeführt sind, der wie folgt lautet: „Die Ausbildung soll die volle Entfaltung der menschlichen Persönlichkeit und die Stärkung der Achtung der Menschenrechte und Grundfreiheiten zum Ziele haben. Sie soll Verständnis, Duldsamkeit und Freundschaft zwischen allen Nationen und allen rassischen oder religiösen Gruppen fördern und die Tätigkeit der Vereinten Nationen zur Aufrechterhaltung des Friedens begünstigen."

4. Um jedermann die Möglichkeit zu geben, tatkräftig zur Verwirklichung der in Absatz 3 genannten Ziele beizutragen und die internationale Solidarität und Zusammenarbeit zu fördern, die Lösung der weltweiten, das Leben des einzelnen

und der Gemeinschaft sowie Ausübung der Grundrechte und -freiheiten berührenden Probleme unerläßlich sind, sollen folgende Ziele als wichtigste Leitsätze der Erziehungspolitik angesehen werden:

a) eine internationale Größenordnung und eine globale Anschauungsweise in der Erziehung auf allen Ebenen und in jeder Form;

b) Verständnis und Achtung gegenüber allen Völkern, ihrer Kultur, ihrer Zivilisation, ihren Werten und Lebensweisen; dies gilt für die Kultur sowohl des eigenen Volkes als auch der anderen Völker;

c) Erkenntnis der wachsenden gegenseitigen Abhängigkeit der Völker und Nationen auf der ganzen Welt;

d) Fähigkeit zur Kommunikation mit anderen;

e) Erkenntnis nicht nur der Rechte, sondern auch der Pflichten, die den einzelnen, den gesellschaftlichen Gruppen und den Völkern gegenseitig obliegen;

f) Verständnis für die Notwendigkeit internationaler Solidarität und Zusammenarbeit;

g) Bereitschaft des einzelnen, zur Lösung der Probleme der Gemeinschaft, in der er steht, seines Landes und der Welt beizutragen.

5. Durch Lernen, Ausbildung, und Information und Aktion soll die internationale Erziehung eine angemessene Entwicklung von Geist und Gemüt des einzelnen fördern. Sie soll das Verantwortungsbewußtsein gegenüber der Gesellschaft und das Gefühl der Solidarität mit unterprivilegierten Gruppen entwickeln und zur Achtung des Grundsatzes der Gleichheit im alltäglichen Verhalten führen. Sie soll auch zur Entwicklung jener Eigenschaften, Fähigkeiten und Kenntnisse beitragen, die es dem einzelnen ermöglichen, Probleme auf nationaler und internationaler Ebene kritisch zu beleuchten, Tatsachen, Meinungen und Ideen zu verstehen und zu erklären, in einer Gruppe zu arbeiten, die offene Diskussion nicht zu scheuen und sich daran zu beteiligen, die wichtigsten Spielregeln der Diskussion zu beachten und Werturteile und Entscheidungen auf die sachliche Analyse relevanter Tatsachen und Faktoren zu gründen.

6. Die Erziehung soll auf die Unzulässigkeit der Kriegführung zum Zwecke der Eroberung, des Angriffs oder der Beherrschung sowie der Gewaltanwendung zum Zwecke der Unterdrückung hinweisen und jedermann dazu bringen, seine Verantwortung für die Erhaltung des Friedens zu erkennen und auf sich zu nehmen. Sie soll beitragen zu internationaler Verständigung, zur Festigung des Weltfriedens und zum Kampf gegen jeden wie immer gearteten oder geäußerten Kolonialismus und Neokolonialismus und gegen jede Form und jede Art von Rassenhaß, Faschismus und Rassentrennung sowie sonstige Ideologien, die völkischen oder Rassenhaß erzeugen und den Zielen dieser Empfehlung zuwiderlaufen.

IV. Nationale Politik, Planung und Verwaltung

7. Jeder Mitgliedstaat soll eine nationale Politik konzipieren und anwenden, deren Ziel es ist, die Erziehung in jeder Form wirksamer zu machen und ihren Beitrag zu internationaler Verständigung und Zusammenarbeit, zur Erhaltung und zum Ausbau eines gerechten Friedens, zur Herbeiführung sozialer Gerechtigkeit, zur Achtung und Anwendung der Menschenrechte und Grundfreiheiten und zur Beseitigung von Vorurteilen, falschen Vorstellungen, Ungleichheiten und jeder Form der Ungerechtigkeit, welche die Erreichung dieser Ziele erschweren, zu erhöhen.

8. Die Mitgliedstaaten sollen in Zusammenarbeit mit den nationalen Kommissionen Schritte unternehmen, um die Zusammenarbeit zwischen Ministerien und sonstigen Stellen und die Koordinierung ihrer Bemühungen um die Planung und Durchführung konzentrierter Aktionsprogramme in der internationalen Erziehung sicherzustellen.

9. Die Mitgliedstaaten sollen im Rahmen ihrer verfassungsmäßigen Möglichkeiten die für die Durchführung dieser Empfehlung notwendige finanzielle, administrative, materielle und moralische Unterstützung gewähren.

V. Besondere Aspekte des Lernens, der Ausbildung und der Aktion

Ethische und staatsbürgerliche Aspekte

10. Die Mitgliedstaaten sollen geeignete Schritte unternehmen, um im Verlauf des Lern- und Ausbildungsprozesses Einstellungen und Verhaltensweisen zu stärken und zu entwickeln, die sich aus dem Bewußtsein der Gleichheit und der zwangsläufigen gegenseitigen Abhängigkeit der Nationen und Völker herleiten.

11. Die Mitgliedstaaten sollen dafür sorgen, daß die Grundsätze der Allgemeinen Erklärung der Menschenrechte und des Internationalen Übereinkommens zur Beseitigung jeder Form von Rassendiskriminierung in der sich entfaltenden Persönlichkeit eines jeden Kindes, Heranwachsenden, Jugendlichen oder Erwachsenen durch Anwendung dieser Grundsätze in der täglichen praktischen Erziehungsarbeit auf allen Ebenen und in jeder Form fest verankert werden, damit jeder einzelne persönlich zur Erneuerung und Verbreitung der Erziehung in diesem Sinne beitragen kann.

12. Die Mitgliedstaaten sollen die mit der Erziehung befaßten Personen veranlassen, in Zusammenarbeit mit Schülern, Eltern, den beteiligten Organisationen und der Gemeinschaft Methoden anzuwenden, die die schöpferische Phantasie von Kindern und Heranwachsenden und ihre sozialen Betätigungen anregen und so die Betreffenden darauf vorbereiten, ihre Rechte und Freiheiten unter Anerkennung und Achtung der Rechte anderer wahrzunehmen und ihre Pflichten in der Gesellschaft zu erfüllen.

13. Die Mitgliedstaaten sollen in jeder Phase der Erziehung eine aktive staatsbürgerliche Schulung fördern, damit jedermann die Arbeitsweise und das Wirken der örtlichen, nationalen oder internationalen Einrichtungen des öffentlichen Lebens kennenlernen, sich mit den Verfahren zur Lösung grundlegender Probleme vertraut machen und am kulturellen Leben der Gemeinschaft sowie am öffentlichen Leben teilnehmen kann. Diese Beteiligung soll überall, wo dies möglich ist, in immer engerer Verknüpfung von Erziehung und Aktion zur Lösung von Problemen auf örtlicher, nationaler und internationaler Ebene führen.

14. Die Erziehung soll auch die kritische Analyse historischer und aktueller Faktoren wirtschaftlicher und politischer Natur umfassen, die den Gegensätzen und Spannungen zwischen den Ländern zugrunde liegen, sowie die Untersuchung der Mittel zur Überwindung dieser Gegensätze, die das eigentliche Hindernis auf dem Weg zur Verständigung, wahrer internationaler Zusammenarbeit und zum Ausbau des Weltfriedens sind.

15. Die Erziehung soll aufzeigen, wo die wahren Interessen der Völker liegen und daß diese mit den Interessen jener Gruppen unvereinbar sind, welche die wirtschaftliche und politische Macht monopolisieren, Ausbeutung betreiben und zum Krieg hetzen.

16. Die Beteiligung der Studierenden an der Gestaltung des Studiums und der Bildungsanstalt, die sie besuchen, soll schon für sich als ein Faktor in der staatsbürgerlichen Erziehung und als wichtiger Bestandteil der internationalen Erziehung gewertet werden.

Kulturelle Aspekte

17. Die Mitgliedstaaten sollen in den verschiedenen Phasen und Formen der Erziehung das Studium der einzelnen Kulturen, ihres gegenseiten Einflusses, ihrer Lebensanschauungen und Lebensweisen fördern, um günstige Voraussetzungen für eine wechselseitige Würdigung der jeweiligen Besonderheiten zu schaffen. Bei diesem Studium soll u.a. gehöriger Wert auf die Vermittlung von Fremdsprachen und die Unterrichtung über das kulturelle Leben und das kulturelle Erbe anderer Länder gelegt werden, um die internationale Verständigung und die Verständigung zwischen den verschiedenen Kulturen zu fördern.

Untersuchung der großen Menschheitsprobleme

18. Die Erziehung soll zum einen auf die Beseitigung der Faktoren gerichtet sein, welche die großen Probleme des Überlebens und des Wohlbefindens der Menschheit fortbestehen lassen und verschärfen – Ungleichheit, Ungerechtigkeit, auf Gewaltanwendung gegründete internationale Beziehungen –, zum

anderen auf Maßnahmen der internationalen Zusammenarbeit, die zu ihrer Lösung beitragen sollen. Die Erziehung, die hier zwangsläufig interdisziplinär sein muß, soll sich z.B. auf folgende Fragen beziehen:

a) Gleichberechtigung der Völker und Selbstbestimmungsrecht der Völker;

b) Erhaltung des Friedens; verschiedene Arten des Krieges sowie ihre Ursachen und Auswirkungen; Abrüstung; Unzulässigkeit der Nutzung von Wisschenschaft und Technik für Zwecke des Krieges und Einsatz von Wisschenschaft und Technik im Dienst des Friedens und des Fortschritts; Art und Auswirkungen wirtschaftlicher, kultureller und politischer Beziehungen zwischen den Staaten und Bedeutung des Völkerrechts für diese Beziehungen, insbesondere für die Friedenserhaltung;

c) Maßnahmen zur Gewährleistung der Ausübung und Achtung der Menschenrechte einschließlich derjenigen der Flüchtlinge; Rassenhaß und seine Beseitigung; Kampf gegen Diskriminierung jeder Art;

d) Wirtschaftswachstum und soziale Entwicklung unter dem Gesichtspunkt der sozialen Gerechtigkeit; Kolonialismus und Enkolonialisierung; Mittel und Wege der Entwicklungshilfe; Kampf gegen das Analphabetentum; Kampf gegen Krankheit und Hunger; Kampf für bessere Lebensqualität und möglichst hohen Gesundheitsstand; Bevölkerungswachstum und damit zusammenhängende Fragen;

e) Nutzung, Verwaltung und Erhaltung der natürlichen Hilfsquellen; Umweltverschmutzung;

f) Erhaltung des kulturellen Erbes der Menschheit;

g) Rolle und Wirkungsweise der Vereinten Nationen bei der Lösung derartiger Probleme und Möglichkeiten, ihre Maßnahmen zu stärken und zu fördern.

19. Es sollen Schritte unternommen werden zum Ausbau des Studiums der Wissenschaften und Disziplinen, die mit der Ausübung der immer vielfältigeren Pflichten und Aufgaben im Bereich der internationalen Beziehungen in unmittelbarem Zusammenhang stehen.

Andere Aspekte

20. Die Mitgliedstaaten sollen die für Erziehung zuständigen Behörden und Personen ermutigen, der im Sinne dieser Empfehlung geplanten Erziehung einen interdisziplinären, problemorientierten Inhalt zu geben, welcher der Vielschichtigkeit der mit der Anwendung der Menschenrechte und mit der internationalen Zusammenarbeit zusammenhängenden Fragen entspricht und die Vorstellungen von dem wechselseitigen Einfluß, der gegenseitigen Unterstützung und Solidarität schon an sich verdeutlicht. Derartige Programme sollen auf der Grundlage ausreichender Untersuchungen und Versuche sowie klar umrissener Erziehungsziele aufgestellt werden.

21. Die Mitgliedstaaten sollen nach Möglichkeit dafür Sorge tragen, daß internationale Erziehungsarbeit, wo sie unter sozial besonders heiklen oder brisanten Umständen geleistet wird, z.B. wo offensichtlich ungleiche Bildungschancen gegeben sind, besondere Beachtung und besondere Mittel zuteil werden.

VI. Maßnahmen in verschiedenen Bereichen der Erziehung

22. Es sollen verstärkte Anstrengungen gemacht werden, um die Erziehungsarbeit auf allen Stufen und in jeder Form auszubauen und ihr eine internationale und interkulturelle Bedeutung zu geben.

23. Die Mitgliedstaaten sollen sich die Erfahrung der assoziierten Schulen zunutze machen, die mit Hilfe der UNESCO Programme der internationalen Erziehung durchführen. Die für die assoziierten Schulen in den Mitgliedstaaten Zuständigen sollen sich in stärkerem Maße und immer wieder darum bemühen, das Programm auch in anderen Bildungseinrichtungen einzuführen und sich für die allgemeine Anwendung seiner Ergebnisse einzusetzen. In anderen Mitgliedstaaten soll so bald wie möglich eine ähnliche Aktion in Angriff genommen werden. Geprüft und verbreitet werden sollen auch die Erfahrungen anderer Bildungseinrichtungen, die mit Erfolg Programme der internationalen Erziehung durchgeführt haben.

24. Die Mitgliedstaaten sollen im Zuge des Ausbaus der vorschulischen Erziehung hier Maßnahmen im Sinne dieser Empfehlung fördern, da grundlegende Einstellungen, beispielsweise zur Rassenfrage, oft bereits im Vorschulalter geprägt werden. In dieser Hinsicht ist die Einstellung der Eltern als wesentlicher Faktor der Kindererziehung anzusehen, und bei der in Absatz 30 behandelten Erwachsenenbildung soll das Augenmerk besonders auf die Vorbereitung der Eltern auf ihre Rolle in der vorschulischen Erziehung gerichtet werden. Die erste Schule soll als soziales Milieu mit eigenem Charakter und Stellenwert konzipiert und aufgebaut werden, in dem die Kinder die Möglichkeit haben, in verschiedenen Situationen, zu denen auch Spiele gehören, sich ihrer Rechte bewußt zu werden, sich ungehindert zu behaupten, gleichzeitig aber auch ihre Verantwortung zu akzeptieren, und durch unmittelbare Erfahrung mehr und mehr das Gefühl zu entwickeln, daß sie immer größeren Gemeinschaften – Familie, Schule, örtliche, nationale, weltweite Gemeinschaften – angehören.

25. Die Mitgliedstaaten sollen die beteiligten Behörden sowie die Lehrkräfte und Studierenden veranlassen, in regelmäßigen Abständen zu überprüfen, wie die Weiterbildung im Nach-Sekundarschul- und Hochschulbereich verbessert werden kann, um noch mehr zur Erreichung der Ziele dieser Empfehlung beizutragen.

26. Die Hochschulbildung soll für alle Studenten Maßnahmen der staatsbürgerlichen Erziehung vorsehen, die ihr Wissen um die großen Fragen, zu deren

Lösung sie beitragen sollen, vertiefen, ihnen Möglichkeiten der unmittelbaren und ständigen Mitwirkung an der Lösung dieser Probleme bieten und ihren Sinn für internationale Zusammenarbeit besser entwickeln.

27. Da die Bildungseinrichtungen im Nach-Sekundarschulbereich, namentlich der Universitäten, immer mehr Studierende aufnehmen müssen, sollen sie im Rahmen ihrer größeren Aufgabe in der lebenslangen Bildung Programme der internationalen Erziehung durchführen, und ihren gesamten Lehrbetrieb global ausrichten. Unter Heranziehung aller ihnen zur Verfügung stehenden Kommunikationsmittel sollen sie Gelegenheiten und Möglichkeiten, etwas zu lernen, sowie Maßnahmen anbieten, die den wirklichen Anliegen, Wünschen und Problemen der Bevölkerung entsprechen.

28. Um das Studium und die Ausübung der internationalen Zusammenarbeit zu entwickeln, sollen die Bildungseinrichtungen im Nach-Sekundarschulbereich die mit ihrer Aufgabe verbundenen Formen der Betätigung auf internationaler Ebene nutzen, wie z.B. Besuche ausländiger Hochschullehrer und Studenten und berufliche Zusammenarbeit zwischen Hochschullehrern und Forschungsteams in verschiedenen Ländern. Insbesondere sollen Untersuchungen und Experiemente durchgeführt werden in bezug auf Hindernisse, Spannungen, Einstellungen und Handlungen sprachlicher, gesellschaftlicher, emotionaler und kultureller Art, die sowohl die ausländischen Studenten als auch die Gastinstitutionen berühren.

29. Auf jeder Stufe soll die spezialisierte Berufsausbildung den Studierenden eine Ausbildung vermitteln, durch die sie ihre eigene Rolle und die ihres Berufs für die Entwicklung ihrer Gesellschaft, die Förderung der internationalen Zusammenarbeit und die Erhaltung und Stärkung des Friedens verstehen lernen und ihre Aufgabe so früh wie möglich tatkräftig erfüllen können.

30. Wie auch die Ziele und Formen der außerschulischen Erziehung einschließlich der Erwachsenenbildung aussehen, sie sollen stets auf folgende Überlegungen gegründet sein:

a) Alle außerschulischen Bildungsprogramme sollen soweit wie möglich von einer globalen Einstellung ausgehen und die ethischen, staatsbürgerlichen, kulturellen, wissenschaftlichen und technischen Elemente enthalten, die der internationalen Erziehung entsprechen.

b) Alle Beteiligten sollen sich gemeinsam darum bemühen, die Massenmedien der Kommunikation, der Autodidaktik und des interaktiven Lernens sowie Einrichtungen wie Museen und öffentliche Bibliotheken so zu beeinflussen und einzusetzen, daß dem einzelnen einschlägige Kenntnisse vermittelt, eine wohlwollende Einstellung und die Bereitschaft zu positivem Handeln in ihm geweckt und die in Übereinstimmung mit den Zielen dieser Empfehlung ausgearbeiteten Erziehungskampagnen und -programme bekannt und verständlich gemacht werden.

c) Die Beteilgten, ob öffentliche oder private Stellen, sollen sich darum bemühen, günstige Situationen und Gelegenheiten zu nutzen, wie sie sich beispielsweise in den gesellschaftlichen und kulturellen Tätigkeiten der Jugendzentren und -klubs, der Kulturzentren, der Gemeinschaftszentren oder Gewerkschaften, in Jugendtreffen und -festivals, Sportveranstaltungen, Kontakten mit ausländischen Besuchern, Studenten oder Einwanderern und allgemein im Personenaustausch anbieten.

31. Es sollen Schritte unternommen werden, um die Gründung und den Ausbau von Organisationen wie die Studenten- und Lehrervereinigungen für die Vereinten Nationen, die Klubs für internationale Beziehungen und die UNESCO-Klubs, die an der Ausarbeitung und Durchführung koordinierter Programme der internationalen Erziehung beteiligt werden sollen, zu erleichtern.

32. Die Mitgliedstaaten sollen dafür Sorge tragen, daß die auf die Ziele dieser Empfehlung ausgerichteten Maßnahmen auf jeder Stufe der schulischen und außerschulischen Erziehung koordiniert werden und innerhalb der Pläne für die verschiedenen Erziehungs-, Lern- und Ausbildungsstufen und -formen ein zusammenhängendes Ganzes darstellen. Die in dieser Empfehlung verankterten Grundsätze der Zusammenarbeit und Beteiligung sollen bei allen Erziehungsmaßnahmen angewandt werden.

VII. Vorbereitung der Lehrkräfte

33. Die Mitgliedstaaten sollen die Methoden, durch welche die Lehrkräfte und das übrige mit der Erziehung befaßte Personal vorbereitet und befähigt werden, ihre Aufgabe im Hinblick auf die Ziele dieser Empfehlung wahrzunehmen, ständig verbessern und sollen zu diesem Zweck

a) den Lehrkräften die Motivationen für ihre spätere Arbeit vermitteln: Festlegung auf die Ethik der Menschenrechte und das Ziel, die Gesellschaft zu verändern, um die Menschenrechte in die Tat umzusetzen, Gefühl für die grundlegende Einheit der Menschheit, Fähigkeit, den Sinn für die Reichtümer zu wecken, welche die Verschiedenheit der Kulturen für jeden einzelnen, jede Gruppe und jedes Volk mit sich bringt;

b) einen Grundstock interdisziplinärer Kenntnisse über die weltweiten Probleme und die Probleme der internationalen Zusammenarbeit vermitteln, unter anderem durch Versuche, diese Probleme zu lösen;

c) die Lehrkräfte selbst darauf vorbereiten, an der Ausarbeitung von Programmen für internationale Erziehung und von Ausrüstung und Material für die Erziehung unter Berücksichtigung der Wünsche der Lernenden und in enger Zusammenarbeit mit ihnen tatkräftig teilzunehmen;

d) Experimente über die Anwendung aktiver Bildungs- und Ausbildungsmethoden durchführen und zumindest für die Vermittlung der grundlegenden Auswertungsverfahren sorgen, insbesondere derjenigen, die sich auf das Sozialverhalten und die Einstellung der Kinder, Heranwachsenden und Erwachsenen anwenden lassen;

e) der Lehrkräfte Fähigkeiten und Kenntnisse vermitteln, zum Beispiel den Wunsch und die Fähigkeit, pädagogische Neuerungen einzuführen und die eigene Ausbildung fortzusetzen, Erfahrungen mit Gruppenarbeit und interdisziplinärer Forschung, Kenntnis der Gruppendynamik sowie die Fähigkeit, günstige Gelegenheiten zu schaffen und sich zunutze zu machen;

f) das Studium von Experimenten in der internationalen Erziehung, insbesondere von in anderen Ländern durchgeführten neuartigen Experimenten, anregen und den Beteiligten, soweit irgend möglich, Gelegenheit geben, sich direkt mit ausländischen Lehrkräften in Verbindung zu setzen.

34. Die Mitgliedstaaten sollen den für Leitung, Aufsicht oder Beratung Zuständigen – beispielsweise Inspektoren, pädagogischen Beratern, Direktoren von Lehrerausbildungsstätten, Organisatoren von Bildungsmaßnahmen für Jugendliche und Erwachsene – Ausbildungsmöglichkeiten, Informationen und Ratschläge vermitteln, anhand derer sie den Lehrkräften helfen können, auf die Ziele dieser Empfehlungen hinzuarbeiten unter Berücksichtigung der Wünsche der Jugend hinsichtlich internationaler Probleme und neuer pädagogischer Methoden, welche die Aussichten auf Erfüllung dieser Wünsche verbessern können. Zu diesem Zweck sollen Seminare oder Fortbildungskurse über internationale und interkulturelle Erziehung abgehalten werden, um Behörden und Lehrkräfte zusammenzubringen; in weiteren Seminaren oder Kursen können Aufsichtspersonal und Lehrkräfte mit anderen beteiligten Gruppen wie Eltern, Schülern und Lehrerverbänden zusammentreffen. Angesichts des tiefgreifenden Wandels, der allmählich in der Rolle der Erziehung spürbar wird, sollen die Ergebnisse der Experimente in bezug auf eine Reform der Strukturen und des hierarchischen Aufbaus der Unterrichtsanstalten in Ausbildung, Information und Beratung der Lehrkräfte zum Ausdruck kommen.

35. Die Mitgliedstaaten sollen dafür Sorge tragen, daß jedes Fortbildungsprogramm für Lehrkräfte im Amt und für leitendes Personal Elemente einer internationalen Erziehung enthält und den Beteiligten die Möglichkeit bietet, die Ergebnisse ihrer Erfahrungen in diesem Bereich zu vergleichen.

36. Die Mitgliedstaaten sollen Seminare und pädagogische Fortbildungskurse im Ausland insbesondere durch die Vergabe von Stipendien fördern und erleichtern und die Anerkennung dieser Kurse als Bestandteil des üblichen Prozesses von Grundausbildung, Anstellung, Fortbildung und Förderung der Lehrkräfte unterstützen.

37. Die Mitgliedstaaten sollen den bilateralen Austausch von Lehrkräften auf allen Ebenen der Erziehung durchführen oder unterstützen.

VIII. Ausrüstung und Material für die Erziehung

38. Die Mitgliedstaaten sollen sich verstärkt darum bemühen, die Erneuerung, die Herstellung, die Verarbeitung und den Austausch von Ausrüstung und Material für die internationale Erziehung zu erleichtern, wobei besonders zu berücksichtigen ist, daß in vielen Ländern Schüler und Studierende den Großteil ihrer Kenntnisse über internationale Fragen durch die Massenmedien außerhalb der Unterrichtsanstalten erwerben. Zur Befriedigung der Bedürfnisse der an der internationalen Erziehung Beteiligten sollen die Bemühungen hauptsächlich darauf gerichtet sein, dem Mangel an Lehrmitteln abzuhelfen und ihre Qualität zu verbessern. Die Maßnahmen sollen sich auf folgende Punkte erstrecken:

a) die ganze Skala der verfügbaren Ausrüstungen und Mittel vom Schulbuch bis zum Fernsehen soll ebenso wie die neue pädagogische Technologie auf geeignete und konstruktive Weise eingesetzt werden;

b) der Unterricht soll auch eine besondere Aufklärung über die Erziehung durch Massenmedien umfassen, um den Schülern bei der Auswahl und Analyse der von diesen Medien verbreiteten Informationen zu helfen;

c) in den Schulbüchern und allen anderen Lehrmitteln soll global vorgegangen werden unter Einbeziehung internationaler Komponenten, die den Rahmen für die Darstellung der lokalen und nationalen Aspekte einzelner Themen bilden können und die Geschichte der Menschheit im Bereich der Wissenschaft und der Kultur veranschaulichen, wobei die Bedeutung der bildenden Künste und der Musik als die Verständigung zwischen verschiedenen Kulturen fördernde Faktoren gebührend zu berücksichtigen ist;

d) in der oder den Unterrichtssprachen des Landes sollen schriftliche Unterlagen und audiovisuelles Material interdisziplinären Charakters ausgearbeitet werden, welche die großen Probleme der Menschheit veranschaulichen und bei jedem die Notwendigkeit der internationalen Zusammenarbeit und ihre konkrete Realität aufzeigen, wobei die Dokumentation der Vereinten Nationen, der UNESCO und anderer Sonderorganisationen herangezogen werden kann;

e) schriftliche Unterlagen und sonstiges Material, das die Kultur, die Lebensweise und die großen Probleme jedes Landes sowie seine Beteiligung an Aktionen von weltweiter Bedeutung veranschaulicht, sollen ausgearbeitet und an die anderen Länder weitergeleitet werden.

39. Die Möglichkeiten sollen geeignete Maßnahmen fördern, damit die Lehrmittel, insbesondere die Lehrbücher, nichts enthalten, was Mißverständnisse, Mißtrauen, rassistische Reaktionen, Verachtung oder Haß gegenüber anderen Gruppen oder Völker hervorrufen könnte. Dieses Material soll weitreichende Grundkenntnisse vermitteln, durch welches die Lernenden leichter die von den Massenmedien verbreiteten Informationen und Ideen beurteilen können, die den Zielen dieser Empfehlung zu widersprechen scheinen.

40. Jeder Mitgliedstaat soll entsprechend seinen Bedürfnissen und Möglichkeiten ein oder mehrere Dokumentationszentren für schriftliches und audiovisuelles Material, das entsprechend den Zielen dieser Empfehlung konzipiert und an die einzelnen Erziehungsformen und -stufen angepaßt ist, errichten oder zu deren Errichtung beitragen. Diese Zentren sollen dazu dienen, die Reform der internationalen Erziehung, insbesondere durch die Ausarbeitung und Verbreitung neuartigen Gedankenguts und Materials, zu fördern; ferner sollen sie den Informationsaustausch mit anderen Ländern organisieren und erleichtern.

IX. Forschung und Erprobung

41. Die Mitgliedstaaten sollen die Forschung über Grundlagen, Leitsätze, Durchführungsmethoden und Auswirkungen der internationalen Erziehung und über die in diesem Bereich, zum Beispiel in den assoziierten Schulen, durchgeführten Neuerungen und Experimente anregen und unterstützen. Hierzu ist die Mitarbeit von Universitäten, Forschungsstellen und -zentren, Lehrerausbildungsstätten, Ausbildungszentren für Erwachsenenbildung und von geeigneten nichtstaatlichen Organisationen erforderlich.

42. Die Mitgliedstaaten sollen geeignete Maßnahmen treffen, damit die Lehrkräfte und die verschiedenen beteiligten Behörden die internationale Erziehung auf eine feste psychologische und soziologische Grundlage stellen durch Anwendung der Ergebnisse der in jedem Land betriebenen Forschung über Entstehung und Entwicklung positiver oder negativer Einstellungen und Verhaltensweisen, über Verhaltensänderungen, über die Wechselwirkung von Persönlichkeitsentwicklung und Erziehung und über die positiven oder negativen Auswirkungen der Erziehungsmaßnahmen. Ein Großteil dieser Forschungsarbeit soll sich mit den Wünschen der Jugend in bezug auf die internationalen Probleme und Beziehungen befassen.

X. Internationale Zusammenarbeit

43. Die Mitgliedstaaten sollten es als ihre Verpflichtung ansehen, die internationale Zusammenarbeit zur Entwicklung der internationalen Erziehung zu fördern. Bei der Durchführung dieser Empfehlung sollen sie sich gemäß der Charta der Vereinten Nationen jeder Einmischung in Angelegenheiten enthalten, die im wesentlichen in den Zuständigkeitsbereich eines Staates gehören. Sie sollen durch ihr eigenes Handeln beweisen, daß die Durchführung dieser Empfehlung an sich schon eine Übung in internationaler Verständigung und Zusammenarbeit darstellt. Sie sollen beispielsweise in wachsendem Maße internationale Treffen und Seminare über die internationale Erziehung veranstalten, bzw. den zuständigen Behörden und nichtstaatlichen Organisationen bei der Veranstaltung dieser Treffen helfen, ihre Programme zur Aufnahme ausländischer Stu-

dierender, Forscher, Lehrkräfte und mit Erziehungsaufgaben betrauter Personen, die Arbeitnehmerorganisationen und Vereinigungen für Erwachsenenbildung angehören, ausbauen, gegenseitige Besuche von Schülern und den Austausch von Studierenden und Lehrkräften fördern, den Informationsaustausch über Kulturformen und Lebensweisen erweitern und verstärken und Informationen und Anregungen aus anderen Ländern übersetzen oder übertragen und verbreiten lassen.

44. Die Mitgliedstaaten sollen mit Hilfe der UNESCO die Zusammenarbeit zwischen ihren assoziierten Schulen und denen anderer Länder fördern, um den gegenseitigen Nutzen zu mehren, indem sie ihren Erfahrungsschatz in einem größeren internationalen Rahmen erweitern.

45. Die Mitgliedstaaten sollen einen verstärkten Austausch von Lehrbüchern, insbesondere von Geschichts- und Geographiebüchern, fördern und gegebenenfalls, wenn möglich, durch den Abschluß zwei- und mehrseitiger Übereinkünfte, Maßnahmen zur gegenseitigen Prüfung und Überarbeitung der Lehrbücher und übrigen Lehrmittel treffen, um sicherzustellen, daß diese zutreffend, ausgewogen, auf dem neuesten Stand und vorurteilslos sind und dazu beitragen, das gegenseitige Wissen und die Verständigung zwischen den verschiedenen Völkern zu mehren.

2. Behandlung der Vereinten Nationen im Unterricht (Lehrplananalyse)*

Lehrplan Baden Württemberg

Hauptschule; Geschichte (Klasse 8) 1967
Die Vereinten Nationen. Auf dem Weg zur Einigung Europas.

Gemeinschaftskunde (Kl. 8) 1967
Wichtige überstaatliche Organisationen, u.a. die Vereinten Nationen.

Hauptschule; Geschichte (Kl. 9) 1967
Die Vereinten Nationen (UNO).

Gemeinschaftskunde (Kl. 9) 1967
Internationale Zusammenarbeit mit Friedenssicherung: Die Vereinten Nationen (Beispiele aus den letzten 20 Jahren).

Mittelschule; Geschichte (Kl. 10) 1963
Abrüstung und Friedensbemühungen. ... UNO. Behandlung ausgewählter Tagesfragen.

Gymnasium; Geschichte (Kl. 10) 1961
Das Streben nach übernationaler Vereinigung und friedlichem Ausgleich (UN, Europa).

Gemeinschaftskunde (Kl. 10) 1961
Überstaatliche Einrichtungen: Europarat, Vereinte Nationen.

Gemeinschaftskunde (Kl. 13) 1961
Menschenrechte der Vereinten Nationen.

Lehrplan Bayern

Hauptschule; Geschichte (Kl. 9) 1971
Die Vereinten Nationen: Zielsetzung der Atlantik-Charta, Gründung, Charta und Wirken der Vereinten Nationen.

Realschule; Sozialkunde (Kl. 10) 1969
Die UNO.

Gymnasium; Geschichte (Kl.9) 1965
Die Vereinten Nationen. Organisation der freien Welt. Europäische Einigungsbestrebungen.

Geschichte (Kl. 13) 1965
Gründung und Wirken der UN. Europäisches Einigungsbestreben.

Kollegstufe; Geschichte (Leistungskurs u. Grundkurs) 1977
Friedensbemühungen und Konfliktregelungen seit dem 1. Weltkrieg. Europäische Einigungsbemühungen. Die europäischen Einigungsbewegungen.

Kollegstufe; Geschichte (Leistungskurs) 1977

---

*Quelle: Sekretariat der Ständigen Konferenz der Kultusminister der Länder in der Bundesrepublik Deutschland (Stand: Oktober 1977).

Die Charta der Vereinten Nationen. Einblick in den Versuch einer weltweiten kollektiven Friedenssicherung.

Lehrplan Berlin

Hauptschule; Geschichte (Kl.9/10) 1968
Gründung der „Vereinten Nationen".

Hauptschule; Weltkunde 1968
Kenntnis der bedeutendsten internationalen Organisationen. Internationale Zusammenarbeit: Die Vereinten Nationen (Entstehung, Ziele, Aufbau usw.).

Realschule; Geschichte (Kl. 10) 1968
Die Gründung der Vereinten Nationen. Die größten überstaatlichen Organisationen und internationalen Bündnissysteme. Beispiel für das erfolgreiche Wirken der UN.

Gymnasium; Geschichte (Kl. 10) 1968
Friedenssicherung: Völkerbund, UNO. Abrüstung etc.

Gymnasium; Politische Weltkunde 1968
Struktur und Funktionen der UN. Die Frage der Koexistenz und das Problem der weltweiten Friedenssicherung.

Oberschule/Prakt. Zweig; Geschichte (Kl. 10) 1960
Überstaatliche Organisationen (UN usw.).

Geschichte (Kl. 9) 1960
Völkerversöhnung: u.a. UN.

Geschichte (Kl. 8)
Völkerbund, Vereinte Nationen.

Lehrplan Bremen

Hauptschule; Gegenwartskunde (Kl. 9) 1959
Die Charta der UNO.

Mittelschule; Geschichte (Kl. 10) 1961
Die Vereinten Nationen und ihre Organisationen.

Gemeinschaftskunde (Kl. 10) 1961
Die Überstaatlichen Organisationen als Mittel zur Völkerverständigung.

Gymnasium; Geschichte (Kl. 13) 1960
Die Charta der Vereinten Nationen und die UN-Organisation.

Gemeinschaftskunde (Kl. 10) 1960
Europafragen – UNO usw.

Gemeinschaftskunde (Kl. 13) 1960
Wege zum friedlichen Zusammenleben der Völker (u.a. die UNO).

Lehrplan Hamburg

Hauptschule; Politik (Kl. 9) ca. 1974/75
Frieden und Sicherheit.

Realschule; Politik (Kl. 10) ca. 1974/75
Frieden und Sicherheit.

Gesamtschule/Sekundarstufe I; Politik (Kl. 5-10) 1976
Sicherheitspolitik. Internationale Zusammenschlüsse (z.B. UNO, EWG etc.) und ihre Funktion in den interstaatlichen Beziehungen erkennen.

Beobachtungsstufe des Gymnasiums und Kl. 10 des Gymnasiums; Geschichte ca. 1973
Die UNO und ihre Nebenorganisationen.

Sozialkunde/Politik (Kl. 10) ca. 1973
Probleme internationaler Beziehungen der Bundesrepublik Deutschland. Die Bedeutung internationaler Organisationen in bestimmten Situationen abschätzen. Wichtige Probleme der Friedenssicherung erkennen. Begriffe und Zusammenhänge – UNO usw.

Oberstufe des Gymnasiums für den Unterricht im Vorsemester und in der Studienstufe; Gemeinschaftskunde 1974
Schaffung und Erhaltung des Friedens. Zweck und Ziele von internationalen Organisationen.

Geschichte 1974
Sicherheit und Frieden, Rüstung und Abrüstung. Grundbegriffe, u.a. die UNO.

Lehrplan Hessen

Hauptschule; Politische Bildung (Kl. 9) 1962
Versuche einer Weltordnung durch die UNO.

Mittelschule; Geschichte (Kl. 10) 1957
Versuche und Probleme der Organisation des Friedens: die UNO – Gründung der UNO.

Gymnasium; Gemeinschaftskunde (Kl. 12/13) 1963
Wege zur Befriedung der Welt. Die politische Bedeutung der Vereinten Nationen. Vergleich zum Völkerbund.

Gymnasium; Sozialkunde (Kl. 11) 1964
Internationale Zusammenschlüsse. Die UN, ihre Zielsetzung, Organisation und Probleme.

Gymnasium; Geschichte (Kl. 10) 1957
Versuche und Probleme der Organisation des Friedens: die UNO. Gründung der UN.

Sekundarstufe I; Gesellschaftslehre 1973
Intergesellschaftliche Konflikte und Friedenssicherung. UNO, Rüstung verweisen auf lernrelevante Situationen. Rüstung und Friedenssicherung. Ansätze zur Friedenssicherung wie Abrüstungsbestrebungen, Einrichtungen neutraler Zonen, übernationaler Organisationen usw. (Völkerbund, UNO usw.).

Lehrplan Niedersachsen

Gymnasium; Geschichte (Kl. 10) 1970
Versuche kollektiver Friedensordnungen (Völkerbund und UNO).

Gemeinschaftskunde (Kl. 12/13) 1970
Die neuen Staaten und ihr politisches Verhältnis zu den großen Machtblöcken in West und Ost (Einfluß in der UNO). Die UNO als Instrument der Entwicklungspolitik auf dem Weg zur Gleichberechtigung und Chancengleicheit der Völker und Staaten. Arbeiten und Möglichkeiten der UNO. Organisationen und unabhängige Sonderorganisationen der UNO. Die UNO als Weltfriedensorganisation, ihre Chancen und ihre Ohnmacht.

Sekundarbereich II; Gesellschaftswissenschaftliches Aufgabenfeld 1973
Probleme der Entwicklungspolitik. Die Bundesrepublik Deutschland in der Entwicklung des Ost-West-Verhältnisses (In diesen beiden Themen ist die UNO miteinbezogen.)

Lehrplan Nordrhein-Westfalen

Hauptschule; Geschichte-Politik (Kl. 9) 1968
UNO – Absicht und Erfolg der Friedensbemühungen. Organisation und Vorgeschichte. Die Aufgabe der UNO.

Realschule; Geschichte (Kl. 10) 1973
Die UNO und ihre Aufgaben.

Gymnasium; Geschichte (Kl. 10) 1973
Die Charta der Vereinten Nationen und die Hoffnung auf einen dauerhaften Weltfrieden.

Gemeinschaftskunde (Kl. 12/13) 1963
Die Vereinten Nationen und die Sicherung des Weltfriedens. Die Charta der Vereinten Nationen. Die Organisation der Vereinten Nationen und das Wirken der Vereinten Nationen.

Sekundarstufe II; Geschichte 1973
Möglichkeiten der Friedenssicherung.

Sozialwissenschaften 1973
Besondere Probleme internationaler Kontakte. Theorien und Formen internationaler Integration (UNO – EWG usw.). Friedensforschung.

Politik 1973
Internationale Verflechtung und übernationale Zusammenarbeit (EWG, UNO usw.).

Lehrplan Rheinland-Pfalz

Hauptschule; Geschichte (Kl. 9) 1968
Versuche zur Neuordnung Europas und der Welt. Die Gründung der Vereinten Nationen.

Sozialkunde (Kl. 9) 1968
Europäische Zusammenschlüsse, Weltorganisationen, Internationale Bündnisse.

Höhere Schulen; Geschichte 1960
Die Entwicklung übernationaler Organisationen, vom Roten Kreuz bis zur UNO.

Politische Gemeinschaftskunde 1960

Internationale Verbände (Völkerrecht). Humanisierung des Krieges. Erhaltung des Weltfriedens (Völkerbund, UNO). Die Entwicklung übernationaler Organisationen von der Haager Konferenz bis zur UNO.

Mainzer Studienstufe; Gemeinschaftskunde mit Schwerpunkt Sozialkunde (Kl. 13) 1975
Konfliktregelung und Friedenssicherung als Aufgabe der Internationalen Beziehungen.

- Koexistenz, Kooperation und Integration durch die UN oder: Auf dem Weg zum Weltstaat?
- Ohnmacht der UN, Unwirksamkeit ihrer rechtlichen und ethischen Normen.
- Ergebnislosigkeit der Genfer Abrüstungskonferenz, der UN-Abrüstungskommission.

Lehrplan Saarland

Volksschule; Gesamtunterricht (Abschlußklasse) 1962
Wie das freie Deutschland mit der freien Welt verbunden ist (UNO, NATO usw.).

Realschule; Geschichte 1962 (Entwurf)
Zeitprobleme: Die soziale Ordnung – Wirtschaftsformen – UNO.

Gymnasium; Geschichte (Kl. 10) 1969
Bündnisse und Zusammenschlüsse. Ansätze zu einer weltweiten Friedenspolitik. Die Bemühungen um eine „Strategie des Friedens".

Politische Gemeinschaftskunde (Kl. 12) 1960
Die Nationen und die Überstaatlichen Gebilde.

- Erhaltung des Weltfriedens (Völkerbund, UNO).

Sozialkunde (Kl. 13) 1969
Internationale Politik. – Vereinte Nationen –

Deutsch-Französisches Gymnasium; Sozialkunde (Kl. 13) 1972
Europa, Weltorganisationen, aktuelle nationale und internationale Probleme. Die Weltorganisationen: Völkerbund, die UNO und ihre Untergruppen usw.

Lehrplan Schleswig-Holstein

Hauptschule; Geschichte (Kl. 9) 1976
Bemühungen um Frieden in der Welt. Die UNO: Charta der Vereinten Nationen; Unterorganisationen und ihre Aufgaben.

Realschule; Geschichte (Kl. 9) 1974
Die Welt heute in ihrer geschichtlichen Bedingtheit.

- Krieg und Frieden im Zusammenleben der Völker.
- Friedensordnung und „friedliche Koexistenz".

Gymnasiale Oberstufe; Gemeinschaftskunde 1976
Deutschland im Spannungsfeld der Weltpolitik.

- Friedensvertrag/Friedensdiktat, UN-Charta – Ost-West-Verschiebung. Die dritte Welt.
- Vereinte Nationen, Ost-West-Spannungen usw.

3. Die „UN-Familie" in der Bundesrepublik Deutschland

Deutsche Gesellschaft für die Vereinten Nationen

Name der Organisation, Rechtsform, Sitz und Geschichte

Die Deutsche Gesellschaft für die Vereinten Nationen (DGVN) wurde im Jahre 1952 als eingetragener Verein gegründet. Zu den Initiatoren gehörten Politiker, Völkerrechtler und vor allem engagierte junge Menschen.

Auf ihrer Gründungsversammlung in Heidelberg gab sich die DGVN eine Satzung in Anlehnung an die Vorbilder ausländischer Schwestergesellschaften. Ein Präsidium wurde gewählt, dem Persönlichkeiten des öffentlichen Lebens angehören. Den politischen Kurs der DGVN bestimmt ein elfköpfiger Vorstand, der alle zwei Jahre von der ordentlichen Hauptversammlung, dem Gremium aller Mitglieder, gewählt wird. Derzeit ist Prof. Dr. Karl Josef Partsch Vorsitzender.

Die DGVN ist überparteilich und unabhängig, auch wenn sie für ihre Informationsarbeit Zuwendungen vom Auswärtigen Amt erhält. Mitglied der Gesellschaft kann jeder werden, der das 16. Lebensjahr vollendet hat. Die Zielsetzung der Gesellschaft ist ausschließlich gemeinnützig.

Die Geschäftsstelle der DGVN befindet sich in 5300 Bonn, Simrockstr. 23, Telefon (02221) 21 36 46, und wird von Generalsekretär Joachim Krause geleitet.

Ziele und Tätigkeiten

Aufgaben und Ziele der Gesellschaft werden in ihrer Satzung präzisiert:

„Sie will

- mit dem Zweck, den Einrichtungen und der Tätigkeit der Weltorganisation der Vereinten Nationen und ihrer Sonderorganisationen vertraut machen,
- das Interesse für zwischenstaatliche und internationale Beziehungen wecken,
- das Verständnis für die aktuellen Vorgänge in der Außen-, Entwicklungs- und Weltwirtschaftspolitik fördern,
- den Willen zur Mitverantwortung im Sinne der Bestrebungen der Vereinten Nationen und ihrer Sonderorganisationen wachrufen und stärken."

Der Tätigkeitsrahmen der Gesellschaft wird durch die Aktionsfelder politische Einflußnahme, Information, Öffentlichkeitsarbeit und Forschung abgesteckt.

Bis zur Aufnahme der Bundesrepublik Deutschland in die Vereinten Nationen war Hauptziel der politischen Einflußnahme das Werben für den Beitritt; heute richtet sich die DGVN in Stellungnahmen zu UN-relevanten Problemen an Regierung und deutsche Öffentlichkeit oder aber an die Vereinten Nationen selbst.

Seit dem UN-Beitritt Deutschlands im Herbst 1973 steht die Information im Zentrum der DGVN-Tätigkeit: Als zentrale Informationsstelle für die Vereinten Nationen in der Bundesrepublik verteilt die Gesellschaft Informationsmaterial der Vereinten Nationen und ihrer Sonderorganisationen. Zusätzlich gibt sie eigene Publikationen heraus. Zu nennen sind die Zweimonatszeitschrift VEREINTE NATIONEN, die Analysen bekannter Wissenschaftler und reichhaltiges Dokumentationsmaterial anbietet; weiterhin die DGVN-Mitteilungen für die Mitglieder, eine Schriftenreihe, der UN-Informationsdienst (UNI), Informationsaktionen zu aktuellen Problemstellungen und Pressemitteilungen. Die Auskunfts- und Dokumentationsstelle der DGVN beantwortet UN-bezogene Anfragen.

Die Öffentlichkeitsarbeit vollzieht sich über die Bonner Geschäftsstelle und über Landesverbände in Vorträgen, Seminaren und Filmvorführungen. Die Deutsche Kommission für die Weltgesundheitsorganisation (WHO) in der DGVN treibt eine gruppenspezifische Öffentlichkeitsarbeit. Andere Zielgruppen sind Lehrer, Politiker, Journalisten.

Als Folge der langen Nichtmitgliedschaft Deutschlands in den Vereinten Nationen besteht ein Nachholbedarf auf wissenschaftlicher Ebene. So wurde im Januar 1972 die Forschungsstelle der DGVN ins Leben gerufen, die UN-bezogene wissenschaftliche Arbeiten initiiert und betreut. Derzeitige Projekte:

1. Analyse der Darstellung der Vereinten Nationen in deutschen Schulbüchern (abgeschlossen)
2. Internationale Bibliographie „Das System der Vereinten Nationen"
3. Handbuch der Vereinten Nationen (abgeschlossen).

Internationale Verflechtungen

Einen Schwerpunkt ihres internationalen Engagements stellt für die DGVN die Mitarbeit in der World Federation of the United Nations Associations (WFUNA) dar. Die WFUNA ist der Zusammenschluß aller nationalen Gesellschaften für die Vereinten Nationen und über den Wirtschafts- und Sozialrat der Vereinten Nationen mit dem System der Weltorganisation organisch und organisatorisch verbunden. Daneben hält die DGVN bilaterale Kontakte zu zahlreichen nationalen UN-Gesellschaften anderer Länder aufrecht.

Der Hohe Flüchtlingskommissar der Vereinten Nationen

Name der Organisation, Rechtsform, Sitz und Geschichte

UNHCR ist die Abkürzung für United Nations High Commissioner for Refugees, das Amt des Hohen Flüchtlingskommissars der Vereinten Nationen. Das Amt, das von der Vollversammlung als Unterorgan im Jahre 1950 gegründet wurde, nahm seine Tätigkeit am 1. Januar 1951 mit einem zunächst dreijährigen Mandat auf. Seit 1954 wurde dieses regelmäßig um jeweils fünf Jahre verlängert; das gegenwärtige Mandat läuft bis zum 31. Dezember 1978. UNHCR hat seinen Hauptsitz in Genf und Zweigstellen in über 40 Ländern. In der Bundesrepublik unterhält das Amt eine Vertretung in 5300 Bonn-Bad Godesberg, Rheinallee 18, Tel. (02221) 36 40 11, und die Außenstelle eines Beobachters beim Bundesamt für die Anerkennung ausländischer Flüchtlinge in Zirndorf bei Nürnberg.

Der Hohe Flüchtlingskommissar – seit 1. Januar 1966 Prinz Saddrudin Aga Khan (Iran) – wird von der Vollversammlung der Vereinten Nationen gewählt und ist ihr verantwortlich. Einmal jährlich erstattet er dem Wirtschafts- und Sozialrat und der Vollversammlung Bericht. Die Programme der UNHCR, deren Finanzierung ausschließlich von freiwilligen Regierungs- und privaten Beiträgen abhängig sind, werden dem Exekutivkomitee zur Genehmigung vorgelegt. Dem Komitee gehören 31 Nationen an. Es tritt im Herbst jeden Jahres zusammen.

Ziele und Tätigkeiten

Aufgaben des UNHCR sind der internationale Rechtsschutz von Flüchtlingen und die Förderung von Dauerlösungen für Flüchtlingsgruppen. Im materiellen Bereich hilft er Regierungen auf deren Wunsch bei Hilfsmaßnahmen für Flüchtlinge durch Planung, Koordination und direkte finanzielle Beteiligung. Das Amt fördert Dauerlösungen der Flüchtlingsprobleme durch freiwillige Repatriierung oder, wo das nicht möglich ist, durch Eingliederung der Flüchtlinge in neue nationale Gemeinschaften entweder im Zufluchtsland selbst oder auf dem Wege der Auswanderung.

Das Mandat des Hohen Flüchtlingskommissars ist weltweit und erstreckt sich auf „Personen, die sich aus begründeter Furcht vor Verfolgung außerhalb ihres Heimatlandes befinden, sei es aus Gründen ihrer Rasse, Religion, Nationalität, ihrer politischen Meinung oder ihrer Zugehörigkeit zu einer besonderen sozialen Gruppe, und die nicht in der Lage oder aus den genannten Gründen nicht willens sind, sich unter den Schutz der Regierung ihres Landes zu stellen oder in ihr Heimatland zurückzukehren".

Der Hohe Flüchtlingskommissar kann nach den Beschlüssen der Vollversammlung und im Einvernehmen mit den betroffenen Regierungen seine „guten Dienste" für Sondermaßnahmen zugunsten „anderer Flüchtlinge" zur Verfügung stellen.

Die Zahl der Flüchtlinge unter dem Mandat des UNHCR wird auf 2,5 Millionen geschätzt: eine Million in Afrika, 200 000 in Asien, 620 000 in Europa, 630 000 in Amerika und 40 000 in Australien und Neuseeland. Für palästinensische Flüchtlinge im Nahen Osten sorgt eine andere UN-Organisation, die United Nations Relief and Works Agency for Palestine Refugees (UNRWA) – das Hilfswerk der Vereinten Nationen für Palästina-Flüchtlinge.

Die Rechtsgrundlage der Tätigkeit des UNHCR sind neben dem Statut des Amtes und zahlreichen Resolutionen der UN-Vollversammlung insbesondere die Bestimmungen der Flüchtlingskonvention von 1951 und des Flüchtlingsprotokolls von 1967, welche innerstaatliches Recht der Bundesrepublik sind.

In der Bundesrepublik gewährt der Hohe Flüchtlingskommissar in Zusammenarbeit mit Behörden und Institutionen internationalen Rechtsschutz im Bereich der sich auf die Genfer Flüchtlingskonvention beziehenden Fragen und erteilt Beratungen zugunsten von nichtdeutschen Flüchtlingen.

Internationale Verflechtungen

Als Mitglied des Exekutivkomitees des UNHCR nimmt die Bundesrepublik aktiv Anteil an der Tätigkeit dieser Organisation und trägt regelmäßig durch Sonderbeiträge zur Finanzierung der Programme bei. Das Schwergewicht dieser Programme liegt zur Zeit außerhalb Europas. 1971 wirkte der Hohe Flüchtlingskommissar als Koordinator aller UN-Hilfsmaßnahmen für die Flüchtlinge aus dem damaligen Ost-Pakistan in Indien. In jüngster Zeit erhielt der UNHCR ähnliche Aufgaben bei den Hilfsmaßnahmen für die in den Sudan zurückkehrenden Flüchtlinge, für Asiaten aus Uganda mit ungeklärter Staatsangehörigkeit und für die Rückführung von Volksgruppen auf dem Indischen Subkontinent.

Eingliederung und Umsiedlung von chilenischen Flüchtlingen war und ist eine weitere Aufgabe des UNHCR. Außerdem koordiniert der UNHCR die humanitären Hilfsmaßnahmen für Zypern, führt Programme für die Rückkehr von Flüchtlingen nach Guinea-Bissao, Mozambique und Angola sowie für Vertriebene in Laos und Vietnam durch. Für Flüchtlinge aus Kambodscha und Vietnam ist der UNHCR aktiv tätig, um je nach Bedarf und in einer streng humanitären und unpolitischen Weise die freiwillige Repatriierung, Integration oder Umsiedlung zu fördern.

Internationale Arbeitsorganisation

Name der Organisation, Rechtsform, Sitz und Geschichte

Die Internationale Arbeitsorganisation (englisch ILO, französisch OIT) ist eine Sonderorganisation der Vereinten Nationen. Sie ist die einzige zwischenstaatliche Weltorganisation – 1919 als Teilorganisation des Völkerbundes gegründet –, in der Vertreter der Arbeitnehmer und der Arbeitgeber gleichberechtigt mit den Vertretern der Regierungen von 126 Mitgliedsländern in allen Entscheidungen zusammenwirken. Sie hat drei Hauptorgane:

Die Internationale Arbeitskonferenz, die höchste Instanz der Organisation, tritt alljährlich zusammen; jedes Mitglied entsendet vier Vertreter (2 Regierungs- und je 1 Arbeitnehmer- und Arbeitgebervertreter).

Die Konferenz hat drei Aufgaben:

- Sie ist ein Weltforum für Auseinandersetzungen über Arbeits- und Sozialprobleme;
- sie legt internationale Arbeitsnormen fest und bestimmt die allgemeine Politik der Organisation;
- sie setzt das Tätigkeitsprogramm und den durch Beiträge finanzierten Haushalt des Internationalen Arbeitsamtes fest.

Der Verwaltungsrat, der aus 56 Mitgliedern (28 Vertretern der Regierungen und je 14 Vertretern der Arbeitnehmer und der Arbeitgeber) besteht, beaufsichtigt die Tätigkeit des Sekretariats.

Das Internationale Arbeitsamt (IAA) mit Sitz in Genf ist das Sekretariat der Organisation. Gleichzeitig übt es die Funktion eines Koordinierungsorgans für alle mit dem Außendienst und der Entwicklungshilfe verbundenen Tätigkeiten, einer Forschungs- und Informationszentrale sowie einer Verlagsanstalt aus. Die drei Regionalbüros in Addis Abeba, Lima und Bangkok mit zahlreichen Unterämtern betreuen die Länder der südlichen Halbkugel; eine Anzahl Zweigämter und Korrespondenzbüros nehmen den Kontakt mit den Regierungen und den verschiedenen Institutionen der Industrieländer wahr. Unter ihnen gibt es für die Bundesrepublik Deutschland das Zweigamt in 5300 Bonn-Bad Godesberg, Hohenzollernstraße 21, Tel. (02221) 36 23 22.

Ziele und Tätigkeiten

Die IAO arbeitet für den Frieden auf der Grundlage sozialer Gerechtigkeit: das heißt für die wirtschaftliche und soziale Entwicklung aller Völker sowie für Arbeitsbedingungen, Einkommen und Beschäftigungsmöglichkeiten, die jedem ein menschenwürdiges Leben sichern. Das geschieht durch Ausarbeitung internationaler Arbeitsnormen, die ihren Niederschlag in den Übereinkommen und Empfehlungen finden, die von der Internationalen Arbeitskonferenz beschlossen werden. Die Regierungen müssen alle von der Konferenz angenommenen Übereinkommen und Empfehlungen den zuständigen Organen ihres Landes vorlegen. Hat ein Mitgliedsland ein Übereinkommen ratifiziert, muß es regelmäßig darüber Bericht erstatten, welche Schritte zur Verwirklichung unternommen wurden. Die Durchführung der ratifizierten Übereinkommen wird von unparteiischen Sachverständigen überwacht.

Im Programm für internationale technische Zusammenarbeit helfen nahezu 1000 Experten im Auftrag der IAO etwa 90 Ländern bei der Planung und Durchführung der Aufbaupolitik. Schwerpunkte liegen auf den Gebieten:

- Berufsausbildung in Industrie und Landwirtschaft
- Anwendung moderner Betriebsführungsmethoden einschließlich EDV-Schulung
- Organisation der sozialen Sicherheit
- Entwicklung von Handwerk und Kleingewerbe sowie Förderung des Genossenschaftswesens
- Arbeitskraftplanung, Arbeitsförderung
- Regionalplanung, Aufbau statistischer Dienste.

Aus der Erkenntnis, daß sich die Menschheit schneller vermehrt als die Beschäftigungsmöglichkeiten, hat die IAO 1969 mit dem Weltbeschäftigungsprogramm eine dringend notwendige Aufgabe in Angriff genommen. Die Verwirklichung dieses Programms ist in zwei Phasen geplant: Im Mittelpunkt der ersten steht die Erforschung der vorhandenen Quellen und Möglichkeiten, die Aufstellung langfristiger Pläne und die genaue Bestimmung der Wachstumsziele auf dem Gebiet der Beschäftigung und Berufsausbildung. In der zweiten Phase werden Aktionsprogramme ausgearbeitet, mit deren Hilfe man die gesteckten Ziele zu erreichen hofft.

Internationale Institute der IAO

Das Internationale Institut für Arbeitsfragen in Genf konzentriert seine Forschungs- und Lehrtätigkeiten (Seminare und Vortragsveranstaltungen) auf arbeits- und sozialpolitische Themen.

Das internationale Zentrum für fachliche und berufliche Fortbildung in Turin gewährt Technikern, Ausbildern und Betriebsleitern gewerblicher Unternehmen aus aller Welt moderne und intensive Schulung in ihrem Fachgebiet.

Das Deutsche Komitee für UNICEF

Name der Organisation, Rechtsform, Sitz und Geschichte

Das Deutsche Komitee für UNICEF ist ein eingetragener Verein und hat seinen Sitz in Köln. Es wurde im Jahre 1952 auf Anregung des damaligen Bundesministers des Innern, Lehr, von der Vizepräsidentin des Deutschen Roten Kreuzes, Etta Gräfin Waldersee, gegründet.

Das Komitee – seine Schirmherrin ist die Frau des Bundespräsidenten – besteht aus max. 40 Mitgliedern: Persönlichkeiten des öffentlichen Lebens, Vertretern des Bundestages, der Wohlfahrts- und Frauenverbände, der Sozialpartner und der Kirchen. Die Mitglieder des Komitees werden berufen. Seine Geschäftsstelle ist in 5000 Köln 1, Steinfelder Gasse 9, Tel. (0221) 21 81 74.

Ziele und Tätigkeiten

Die Aufgaben des Deutschen Komitees für UNICEF sind es, Spenden zu sammeln – wozu auch der Verkauf der UNICEF-Karten und -Kalender gehört – und die Öffentlichkeit über die Arbeit des Kinderhilfswerks der Vereinten Nationen zu unterrichten. Dabei wird das Komitee von rund 100 ehrenamtlich tätigen Arbeitsgruppen in der ganzen Bundesrepublik und der Geschäftsstelle in Köln unterstützt. Diese Arbeitsgruppen haben sich im Laufe der letzten 20 Jahre in vielen Städten und Gemeinden zum Teil spontan gebildet.

Das Spendenaufkommen ist von Jahr zu Jahr gestiegen. Die Spenden muß das Deutsche Komitee für UNICEF nach Abzug des niedrigsten gestatteten Prozentsatzes zur Deckung der eigenen Verwaltungskosten an die UNICEF-Hauptverwaltung in New York abführen. Von dort aus werden sie in die Programme geleitet. Der Vertrieb der Spenden-Grußkarten und -Kalender konnte in den letzten Kampagnen erheblich gesteigert werden. Das Deutsche Komitee liegt mit seinem Ergebnis an erster Stelle in Europa und an zweiter in der Welt hinter den Vereinigten Staaten von Amerika. Auch der Erlös aus der Kampagne des Karten- und Kalendervertriebs wird nach Abzug der Kosten für Arbeitsgruppen und Geschäftsstelle an die Dachorganisation abgeführt.

Internationale Verflechtungen

Das Kinderhilfswerk der Vereinten Nationen – UNICEF – wurde am 11. Dezember 1946 gegründet. Seine Aufgabe war es anfangs, den europäischen Kindern zu helfen, die unter den Folgen des Krieges litten. UNICEF brachte Medikamente, Milchpulver, Rohstoffe, Decken ins Nachkriegseuropa. Rund sechs Millionen Kinder, darunter 2,2 Millionen deutsche, wurden vor dem Erfrieren und Verhungern bewahrt.

Seit Beginn der fünfziger Jahre hat UNICEF seine Hilfsaktionen auf die dritte Welt ausgedehnt. Seit dieser Zeit haben sich in fast allen Industrieländern UNICEF-Nationalkomitees gebildet. UNICEF ist die einzige UN-Organisation, die sich ausschließlich um die Kinder und ihre Mütter kümmert. UNICEF hilft allen Kindern ohne Rücksicht auf Rasse, Religion, politischer oder sozialer Zugehörigkeit, jedoch nur auf Antrag der jeweiligen Regierung.

Heute kämpft UNICEF vor allem gegen die chronische Not der Kinder in den Entwicklungsländern. Der Kampf gilt dem Hunger und den Seuchen ebenso wie der Unwissenheit und dem sozialen Elend. Er wird finanziert von mehr als 100 Staaten, die freiwillige Regierungsbeiträge leisten, von hilfsbereiten Menschen, die Spenden geben und UNICEF-Karten und -Kalender kaufen, und den Entwicklungsländern selbst.

UNICEF gibt Starthilfe zur Selbsthilfe: Zu jedem Dollar, den UNICEF zur Verfügung stellt, muß das Empfängerland mindestens zwei Dollar dazuzahlen.

UNICEF-Hilfe geht heute in mehr als 110 Entwicklungsländer mit einer Kinderbevölkerung von über 800 Millionen. Insgesamt gibt es auf der Erde 1,3 Milliarden Kinder. Hilfsbedürftige deutsche Kinder werden heute ausschließlich von den deutschen Wohlfahrtsverbänden betreut.

UNICEF arbeitet bei seinen Hilfsaktionen eng mit anderen UN-Organisationen zusammen, vor allem mit der FAO, der ILO, der UNESCO und der WHO.

UNICEF und seine Nationalkomitees arbeiten in dem Bewußtsein, daß die Hilfe für Kinder, die heute noch in menschenunwürdigen Verhältnissen leben, ein Beitrag für den Frieden von morgen ist, daß Kinder in Not als erste unserer Hilfe bedürfen, weil sie allen Notlagen am stärksten ausgeliefert sind und sich selbst nicht helfen können.

Deutsche UNESCO-Kommission

Name der Organisation, Rechtsform, Sitz und Geschichte

Die Deutsche UNESCO-Kommission ist ein eingetragener Verein und besteht aus höchstens 100 bestellten und gewählten Mitgliedern. Diese kommen aus den Bereichen des erzieherischen, wissenschaftlichen, kulturellen und publizistischen Lebens der Bundesrepublik. Präsident ist seit 1978 Prof. von Simson.

Das Sekretariat der UNESCO-Kommission ist in 5300 Bonn 1, Colmantstraße 15, Tel. (02221) 63 15 91, und wird von Generalsekretär Dr. Hans Meinel geleitet. geleitet.

Die Deutsche UNESCO-Kommission wurde am 12. Mai 1950 als „Deutscher Ausschuß für UNESCO-Arbeit" gegründet und nach der am 11. Juli 1951 erfolgten Aufnahme der Bundesrepublik in die UNESCO in „Deutsche UNESCO-Kommission" umbenannt.

In Übereinstimmung mit dem weltweiten Programm der UNESCO sowie im Einklang mit den Bemühungen der zuständigen Stellen in der Bundesrepublik, dem deutschen Volk nach der Katastrophe des Zweiten Weltkrieges wieder einen angemessenen Platz in der Völkergemeinschaft zu verschaffen, lag das Hauptgewicht der deutschen UNESCO-Arbeit zunächst im erzieherischen und kulturellen Bereich. Die Kommission bildete Ausschüsse für Schulbuchverbesserung, Volksbüchereiwesen und Politische Bildung.

Die immer umfangreicher und zugleich spezieller werdenden Aufgaben der UNESCO führten allmählich zu einer Erweiterung der UNESCO-Arbeit in der Bundesrepublik. Die Kommission bildete Fachausschüsse für Erziehung, Naturwissenschaften, Sozialwissenschaften, Kulturelle Angelegenheiten, Kommunikation und Dokumentation. Bis zum Sommer 1975 wurden mehr als 160 Seminare, Symposien und Konferenzen sowie über 25 Ausstellungen veranstaltet bzw. unterstützt. Mit besonderer Intensität hat sich die Kommission seit den frühen sechziger Jahren für eine Verbesserung der Beziehungen zu den UNESCO-Mitgliedstaaten Osteuropas eingesetzt.

Ziele und Tätigkeiten

Die Deutsche UNESCO-Kommission ist Nationalkommission nach Artikel VII der UNESCO-Verfassung. Entsprechend ihrer eigenen Satzung hat sie vor allem folgende Aufgaben:

- die Bundesregierung und die übrigen zuständigen Stellen in UNESCO-Angelegenheiten zu beraten,
- an der Ausführung des Programms der UNESCO in der Bundesrepublik verantwortlich mitzuarbeiten,
- das Interesse für internationale Zusammenarbeit im deutschen Volk zu fördern und die deutschen kulturellen Organisationen und Institutionen zur Mitarbeit anzuregen und
- auf die öffentliche Meinung, die Erziehung und die Gesetzgebung im Sinne der UNESCO einzuwirken.

Die Deutsche UNESCO-Kommission ist in der Bundesrepublik die Koordinierungs-, Verbindungs- und Beratungsstelle in allen UNESCO-Angelegenheiten.

Sie beteiligt sich aktiv am Beitrag der Bundesrepublik zu Konferenzen und Expertentreffen der UNESCO, hilft bei der Vermittlung deutscher Fachleute für das Sekretariat der UNESCO und ihrer Außenstellen, befaßt sich mit der Bearbeitung bzw. der Vermittlung von Studien, Gutachten und Dokumenten für die UNESCO, veranstaltet Fachtagungen und Ausstellungen und bemüht sich um eine ebenso weitreichende wie wirkungsvolle Informations- und Öffentlichkeitsarbeit.

Internationale Verflechtungen

Die Deutsche UNESCO-Kommission arbeitet eng mit der UNESCO – United Nations Educational, Scientific and Cultural Organisation – in Paris zusammen. Das gilt für die Vorbereitung des jeweils zweijährigen Arbeitsprogramms ebenso wie für die ständig anstehenden UNESCO-Fragen fachlicher und personeller Art. Gute Kontakte bestehen zu verschiedenen UNESCO-Kommissionen West- und Osteuropas, Nordamerikas und der dritten Welt.

Publikationen

Die Deutsche UNESCO-Kommission hat bis zum Sommer 1978 über 150 Veröffentlichungen zu allgemeinen und speziellen Fragen aus den Arbeitsbereichen der UNESCO sowie Tätigkeits-, Konferenz- und Seminarberichte, Schriftenreihen, Ausstellungskataloge und Diapositivsammlungen herausgebracht, die sowohl in der Liste „Veröffentlichung 1952-1972" und ihren Ergänzungen als auch in dem Gesamtüberblick über „Die deutschsprachige UNESCO-Literatur – Bibliographie 1946-1972" aufgeführt sind. Monatlich erscheinen „UNESCO-Kurier" und „UNESCO-Dienst", jeweils nach Bedarf (für die Presse) „UNESCO aktuell".

Deutsche Welthungerhilfe

Name der Organisation, Rechtsform, Sitz und Geschichte

Die Deutsche Welthungerhilfe ist das deutsche Komitee der „Aktion für Entwicklung" der Ernährungs- und Landwirtschaftsorganisation der Vereinten Nationen (FAO). Das Komitee hat seinen Sitz in 5300 Bonn, Adenauerallee 134, Tel. (02221) 22 70 11.

Die Aktion wurde 1960 von der FAO unter dem Namen „Freedom from Hunger Campaign/FFHC" (Weltkampagne gegen den Hunger) gegründet, um Aufgaben wahrzunehmen, die nicht direkt in den Bereich der FAO fallen. Diese sind: Die Völker der Welt durch geeignete Maßnahmen auf die Probleme aufmerksam zu machen, die sich aus den Folgen der Diskrepanz zwischen Bevölkerungswachstum und Nahrungsmittelproduktion ergeben, und über diese Bewußtmachungsaktion hinaus eine aktive Hilfsbereitschaft zu fördern, d.h. private Geldgeber für die Förderung von Entwicklungsprojekten in der dritten Welt zu mobilisieren.

Den Mitgliedstaaten der FAO wurde empfohlen, nationale FFHC-Komitees einzurichten, um die gemeinsamen Ziele verwirklichen zu können. 89 Länder haben dieser Empfehlung entsprochen, darunter die Bundesrepublik, die 1961 der FAO die Zusage gab, ein solches nationales Komitee zu gründen und zu fördern.

1962 berief der Bundesminister für Ernährung, Landwirtschaft und Forsten den „Ausschuß für den Kampf gegen den Hunger". Die Schirmherrschaft übernahm der Bundespräsident; in die Mitgliederversammlung wurden Vertreter folgender Institutionen und Verbände berufen: Sozialpartner, Wohlfahrtspflege, Rotes Kreuz, Forschung und Wissenschaft, Kirchen, politische Parteien und landwirtschaftliche Organisationen.

Ziele und Tätigkeiten

Das Komitee sah zunächst seine Hauptaufgabe in der entwicklungspolitischen Öffentlichkeitsarbeit. Das bedeutete: Verbreitung von Nachrichten, Informationen und Dokumenten aus der Ernährungs- und Landwirtschaftsorganisation der Vereinten Nationen (FAO) und anderer internationaler Organisationen. Unter dem Namen „Deutschen Welthungerhilfe" rief das Komitee 1967 erstmals zu Spenden auf. Dies geschah im Rahmen der ersten „Woche der Welthungerhilfe", die seither jeweils am Erntedanktag – dem ersten Sonntag im Oktober – beginnt.

Mit den Spendenerträgen fördert die Deutsche Welthungerhilfe Entwicklungsprojekte mit Schwerpunkt im landwirtschaftlichen Bereich. Darunter fallen:
- Projekte, die die Landwirtschaft (einschließlich Tierhaltung, Fischerei und Forstwirtschaft) fördern und die Lebensbedingungen der ländlichen Menschen in der dritten Welt verbessern,
- Projekte, die der direkten Ernährungsverbesserung vor allem sozial schwacher Schichten und besonders gefährdeter Bevölkerungsgruppen dienen,
- Forschungsprojekte,
- humanitäre Hilfe einschließlich Katastrophenhilfe.

Die Auswahl und Prüfung der Projekte obliegt einem Gutachterausschuß, dem Vertreter anderer Hilfswerke, der Mitgliedsverbände und der Bundesregierung angehören. Damit ist eine enge Abstimmung mit den Maßnahmen anderer Entwicklungshilfe-Organisationen sichergestellt. Maßgebend für die Projektförderung der Deutschen Welthungerhilfe sind die anläßlich des II. Welternährungskongresses in Den Haag für die 2. Entwicklungsdekade erarbeiteten Ziele: Der Anbau hochertragreicher Getreidesorten in den Ländern der dritten Welt, Arbeitsplatzbeschaffung in der Landwirtschaft (auf die bis zu 80% der Bevölkerung in den Entwicklungsländern angewiesen sind) und Schaffung neuer oder besserer Absatzmärkte mit dem Ziel vergrößerter Deviseneinnahmen.

Die Projekte werden von Fachleuten der FAO, anderer deutscher Hilfswerke und von den nationalen Komitees in den Entwicklungsländern verwirklicht.

Internationale Verflechtungen

Eine Zusammenarbeit mit den einzelnen Fachorganisationen der UN findet in gemeinschaftlich durchgeführten Projekten ihren Ausdruck. Am deutlichsten drückt sich die Zusammenarbeit in Projekten des Welternährungsprogramms (WFP) aus, einer von der FAO und den UN gemeinsam getragenen Organisation für den entwicklungsfördernden Einsatz von Nahrungsmittelhilfe. Ein gutes Beispiel für die Zusammenarbeit des Welternährungsprogramms mit einer UN-Sonderorganisation ist das gemeinsam von WFP und UNICEF getragene Ernährungsprogramm in Äthiopien.

4. Arbeitshilfen

Die für die Vereinten Nationen tätigen Organisationen in der Bundesrepublik Deutschland stellen die folgenden Veröffentlichungen in Einzelexemplaren für Lehrer zur Verfügung. Sämtliche Publikationen werden kostenlos abgegeben – solange der Vorrat reicht. Bezogen wird jeweils bei der Organisation, deren Kurzform am Schluß der Titelangaben aufgeführt ist.

Vereinte Nationen

Wissenswertes über die Vereinten Nationen
Herausgegeben von den Vereinten Nationen
108 Seiten, broschiert, DGVN

Das grundsätzliche Handbuch erläutert kurzgefaßt und übersichtlich den Aufbau, die Tätigkeitsbereiche und die Bedeutung der Vereinten Nationen und ihrer Sonderorganisationen. Zugleich wird deutlich, was im Bemühen um eine bessere Welt bereits geleistet worden ist und welche Aufgaben noch zu lösen sind.

Charta der Vereinten Nationen und
Statut des Internationalen Gerichtshofs
Herausgegeben von den Vereinten Nationen
85 Seiten, Taschenformat, DGVN

Charta und Statut sind die grundlegenden Dokumente, die jeder Staat, der Mitglied der Vereinten Nationen wird, anzuerkennen hat. Ihre Inhalte sollten daher jedem Schüler ab der Sekundarstufe I bekannt sein.

Klaus Hüfner/Jens Naumann,
25 Jahre Vereinte Nationen
Herausgegeben von der Bundeszentrale für politische Bildung in Verbindung mit der DGVN
72 Seiten, geheftet, DGVN

Sachlich fundiert und in gut verständlicher Form zeichnen die beiden Autoren den Weg vom Völkerbund zu den Vereinten Nationen (1919 - 1945) und die ersten 25 Jahre der UNO nach. Die Veröffentlichung eignet sich für einen Exkurs in „Vereinte Nationen" in der Sekundarstufe II.

Menschenrecht – Soziale Fragen

30 Jahre Allgemeine Erklärung der Menschenrechte
12 Seiten, herausgegeben von der DGVN
Sonderdruck der Allgemeinen Erklärung der Menschenrechte sowie der beiden Menschenrechtspakte mit einer zusammenfassenden Einführung.

Herausgegeben von der Deutschen UNESCO-Kommission
205 Seiten, broschiert, UNESCO
Diese Dokumentation versammelt u.a. folgende Texte: die Charta, die Verfassung der UNESCO, die „Allgemeine Erklärung der Menschenrechte", die beiden Menschenrechtspakte der Vereinten Nationen, die „Europäische Konvention zum Schutze der Menschenrechte und Grundfreiheiten" und andere wichtige Dokumente. Sie ist eine empfehlenswerte Arbeitsgrundlage zur Befassung mit dem Thema „Menschenrechte" im Unterricht und während des Studiums.

Margo Viscusi (Text)/Ortrud (Fotos),
Frauen und die Vereinten Nationen
Herausgegeben von der Deutschen UNESCO-Kommission u.a.
60 Seiten, Großformat, geheftet. UNESCO

Engagiert geschrieben und hervorragend fotografiert wird hier die Situation der Frau in der heutigen Welt dokumentiert und zugleich der Beitrag der Vereinten Nationen im Verband mit den nichtstaatlichen Frauenorganisationen zur Durchsetzung der Gleichberechtigung kritisch reflektiert. Zu empfehlen für den Sozialkunde-, Religions- und Gemeinschaftskundeunterricht in der Sekundarstufe II.

Hans Peterson,
Hallo mein Freund
14 Seiten, farbig illustriert von Angélica Serrano-Punell, UNICEF

In Erzählform wird beschrieben, wie Kinder in vielen verschiedenen Ländern der Welt leben. Dabei werden die Bedürfnisse und Rechte aller Kinder erklärt und die verschiedenen Lebensbedingungen aufgezeigt. Geeignet für den Deutsch- und Religionsunterricht an Grundschulen.

Karl Heinz Welder,
Was ein Kind braucht
Eine fächerübergreifende Unterrichtseinheit
31 Seiten, illustriert, UNICEF

Didaktisch-methodisch aufbereitet wurde diese fächerübergreifende Unterrichtseinheit in Verbindung mit dem UNICEF-Grußkartenprospekt. Sie ist in verschiedene Schritte – Informieren, Begreifen, Handeln – aufgeteilt und eignet sich für die Fächer Deutsch, Gemeinschaftskunde und Geografie, ab Sekundarstufe I.

Jedes Kind hat Anspruch auf . . .
Wandzeitung
Herausgegeben von der UNICEF-Informationsabteilung
DIN A 1, Querformat, UNICEF

Fotoausschnitte und kurze Texte zeigen die sozialen Basisdienste von UNICEF auf.

Was ist und was tut UNICEF?
Herausgegeben von der UNICEF-Informationsabteilung
42 Seiten, illustriert, UNICEF

Beschrieben wird die UN-Sonderorganisation UNICEF, ihre Gründung, Aufgaben und Ziele. In leicht verständlicher Form wird die Entwicklung, Durchführung und Finanzierung von Hilfsprogrammen erklärt. Der Anhang enthält „Die Rechte des Kindes", wie sie 1959 von der Vollversammlung der Vereinten Nationen angenommen wurden. Die Broschüre eignet sich für den Unterricht in Gemeinschaftskunde, Geografie und Religion, ab Sekundarstufe I.

UNESCO, was sie ist, was sie tut, wie sie arbeitet
Herausgegeben von den UNESCO-Kommissionen der Bundesrepublik Deutschlands, Österreichs und der Schweiz
24 Seiten, Informationsprospekt
Beschrieben wird der Aufbau und die Arbeitsweise der UN-Sonderorganisation für Erziehung, Wissenschaft und Kultur. Der Informationsprospekt eignet sich für den Gemeinschaftskunde- und Politikunterricht ab Sekundarstufe I.

Die Vereinten Nationen und der Kampf gegen den Drogenmißbrauch
Herausgegeben von den Vereinten Nationen
34 Seiten, geheftet, DGVN

Die grundsätzliche Einführung in die Problematik informiert über die verschiedenen Drogenarten und zugleich über die internationalen Bemühungen zu ihrer Konrolle. Weitere Themen: Die Rehabilitation Drogenabhängiger und neue Methoden zur Bekämpfung des illegalen Drohenhandels und -mißbrauchs. Geeignet für den Sozialkunde-, Biologie- und Religionsunterricht in der Sekundarstufe II.

Die Menschheit wächst und wächst . . .
Wandzeitung
Herausgegeben von der Deutschen Gesellschaft für die Vereinten Nationen
DIN A 1, Hochformat, DGVN

Bildergeschichte und informative Texte zum Thema „Bevölkerungsexplosion und ihre Folgen". Auf der Rückseite des Plakats eine politische Weltkarte.

Historische Städte – Städte für morgen
Herausgegeben von der Deutschen UNESCO-Kommission in Verbindung mit dem Deutschen Nationalkomitee für das Europäische Denkmalschutzjahr 1975
80 Seiten, mit vielen Skizzen und Fotos, broschiert, UNESCO

Diese Veröffentlichung soll den Blick für die in den historischen Stadtkernen liegenden Werte und damit für die Bedeutung einer erhaltenden Erneuerung schärfen. Sie eignet sich als Arbeitsgrundlage für einen Exkurs in Sachen „Umweltgestaltung – Lebensqualität" im Rahmen des Sozialkundeunterrichts der Sekundarstufe II.

Völkerrecht, Abrüstung, Apartheid

Ein veruntreutes Pfand: NAMIBIA
Herausgegeben von den Vereinten Nationen
52 Seiten, broschiert, DGVN

Eine umfassende Darstellung des Namibia-Problems (früher Südwestafrika) aus historischer und völkerrechtlicher Sicht. Zugleich werden die Auswirkungen der Politik Südafrikas auf die Bevökerung Namibias deutlich. Geeignet für einen Exkurs in „Völkerrecht/Menschenrecht" in der Sekundarstufe II.

Die Vereinten Nationen und Südrhodesien
Herausgegeben von der Deutschen Gesellschaft für die Vereinten Nationen
48 Seiten, broschiert, DGVN

Die umfassende Dokumentation sämtlicher Resolutionen des Sicherheitsrates und der Generalversammlung der Vereinten Nationen zur Südrhodesienfrage verdeutlicht die Arbeits- und Wirkungsweise der UNO am praktischen Beispiel. Geeignet für Sekundarstufe II.

Die Vereinten Nationen und die Abrüstung
Herausgegeben von der DGVN
20 Seiten, Sonderdruck
Allgemeine Darstellung des Problembereichs Rüstungsbegrenzung und Abrüstung, Zusammenstellung der entsprechenden multilateralen Verträge, Schlußdokument der 10. Sondergeneralversammlung über Abrüstung.

Internationale Entwicklung

Andreas Locher,
Einige sind gleicher
Entwicklungspolitik, kritisch gezeichnet
Mit einem Vorwort von Friedensnobelpreisträger Willy Brandt
65 Seiten, kartoniert, DWHH

Dieser Karikaturenband vermag auch den entwicklungspolitisch Desinteressierten für diesen Problemkreis zu interessieren. Als auflockernde Lektüre für den Sozialkundeunterricht bereits ab Sekundarstufe I bestens geeignet.

Bernd Dreesmann,
Hunger
Materialien zur Welternährungslage
24 Seiten, broschiert, DWHH
Diese in Illustriertenform aufgemachte Broschüre enthält das notwendige Basis-

material über das Thema „Hunger". Das hervorragende Informations- und Literaturverzeichnis ist eine wahre Fundgrube für Lehrer und Schüler.

Rudolf H. Strahm,
Überentwicklung – Unterentwicklung
Ein Werkbuch mit Schaubildern über die wirtschaftlichen Mechanismen der Armut
130 Seiten, broschiert, DWHH

Wichtige Daten aus dem Problemfeld Entwicklungspolitik werden in übersichtlichen Schaubildern dargestellt und auf der gegenüberliegenden Seite jeweils äußerst knapp und präzise erläutert. Eine verläßliche Grundlage für engagierten Unterricht in den Fächern Geschichte, Erdkunde, Politikunterricht und Religion in der Sekundarstufe II.

Charles Elliott,
Eine Chance für alle
Herausgegeben von den Vereinten Nationen
72 Seiten, broschiert, DGVN

Weltwirtschaft-Weltwährung-Welthandel – eine Einführung in die Problematik unter Berücksichtigung der neuen Aspekte und Lösungsmöglichkeiten, die sich nach der sog. Ölkrise ergeben. Geeignet für die Sekundarstufe II.

John Cairncross (Text)/Mohamed Melehi (Konzeption),
Konturen der Zukunft
Die Nahrungskrise und ihre Lösung
Herausgegeben von der FAO
50 Seiten, mit vielen Fotos, DGVN

Eine hervorragend gestaltete, engagierte und dabei leicht verständliche Darstellung der Welternährungsprobleme, ihrer Ursachen, ihrer Auswirkungen und der zu schaffenden Voraussetzungen für ihre Lösung. Geeignet ab Sekundarstufe I.

Judith M. Spiegelman,
Das karge Leben auf dem Altiplano
24 Seiten, illustriert, UNICEF

Alltag in den peruanischen Anden – drei Tage im Leben der Indianerjungen Cirilo und Augusto – hervorragend beobachtet und in einfachen Worten geschildert. Übersichtskarte, wichtigste geografische und historische Angaben und eindrucksvolle Fotos ergänzen die Erzählung. Zu empfehlen für interessanten Unterricht in den Fächern Deutsch, Geografie und Religion, ab 4. Jahr Grundschule.

Partnerschaftsprojekt Tansania
Herausgegeben von der Deutschen Welthungerhilfe
32 Seiten, mit Fotos und Tabellen, DWHH

Dieses Heft vermittelt landeskundliche, politische sowie wirtschaftliche Grunddaten über Tansania. Es wird auf die Tätigkeit der Deutschen Welthungerhilfe in diesem ostafrikanischen Land hingewiesen. Außerdem gibt dieses Heft Anleitungen, wie sich Schulen und Jugendgruppen aktiv an der Finanzierung eines konkreten Entwicklungshilfeprojektes beteiligen können.
Ähnliche Hefte erscheinen demnächst über die Länder Indien und Ecuador.

Weltbank-Atlas
Herausgegeben von der Weltbank
30 Seiten, engl./franz./span. mit deutscher Übersetzung, DGVN

In Tabellen und grafischen Darstellungen liefert der Weltbank-Atlas Bevölkerungszahlen, Sozialprodukt und Wachstumsraten von 188 Ländern und Territorien. Geeignet für den Erdkunde- und Gemeinschaftskundelehrer.

Zeitschriften

Vereinte Nationen
Vereinte Nationen
Zeitschrift für die Vereinten Nationen und ihre Sonderorganisationen
Herausgegeben von der Deutschen Gesellschaft für die Vereinten Nationen

International anerkannte und sorgfältig redigierte Zweimonatsschrift zu den Vorgängen in der Weltorganisation, mit ausführlichem Dokumententeil. Zuverlässige Informationen und Kommentare machen diese Zeitschrift zur unerläßlichen Lektüre für alle, die an internationalen Fragen interessiert sind. Probeheft kostenlos bei der DGVN.

UNESCO-Dienst
Informationsdienst der Deutschen UNESCO-Kommission

Der monatlich erscheinende UNESCO-Dienst informiert über wichtige Ereignisse, Programme und Veranstaltungen im Rahmen der UNESCO. Er eignet sich für Lehrer, die sich fortlaufend über die UNESCO informieren möchten. Der UNESCO-Dienst kann kostenlos bei der Deutschen UNESCO-Kommission bezogen werden.

UNESCO-Kurier
Monatsschrift der UNESCO
Deutsche Ausgabe, herausgegeben von den UNESCO-Kommissionen der Bundes-

republik Deutschland, der Republik Österreich und der Schweiz. Der UNESCO-Kurier, Zeitschrift für Wissenschaft, Kultur und Erziehung von hohem Niveau, erscheint heute in 15 Sprachen der Welt. In überwiegend abgeschlossenen Themenheften versammelt er fundierte Beiträge, Essays und hervorragende Fotos. Ein kostenloses Probeheft ist bei der deutschen UNESCO-Kommission erhältlich.

UNICEF-Prisma
Nachrichten – Ideen – Meinungen
Herausgegeben vom Deutschen Komitee für UNICEF

Das *Prisma* enthält Berichte und Kommentare über Entwicklungsländer, in denen UNICEF tätig ist, sowie Beschreibungen und Meldungen über die Tätigkeiten der ehrenamtlichen UNICEF-Arbeitsgruppen und Aktionen zugunsten der UNICEF. Das *Prisma* erscheint viermal jährlich und ist kostenlos bei UNICEF zu beziehen.

Welternährung
Nachrichten und Informationen
Herausgegeben von der Deutschen Welthungerhilfe

Diese Zeitschrift ist das offizielle Sprachrohr der DWHH. In aktuellen Artikeln wird über die Tätigkeit der DWHH sowie der Welternährungsorganisation (FAO) in der Dritten Welt berichtet. Kommentare, Statistiken sowie ein geschmackvolles Warenangebot aus dem DW-Shop lassen die Zeitschrift zu einer interessanten Lektüre für jeden entwicklungspolitisch Interessierten werden. Erscheint jeweils im März, Oktober und Dezember. Kostenlos über die DWHH zu beziehen.

5. Liste der Teilnehmer

ALBERS, Hans Jochen, Studienref., Sandberg 14201, 2210 Itzehoe
BEER, Ursula, Lehrerin, von-Kleist-Str. 6, 5000 Köln 40
BEYER, Claudia, Geschäftsführerin der DGVN, Lv. Berlin, Podbielskiallee 25-27, 1000 Berlin 33
BORMANN, Anneliese, Studentin, Theresienstr. 72, 5000 Köln 41
BRAUSE, Dagmar, Studentin, Reinickendorfer Str. 64, 1000 Berlin 65
BUCHHOLZ, Elisabeth, Realschullehrerin, Stakenberg 19, 5628 Heiligenhaus
BUOL, Conrad, Seminardir., Plantaweg 5, CH – 7000 Chur
EICHNER, Klaus, OSTR., Sekretariat der Ständigen Konferenz der Kultusminister, Nassestr. 8, 5300 Bonn
FISCHER, Peter, Lehrer, Blumenthalstr. 36, 6900 Heidelberg
FRIEDRICHS, Hans Uwe, Oberstudienrat, Bornstüchen 1 a, 2211 Oelixdorf
FUCHS, Otmar, Dipl.-Päd. Realschullehrer, Arndtstr. 7, 6834 Ketsch
GROSSE, Peter, Stud.-Päd., Riesengebirgestr. 2, 5300 Bonn

GROSSE-MAESTRUP, Mathilde, Realschullehrerin, Cranachstr. 21, 4000 Düsseldorf 1
GROSSMANN-FREITAG, Angelika, Lehrerin, Röntgerstr. 43, 4047 Dormagen
HAINLEN, Dr. Nana, AHS Professor, Reinprechtsdorfer Str. 33, A – 1050 Wien
HEINRICH, Günter, Lehrer, Bergstr. 38, 7890 Waldshut
HÜFNER, Prof. Dr. Klaus, PH Berlin, Malteserstr. 74-100, 1000 Berlin 46 (Tagungsleitung)
KOTSIONIS, Panajiatis, Student, Huttenstr. 5, 1000 Berlin 21
KUSTERER, Ferdinand, Studienprofessor, Andersenstr. 9, 7500 Karlsruhe
LECLERCQ, Chantal, Studentin, Traunsteiner Str. 1, 1000 Berlin 30
MARGIES, Dr. Dieter, Akad. Oberrat, Kiefernweg 2, 4000 Düsseldorf-Hilden
MATZEIT, Walter, Rektor, Bahnhofstraße 67, 4047 Dormagen
METTO, Michael, Landesbildstelle Berlin, Levetzowstr. 2, 1000 Berlin 21
MÖLLER, Karl-Heinz, Lehrer, Hegelstr. 20, 6000 Frankfurt 1
MÖLLER-MARKO, Marie Luise, Lehrerin, Hegelstr. 20, 6000 Frankfurt 1
MÜLLER, Elke, Fachlehrerin, Gohrstr. 36, 5628 Heiligenhaus
NAUMANN, Dr. Jens, Max-Planck-Institut für Bildungsforschung, Lentzealle 94, 1000 Berlin 33
PETERMANN, Reinhold, Student, Hagener Str. 4, 5800 Hagen
PÖTZSCH, Horst, Reg. Dir., Klausgarten 45, 5300 Bonn-Holzla
REICH, Brigitte, Dipl.-Päd., DGVN-Forschungsstelle, Podbielsdiallee 25-27, 1000 Berlin 33
RENNER, Günter, Studienleiter, Europäische Akademie Berlin, Bismarckallee 46-48, 1000 Berlin 33 (Tagungsleitung)
RISSOM, Dr. Hans-Wolf, Päd. Referent der Deutschen UNESCO-Kommission, Colmantstr. 15, 5300 Bonn 1
SANCHEZ-MALDONADO, Carmen, Studentin, Mollwitzstr. 4, 1000 Berlin 19
SCHIERING, Heinrich, Realschulrektor, Fröbelstr. 16, 3006 Burgwedel 1
SCHWARZER, Hans Hermann, Lektor, Alter Hof 3, 3300 Braunschweig
SCHMIDT, Heribert, Fr. Journalist (ARD), Flandrische Str. 6 a, 5000 Köln 1
STASTNY, Ursula, Maxglaner Hauptstr. 57/25, A – 5020 Salzburg
STEHLE, Henri, Alt-Gymnasialrektor, 3 Chemin de l'Escalade, CH – 1206 Genf
STEINS, Dieter, Lehrer, Preussenstr. 109, 4040 Neuss
TERRAZAS, Ambar, Studentin, Mollwitzstr. 4, 1000 Berlin 19
ULLMAIER, Mira, Übersetzerin, Artilleriestr. 34, 5170 Jülich
VOLAN, Sissel, Schulleiterin, Valhallun. 57, N – Oslo 1
ZETZSCHE, Gisela, Studentin, Schinkestr. 6-7, 1000 Berlin 44

Kolibri 360 GmbH
Ferdinand-Jühlke-Straße 7
99095 Erfurt, Deutschland
produktsicherheit@kolibri360.de